FILOSOFIA da RELIGIÃO:

Reflexões
históricas e
sistemáticas

Daniel Ribeiro de Almeida Chacon
Frederico Soares de Almeida
(Organizadores)

FILOSOFIA da RELIGIÃO:

Reflexões históricas e sistemáticas

Edições Loyola

Dados Internacionais de Catalogação na Publicação (CIP)
(Câmara Brasileira do Livro, SP, Brasil)

Filosofia da religião : reflexões históricas e sistemáticas / organização Daniel Ribeiro de Almeida Chacon, Frederico Soares de Almeida. -- São Paulo, SP : Edições Loyola, 2023.

Bibliografia.
ISBN 978-65-5504-261-0

1. Cristianismo - Filosofia 2. Existência - Filosofia 3. Filosofia e religião 4. Religião - Aspectos sociais 5. Religião - História 6. Religião e sociedade I. Chacon, Daniel Ribeiro de Almeida. II. Almeida, Frederico Soares de. III. Série.

23-148979   CDD-210

Índices para catálogo sistemático:
1. Filosofia e teoria da religião   210

Tábata Alves da Silva - Bibliotecária - CRB-8/9253

Preparação: Fernanda Guerriero Antunes
Capa: Montagem a partir de detalhe (Platão e Aristóteles) do afresco *Escola de Atenas* (c. 1509-1511) de Rafael Sanzio (1483-1520), Palácio Apostólico, Cidade do Vaticano. Foto de © Fei | Adobe Stock.
Diagramação: Telma Custódio
Revisão: Dr. Thiago Santos Pinheiro Souza

Edições Loyola Jesuítas
Rua 1822 nº 341 – Ipiranga
04216-000 São Paulo, SP
T 55 11 3385 8500/8501, 2063 4275
editorial@loyola.com.br
vendas@loyola.com.br
www.loyola.com.br

Todos os direitos reservados. Nenhuma parte desta obra pode ser reproduzida ou transmitida por qualquer forma e/ou quaisquer meios (eletrônico ou mecânico, incluindo fotocópia e gravação) ou arquivada em qualquer sistema ou banco de dados sem permissão escrita da Editora.

ISBN 978-65-5504-261-0

© EDIÇÕES LOYOLA, São Paulo, Brasil, 2023

Em memória dos nossos mestres e amigos
Ulpiano Vázquez Moro e
João A. Mac Dowell

Sumário

Apresentação 11
Daniel Ribeiro de Almeida Chacon e Frederico Soares de Almeida

PARTE I
Reflexões históricas

Jerusalém e Atenas: o conflito entre fé bíblica e racionalidade filosófica
em Leo Strauss 15
Richard Romeiro Oliveira
    1. A rebelião filosófica em face da autoridade da lei divina e
    a emergência do problema teológico-político 18
    2. O conflito entre Jerusalém e Atenas e o fracasso da crítica moderna da
    religião em seu empreendimento de refutação da revelação bíblica 27
    3. A retomada do conflito entre Jerusalém e Atenas e a proposição de
    uma vida na tensão 34
    Referências 51

O conhecimento de Deus a partir da obra *De Trinitate* de Santo Agostinho.. 53
Daniel Ribeiro de Almeida Chacon
    1. Homem exterior e homem interior 54
    2. Etapas da degradação humana 67
    3. Jesus Cristo, *scientia* e *sapientia*: a purificação pela fé 71
    4. *Imago Dei* 74
    Considerações finais 76
    Referências 78

A fé cristã no capitalismo: uma interpretação a partir de Slavoj Žižek 81
Carlos Roberto Drawin
    1. O ponto de partida teórico 84

    2. O legado cristão 90
    3. Perspectivas e incertezas 105
    Referências 107

Do sentimento trágico da vida nos homens e nos povos: um guia de leitura
para a filosofia de Miguel de Unamuno ou a filosofia de carne e osso 111
Marcio Gimenes de Paula
    Referências 123

A morte de Deus como momento do negativo: Hegel e a religião no livro
Fé e saber de 1802 125
Fabiano Veliq
    Fé e saber (1802) 126
    Conclusão 138
    Referências 139

O homem capaz e a religião a partir da filosofia de Paul Ricoeur 141
Frederico Soares de Almeida
    O homem capaz como destinatário da religião 141
    Considerações finais 155
    Referências 155

PARTE II
Reflexões sistemáticas

A existência de Deus 159
Agnaldo Cuoco Portugal
    1. O conceito de Deus e alguns dos seus problemas 160
    2. Duas dificuldades adicionais para o conceito teísta de Deus 165
    3. Epistemologia da crença na existência de Deus 172
    Referências 182

Paradoxos da onisciência 185
Guilherme A. Cardoso e Sérgio R. N. Miranda
    1. O Paradoxo do Mentiroso 186
    2. O Paradoxo do Mentiroso Divino 188
    3. O Argumento Cantoriano 190
    4. O dialeteísmo 191
    5. A lógica das verdades impossíveis 196
    Conclusão 205
    Referências 206

Crer e confiar em alguém é o mesmo? 207
João A. Mac Dowell, SJ

1. Debate atual sobre a natureza de confiança 208
2. Análise fenomenológica da confiança 213
3. A confiabilidade como conhecimento pessoal 219
4. Fé, confiança e confiabilidade 234
Referências 240

Religião, cognição e cultura: um modelo epidemiológico para
a propagação e aderência de representações religiosas 243
José Carlos Sant'Anna e Daniel De Luca-Noronha
1. Introdução 243
2. As explicações comuns 244
3. A teoria da modularidade da mente 245
4. Uma ontologia materialista para as ciências sociais 248
5. Epidemiologia de representações 252
6. Crenças intuitivas e reflexivas 255
7. Crenças religiosas 257
8. Conclusão 259
Referências 260

A ciência da religião em face da filosofia da religião: entre continuidades
e rupturas 263
Fabiano Victor Campos
1. O processo histórico de objetivação do vivido religioso e a
   Ciência da Religião 266
2. Pensar o vivido religioso: a Ciência da Religião na sua ambígua
   relação com a Filosofia da Religião 275
Considerações finais 283
Referências 285

Fenomenologia do que pratica a prece 291
Paul Gilbert, SJ
1. Problemática 291
2. Deus, de uma maneira diferente 296
3. A experiência 300
4. A prece 304
Conclusão 309
Referências 310

Apresentação

Os escritos que trazemos agora a lume situam-se na tradição filosófica de análise e reflexão sobre a religião. O tema religião, por seus muitos imbricamentos sociais, ganha enorme complexidade. A tarefa de discussão filosófica da questão implica certo desafio e pode parecer pouco recompensadora; contudo, necessária e urgente. Na realidade brasileira hodierna, o discurso religioso tem sido instrumentalizado para erroneamente legitimar o apogeu do obscurantismo intelectual, do negacionismo científico, da idolatria capitalista do mercado financeiro e da ascensão nazifascista da extrema direita em nosso país. Por implicação, testemunha-se a instituição de políticas necrófilas, as quais fatalmente violam e sacrificam a vida da população, sobretudo daquela que sofre de variadas formas de marginalização.

Desse modo, a reflexão sobre a religião em si e sobre os temas caros à experiência religiosa e à própria fé constitui uma tarefa histórica, social e filosófica que nos interpela profundamente, e da qual optamos por não nos furtar. O esforço, pois, de pensar a religião em perspectiva filosófica, nesta publicação, pressupõe um compromisso intelectual, histórico e político de investigar um fenômeno plurifacetado com implicações concretas na vida humana.

Dessarte, as pesquisas aqui apresentadas possuem o tom da diversidade, compreendendo matrizes conceituais e teóricas diferentes, elaboradas em contextos históricos e culturais diversos, da Antiguidade aos nossos dias, mas unidas no esforço de problematizar filosoficamente a religião. Ora, o referido empenho resulta, assim, de uma espécie de continuidade em relação a uma obra anteriormente organizada, *Filosofia da religião: problemas da Antiguidade aos tempos atuais*, publicada também por Edições Loyola. Naquela obra, trouxemos diversas reflexões sobre o tema a partir de referenciais clássicos da história da filosofia. Nesse mesmo espírito, apresentamos novas pesquisas, provocações e problemas, mas com uma característica singular: além das reflexões situadas nos debates mais característicos da história da filosofia, inserimos outras pesquisas, também de muito fôlego, versando mais especificamente sobre problemas filosóficos contemporâneos. Isso posto, nosso livro encontra-se divido em duas partes, a saber, *Reflexões históricas* – que discutem a temática da religião num diálogo direto com autores clássicos da história da filosofia, mas que, todavia, podem nos auxiliar, de um modo ou de outro, numa leitura atual dos problemas religiosos – e *Reflexões sistemáticas* – dedicadas mais especificamente aos problemas filosóficos e menos à interpretação histórica dos grandes filósofos e filósofas.

A presente obra intenta, pois, contribuir, não sem alguma pretensão, para o debate no campo da Filosofia da Religião, considerando em especial os desafios históricos que se nos apresentam. Esperamos que os leitores e as leitoras se sintam estimulados(as) e provocados(as) pelo tratamento que as questões receberam neste volume.

1º de novembro de 2022
Daniel Ribeiro de Almeida Chacon
Frederico Soares de Almeida

PARTE I

Reflexões históricas

Jerusalém e Atenas:
o conflito entre fé bíblica e racionalidade filosófica em Leo Strauss

Richard Romeiro Oliveira

No cenário filosófico contemporâneo, cada vez mais insípido e previsível, dominado, na maioria das vezes, pela monótona arenga veiculada pelos arautos loquazes do niilismo, do relativismo e da chamada pós-modernidade, a obra de Leo Strauss (1899-1973) destaca-se como uma das mais originais, sólidas e sofisticadas. Estamos aí, sem dúvida, diante de um dado filosófico insofismável, sobejamente evidenciado por meio do trabalho crítico e hermenêutico diversificado que foi levado a efeito por autores como Thomas Pangle, Heinrich Meier, Olivier Sedeyn, Daniel Tanguay, Gerard Sfez, Steven Smith e Catherine e Michael Zuckert, entre outros[1]. Pode-se dizer que, graças ao trabalho hermenêutico mencionado, a obra de Leo Strauss abandonou definitivamente a condição de um certo ostracismo a que foi relegada, por algum tempo, por um certo *establishment* acadêmico, sobretudo em nosso país, vindo a se impor cada vez mais, no complexo cenário intelectual de nossos dias, como uma referência filosófica essencial para se compreender de maneira mais profunda a atmosfera espiritual e cultural que é própria do *Zeitgeist* atual. Como nos explica Sedeyn, em sua apresentação da tradução francesa de *The City and Man*, "Strauss, hoje, é tido por um pequeno número de pessoas sempre crescente por um pensador verdadeiramente grande, por um mestre no sentido mais elevado dessa palavra [...] Talvez seu ensinamento seja uma chave para a compreensão de nossa época"[2].

---

1. Uma bibliografia não exaustiva dos trabalhos publicados sobre Strauss pode ser encontrada em Smith (2009, p. 287-292).
2. SEDEYN, "Présentation" (in: STRAUSS, 2005, p. 35). O que não significa dizer que a obra de Strauss esteja livre de controvérsias. Pelo contrário, como nos mostram os trabalhos de Drury

Ora, como viram inúmeros estudiosos de Strauss, no núcleo mesmo dessa obra filosoficamente densa e sofisticada, que avulta no cenário intelectual de nossos dias como uma verdadeira referência, encontra-se um problema fundamental, ao qual Strauss sempre dedicou, de uma forma ou de outra, uma atenção especial, do início ao fim de sua carreira intelectual. Tal problema, para dizermos tudo sem mais delongas, é o problema teológico-político[3]. De acordo com McAllister[4], a expressão "problema teológico-político" foi haurida por Strauss diretamente na obra de Spinoza, e seu uso, nos textos straussianos, remete a toda uma complexa série de questões "sobre a natureza da política e o papel das crenças re-

---

(2005) e Xenos (2008), por exemplo, os textos straussianos parecem particularmente aptos a suscitar polêmicas acerbas, que assumem às vezes um tom francamente hostil ou agressivo, principalmente no que diz respeito à compreensão do que seria o verdadeiro ensinamento político que se insinua no interior de tais textos e às reais consequências decorrentes desse ensinamento para o funcionamento da sociedade e das relações políticas. Uma tendência interpretativa comum, presente naqueles que adotam esse tipo de abordagem – a qual, como esclarece Pangle (2006, p. 1-2), se disseminou histericamente na mídia *high brow* partir do ano de 2003 –, consiste em tentar apresentar Strauss como o *maître-à-penser* maquiavélico e cripto-reacionário que, atuando nas sombras ou nos bastidores, teria contribuído para o aparecimento do movimento neoconservador norte-americano, o qual, por sua vez, teria exercido uma poderosa e maléfica influência sobre os rumos da política externa francamente beligerante adotada pelos Estados Unidos durante a administração de George W. Bush. Para uma crítica desse tipo de leitura politicamente enviesada da obra de Strauss, ver C. Zuckert e M. Zuckert (2006, p. 1-26) e Sfez (2007, p. 9-26). Sfez nos mostra, de forma particularmente instrutiva, a incompatibilidade existente entre o voluntarismo e as ambições imperialistas dos neoconservadores ligados ao governo de George W. Bush, os quais, considerando a democracia liberal norte-americana como um valor universal, julgam que esse modelo político deve ser fomentado por quaisquer meios disponíveis em todo o planeta, a fim de instaurar uma ordem pacífica planetária que poria fim às diferentes ditaduras ou tiranias locais (temos aí a famigerada doutrina da *pax americana*), e o pensamento de Strauss que, fundado numa aguda percepção do irrevogável paroquialismo da sociedade política e num consequente rechaço de qualquer projeto político universalista como algo potencialmente tirânico, não confere à democracia liberal moderna senão um valor relativo. Nesse sentido, Sfez observa (p. 16) que, enquanto os neoconservadores norte-americanos absolutizam a democracia liberal moderna, "Strauss ne procède à l'absolutisation d'aucun régime, et pas plus de la démocratie américaine que de la démocratie libérale ou de la démocratie tout court. Sans qu'il faille recourber le bâton au point d'en faire un antidémocrate – ce qui serait tomber dans le même défaut méthodique –, Strauss n'accorde qu'une valeur relative à la démocratie libérale et à la démocratie comme telle au sein des régimes politiques contre la tyrannie. Pour lui comme pour Churchill, qui est son modele, la démocratie libérale moderne represente seulement le moins mauvais régimes".

3. Cf., entre outros, Smith (1991, p. 78), Tanguay (2003, p. 13-22), Meier (2006, p. 3-28) e McAllister (2017, p. 268-269; 314). O próprio Strauss deixa claro esse ponto relacionado à importância central do problema teológico-político em seu pensamento no prefácio à edição alemã (1964) de seu trabalho sobre a gênese da filosofia política de Hobbes: „Mein Studium von Hobbes begann im Zusammenhang einer Untersuchung über die Anfange der Bibel-Kritik im 17. Jahrhundert, namentlich über Spinozas Theologisch-Politisches Traktat. Das Wiedererwachen der Theologie, das fur mich durch die Namen von Karl Barth und Franz Rosenzweig bezeichnet ist, schien es notwendig zu machen, das man untersuche, inwieweit die Kritik an der orthodoxen – judischen und christlichen – Theologie siegreich zu sein verdiente. *Das theologischpolitische Problem ist seitdem das Thema meiner Untersuchungen geblieben*" (STRAUSS, 2001, p. 7-8. Itálicos meus).

4. MCALLISTER, 2017, p. 52.

ligiosas na sociedade". Mais especificamente, porém, pode-se afirmar que o problema teológico-político, em Strauss, diz respeito ao conflito fundamental entre a filosofia e a lei divina (θεῖος νόμος), conflito que torna possível o delineamento daquelas que são, para Strauss, as duas alternativas realmente mais originárias no que diz respeito à questão da condução da vida humana, a qual se confunde, em última análise, com o problema concernente a como devemos viver: uma alternativa que preconiza a possibilidade de uma orientação puramente humana (encarnada exemplarmente no modo de vida filosófico) e uma alternativa que defende a necessidade de uma orientação divina (implicitamente presente nos diferentes códigos divinos). Esse conflito, segundo a análise straussiana, emerge já no contexto da pólis grega, pressupondo, assim, o antagonismo essencial que vigora originalmente entre a filosofia e a sociedade política[5]. Contudo, aos olhos de Strauss, é apenas quando se dá o encontro histórico entre a fé bíblica e a filosofia grega que ele adquire sua expressão realmente plena e mais madura, atingindo com isso suas máximas possibilidades éticas e intelectuais. Em outras palavras, é no antagonismo entre as pretensões da fé bíblica e as pretensões da racionalidade filosófica, ou, para usar a metáfora predileta de Strauss, no antagonismo entre Jerusalém e Atenas, que o problema teológico-político se radicaliza e alcança, por assim dizer, seu clímax, encontrando finalmente os seus contornos mais completos[6].

Vale a pena notar aqui que Strauss via esse problema não como uma daquelas questões abstratas com cuja análise os intelectuais costumam se comprazer ociosamente na segurança de seus gabinetes, mas como o problema mais radical e decisivo do pensamento humano, precisamente porque, em face desse problema, nosso pensamento é colocado diante das duas alternativas mais extremas e excludentes que se impõem ao nosso espírito em relação à orientação geral da vida humana – a revelação bíblica, de um lado, e a filosofia, de outro –, não podendo se esquivar da necessidade de se engajar em um dos lados da questão[7]. A proposta central do presente trabalho consiste em analisar de que forma Strauss pensou, em seus textos, esse assunto, no intuito de evidenciar como o problema teológi-

---

5. Ver, sobre esse ponto, as observações de Meier (2006, p. 7), que ressalta o fato de que, na abordagem desenvolvida por Strauss acerca do problema teológico-político, "[t]he tension between the political community and philosophy precedes the conflict between philosophy and revelation".

6. Ver Tanguay (2003, p. 313), Meier (2006, p. 8-9) e Lilla (2018, p. 53-54).

7. Segundo Strauss, de fato, não é possível suspender o juízo diante das alternativas fundamentais originadas pelo problema teológico-político, precisamente porque tais alternativas nos confrontam com a questão que é, para nós, a mais premente de todas: aquela que tem a ver, como foi acima indicado, com a escolha do modo correto de viver. Ver o que Strauss esclarece em "Progress or Return?" (in: STRAUSS, 1989, p. 258-259) e em seu artigo "The Mutual Influence of Theology and Philosophy" (1979, p. 113).

co-político, encerrando, na concepção straussiana, um caráter dialeticamente insolúvel[8], determina-se consequentemente como uma questão verdadeiramente perene sempre imposta à reflexão humana e que, como tal, ainda se faz atual, independentemente das vicissitudes históricas que culminaram na ordem social e civilizatória de nossos dias. A partir disso, pretendemos observar também de que maneira Strauss, mediante a abordagem da problemática indicada e da explicitação da sua atualidade, traz à tona alguns elementos que lhe permitem pôr em xeque certos pressupostos intelectuais característicos do pensamento moderno em sua versão iluminista. Passemos, então, a essa análise.

1. A rebelião filosófica em face da autoridade da lei divina e a emergência do problema teológico-político

Ao investigarmos o problema teológico-político na obra de Strauss, uma primeira coisa que salta aos olhos é o fato de que, nos textos straussianos, o tratamento de tal problema (o qual tem como ponto de partida, como vimos anteriormente, a constituição do conflito da filosofia com o pensamento religioso e com a lei divina) pressupõe, para a sua adequada execução, a efetivação de um procedimento reflexivo preliminar de suma importância, qual seja: aquele dedicado à compreensão da natureza da filosofia e de que tipo de relação a filosofia, em seu exercício, entretém com a vida social que se alicerça nos comandos da lei divina. Ora, segundo Strauss, a realização dessa *démarche* consagrada ao entendimento da natureza da filosofia só é possível, por sua vez, a partir da apreensão do que foi a situação original ou natural da filosofia, *i. e.*, a situação da filosofia anteriormente aos desenvolvimentos históricos que, a partir da eclosão da modernidade, levaram ao aparecimento do positivismo e do historicismo e, por aí, à crise do pensamento filosófico em nosso tempo. A ideia straussiana quanto a esse ponto é que apenas a partir de uma tal apreensão podemos ver melhor o que realmente está em jogo no exercício da atividade filosófica, tanto em termos teóricos quanto em termos práticos, escapando dos preconceitos intelectuais próprios da era atual.

Como é sabido, é justamente essa pretensão de alcançar uma compreensão do que foi a situação original ou natural da filosofia, anteriormente às modificações sofridas pelo pensamento filosófico no mundo moderno, que se encontra na base dos estudos históricos de Strauss[9]. O trabalho historiográfico, nesse sentido,

---

8. É o que procura mostrar Sfez (2007, p. 193-238), que considera que a análise straussiana do conflito entre fé bíblica e razão grega constitui, no fim das contas, uma "dialética sem termo".

9. Como explica Tanguay (2003, p. 72), em Strauss, "la lecture des livres anciens peut redonner accès à la situation naturelle de la philosophie, c'est-à-dire redonner accès à l'ignorance naturelle

não é, do ponto de vista straussiano, um empreendimento autotélico ou que se justifica por si mesmo, mas, antes, uma ferramenta intelectual que nos ajuda a recuperar, numa época de decadência, o sentido primevo da filosofia e de seus problemas fundamentais. É o que nos explica com suficiente clareza o próprio Strauss em um texto dedicado à filosofia da história de Collingwood:

> A história, *i. e.*, a preocupação com o pensamento do passado enquanto pensamento do passado, adquire significação filosófica se há boas razões para acreditar que podemos aprender algo da maior importância com o pensamento do passado que não podemos aprender com os nossos contemporâneos. A história adquire importância filosófica para homens que vivem em uma era de declínio intelectual. Estudar os pensadores do passado torna-se essencial para homens que vivem em uma era de declínio intelectual porque se trata da única maneira pela qual eles são capazes de recuperar um entendimento adequado dos problemas fundamentais[10].

Pois bem, executando esse tipo de abordagem histórica, cujo escopo consiste em compreender a situação original ou natural da filosofia e, por aí, tornar novamente possível a apreensão dos problemas realmente fundamentais do pensamento humano[11], Strauss pretende nos desvelar o caráter politicamente problemático da atividade filosófica em suas origens, *i. e.*, o fato de que a filosofia se constitui originalmente não como uma doutrina, uma visão de mundo ou um sistema abstrato de conceitos, mas como um modo de vida que, fundado numa experiência espiritual necessariamente atópica e disruptiva, se institui numa situação de inequívoco estranhamento em relação ao funcionamento regular da sociedade[12]. O caráter problemático da filosofia, segundo Strauss, tal como ele se manifesta a partir da leitura dos textos clássicos e medievais, reside, antes de mais nada, no fato de que o aparecimento da filosofia, tornado possível pela descoberta da categoria de natureza (entendida como aquilo que designa o que existe por si mesmo, independentemente do homem, por oposição ao que existe apenas graças às convenções humanas), pressupõe a realização de um tipo de atividade intelectual cujo exercício leva necessariamente o indivíduo que o efetiva a uma

---

première a partir de laquelle peut jaillir le questionnement libre". Cf. também as penetrantes considerações de Sedeyn sobre o assunto (in: STRAUSS, 2005, p. 5-35).

10. STRAUSS, 1952, p. 585.

11. Sobre o lugar dos estudos históricos no projeto straussiano de recuperação de um entendimento do que foi a filosofia original, ver as boas de observações de Pangle (2006, p. 56-68) e Sfez (2007, p. 49-53). Cf. também o que diz Smith (ZUCKERT, 2011, p. 69).

12. Sobre isso, ver, mais uma vez, as considerações avançadas por Smith (ZUCKERT, 2011, p. 63). A ideia de que a filosofia foi originalmente, antes de qualquer outra coisa, um modo de vida (*a way of life*) aparece em diferentes textos de Strauss. Cf., por exemplo, o que Strauss afirma em "Progress or Return?" (STRAUSS, 1989, p. 260): "[...] according to the original notion of philosophy, philosophy is necessarily a way of life and not a mere discipline, even if the highest discipline".

emancipação em relação à autoridade da comunidade política[13]. De fato, Strauss nos mostra que a ordem de toda sociedade se funda, em última análise, numa certa ortodoxia político-ideológica, vale dizer, em um determinado conjunto de opiniões autorizadas (δόξαι) acerca de assuntos como moral, direito e teologia. Ora, a filosofia é, originalmente, a tentativa audaciosa de transcender essa ortodoxia político-ideológica que alicerça o funcionamento regular da sociedade, no intuito de, mediante um questionamento intransigente da dóxa social, alcançar o conhecimento da natureza (φύσις) de todas as coisas, ou, por outra, o conhecimento do que as coisas são em si mesmas, independentemente das convenções humanas (νόμοι, para usar o vocabulário grego). Na visão de Strauss, isso significa que a irrupção da filosofia é um evento realmente subversivo e atópico, que, impulsionado por um tipo raro de erotismo, o erotismo intelectivo alimentado pela paixão pelo conhecimento, altera de maneira profunda e irremediável as relações do homem com a cidade, desencadeando uma rebelião intelectual sem precedentes contra os poderes e instituições responsáveis pela manutenção da ordem cívica estabelecida[14].

Evidentemente, essa experiência de rebelião intelectual criada pela filosofia engendra uma tensão permanente da filosofia com a sociedade e é essa tensão que, aos olhos de Strauss, define de forma mais fundamental a situação política original da filosofia. É o que Smith explica sucintamente, mas de maneira precisa, nos seguintes termos:

> A filosofia [para Strauss] é a tentativa de substituir a opinião, inclusive as opiniões sobre as coisas políticas, por conhecimento; a opinião é o médium da sociedade; portanto, a filosofia está necessariamente em conflito com a sociedade [...] É essa tensão entre a filosofia e a sociedade, que recebe sua mais vívida expressão na *Apologia de Sócrates* de Platão, que constitui a situação política da filosofia[15].

Como Strauss nos mostra, tal situação política da filosofia, que envolve concretamente a constituição de uma espécie de antagonismo entre as exigências reflexivas da filosofia e as exigências práticas da cidade, é o que faz com que a sociedade se veja levada a reagir aos questionamentos filosóficos que colocam em xeque a sua ortodoxia político-ideológica, fato que engendra inevitavelmente o aparecimento da perseguição política contra os filósofos.

---

13. É o que Strauss esclarece em *Natural Right and History* (1971, p. 81-93).

14. Esses elementos, que evidenciam o caráter antidoxástico da filosofia, são muito bem apresentados por Strauss em *What is Political Philosophy?* (1988a, p. 11, 221). Numa palestra intitulada *Reason and Revelation*, Strauss afirma explicitamente o caráter subversivo da filosofia nos seguintes termos (MEIER, 2006, p. 146): "If opinions are the element of society, philosophy, which questions opinions as such, dissolves the very element of social life: philosophy is essentially subversive (*corrupting the young*)".

15. SMITH, in: ZUCKERT, 2011, p. 69.

Strauss, como se sabe, explorou amplamente esse assunto em vários de seus escritos[16], dedicando a ele um de seus mais conhecidos e polêmicos livros: *Persecution and the Art of Writing*. A esse respeito, vale a pena notar que, na concepção straussiana, o fenômeno da perseguição política é dotado de uma grande complexidade e de múltiplas nuanças, abarcando desde expressões mais brutais e ostensivas até formas mais sutis ou nuançadas. Como ele esclarece em *Persecution and the Art of Writing* (1988b, p. 32), "o termo perseguição cobre uma variedade de fenômenos, indo do tipo mais cruel, como é exemplificado na Inquisição Espanhola, até o mais brando, que é o ostracismo social. Entre esses extremos estão os tipos que são mais importantes do ponto de vista da história literária ou intelectual". Nessa linha de reflexão, Strauss parece particularmente interessado em ressaltar o fato de que, embora a perseguição seja mais facilmente visualizada em sociedades não liberais ou de caráter tirânico e autoritário, ela não se restringe a esses tipos de sociedade, podendo, pois, existir em outros ordenamentos políticos, mesmo naqueles de natureza mais liberal. Ou seja, para Strauss, a perseguição constitui um fenômeno político realmente universal e recorrente, resultante da interação sempre problemática da filosofia com o funcionamento da vida social ordinária[17].

Para Strauss, é justamente a eclosão do fenômeno da perseguição que fez com que os filósofos clássicos e medievais tenham se visto obrigados, historicamente, a recorrer a um expediente literário diferenciado: a técnica da escrita esotérica. De acordo com a análise straussiana, a pretensão fundamental subjacente ao uso dessa técnica literária pelos autores clássicos e medievais foi a de promover, por meio do uso de um malicioso estratagema retórico, uma compatibilização da comunicação do ensinamento filosófico com as opiniões autorizadas que sustentam a ordem política vigente. *Grosso modo*, o estratagema retórico posto em prática por meio do uso da literatura esotérica consistiu na arte de "escrever nas entrelinhas" (*writing between the lines*), *i. e.*, na arte de escrever de tal maneira que os pensamentos heterodoxos e potencialmente subversivos de um autor se camuflassem sob a roupagem pública ou exotérica de um ensinamento moralmente salutar e adaptado às crenças basilares sobre as quais uma dada sociedade

---

16. Como observa Miller, no artigo "Leo Strauss e a recuperação da filosofia política clássica" (CRESPIGNY; MINOGUE, 1979, p. 106), "[a] tensão inerente e o inevitável conflito entre a filosofia e a comunidade política é um tema essencial dos escritos de Strauss".

17. A esse respeito, Sfez (2007, p. 62) nos esclarece oportunamente que, na perspectiva straussiana, "[l]a persécution paraît d'abord représenter ici une condition plus générale: les moments de persécution évidente ne sont dès lors que les moments sensibles d'une persécution bien plus constante, à l'état latent dans le corps social et exerçant sa contrainte", do que se segue que, para Strauss, "[l]'art d'écrire est référé à la condition de la persécution de manière tendanciellement universelle et c'est ainsi qu'il concerne, sous des formes inédites, le libéralisme démocratique lui-même".

se funda[18]. Com isso, os autores da Antiguidade e do Medievo puderam realizar uma neutralização do atrito e do dissenso que a prática da filosofia engendra em relação à ordem social e à sua estrutura doxástica, conduzindo a uma acomodação retórica de sua atividade intelectual às necessidades práticas da cidade, acomodação retórica que teria lhes permitido lograr dois objetivos principais: 1) por um lado, proteger a si mesmos de eventuais perseguições políticas desencadeadas pelos seus questionamentos heterodoxos das opiniões socialmente autorizadas; 2) por outro lado, proteger a sociedade e suas crenças morais e religiosas dos efeitos corrosivos da pesquisa filosófica[19].

Como se sabe, Strauss viu no uso dessa técnica literária insidiosa, que envolve a elaboração de um duplo ensinamento – um, de caráter esotérico, destinado a um círculo restrito de leitores intelectualmente mais preparados e aptos a assimilar verdades filosóficas heterodoxas; outro, de caráter exotérico, destinado ao grande público, que, desprovido de aptidão filosófica, deve se contentar com a assimilação das opiniões socialmente úteis[20] –, a própria "filosofia política" em sua significação primeva ou original. A filosofia política, nesse sentido, não é, pois, originalmente, segundo Strauss, a abordagem filosófica das coisas políticas, mas a apresentação política da filosofia, *i. e*, a apresentação pública, exotérica ou popular da filosofia, que leva em conta as opiniões e as demandas da cidade[21]. Não é meu intuito, porém, me aprofundar aqui na análise mais pormenorizada desse rico e importante assunto, que é, sem dúvida, essencial para se compreender o significado do pensamento de Strauss[22]. Limito-me a indicar, nesse ponto, que, a partir de sua análise do fenômeno da literatura esotérica, Strauss pretende nos mostrar como a filosofia possui realmente uma problematicidade política radical, o que se pode observar, antes de mais nada, a partir do fato de que o uso do "ensinamento exotérico" por parte dos filósofos se constitui como uma *démarche* retórica necessária não somente para proteger a filosofia da perseguição política,

---

18. Ver as explicações de Strauss em *Persecution and the Art of Writing* (1988b, p. 24-25).

19. C. e M. Zuckert (2006, p. 132) apresentam esse duplo objetivo da escrita esotérica na visão de Strauss da seguinte forma: "esotericism was intended to protect or insulate philosophy and politics from each other. It protects the philosopher from persecution; it protects the city, to use Strauss's term, from the dissolving and irresponsible action of philosophy, which questions and challenges received opinion".

20. Cf. as observações de Strauss em *What is Political Philosophy?* (1988a, p. 221-222).

21. É o que Strauss explica muito bem em *Persecution and the Art of Writing* (1988b, p. 18) mediante as seguintes formulações: "[t]he exoteric teaching was needed for protecting philosophy. It was the armor in which philosophy had to appear. It was needed for political reasons. It was the form in which philosophy became visible to political Community. It was the political aspect of philosophy. It was 'political' philosophy".

22. A tese straussiana acerca da existência do fenômeno literário do esoterismo na história do pensamento ocidental recebeu uma erudita e pormenorizada confirmação com a obra *Philosophy Between the Lines. The Lost History of Esoteric Writing*, de Arthur M. Melzer (2014).

mas também para proteger a sociedade dos questionamentos intransigentes da filosofia. Isso significa que, para Strauss, a filosofia está longe de ser uma atividade inócua e sem consequências políticas. Antes, ao buscar de modo obstinado a verdade, ela coloca a ordem social realmente em perigo[23], de modo que a sociedade deve ser de algum modo salvaguardada dos efeitos politicamente perturbadores e disruptivos da pesquisa filosófica.

Isso dito, gostaria de dar um passo atrás e explorar um pouco mais a questão da problematicidade política da filosofia em Strauss, observando como essa problematicidade, do ponto de vista straussiano, envolve o estabelecimento de um inevitável conflito entre filosofia e uma instituição social inequivocamente fundamental: a religião. A ideia central de Strauss quanto a isso é que a rebelião do filósofo contra os poderes e instituições que asseguram a ordem cívica é, em última análise, uma rebelião contra uma lei de caráter divino, porquanto, nas sociedades pré-modernas, as leis são consideradas não como meros construtos humanos, derivados de um νόμος ou convenção política, mas como comandos derivados dos deuses ou daqueles que tiveram contato com os deuses. Nesse ponto, Strauss remete seus leitores ao fato amplamente reconhecido de que, na cidade antiga, toda a autoridade política era realmente baseada em crenças religiosas de natureza incontestável, o que fazia que, no registro da cidade antiga, os princípios legais e morais recebessem da religião a sanção sagrada e transcendente de seus preceitos. Como ele próprio nos explica no final de The City and Man (1978a, p. 240-241), a partir de uma referência à obra de Fustel de Coulanges:

> Teríamos grande dificuldade de fazer justiça a essa face oculta ou obscura da cidade sem o trabalho de homens como Fustel de Coulanges, o primeiro daqueles que nos permitiram ver a cidade tal como ela se compreendia primitivamente a si mesma, enquanto algo distinto da maneira como a filosofia política clássica a representava: a cidade sagrada por oposição à cidade natural. Nossa gratidão quase não é diminuída pelo fato de que Fustel de Coulanges, seus ilustres predecessores, Hegel antes de todos, e seus numerosos sucessores, falharam em prestar a devida atenção ao conceito filosófico de cidade tal como a filosofia política clássica o expõe. Pois o que é "primeiro para nós" não é a compreensão filosófica da cidade, mas a compreensão inerente à cidade como tal ou à cidade pré-filosófica, compreensão segundo a qual a cidade se observa a si mesma como submetida ao divino e ao serviço divino ou segundo a qual a cidade venera o divino, o divino sendo compreendido de maneira ordinária. É somente começando daí que nos tornaremos abertos ao impacto pleno da questão mais

---

23. É o que Strauss afirma em What Is Political Philosophy? (1988a, p. 211): "Philosophy endangers society".

importante, que é tão antiga quanto a filosofia, embora os filósofos quase não a enunciem com frequência – a questão *quid sit deus*[24].

Ora, na perspectiva straussiana, isso equivale a dizer que o tipo de autoridade que prevaleceu na cidade antiga (e nas sociedades pré-modernas, em geral, tipo de autoridade que foi responsável pela preservação desses modelos políticos) confunde-se inteiramente com uma autoridade de caráter teológico. Segue-se daí, segundo Strauss, que o conflito primevo entre a filosofia e a sociedade que, como vimos, define a posição política original da filosofia pode ser mais bem compreendido, em última análise, como um conflito entre a filosofia e o poder teológico.

A fim de destrinchar melhor esses elementos, Strauss procede à seguinte explicação: em um mundo pré-filosófico, ou em sociedades ainda governadas pelo poder da tradição, em que a razão filosófica não exerce qualquer influência sobre a vida social, a autoridade da sociedade política é fundada sobre a crença de que a ordem moral nela encarnada é "o modo de vida correto" ou o "costume correto", não apenas porque essa ordem é o "nosso modo" ou o "nosso costume", mas também porque ela é concebida como a mais antiga ou vetusta. Isso significa que na cidade tradicional vigora um preconceito generalizado contra a novidade, fato que leva à identificação derradeira do "bem político" com o "ancestral"[25]. Mas essa é apenas uma parte da questão, pois, como Strauss observa, aos olhos da mentalidade pré-filosófica, para que o ancestral possa ser efetivamente concebido como o melhor, não é suficiente que ele seja determinado como o mais antigo: é preciso também que ele seja tido como divino. Eis por que, na cidade tradicional, os ancestrais foram representados como deuses, ou como filhos de deuses, ou como homens que viveram na proximidade dos deuses, os quais receberam por isso dos deuses a revelação do modo correto (*right way*), que se impôs então a todos como uma "lei divina"[26].

Essas considerações de Strauss nos explicam por que em uma sociedade tradicional, uma vez que "o modo correto deve ser uma lei divina", toda a vida comunitária possui uma fundamentação teológica, o que produz um essencial im-

---

24. O trabalho de Fustel de Coulanges ao qual Strauss alude no trecho citado é o célebre *A cidade antiga* (*La cité antique*), que, apesar de constituir uma obra ultrapassada no que diz respeito a determinados pormenores historiográficos específicos (a primeira edição do texto data de 1864), permanece ainda relevante a respeito de sua tese principal, qual seja, a de que a organização social e política da cidade antiga possuía uma origem religiosa. Como Fustel de Coulanges afirma num certo ponto da obra (2004, p. 140): "a ideia religiosa foi, entre os antigos, o sopro inspirador e organizador da sociedade".

25. Ver a análise de Strauss em *Natural Right and History* (1971, p. 83).

26. Cf., mais uma vez, as elaborações avançadas em *Natural Right and History* (1971, p. 83-84). Sobre a relação entre o ancestral e a lei divina, ver também o que Strauss diz em "The Mutual Influence of Theology and Philosophy" (1979, p. 111) e em "Progress or Return?" (STRAUSS, 1989, p. 254).

bricamento entre política e religião na base mesma desse tipo de sociedade[27]. Na verdade, Strauss observa esse imbricamento não apenas como uma característica das sociedades tradicionais, mas como um fenômeno fundamental da vida política como tal, fenômeno que subsistiria, portanto, de uma forma ou de outra, no âmago da experiência política, apesar de todas as mudanças ou vicissitudes históricas. Isso significa que, na perspectiva straussiana, há uma dependência essencial da vida social em relação à religião[28]. O ponto crucial aqui, como explica Lilla, é que, para Strauss, "sem pressupostos reconhecidos a respeito da moral e da mortalidade, que podem ser propiciados pela religião, nenhuma sociedade humana se mantém coesa"[29]. Decorre disso que, se a filosofia, como vimos, é uma rebelião contra a autoridade espiritual da sociedade civil, na medida em que ela pretende questionar as opiniões autorizadas sobre as quais essa autoridade se baseia, a filosofia é *eo ipso* uma rebelião contra as crenças religiosas com as quais a autoridade da sociedade civil é associada a fim de legitimar a si mesma[30]. Dito de outra maneira, a subversão filosófica da autoridade espiritual da sociedade civil é, em última análise, uma insurreição contra o poder teológico sem o qual a sociedade civil não pode subsistir, uma insurreição contra a "lei divina"[31].

Essa insurreição é tornada possível, segundo a análise straussiana, a partir da constatação empírica da pluralidade e da contrariedade das leis divinas: é observando, com efeito, que há múltiplos códigos divinos, os quais se estabelecem numa relação de oposição ou mesmo de exclusão, que o pensamento humano é levado a se perguntar acerca do que é bom e justo não conforme esse ou aquele código, mas por si mesmo ou por natureza[32]. A verificação da relatividade dos θέοι νόμοι

---

27. É o que Strauss ressalta em *The City and Man* (1978a, p. 241).
28. Em "A Giving of Accounts" (STRAUSS, 1997a, p. 463), Strauss observa, assumindo essa linha de reflexão, que, enquanto a filosofia, por sua prática do questionamento intransigente das opiniões, é capaz de transcender a moralidade e a religião, a cidade, por seu turno, "é e deve permanecer moral e religiosa".
29. LILLA, 2018, p. 54. Como é fácil ver, esses elementos explicam por que o problema da religião ocupa um lugar fundamental na reflexão política de Strauss.
30. Esse ponto fundamental é muito bem explicitado por Strauss em *Natural Right and History* (1971, p. 84-85).
31. Ver o que Strauss diz em "Progress or Return?" (1989, p. 42) e os esclarecimentos de Pangle em sua introdução à coletânea *The Rebirth of Classical Political Rationalism* (STRAUSS, 1989, p. xvii).
32. É o que Strauss explica em *Natural Right and History* (1971, p. 86) da seguinte forma: "[t]he original form of the doubt of authority and therefore the direction which philosophy originally took or the perspective in which nature was discovered were determined by the original character of authority. The assumption that there is a variety of divine codes leads to difficulties, since the various codes contradict one another. One code absolutely praises actions which another code absolutely condemns. One code demands the sacrifice of one's first-born son, whereas another code forbids all human sacrifices as an abomination. The burial rites of one tribe provoke the horror of another. But what is decisive is the fact that the various codes contradict one another in what they suggest regarding the first things. The view that the gods were born of the earth cannot be reconciled

é, pois, o impulso inicial que mobiliza a atividade filosófica, tornando possível que a atividade filosófica transcenda o domínio dos códigos divinos instituídos numa "busca livre pelos começos, pelas coisas primeiras, pelos princípios"[33]. Pois bem, segundo Strauss, esse complexo fenômeno político, concernente ao conflito entre a filosofia e a lei divina da cidade, traz à tona a mais fundamental oposição com a qual se confronta o pensamento humano, a saber: a oposição entre um modo de vida baseado na necessidade de uma orientação divina das ações humanas (que é próprio do *modus mentis* religioso) e um modo de vida baseado na pressuposição de que a razão humana desassistida pode, graças aos seus próprios recursos cognitivos, guiar a existência do homem (o que é uma característica da filosofia). Com a identificação dessa oposição, tocamos aquilo que Strauss, valendo-se de uma expressão haurida na obra de Spinoza, chamava de "problema teológico-político", problema que ele, Strauss, admitiu constituir, como já observamos, o tema fundamental de suas pesquisas filosóficas. Smith observa, nesse sentido, em seu artigo "Leo Strauss: Between Athens and Jerusalem" (1991, p. 78), que "o núcleo do pensamento de Strauss é o famoso 'problema teológico-político'". Mas desfaçamo-nos aqui, desde já, de um possível mal-entendido: o "problema teológico-político", em Strauss, como a própria expressão já indica de forma explícita, é, antes de mais nada, um "problema", no sentido rigoroso da palavra, o qual Strauss visava aprofundar e explorar filosoficamente, retirando-o do esquecimento em que a filosofia moderna e seus epígonos o haviam lançado, para, a partir desse procedimento, mostrar qual foi a posição do pensamento clássico em relação à autoridade teológica e religiosa. Ou seja, não se trata de uma doutrina, que, como tal, poderia ser sistematizada num conjunto de fórmulas e princípios, resultando na proposição de um programa político de jaez teocrático. Não há o menor vestígio disso nos textos straussianos que, é preciso dizer, não pretendem fornecer soluções políticas e ideológicas para as mazelas de nosso tempo. A esse respeito, Batnitzky nos esclarece oportunamente que "Strauss de forma alguma pleiteia um retorno à teocracia, ou, como seu contemporâneo Carl Schmitt, uma virada em direção à teologia política"[34].

---

with the view that the earth was made by the gods. Thus the question arises as to which code is the right code and which account of the first things is the true account. The right way is now no longer guaranteed by authority; it becomes a question or the object of a quest. The primeval identification of the good with the ancestral is replaced by the fundamental distinction between the good and the ancestral; the quest for the right way or for the first things is the quest for the good as distinguished from the ancestral. It will prove to be the quest for what is good by nature as distinguished from what is good merely by convention".

33. Ver as análises of Strauss em "The Mutual Influence of Theology and Philosophy" (1979, p. 111-112) e em "Progress or Return?" (STRAUSS, 1989, p. 255).

34. SMITH, 2009, p. 41.

2. O conflito entre Jerusalém e Atenas e o fracasso da crítica moderna da religião em seu empreendimento de refutação da revelação bíblica

Ora, na visão de Strauss, como é sabido, a oposição fundamental entre lei divina e filosofia, que constitui o "problema teológico-político", alcança sua mais radical expressão quando a tradição da religião revelada, originada da fé bíblica, finalmente encontra a filosofia grega[35]. Nesse ponto, a vida espiritual do Ocidente torna-se então dominada pela tensão jamais resolvida (aos olhos de Strauss) entre essas duas alternativas: a racionalidade filosófica, por um lado, com sua pretensão de que o intelecto humano pode, por si só ou de maneira autônoma, determinar o modo de vida correto e, por outro, a religião revelada e sua ortodoxia, para as quais apenas por meio da manifestação da palavra divina pode o homem descobrir a melhor forma de vida. É importante notar aqui, antes de avançar, que Strauss realmente considera que o problema teológico-político atinge sua configuração mais nítida e sua máxima maturidade apenas a partir do fenômeno concernente ao encontro entre a revelação bíblica e a filosofia, porquanto, aos seus olhos, é somente diante da revelação bíblica que a filosofia modifica drasticamente sua situação. Com efeito, conforme a explicação straussiana, é ao encontrar a revelação bíblica que a filosofia se vê em face de um código divino diferenciado que, partindo do mesmo problema que se encontra na base do aparecimento da filosofia, a saber, o problema da multiplicidade dos códigos divinos ou θεοί νόμοι, pretende resolver esse problema apresentando-se como o único código fundado na palavra revelada do Deus onipotente. Ora, arrogando-se o *status* de único código verdadeiro ou absoluto, a revelação bíblica nega peremptoriamente a validade dos outros códigos divinos, ao mesmo tempo que rechaça a ambição da filosofia de alcançar o modo de vida reto e mais feliz por meio do conhecimento humano autônomo[36]. Na leitura proposta por Strauss, o núcleo teológico ou religioso fundamental que torna possível que a revelação bíblica se constitua como um desafio sem precedentes à filosofia e que confere à revelação bíblica sua singularidade e sua diferença em relação a outros códigos divinos é a crença bíblica em um Deus onipotente, que, precisamente por ser afirmado como onipotente, tem de ser reconhecido como único (caso houvesse outra divindade, ele não seria realmente onipotente) e como absolutamente ininteligível (porquanto, se ele fosse inteligível, poderia ser conhecido por nosso pensamento e, podendo ser conhecido por nosso pensamento, mais uma vez não poderia ser tido como onipotente, uma vez que conhecer é uma forma de dominar). Eis

---
35. Ver Lilla (2018, p. 53-54).
36. Strauss esclarece muito bem esses elementos em *Reason and Revelation* (MEIER, 2006, p. 148-149).

como Strauss apresenta esse ponto essencial da revelação bíblica em seu artigo "The Mutual Influence of Theology and Philosophy":

> A solução bíblica permanece de pé ou cai por meio da crença na onipotência de Deus. A noção de onipotência exige, evidentemente, o monoteísmo, porque, se há mais de um Deus, claramente nenhum deles pode ser onipotente. Somente os autores bíblicos entenderam o que a onipotência realmente significa, porque somente se Deus é onipotente pode um código particular ser o código absoluto. Mas um Deus onipotente que é perfeitamente cognoscível pelo homem é, de certa forma, sujeito ao homem, na medida em que o conhecimento é uma forma de poder. Portanto, um Deus verdadeiramente onipotente deve ser um Deus misterioso, e este é, como sabemos, o ensinamento da Bíblia[37].

É, portanto, o pensamento religioso assentado nessa fé em um Deus todo-poderoso e incompreensível, além do qual não há nenhum outro Deus, que se oporá à filosofia da maneira mais radical possível, delimitando com isso a alternativa mais fundamental que se estabelece em face da filosofia acerca da questão originária referente a como se deve viver. Smith evidencia esse aspecto da reflexão de Strauss da seguinte forma: "a mais séria alternativa, na verdade a única real alternativa, à filosofia é o desafio colocado pela revelação divina. Outras escolhas e outros planos de vida – mesmo o conflito clássico entre vida filosófica e vida política – empalidecem em comparação com isso"[38]. Como é sabido, essas duas alternativas ganham, por assim dizer, uma expressão simbólica, segundo Strauss, por meio dos nomes de duas esplêndidas e renomadas cidades – Atenas e Jerusalém[39]. Para Strauss, Atenas e Jerusalém não representavam simplesmente duas cidades ou duas culturas, mas, sim, dois genuínos modos de vida que, evidenciando a oposição decisiva e perene entre racionalidade e fé, se estabelecem num antagonismo fundamental[40]. Em uma célebre passagem de *Natural Right and History* (1971, p. 74), ele assim apresenta esse antagonismo:

---

37. STRAUSS, 1979, p. 112.
38. SMITH, 2011, p. 74. Sobre a peculiaridade representada pelo desafio da revelação bíblica à filosofia, peculiaridade que se assenta, como vimos, na crença em um Deus onipotente e incompreensível, ver também as explicações de Meier (2006, p. 7).
39. Ver o ensaio straussiano "Jerusalem and Athens", contido na coletânea *Jewish Philosophy and the Crisis of Modernity* organizada por Kenneth Hart Green (STRAUSS, 1997a, p. 377-408). Cf. também "Progress or Return?" (STRAUSS, 1989, p. 245-246). Para uma explicação desse importante tópico do pensamento de Strauss, ver Smith (1991, p. 75-99), Tanguay (2003, p. 223-293) e McAllister (2017, p. 26-27).
40. Smith, em um estudo biográfico contido na coletânea *The Cambridge Companion to Leo Strauss* (SMITH, 2009, p. 36), explica que "[a]s Strauss understood these terms, Jerusalem and Athens do not represent two cities or two cultures but rather two profoundly different ways of life: the city of faith – the holy city – and the city of reason".

O homem não pode viver sem luz, sem orientação, sem conhecimento; somente através do conhecimento do bem pode ele encontrar o bem de que carece. A questão fundamental, portanto, é se os homens podem adquirir aquele conhecimento do bem sem o qual eles não podem viver suas vidas, coletiva ou individualmente, por meio dos esforços independentes de seus poderes naturais, ou se eles, no que concerne àquele conhecimento, dependem da Revelação Divina. Nenhuma alternativa é mais fundamental do que esta: orientação humana ou orientação divina. A primeira possibilidade é característica da filosofia, ou ciência, no sentido original do termo; a segunda alternativa é apresentada pela Bíblia. Não é possível se esquivar do dilema por meio de qualquer síntese ou harmonização. Pois tanto a filosofia quanto a Bíblia proclamam algo como a única coisa necessária, como a única coisa que, em última análise, conta, e a única coisa necessária proclamada pela Bíblia é o oposto daquela proclamada pela filosofia: uma vida de amor obediente *versus* uma vida de livre compreensão[41].

Como esse trecho deixa claro, a oposição entre filosofia e revelação é, para Strauss, uma oposição realmente radical, que, precisamente por ser radical, é irredutível a qualquer tentativa de síntese ou harmonização. Chamando nossa atenção para esse importante tópico da reflexão straussiana, Smith esclarece que, aos olhos Strauss, "a Bíblia e a filosofia representam dois códigos ou modos de vida fundamentalmente diferentes, que desafiam a reconciliação final"[42]. Isso, porém, não constitui, do ponto de vista straussiano, algo a ser lamentado: antes, segundo Strauss, a tensão jamais resolvida entre filosofia e revelação no mundo ocidental é um elemento que deve ser estimado ou valorizado, uma vez que toda a dinâmica intelectual e civilizacional do Ocidente foi alimentada e impulsionada, naquilo que ela possui de mais fecundo e fundamental, pelo embate jamais interrompido entre essas duas forças espirituais antagônicas[43]. Nessa linha de raciocínio, Strauss chega a considerar que um dos sinais mais eloquentes da crise de nosso tempo tem a ver precisamente com a falsa impressão de que o problema teológico-político, em nossos dias, teria sido definitivamente superado pelo progresso científico e filosófico do pensamento moderno, falsa impressão que resulta da ideia equivocada de que o pensamento moderno, naquela que é a sua expressão mais genuína ou característica, a Ilustração, teria produzido uma refutação cabal e inquestionável da revelação e de seu pressuposto mais fundamental: a concepção de um Deus onipotente e absolutamente incompreensível, que, nos termos straussianos, "decidiu habitar na bruma"[44]. Segundo Strauss, nada mais enganoso do que isso. Como ele próprio diz em "Progress or Return?": "há ainda

---

41. STRAUSS, 1971, p. 74.
42. SMITH, 1991, p. 79.
43. Cf. "Progress or Return?" (STRAUSS, 1989, p. 270).
44. Ver, ainda uma vez, as observações elaboradas em "Progress or Return?" (STRAUSS, 1989, p. 266). Como explica Smith (1991, p. 81), "the conflict or tension between the Bible and philo-

hoje, acredito, uma visão muito comum aos livres-pensadores dos séculos XIX e XX de que a ciência moderna e a crítica histórica teriam refutado a revelação. Eu diria que elas não refutaram nem mesmo a ortodoxia mais fundamentalista"[45].

Para entendermos adequadamente esse ponto do pensamento de Strauss, devemos nos dar conta, antes de mais nada, de que, segundo Strauss, um dos ingredientes fundamentais do projeto filosófico e político moderno é a crítica da religião revelada[46]. De fato, como já foi observado, Strauss considera que os autores modernos pretendiam, contra o ensinamento clássico, popularizar radicalmente a filosofia, no intuito de provocar, graças a esse procedimento, o aparecimento de uma ordem política e social livre e racional, na qual a filosofia se tornaria enfim o "elemento da vida humana"[47]. Ora, de acordo com a interpretação straussiana, a realização desse objetivo político pressupunha, na perspectiva moderna, a efetivação de uma crítica implacável e sem concessões da religião revelada, a fim de liberar a mente humana das amarras e preconceitos teológicos que a mantinham aprisionada em um indesejável "reino das trevas"[48], conduzindo os homens a um estado de autonomia moral e intelectual que se opõe à hetero-

---

sophy which has been the 'nerve' of the Western world is today on the verge of extinction. While many would, no doubt, regard this as a sign of progress, Strauss takes it as a symptomatic of a 'crisis'".

45. STRAUSS, 1989, p. 266.

46. Segundo Strauss, temos aí um elemento que já pode ser visto claramente na obra de Hobbes, autor em que, como esclarece Strauss, a crítica da religião revelada é elaborada não como uma parte acessória de sua teoria política, mas, antes, como a própria fundação dessa teoria política. Ver o que Strauss diz sobre esse assunto em seu *Die Religionskritik des Hobbes* (STRAUSS, 2001, p. 271): "Welche Bewandtnis es auch mit dem Verhältnis von Religionskritik und moderner Politik uberhaupt habe – Hobbes' Politik jedenfalls steht mit seiner Religionskritik in unlöslichem Zusammenhang: die Religion ist *die* Feindin dieser Politik. Denn diese Politik fusst auf dem Axiom, dass der gewaltsame Tod das grösste Übel ist; die Religion hingegen lehrt, dass es ein grösseres Übel als selbst den gewaltsamen Tod gibt, nämlich ewige Höllenstrafen nach dem Tod; also leugnet die Religion die Grundlage der Hobbes'schen Politik.Diese Politik bleibt daher fragwurdig, solange die Lehre der Religion nicht widerlegt ist: sie ist auf die Kritik der Religion angewiesen. Die Grundlage der Hobbes'schen Politik wird freilich nicht nur durch die Religion in Frage gestellt: auch die philosophische Tradition bestreitet, dass der Tod das grösste Übel ist. Aber der Einspruch der Philosophen ist für Hobbes nur dann von Bedeutung, wenn er besagt, dass der Tod darum nicht das grösste Übel ist, weil es ein Leben nach dem Tode gibt; und eben diese Voraussetzung ist nach seiner ausdrücklichen Ansicht nicht durch die Vernunft, sondern nur durch Offenbarung zu verburgen. Daher ist die Offenbarung Hobbes' eigener Ansicht zufolge die einzige Gefahr für seine Politik".

47. Cf. as análises de Strauss em *The City and Man* (1978a, p. 3-4; 37-38) e em *Reason and Revelation* (MEIER, 2006, p. 146-147).

48. A expressão "reino das trevas", segundo Strauss, foi forjada originalmente por Hobbes e veio a ser utilizada no terreno do pensamento filosófico moderno para designar o inimigo comum contra o qual os autores iluministas deviam direcionar seus esforços críticos e beligerantes: a religião revelada e sua ortodoxia. Como Strauss explica em *Thoughts on Machiavelli* (1978b, p. 231), "[w]e no longer understand that in spite of great disagreements among those thinkers [*i. e.*, os pensadores modernos], they were united by the fact that they all fought one and the same power – the kingdom of darkness, as Hobbes called it; that fight was more important to them than any merely political issue".

nomia vigente no plano da ortodoxia religiosa⁴⁹. É a partir da observação dessa característica do pensamento moderno que Strauss veio a julgar que o projeto filosófico da modernidade seria animado, em última análise, em seu desenvolvimento histórico, por uma virulenta cólera antiteológica⁵⁰. Mais ainda: segundo Strauss, na medida em que essa "cólera antiteológica" é levada a efeito pelos filósofos modernos como uma campanha aberta e ostensiva contra a influência social da religião revelada, ela adquire *ipso facto* um caráter público, originando, na visão straussiana, um fenômeno intelectual tipicamente moderno, a saber: o ateísmo político. É o que Strauss esclarece em *Natural Right and History*, a partir de uma citação de Burke: "a audácia não foi, a princípio, característica dos ateus [...] O ateísmo político é um fenômeno distintivamente moderno. Nenhum ateu pré-moderno duvidou de que a vida social exigia a crença em Deus ou a veneração dos deuses"⁵¹.

Evidentemente, para ser completamente bem-sucedida, essa empresa moderna, que envolveu a constituição de um audacioso ateísmo político, pressupunha que a crítica iluminista da religião fornecesse uma refutação cabal ou sem apelação da ortodoxia. Com isso, o "reino das trevas" chegaria então ao seu fim, resolvendo de uma vez por todas o problema teológico-político por meio da abolição ou supressão filosófica do elemento teológico. Mas é precisamente aí que a Ilustração moderna, na perspectiva straussiana, encontra a sua limitação decisiva. E tal é assim, como Strauss nos explica, pelo seguinte motivo: uma refutação cabal e inquestionável da revelação e da ortodoxia religiosa por ela produzida só pode ser pensada sob uma condição, qual seja, a de que a razão humana produza um sistema filosófico perfeito que, fornecendo-nos uma explicação verdadeira e puramente racional do todo, torne possível a constituição de uma genuína teologia natural, que, mediante a demonstração do caráter inteiramente inteligível da divindade, expulse do universo todo enigma e evidencie com isso, racionalmente, a impossibilidade dos milagres e o fato de que o princípio basilar e mais originário da revelação bíblica, *i. e.*, a existência de um Deus onipotente e absolutamente mis-

---

49. Cf. as explicações propostas por Strauss na introdução de *Philosophy and Law* (1995, p. 21-35). Como esclarece Sfez (2007, p. 82), "selon lui [Strauss], le projet des Lumières a eu pour but essentiel de ruiner les fondements de la religion et de désarticuler la corrélation entre science et religion, savoir et foi. Le projet des Lumières est tout entier dans l'affirmation de l'autonomie d'un homme qui serait maître du monde et de sa propre vie. Il s'oppose frontalement au point de vue de l'orthodoxie, c'est-à-dire à l'affirmation de l'hétéronomie d'une humanité ne tenant pas tout d'elle-même".

50. É o que esclarece Tanguay (2003, p. 170), ao observar que "Strauss a caractérisé l'esprit de la rupture moderne comme étant essentiellement animé par la *colère anti-théologique*, voulant signifier par là que le projet moderne fut édifié contre l'ancien esprit théologique qui persuadait les hommes de reconnaître des lois dont ils n'étaient pas les auteurs".

51. STRAUSS, 1971, p. 169.

terioso, é falso[52]. Ora, segundo Strauss, é precisamente isso que o pensamento moderno jamais logrou fazer. Como ele esclarece em "Progress or Return?"[53]:

> A refutação histórica da revelação [...] pressupõe a teologia natural, porque a refutação histórica sempre pressupõe a impossibilidade de milagres, e a impossibilidade de milagres é, em última análise, garantida apenas pelo conhecimento de Deus. Ora, uma teologia natural que cumpre essa exigência pressupõe, por sua vez, uma prova de que a natureza de Deus é compreensível, e isso, por sua vez, exige a efetivação do verdadeiro sistema, ou da explicação verdadeira ou adequada do todo. Uma vez que tal explicação verdadeira ou adequada do todo, distinta de uma explicação meramente clara e distinta do todo, certamente não está disponível, a filosofia nunca refutou a revelação.

Temos aí, então, o fracasso fundamental do pensamento filosófico moderno em face da revelação, fracasso que se manifesta de uma forma exemplar ou paradigmática, segundo Strauss, no sistema hegeliano. É o que Strauss explica em *Spinoza's Critique of Religion* nos seguintes termos: "a razão atingiu sua perfeição no sistema hegeliano; os limites essenciais do sistema hegeliano designam os limites essenciais da razão e, por aí, a inadequação radical de todas as objeções levantadas contra a revelação"[54]. Ora, avançando nessa linha de reflexão, Strauss nos mostra que é justamente por terem percebido a impossibilidade de refutar a revelação em um plano puramente racional que vários autores modernos (entre eles, o próprio Spinoza) viram-se em certo momento obrigados a recorrer a uma outra estratégia na condução de seu combate virulento à religião revelada: o uso retórico da zombaria. Strauss nos mostra que ao zombar de uma coisa lançamos sobre tal coisa, por meio de uma manobra retórica, a derrisão, mas não mostramos com isso que aquilo de que zombamos é falso[55]. Isso significa que a vitória do racionalismo moderno sobre a religião revelada é, no fim das contas, não uma vitória genuinamente elêntica, mas uma vitória retórica. Tanguay (2003, p. 56) chama nossa atenção para esse ponto da leitura straussiana do pensamento moderno em sua relação com a revelação mediante as seguintes formulações:

> Segundo Strauss, os representantes mais radicais das Luzes suspeitaram que a pressuposição fundamental da revelação [a existência de um Deus onipotente

---

52. Ver o que Strauss diz no prefácio de *Spinoza's Critique of Religion* (1997b, p. 29). Cf. também as reflexões desenvolvidas em "Progress or Return?" (STRAUSS, 1989, p. 267-269) e em *Philosophy and Law* (1995, p. 12-13).
53. STRAUSS, 1989, p. 269.
54. STRAUSS, 1997b, p. 9.
55. Cf. as considerações avançadas por Strauss em *Spinoza's Critique of Religion* (1997b, p. 29) e em *Philosophy and Law* (1995, p. 28-29).

e absolutamente misterioso] era irrefutável. A arma que foi então utilizada para sanar essa fraqueza argumentativa foi a derrisão [...] No entanto, a zombaria não é um argumento. É por isso que Strauss afirma que as Luzes não refutaram a revelação graças a uma argumentação sistemática, mas obtiveram uma aparência de refutação por meio de um gênero particular de retórica[56].

Pois bem, a partir da explicitação desses elementos, Strauss pretende nos fazer ver dois pontos fundamentais para se compreender melhor a posição do pensamento moderno em face da religião revelada e de sua ortodoxia. O primeiro ponto, na perspectiva straussiana, tem a ver com o fato de que o pensamento moderno, ao fracassar no empreendimento de construir o sistema filosófico completo e não ser capaz de fornecer uma justificação racional de si próprio, apoia-se, em última análise, numa decisão puramente moral em prol da autonomia do homem e de sua razão, num ato de fé, portanto, que o aproxima paradoxalmente da ortodoxia que ele pretende refutar. Isso significa que, para Strauss, por trás da modernidade e de seu furor antirreligioso, encontra-se uma fé moral não inteiramente declarada. É levando em conta esse elemento que Strauss observa que o confronto de Spinoza com o judaísmo, ou seja, o confronto da descrença com a crença, se explica, no fim das contas, não como um confronto puramente teórico, mas como um confronto moral[57]. Sfez traz à tona esse aspecto fundamental da interpretação straussiana do significado do iluminismo moderno, ao observar que, na óptica de Strauss, "mais que um novo saber, que viria fornecer as provas efetivas dos erros aos quais teria conduzido a fé religiosa (nenhum tratamento científico sendo capaz de provar que o mundo não foi criado), as Luzes representaram uma fé que se ignora como tal"[58].

O segundo ponto que Strauss tem interesse em ressaltar a partir de sua análise da cólera antiteológica moderna tem a ver com o fato de que o suposto triunfo da razão moderna sobre a religião revelada, constituindo, antes de tudo, um triunfo meramente retórico, obtido graças a um uso eficiente da zombaria, faz com que,

---

56. TANGUAY, 2003, p. 56.
57. É o que Strauss observa no prefácio de *Spinoza's Critique of Religion* (1997b, p. 29): "[c]ertain it is that Spinoza cannot legitamely deny the possibility of revelation [...] Hence the antagonism between Spinoza and Judaism, between unbelief and belief, is ultimately not theoretical but moral".
58. SFEZ, 2007, p. 82. McAllister (2017, p. 314-315) também chama nossa atenção para esse elemento de fé que, segundo Strauss, encontrar-se-ia presente no âmago mesmo do projeto do pensamento filosófico moderno de efetivar historicamente a autonomia do homem mediante a supressão da religião revelada: "o gênio do Ocidente, nos diz Strauss, é a tensão entre Jerusalém e Atenas, e modernidade é o nome dado ao progresso feito pelos filósofos que buscam resolver essa tensão em favor da filosofia. Modernidade é deicídio. A tentativa de iluminar a caverna e transformar em filósofos seus habitantes – ou ao menos praticantes de um autointeresse esclarecido – não só fracassou na tentativa de criar uma sociedade racional (uma cidade aberta) como acabou por expor o fundamento de fé ou vontade sobre o qual se baseia a razão".

do ponto de vista estritamente teorético, a revelação bíblica e sua ortodoxia permaneçam ainda de pé naquilo que possuem de mais essencial, uma vez que elas repousam sobre a crença não refutada em um Deus onipotente e incompreensível. Strauss chama a nossa atenção para isso em *Philosophy and Law* por meio das seguintes considerações: "a importância da zombaria para a crítica da religião proposta pela Ilustração é uma prova indireta da irrefutabilidade da ortodoxia. Por conseguinte, a ortodoxia foi capaz de sobreviver ao ataque da Ilustração, e a todos os ataques e recuos posteriores, inalterada em sua essência"[59]. Bem entendido, com essa formulação, Strauss não está querendo dizer que a religião revelada tenha resistido aos assaltos do iluminismo moderno como uma forma de ciência privilegiada acerca de Deus, da providência divina e dos milagres. Antes, a ideia de Strauss é que a revelação só pode ser tida como algo que não foi refutado pela Ilustração enquanto ela se entende como uma forma de fé peculiar: a fé em um Deus misterioso, todo-poderoso e abscôndito. Se esse artigo de fé não foi rechaçado de maneira filosoficamente consistente pela crítica moderna da religião, todo o edifício da revelação bíblica mantém-se, de fato, incólume. Essa nuança é fundamental para se compreender o significado da reflexão de Strauss acerca do assunto. Como ele explica no prefácio de *Spinoza's Critique of Religion*:

> Se a ortodoxia pretende saber que a Bíblia é revelada de maneira divina, que cada palavra da Bíblia é divinamente inspirada, que Moisés foi o autor do Pentateuco, que os milagres registrados na Bíblia aconteceram e coisas semelhantes, Spinoza refutou a ortodoxia. Mas a situação é inteiramente diferente se a ortodoxia se limita a afirmar que ela acredita nas coisas mencionadas, *i. e.*, se ela se limita a afirmar que as coisas mencionadas não podem pretender possuir o poder vinculante daquilo que é sabido. Pois todas as asserções da ortodoxia assentam-se sobre a premissa irrefutável de que o Deus onipotente, cuja vontade é insondável, cujos caminhos não são os nossos caminhos, que decidiu habitar na treva espessa, pode existir. Dada essa premissa, milagres e revelações em geral, e, consequentemente, todos os milagres e revelações bíblicos em particular, são possíveis[60].

3. A retomada do conflito entre Jerusalém e Atenas e a proposição de uma vida na tensão

Como se pode perceber a partir dos elementos que foram acima explicitados, Strauss parece visivelmente interessado, em seu trabalho de questionamento da pretensão moderna de refutação da revelação bíblica e sua ortodoxia, em preservar essa tradição religiosa contra as investidas críticas do pensamento

---

59. STRAUSS, 1995, p. 30.
60. STRAUSS, 1997b, p. 28.

iluminista moderno. No entanto, mais uma vez, antes de ir adiante, é preciso compreender a verdadeira intenção filosófica subjacente a essa *démarche* straussiana, pois Strauss, ao se esforçar para resguardar a revelação contra os ataques da racionalidade moderna, não está buscando, com isso, promover um retorno puro e simples à ortodoxia. Em Strauss, não se trata disso, mas de, por meio da evidenciação do fracasso da modernidade em refutar a revelação e seu pressuposto fundamental, tornar patente o fato de que o problema teológico-político não foi suprimido pela crítica da religião desenvolvida pelo iluminismo moderno, o que nos obriga a repensar o conflito multissecular que opõe Jerusalém e Atenas, religião revelada e filosofia. Mais uma vez, Tanguay captou adequadamente a intenção filosófica que subjaz a esse ponto da reflexão de Strauss, esclarecendo-a da seguinte forma:

> Strauss permaneceu preso toda a sua vida a uma concepção ortodoxa da religião e sempre foi cético quanto às tentativas contemporâneas, conscientes ou não, de salvar a religião, adaptando-a ao mundo moderno. Esse apego a uma concepção ortodoxa não deve ser interpretado como uma adesão do coração. Strauss utiliza a concepção ortodoxa não para resolver de maneira definitiva o debate entre a filosofia e a religião da revelação, mas, antes, para recuperar o solo original do conflito entre Atenas e Jerusalém[61].

Isso significa que a defesa feita por Strauss da religião revelada contra a crítica da modernidade faz parte do projeto straussiano de, a partir de uma meditação sobre a natureza politicamente problemática da filosofia, reavivar a questão teológico-política, a fim de nos colocar novamente diante da radicalidade do conflito entre filosofia e religião revelada, abrindo espaço com isso para uma avaliação de qual foi a posição do pensamento tradicional em relação a essa questão fundamental. Levando a cabo esse procedimento reflexivo, Strauss pretende nos mostrar assim que, apesar da retórica e da propaganda modernas, o desafio da fé bíblica à razão, envolvendo a irrupção do conflito entre dois modos de vida antagônicos (a vida baseada na obediência à autoridade divina, por um lado, e a vida baseada no uso da racionalidade desassistida, por outro), constitui ainda hoje a mais poderosa alternativa às pretensões da filosofia e, portanto, o problema mais fundamental e premente do pensamento humano[62].

---

61. TANGUAY, 2003, p. 252. Ver também as observações de Smith, em seu trabalho "Leo Strauss Today" (SMITH, 2009, p. 5): "Strauss accepted the view, widely shared by a number of his contemporaries, that philosophy had not yet refuted the claims of revelation. This alone puts him in a long skeptical tradition from Montaigne and Pascal to Kierkegaard and even Wittgenstein. But this did not lead to a call for a revival of orthodoxy but a return to classical political philosophy, a return compelled by Strauss's awareness of the self-destruction of modern philosophy and its descent into nihilism".

62. Ver o que Strauss observa em *Persecution and the Art of Writing* (1988b, p. 142-143). Como explica Miller (CRESPIGNY; MINOGUE, 1979, p. 109-110), "[a]o ver de Strauss, o debate levan-

Curiosamente, ao buscar trabalhar essas questões e retirá-las do ostracismo filosófico, Strauss avança a surpreendente concepção de que a ideia de uma oposição entre razão filosófica e autoridade religiosa ou divina (ou entre Atenas e Jerusalém) teria sido algo divisado ou "adivinhado" de algum modo tanto pelos autores gregos quanto pelos autores bíblicos. Nas palavras de Strauss em "Progress or Return?":

> Não há nenhuma dúvida de que os filósofos gregos do período clássico não conheciam a Bíblia, e é geralmente admitido, eu penso, que os autores da Bíblia não conheciam os filósofos gregos. Mas o fato extraordinário é que se alguém estuda os filósofos gregos e a Bíblia de maneira um pouco mais cuidadosa, esse alguém vê que em ambas as fontes do pensamento ocidental adivinhava-se, por assim dizer, a alternativa. Mesmo em Aristóteles encontram-se passagens em que ele [Aristóteles] fala de noções gregas bastante cruas que apontam para o que nós conhecemos na Bíblia em uma forma mais desenvolvida – por exemplo, a noção de que talvez é perverso devotar-se à rebelião filosófica contra Deus[63].

Como se sabe, Strauss busca corroborar essa visão mediante uma provocativa e instigante exegese dos primeiros capítulos do *Gênesis* levada a efeito seja no começo de seu conhecido ensaio "Jerusalem and Athens", seja no seu artigo "On the interpretation of Genesis"[64]. Na perspectiva straussiana elaborada nesses textos, a leitura atenta dos primeiros capítulos do Gênesis nos mostraria, com efeito, que a proibição fundamental veiculada pela Bíblia é uma proibição dirigida precisamente contra a filosofia – ou, por outra, uma proibição dirigida contra aquilo que a filosofia representa, a saber, a pretensão do homem de alcançar um conhecimento autônomo do bem e do mal, ou do correto modo de vida, por meio da contemplação dos céus e da ordem inteligível neles manifestada, *i. e.*, por meio da elaboração de uma cosmologia puramente racional[65]. Segundo tal leitura, a Bíblia buscaria sub-repticiamente desqualificar essa pretensão filosófica, valendo-se de dois procedimentos fundamentais: em primeiro lugar, elaborando uma articulação cosmológica do todo alternativa à cosmologia filosófica (o que consti-

---

tado pelas reivindicações conflitantes e inconciliáveis de Atenas e Jerusalém, da filosofia e da revelação, é a controvérsia mais fundamental com que se depara o homem".

63. STRAUSS, 1989, p. 257. Comentando esse ponto da reflexão de Strauss sobre o problema teológico-político, Sfez (2007, p. 197) nos apresenta os seguintes esclarecimentos: "Strauss décrit les lignes des forces essentielles du conflit indépassable entre les deux autorités (qui représentent deux interprétations de l'autorité) et soutient l'idée selon laquelle, fait extraordinaire, 'dans les deux sources de la pensée occidentale, l'alternative a été l'objet d'une divination', c'est-à-dire d'une entre-vision fulgurante de l'opposition, ce qui prouve qu'il s'agit bien des deux forces 'antagonistes dans le drame de l'âme humaine'".

64. Ambos esses trabalhos podem ser encontrados na coletânea de textos de Strauss organizada por Kenneth H. Green e intitulada *Jewish Philosophy and the Crisis of Modernity*. Cf. Strauss (1997b, p. 359-408).

65. Ver as observações de Strauss em "On the Interpretation of Genesis" (STRAUSS, 1997b, p. 373).

tui o objetivo do primeiro relato da criação que aparece no *Gênesis*); em segundo lugar, mostrando o caráter perigoso e pecaminoso do conhecimento do bem e do mal para o homem (tema do segundo relato da criação desenvolvido pelo *Gênesis*, a partir da história de Adão e Eva e do episódio do fruto proibido). Através do primeiro procedimento, contido no primeiro relato do *Gênesis*, explica Strauss, a Bíblia visa realmente construir uma narrativa cosmológica diferenciada, em que os céus e os corpos celestes (objeto supremo e mais elevado da cosmologia filosófica) são apresentados não mais como seres divinos e como a suma expressão da racionalidade (concepção característica do pensamento grego), mas como meros objetos criados por Deus para propiciar luz à Terra. Com isso, diz Strauss, os astros são depreciados em prol da Terra e da vida na Terra, perdendo a dignidade ontológica de que gozavam no âmbito da filosofia pagã[66]. Mediante o segundo procedimento, presente no segundo relato, prossegue o filósofo, a Bíblia nos apresenta a busca do conhecimento do bem e do mal como uma desobediência a uma interdição divina e como um ato de soberba humana, cuja consequência funesta é a expulsão do homem do estado paradisíaco de inocência para o qual ele foi originalmente criado[67].

Levando adiante sua análise do texto bíblico, Strauss pretende nos fazer ver ainda que, embora o primeiro e o segundo relatos do *Gênesis* possam parecer modos diferentes de se colocar em xeque a filosofia, há entre esses dois relatos, porém, uma continuidade fundamental. Segundo a abordagem straussiana, isso pode ser verificado da seguinte maneira: o primeiro relato desemboca, como se observou acima, numa depreciação dos céus, ou seja, numa depreciação da cosmologia. O segundo relato, por sua vez, como também se notou, culmina numa depreciação do conhecimento independente do bem e do mal. Ora, observa Strauss, o conhecimento independente do bem e do mal não é senão um outro aspecto da cosmologia, na medida em que tal conhecimento se pretende fundado na contemplação dos céus e do cosmo, ou seja, em um saber acerca da natureza das coisas. Ora, a partir da observação desses elementos, Strauss considera que se pode então identificar, de maneira mais precisa, como se dá a articulação

---

66. Cf. "On the Interpretation of Genesis" (STRAUSS, 1997b, p. 368-370). Ver também "Jerusalem and Athens", especialmente o trecho em que Strauss reitera esse ponto fundamental da narrativa do *Gênesis* da seguinte forma (STRAUSS, 1997b, p. 383): "The Bible presents the creatures in an ascending order. Heaven is lower than earth. The heavenly light-givers lack life; they are lower than the lowest living beast; they serve the living creatures, which are to be found only beneath heaven; they have been created in order to rule over day and night: they have not been made in order to rule over the earth, let alone over man. The most striking characteristic of the biblical account of creation is its demoting or degrading of the heaven and heavenly lights. Sun, moon, and stars precede the living things because they are lifeless: they are not gods".

67. Ver as observações contidas em "On the Interpretation of Genesis" (STRAUSS, 1997b, p. 370-372).

essencial entre o primeiro e o segundo relatos do *Gênesis*: o primeiro relato questiona e deprecia o tema primário da filosofia (a cosmologia); o segundo relato questiona as intenções da filosofia (ou seja, a pretensão da filosofia de, a partir do conhecimento cosmológico, ou a partir do conhecimento da natureza, fundar o conhecimento do correto modo de vida para o homem, o conhecimento do bem e do mal)[68].

Strauss julga que, levando em conta aquilo que o relato bíblico do *Gênesis* nos apresenta, podemos chegar então à compreensão de que o que esse relato busca nos fornecer, em última análise, nas suas filigranas, é "uma alternativa à tentação apresentada pela filosofia": trata-se, assim, de recusar a filosofia por considerá-la como uma inimiga da fé bíblica e por julgá-la como a antítese daquele que é um dos ensinamentos fundamentais preconizados pela fé bíblica, a saber: o ensinamento de que o verdadeiro conhecimento do bem e do mal não pode ser alcançado pelo pensamento humano autônomo e independente, mas apenas por meio da revelação. Na interpretação straussiana, o texto bíblico, com isso, procuraria mostrar aos seus leitores um fato decisivo na relação do homem com o saber, qual seja, o fato de que o saber tem, para o homem, um caráter perigoso e mesmo desastroso, o que não é senão outra forma de dizer que o homem não foi criado para o conhecimento, mas para um estado de inocência, algo com que Strauss parece concordar, pelo menos se se leva em conta a condição da maioria dos seres humanos. Nesse sentido, Strauss afirma explicitamente, no ensaio "Jerusalem and Athens", que "a Bíblia pretende ensinar que o homem foi planejado para viver em simplicidade, sem o conhecimento do bem e do mal"[69]. A partir da observação desses pontos, a análise straussiana sobre os primeiros capítulos do texto bíblico é arrematada com a ideia de que esses capítulos seriam "animados por um mesmo espírito" e pretenderiam veicular uma alternativa à "tentação da filosofia", manifestando com isso a oposição radical entre um modo de vida baseado na obediência à revelação divina e um modo de vida baseado no livre uso da razão humana. Nas palavras de Strauss em "On the Interpretation of Genesis":

> A Bíblia, portanto, nos confronta mais claramente do que qualquer outro livro com esta alternativa fundamental: vida em obediência à Revelação, vida obediente, ou vida em liberdade humana, sendo essa última representada pelos filósofos gregos. Essa alternativa nunca foi eliminada, apesar de haver muitas

---

68. Cf., mais uma vez, "On the Interpretation of Genesis" (STRAUSS, 1997b, p. 373).
69. STRAUSS, 1997b, p. 387. Anteriormente, nesse mesmo texto (p. 385), Strauss já afirmara que, conforme o relato bíblico do *Gênesis*, "man was created for a simple life [...] Man was not denied knowledge; without knowledge he could not have known the tree of knowledge nor the woman nor the brutes; nor could he have understood the prohibition. Man was denied knowledge of good and evil, i. e., the knowledge sufficient for guiding himself, his life. While not being a child, he was to live in childlike simplicity and obedience to God".

pessoas que acreditam que possa existir uma síntese feliz, superior aos elementos isolados: a Bíblia, por um lado, e a filosofia, por outro. Isso é impossível. As sínteses sempre sacrificam a pretensão decisiva de um dos dois elementos[70].

Em alguns outros de seus textos, como "The Mutual Influence of Theology and Philosophy" e "Progress or Return?", Strauss pretende aprofundar ainda mais a reflexão sobre esse problema, no intuito, como dissemos, de reavivar a questão teológico-política e, dessa maneira, pôr em xeque um dos pressupostos basilares do pensamento moderno e contemporâneo, abrindo espaço para uma nova apreciação da posição tradicional. Na execução dessa manobra filosófica, Strauss reconhece, porém, que o antagonismo entre a revelação e a filosofia, apesar de radical, se funda em um solo comum, a partir do qual algumas similaridades ou pontos de contato podem ser, assim, identificados. Smith, em seu artigo "Leo Strauss: Between Athens and Jerusalem", ressalta esse aspecto da abordagem de Strauss, ao observar que "apesar das óbvias e importantes diferenças entre o pensamento bíblico e a filosofia clássica, Strauss não era cego às suas áreas de concordância"[71]. Uma dessas áreas de concordância, do ponto de vista straussiano, diz respeito ao reconhecimento tanto do valor quanto da insuficiência da moralidade no registro da vida humana. A ideia de Strauss quanto a esse ponto é que tanto a Bíblia quanto a filosofia clássica consideram que a moralidade, embora constitua um elemento essencial da vida humana, não se justifica inteiramente em si mesma: é preciso, pois, algo que a complete. Avançando nessa linha de reflexão, Strauss nos explica que a diferença entre o pensamento bíblico e a filosofia clássica em relação a esse tópico tem a ver essencialmente com a determinação daquilo que seria o X que complementaria a moralidade: no caso do pensamento bíblico, esse X é o sentimento de culpa, a obediência e a fé na misericórdia divina; no caso da filosofia, trata-se da contemplação ou da teoria[72]. Dando prosseguimento a essa análise, Strauss esclarece ainda que o pensamento bíblico e a filosofia grega revelariam uma concordância quanto ao entendimento do que seria a estrutura social fundamental que deve sustentar a moralidade: a família patriarcal. Além disso, a Bíblia e a razão filosófica concordariam em atribuir à justiça o posto de virtude suprema, acima da coragem, entendendo ambas por justiça, primariamente, a obediência à lei[73]. Precisando, porém, o que é, segundo a Bíblia e a razão filosófica, essa lei cuja obediência é a causa primária da justiça, Strauss esclarece que, tanto para os

---

70. STRAUSS, 1997b, p. 373.
71. SMITH, 1991, p. 80. Nesse mesmo sentido, Sfez (2007, p. 194) observa que, para Strauss, o conflito entre a revelação bíblica e a razão grega "se passe sur les lieux mêmes de la corrélation".
72. Cf. "The Mutual Influence of Theology and Philosophy" (1979, p. 111) e "Progress or Return?" (STRAUSS, 1989, p. 246).
73. Ver "Progress or Return?" (STRAUSS, 1989, p. 247).

autores bíblicos quanto para os gregos, essa lei é entendida não apenas como lei civil, penal ou constitucional, mas também como um princípio moral e religioso que abarca a totalidade da vida humana, o que significa dizer que há um acordo entre o texto bíblico e o ensinamento filosófico quanto ao caráter teológico da lei. "Lei e justiça assim entendidas", explica Strauss em "Progress or Return?": "são lei divina e justiça divina. O governo da lei é fundamentalmente o governo de Deus, teocracia"[74]. Segundo Strauss, é por essa razão que Avicena, em sua obra *Sobre a divisão das ciências racionais*, pôde reconhecer que o texto mais amplo e sistemático consagrado à questão da lei no mundo grego, a saber, o diálogo platônico intitulado as *Leis*, constitui-se, na verdade, como um trabalho dedicado ao tratamento da questão da profecia, ou seja, como uma obra dedicada à questão da revelação de uma lei divina. Não por acaso, explica Strauss, as *Leis* seriam o diálogo mais piedoso de Platão, começando justamente com a palavra "deus" (θεός)[75].

Mas isso não é tudo: do ponto de vista straussiano, é precisamente porque a lei possui, seja no pensamento bíblico, seja no pensamento grego, esse caráter totalizante e teológico, abarcando os mais variados aspectos da vida humana e realizando-se politicamente como uma teocracia, que se estabelece a crença, nesses pensamentos, na existência de uma intervenção divina providencial como um elemento essencial para se assegurar a ordem moral do mundo, intervenção que se realiza ora para punir aqueles que transgridem os comandos da lei, ora para resgatar os justos de seus sofrimentos imerecidos e reintegrá-los em seus direitos. Nessa linha de reflexão, Strauss chama a nossa atenção para a extrema similaridade existente entre os conteúdos de determinados livros bíblicos como Isaías e Jó, por um lado, e aquilo que Platão nos apresenta na *República*, por outro. Ora, o entendimento da lei como lei divina, de acordo com a leitura straussiana, constitui o solo originário em que se dá a comunicação entre a Bíblia e a filosofia grega: "no curso dessas observações extremamente sumárias", explica-nos Strauss em "Progress or Return?", "substituí tacitamente moralidade por justiça, entendendo por justiça obediência à lei divina. Essa noção – a lei divina – parece-me a base comum entre a Bíblia e a filosofia grega"[76].

---

74. STRAUSS, 1989, p. 247.

75. Cf. o que Strauss diz sobre isso em seu trabalho *The Argument and Action of Plato's Laws* (1977, p. 1-2). Em "A Giving of Accounts" (STRAUSS, 1997b, p. 462-463), Strauss explica, em uma rara nota autobiográfica, que se deparou com a concepção aviceniana de que as *Leis* seriam a obra de Platão dedicada à profecia e à lei divina numa etapa inicial de sua carreira intelectual, ao ler uma versão latina do *Sobre a divisão das ciências racionais* de Avicena quando estava às voltas com seu estudo sobre o *Tratado teológico-político* de Spinoza, e observa que esse achado modificou radicalmente a forma como ele, Strauss, via a profetologia de Maimônides, o que acabou por levá-lo finalmente à redescoberta do fenômeno do exoterismo. Sobre isso, ver as explicações de Meier (2006, p. 12).

76. STRAUSS, 1989, p. 248. Cf. também o que Strauss diz em seu artigo "Quelques remarques sur la science politique de Maïmonide et Farabi" (1936, p. 2): "L'idée directrice sur laquelle

Tendo trazido à tona esse terreno comum, em que certos pontos de contato entre a Bíblia e a filosofia grega podem ser identificados, Strauss passa na sequência de sua reflexão a explorar as diferenças existentes entre esses dois modos de pensar, diferenças que, como esclarece Sfez, dizem respeito a uma tensão verdadeiramente radical, que "extrapola os limites de uma lógica da complementaridade"[77]. Essas diferenças se manifestam, numa primeira abordagem, sobretudo naquilo que diz respeito a certos conteúdos da moralidade. De fato, Strauss observa que, embora a Bíblia e o pensamento grego concordem em reconhecer na justiça um dos pilares da moralidade, o pensamento grego admite, ao lado da justiça, como uma virtude igualmente essencial, como nos mostra a Ética de Aristóteles, a magnanimidade, *i. e.*, a capacidade de que dispõe um homem de reconhecer e afirmar o próprio valor e seu direito a honras, ao passo que a Bíblia condena peremptoriamente o orgulho e preconiza a humildade. Nos termos de Strauss:

> Há uma íntima relação entre a justiça de Aristóteles e a justiça bíblica, mas a magnanimidade de Aristóteles, que significa o hábito de um homem reivindicar para si grandes honrarias na medida em que ele faz jus a elas, é alheia à Bíblia. A humildade bíblica exclui a magnanimidade em seu sentido grego[78].

Ora, a valorização bíblica da humildade caminha *pari passu* com a desvalorização bíblica dos cavalheiros ou dos nobres, por um lado, e com a predileção ou compaixão bíblica pelos pobres, por outro. É por isso que muitas vezes, afirma Strauss, o texto bíblico usa os termos "pobre", "piedoso" e "justo" como sinônimos. Ora, na exegese straussiana, não há nada parecido com esse amor aos pobres no pensamento filosófico grego, o que pode ser interpretado, do ponto de vista da moral bíblica, como uma certa "dureza moral" ou ausência de compaixão. Nesse sentido, Strauss esclarece, em "Progress or Return?", que, apesar de os gregos não terem sido idólatras das benesses materiais propiciadas pelo dinheiro, eles sabiam que a realização da virtude neste mundo requer um sustentáculo econômico:

> Os filósofos gregos estavam longe de ser adoradores vulgares da riqueza [...] Sócrates viveu, como ele mesmo diz, em uma pobreza extremamente grande,

---

Grecs et Juifs sont d'accord, c'est exactement l'idée de la loi divine comme d'une loi une et totale qui est en même temps loi religieuse, loi civile et loi morale. Et c'est bien une philosophie grecque de la loi divine qui est à la base de la philosophie juive et musulmane de la Tora ou de la Chari'a: selon Avicenne, les Lois de Platon sont l'oeuvre classique sur la prophétie et la Chari'a". Sfez (2007, p. 194-195) ressalta que essa visão comum da lei divina presente na Bíblia e na filosofia grega se opõe explicitamente à concepção antropocêntrica moderna do homem como criador das próprias leis: "[l]autorité de la Loi fait la différence avec la modernité tournée vers l'homme comme créateur des valeurs, dans une vision anthropocentrique, au moment même où cette modernité prétend s'en dépendre".

77. SFEZ, 2007, p. 194.
78. STRAUSS, 1989, p. 248-249.

e ele não conseguia ver por que um cavalo pode ser bom, sem ter dinheiro, ao passo que um homem não pode sê-lo. Mas os filósofos gregos sustentavam que, tanto quanto a condução geral dos homens está em jogo, a virtude pressupõe um fundamento econômico razoável. A Bíblia, por outro lado, usa pobre, piedoso e justo como sinônimos. Comparada com a Bíblia, a filosofia grega é, nesse como em outros aspectos, sem coração. A magnanimidade pressupõe a convicção de um homem de seu próprio valor. Ela pressupõe que o homem é capaz de ser virtuoso, graças aos seus próprios esforços[79].

Essas observações acerca da oposição entre a magnanimidade grega e a humildade bíblica, oposição que envolve, da parte da filosofia grega, a adoção de uma certa "dureza moral", permitem a Strauss identificar uma nova diferença moral importante entre a Bíblia e o pensamento filosófico grego, qual seja: o fato de que o pensamento filosófico grego desconhece os sentimentos de culpa e de arrependimento, elementos essenciais da moralidade bíblica, considerando que tais sentimentos são incompatíveis com o caráter de um homem verdadeiramente nobre e virtuoso. Na verdade, refinando sua análise, Strauss observa que os sentimentos mencionados acima eram admitidos, na Grécia, por uma forma particular de poesia: a tragédia. Mas, de acordo com a explicação straussiana, a tragédia explorava essas paixões não com o propósito de fomentá-las, mas para delas liberar a multidão, por meio da efetivação de uma experiência catártica[80]. Em outras palavras, para Strauss, o filósofo, desconhecendo a culpa, não pode viver tragicamente e, imune às lágrimas, adota diante da vida o exemplo fornecido pelo sorriso e pelo humor socráticos, o que não é senão outra maneira de dizer que o filósofo é irônico. "Sócrates sorriu uma vez", diz Strauss em uma de suas conferências sobre o problema de Sócrates, "mas não descobrimos que ele tenha chorado nem uma única vez. Ele não nos deixou nenhum exemplo de choro, mas deixou-nos um exemplo de riso [...] Sua ironia é um lema. Ele não é uma figura trágica, mas é fácil ver como ele pode se tornar uma figura cômica"[81].

A partir da explicitação desses elementos, Strauss pode evidenciar melhor o ponto fundamental da oposição entre o pensamento bíblico e o pensamento filosófico, ponto que, como explica Tanguay[82], envolve um "desacordo antropológico" básico, o qual é responsável pela maneira diferenciada como a Bíblia e a filosofia compreendem aquilo que é o "complemento da moralidade", vale dizer, aquilo que ultrapassa e justifica a moralidade, determinando onde se encontra a verdadeira perfeição humana. A ideia de Strauss aqui é que os modos opos-

---

79. STRAUSS, 1989, p. 249.
80. Cf. "Progress or Return?" (STRAUSS, 1989, p. 250).
81. STRAUSS, 1989, p. 106.
82. TANGUAY, 2003, p. 257-259.

tos de entendimento do que é o homem presentes na Bíblia e na filosofia clássica resultam em concepções antagônicas do que o poder humano realmente é capaz. Ora, como já vimos, conforme a explicação straussiana, a filosofia se funda no pressuposto de que o homem pode, por meio de sua razão desassistida ou independente, conhecer a natureza do bem e do mal e, com isso, descobrir por si mesmo o melhor modo de vida. Já a Bíblia recusa essa autonomia humana e considera que o homem depende da revelação divina para conhecer o bem e o mal e encontrar o modo de vida correto. Ou seja, a filosofia aposta na orientação humana por meio da racionalidade, enquanto a Bíblia aponta para a necessidade de uma orientação divina. É por isso que a filosofia e a Bíblia, afirma Strauss, concebem diferentemente aquele X que completa a moralidade: no caso da filosofia, tal X é aquilo que constitui a mais alta expressão do exercício da razão, a contemplação ou a θεωρία; no caso da Bíblia, trata-se da piedade, da necessidade da graça divina e do amor obediente[83]. O elemento central aqui, nessa explicação straussiana, é a ideia de que a filosofia grega e o pensamento bíblico, ao apreenderem a insuficiência fundamental da moral, captaram *ipso facto* os limites da vida política, o que conduziu assim tanto a filosofia grega quanto o pensamento bíblico a um plano superior à vida política, a partir do qual a vida política adquire enfim sua justificação derradeira[84]. No entanto, enquanto na filosofia grega o transpolítico ao qual a política deve sua dignidade é pensado como a mais alta realização do intelecto, consequentemente como algo acessível às capacidades naturais do homem, no pensamento bíblico o transpolítico é pensado como algo a que temos acesso apenas por meio da fé, portanto como algo que não depende dos poderes naturais do homem, mas da graça divina ou da livre iniciativa de Deus. Ora, Strauss evidencia que essa diferença em relação à compreensão do X que complementa a moralidade se reflete na maneira radicalmente diferenciada como o pensamento grego e a Bíblia veem a moralidade: de fato, no caso do pensamento grego, a valorização da contemplação envolve o elogio de uma atividade intelectiva superior que, por constituir uma possibilidade associal, enfraquece as exigências da moral, ao passo que a postura bíblica de humildade, arrependimento e obediência, requerendo a comunidade dos fiéis, reforça a majestade dos comandos morais. Nos termos de Strauss em "Progress or Return?":

> A Bíblia e a filosofia grega concordam, de fato, quanto à importância da moralidade ou justiça e quanto à insuficiência da moralidade, mas discordam quanto

---

83. Cf. "The Mutual Influence of Theology and Philosophy" (1979, p. 111); "Progress or Return?" (STRAUSS, 1989, p. 250).

84. Como esclarece Sfez (2007, p. 147), "Leo Strauss souligne que le terrain de la moralité partagée par les traditions grecque et biblique fait référence, chacune prise à part, à un principe plus élevé que celui de la moralité, um inconditionné qui se trouve représenté par la contemplation des idées dans la tradition grecque et l'obéissance à la Loi divine dans la pensée juive".

ao que completa a moralidade. Segundo os filósofos gregos, como já observamos, trata-se da compreensão ou contemplação. Ora, isso necessariamente tende a enfraquecer a majestade das exigências morais, enquanto a humildade, um sentimento de culpa, arrependimento e fé na misericórdia divina, que completam a moralidade de acordo com a Bíblia, necessariamente fortalecem a majestade das exigências morais. Um sinal disso é o fato de que a contemplação é essencialmente uma possibilidade associal, enquanto a obediência e a fé estão essencialmente relacionadas à comunidade dos fiéis[85].

Levando adiante sua análise desse tópico, Strauss observa que, embora a atividade filosófica constitua uma possibilidade associal, cuja efetivação envolve a realização de uma perfeição humana transpolítica, que é a contemplação ou teoria, a filosofia reconhece o valor da cidade como o solo originário onde ela pode inicialmente florescer, admitindo ao mesmo tempo a importância das artes e técnicas que surgem com a vida civil como um elemento indispensável para o aparecimento da vida política e, por conseguinte, da própria vida filosófica. Em outras palavras, a filosofia se vê como um fenômeno necessariamente vinculado ao desenvolvimento da civilização. Em contraposição a isso, a Bíblia vê as cidades como espaço do pecado e da corrupção (não por acaso, segundo o relato bíblico, o homem que fundou a primeira cidade foi um fratricida), valorizando a simplicidade e o bucolismo da vida dos pastores do campo. Por essa mesma razão, o Deus bíblico é um Deus de eremitas, por assim dizer, que se revela ao homem na solidão do deserto, longe do tumulto da civilização. Como esclarece Strauss mais uma vez em "Progress or Return?":

> Aquela perfeição associal que é a contemplação pressupõe normalmente uma comunidade política, a cidade, que por isso é considerada pelos filósofos como fundamentalmente boa, e o mesmo vale para as artes, sem cujos serviços, e mesmo sem cujo modelo, a vida política e a vida filosófica não são possíveis. De acordo com a Bíblia, porém, o primeiro fundador de uma cidade foi o primeiro assassino, e os seus descendentes foram os primeiros inventores das artes. Não a cidade, não a civilização, mas o deserto é o lugar onde o Deus bíblico se revela. Não o fazendeiro Caim, mas o pastor Abel, encontra graça aos olhos do Deus bíblico[86].

---

85. STRAUSS, 1989, p. 250-251. É a partir dessas considerações que se deve compreender a declaração de Strauss, contida em "A Giving of Accounts" (STRAUSS, 1997b, p. 463), de que "philosophy as such is transpolitical, transreligious and transmoral".

86. STRAUSS, 1989, p. 251. Ver também as seguintes observações de Strauss em "Jerusalem and Athens" (STRAUSS, 1997b, p. 388): "Cain – like his fellow fratricide Romulus – founded a city, and some of his descendants were the ancestors of men practicing various arts: the city and the arts, so alien to man's original simplicity, owe their origin to Cain and his race rather than to Seth, the substitute for Abel, and his race. It goes without saying that this is not the last word of the Bible on

Como se pode ver pelos pontos trazidos à tona nessas formulações straussianas, filosofia e revelação bíblica não se opõem meramente como duas cosmovisões diferenciadas, mas como dois verdadeiros modos de vida, que se estabelecem num antagonismo fundamental. Strauss é enfático quanto a essa dimensão, por assim dizer, vital do antagonismo entre filosofia e revelação bíblica, recusando-se a ver na filosofia um mero sistema doutrinal. Visando deixar isso ainda mais claro, Strauss observa que, na medida em que a Bíblia e a filosofia divergem quanto à capacidade do homem de se conduzir ou se orientar a si mesmo, elas se opõem quanto à compreensão do que é a verdadeira sabedoria. A sabedoria, ensina-nos, nesse sentido, Strauss, é um outro tema comum da Bíblia e da filosofia. No entanto, enquanto a Bíblia proclama que o princípio da sabedoria é o temor do Senhor, portanto, um gesto de submissão e obediência à autoridade divina, para o pensamento grego o princípio da sabedoria é a admiração diante do universo[87]. Ora, sendo impulsionado pela pura admiração, o filósofo grego não se alimenta de nenhuma "promessa divina" e assume uma peculiar serenidade diante do mundo, o que torna possível que ele viva sem "temor nem tremor", rechaçando qualquer esperança acerca da supressão dos males deste mundo. O contrário se dá com o homem bíblico que vive no temor e no tremor tanto quanto na esperança de uma redenção futura dos males humanos por meio do advento de uma era messiânica. Para Strauss, esse ponto crucial da diferença entre o entendimento da Bíblia e da filosofia grega acerca da sabedoria e da questão do temor pode ser visto a partir das formas diferenciadas com que Abraão, de um lado, e Sócrates, de outro, se relacionaram com a palavra divina. De fato, Abraão encarna, na óptica straussiana, a atitude de obediência típica do homem bíblico que, diante de um comando divino incompreensível, se submete inteiramente a ele, sem questionamentos, mesmo que tal comando implique a realização das ações mais insensatas (no caso de Abraão, a submissão ao comando divino envolvia, como se sabe, a realização do sacrifício do próprio filho, Isaque). Já Sócrates encarna a postura tipicamente filosófica, a postura do homem que, ao ouvir a palavra divina emitida por um oráculo, procura testar e refutar essa palavra, a fim de verificar se ela é verdadeira ou não[88].

A partir desse ponto, Strauss procura mostrar que o modo diferenciado com que a Bíblia e a filosofia representam a relação do homem com o divino envolve

---

the city and the arts but it is its first word, just as the prohibition Against eating of the tree of knowledge is, as one may say, its first word simply and the revelation of the Torah, i. e., the highest kind of knowledge of good and evil that is vouchsafed to men, is its last word".

87. Cf. "Progress or Return?" (STRAUSS, 1989, p. 251); "Jerusalem and Athens" (STRAUSS, 1997b, p. 379-380).

88. Ver "Progress or Return?" (STRAUSS, 1989, p. 251-252); "Jerusalem and Athens" (STRAUSS, 1997, p. 400-402).

uma maneira radicalmente heterogênea de se compreender Deus. A ideia de Strauss, no que diz respeito a esse tema, é que há efetivamente uma diferença abissal entre o Deus bíblico e o Deus conhecido pela razão grega ou, para usar a expressão de Pascal, uma diferença abissal entre o "Deus de Abraão, de Isaque e de Jacó", de um lado, e o "Deus dos filósofos e cientistas", de outro. Com efeito, o Deus bíblico é um Deus pessoal e criador, que faz promessas aos homens e com eles estabelece pactos. Ao mesmo tempo, esse Deus é, como já notamos, absolutamente enigmático e incompreensível. Como Strauss nos explica, de fato, em "Jerusalem and Athens", "o Deus bíblico é um Deus misterioso. Ele chega em uma espessa nuvem; ele não pode ser visto. Sua presença pode ser sentida, mas não sempre nem em toda parte; o que se sabe dele é apenas o que Ele escolheu comunicar por meio de sua palavra através de seus servos"[89]. Confrontada com essa teologia do Deus misterioso e incompreensível, a filosofia grega, na perspectiva straussiana, nos mostra uma outra maneira de encarar a questão do divino, sobretudo nas obras de Aristóteles e Platão. De fato, em Aristóteles, o mundo é eterno e não foi criado. Ademais, para esse filósofo, Deus, além de não ser criador, é concebido como pensamento puro, que tem a si mesmo como objeto de uma contemplação pura, não exercendo nenhuma ação providencial sobre a ordem do mundo que se encontra subordinado a ele. Ou seja, o Deus aristotélico não é um Deus moral ou legislador, o que leva Strauss a afirmar que, "para Aristóteles, é quase uma blasfêmia atribuir a justiça ao seu deus; ele [deus] está acima da justiça e da injustiça"[90]. Se nos voltamos, agora, para Platão, considera Strauss, percebemos que, no ensinamento platônico, diferentemente do que ocorre em Aristóteles, Deus cria, por assim dizer, a ordem do mundo, o que aproxima a filosofia platônica da Bíblia. Porém, acrescenta Strauss, o Deus platônico cria a ordem do mundo não por meio de sua palavra, como o Deus bíblico, mas a partir da contemplação das ideias, as quais preexistem eternamente ao ato ordenador divino. Isso significa que, em Platão, acima da teologia se encontram as Ideias, ou, por outra, que Deus não é, para Platão, aquilo que há de mais elevado. Nessa linha de reflexão, Strauss chama a nossa atenção para o fato de que, na *República*, o ensinamento teológico comparece numa etapa inicial da obra, quando o texto aborda a questão da educação elementar ou básica. No entanto, esse ensinamento desaparece nos livros teoricamente mais decisivos, que tratam da educação do filósofo, sendo substituído, nesses livros, pelo ensinamento acerca das Ideias. Nas palavras de Strauss em "Jerusalem and Athens":

---

89. STRAUSS, 1997b, p. 393.
90. Ver as observações de Strauss em "Jerusalem and Athens" (STRAUSS, 1997b, p. 396).

O Deus platônico não cria o mundo por meio de sua palavra; ele cria o mundo após ter observado as Ideias eternas, que são mais elevadas do que ele. Em conformidade com isso, a teologia explícita de Platão é apresentada dentro do contexto da primeira discussão acerca da educação na *República*, dentro do contexto do que poderíamos chamar de discussão acerca da educação elementar; na segunda e última discussão da educação – a discussão acerca da educação dos filósofos – a teologia é substituída pela doutrina das Ideias[91].

Finalmente, Strauss observa que a teologia platônica distingue os deuses cósmicos visíveis, *i. e.*, os astros e os corpos celestes, dos deuses gregos tradicionais (os deuses antropomórficos), considerando que os primeiros são superiores aos segundos na medida em que eles se movem e se manifestam de maneira regular, podendo ser dessa forma conhecidos pelas observações e cálculos dos homens. Tal concepção se choca, observa Strauss, com a concepção bíblica que, como já vimos, afirma o mais inflexível monoteísmo, rechaçando vigorosamente o politeísmo e negando qualquer atributo divino aos astros ou corpos celestes (na Bíblia, os astros não são, de fato, divindades, conforme pudemos observar, mas instrumentos criados por Deus para iluminar a Terra). Isso indica que haveria, assim, uma oposição essencial, e não meramente acidental entre o monoteísmo bíblico e a teologia astral platônica: "a posição platônica considerada conjuntamente com a posição bíblica", arremata Strauss em "Jerusalem and Athens": "traz à tona a oposição fundamental de Atenas em seu ápice a Jerusalém: a oposição do Deus ou dos deuses dos filósofos ao Deus de Abraão, de Isaque e de Jacó, a oposição entre a razão e a revelação"[92].

Pois bem, na leitura straussiana, os elementos acima explicitados manifestariam de forma eloquente o conflito profundo existente entre fé bíblica e filosofia grega, um conflito que, voltamos a dizer, Strauss considerava como radical e impossível de ser resolvido, na medida em que as posições antagônicas da fé bíblica e da racionalidade filosófica se constituiriam a partir de pressupostos que são, em última análise, mutuamente irrefutáveis. A ideia de Strauss é, de fato, que, historicamente, nem a filosofia se mostrou capaz de refutar a revelação bíblica nem a revelação bíblica, por seu turno, se mostrou capaz de refutar a filosofia. Tal é o ponto que Strauss enfatiza, por exemplo, em seu artigo "The Mutual Influence of Theology and Philosophy":

> De uma maneira geral, eu diria que todas as supostas refutações da revelação pressupõem a descrença na revelação, e todas as supostas refutações da filosofia já pressupõem a fé na revelação. Parece não haver base comum a ambas e superior a

---

91. STRAUSS, 1997b, p. 397.
92. STRAUSS, 1997b, p. 397-398.

ambas. Se se pode dizer coloquialmente que os filósofos nunca refutaram a revelação e que os teólogos nunca refutaram a filosofia, isso soaria plausível, considerando a enorme dificuldade do problema desde qualquer ponto de vista[93].

Aos olhos de Strauss, a compreensão desse ponto nos permite observar por que o problema teológico-político atravessa, de certa forma, o curso da história ocidental e possui um caráter inequivocamente perene, colocando-nos diante de um fato decisivo para o pensamento humano, qual seja, o fato de que a mensagem bíblica representa o mais poderoso desafio dirigido à filosofia, na medida em que apenas a mensagem bíblica pretende se impor como o único código divino capaz de resolver de forma definitiva, por meio da referência à palavra revelada do Deus onipotente, aquela que é, na concepção straussiana, a questão originária que mobiliza a atividade filosófica: a questão da vida boa, a questão concernente a como o homem deve viver. Esse repto lançado pela Bíblia em face da filosofia, segundo Strauss, como vimos, persiste ainda hoje, e a filosofia só poderia silenciá-lo inteiramente, consumando seu triunfo sobre o seu maior adversário, caso ela, a filosofia, lograsse elaborar uma explicação do todo completamente inteligível, na qual não haveria mais espaço para um Deus misterioso e onipotente. Essa foi, na visão de Strauss, como explicamos, a ambição da Ilustração moderna, que pretendeu resolver de uma vez por todas o problema teológico-político em favor da filosofia, realizando, portanto, o triunfo final da razão filosófica sobre a Revelação e o modo de vida baseado na obediência à lei divina a partir da constituição do sistema filosófico perfeito. Porém, Strauss deixa claro, como vimos, que a Ilustração jamais logrou constituir esse sistema filosófico perfeito e, por isso, fracassou ostensivamente em sua empresa crítico-filosófica de refutação da revelação e da ortodoxia religiosa, o que significa dizer que, do ponto de vista teórico, a revelação e a ortodoxia continuam a representar uma alternativa legítima à filosofia, fazendo com que o problema teológico-político persista como um problema verdadeiramente fundamental que se impõe através dos séculos ao pensamento humano.

Para Strauss, porém, e esse é ponto importante para o qual gostaria de chamar a atenção, se o fracasso da ilustração moderna na tarefa de refutar a revelação manifesta a permanência da possibilidade da revelação, tal fracasso não significa a derrota da filosofia diante da revelação, mas simplesmente o malogro de uma forma inadequada de se compreender o poder da racionalidade para resolver as questões humanas. De fato, a persistência do problema teológico-político e o malogro da Ilustração moderna em sua tarefa de refutar a religião revelada mostram, aos olhos de Strauss, não que a filosofia seja, em última análise, uma pretensão vazia do intelecto humano e que, portanto, a razão deve ser substituída fi-

---

93. STRAUSS, 1979, p. 112-113.

nalmente pela fé na busca da solução do problema da vida boa, mas, sim, que um certo tipo de filosofia, a filosofia dogmática, característica do racionalismo moderno, é impotente diante do pressuposto mais fundamental da religião revelada. Ora, Strauss considera que, se abandonamos o entendimento da filosofia proposto pelo racionalismo moderno e assumimos uma compreensão não-dogmática ou zetética da filosofia, tal como foi o caso, segundo ele, dos clássicos (sobretudo de Sócrates e Platão), *i. e.*, uma compreensão da filosofia não como posse de um saber absoluto, mas como procura permanente da verdade (ζήτησις), procura fundada mais na consciência dos problemas fundamentais do que nas possíveis respostas a esses problemas fundamentais, garantimos para a filosofia uma justificação mínima de seu exercício diante da alternativa representada pela fé bíblica. Strauss aponta para essa possibilidade em sua conferência *Reason and Revelation*, valendo-se das seguintes formulações:

> Mas a questão é precisamente se não há alternativa à fé bíblica, por um lado, e à descrença moderna, por outro. Somente se se compreende que há tal alternativa é que o desafio filosófico à teologia poderá ser devidamente estimado. A alternativa que tenho em mente é exatamente a filosofia em seu significado original ou pré-moderno[94].

Assumindo-se como atividade zetética, a filosofia pode, nesse caso, na visão straussiana, se legitimar perfeitamente a partir do argumento de que, uma vez que o pensamento humano não se encontra na posse da sabedoria e não dispõe da ciência acerca das coisas mais importantes, o melhor modo de vida para o homem consiste precisamente na busca da sabedoria acerca das coisas mais importantes, ou seja, o melhor modo de vida para o homem é a filosofia[95]. Tal foi, segundo Strauss, a posição do pensamento pré-moderno, posição de natureza fundamentalmente socrática, que Strauss buscava recuperar, mediante seus estudos históricos, contra o dogmatismo do pensamento moderno. Como explica Tanguay, "o retorno aos antigos não é para Strauss um retorno a uma figura dogmática e rígida da filosofia, mas antes um retorno à prática socrática da filosofia"[96]. Ora, graças ao recurso a essa compreensão socrática e não-dogmática da filosofia, Strauss pretende assim fundamentar a validade e a plausibilidade da posição filosófica em face da revelação e com isso manter em aberto a tensão essencial entre Atenas e Jerusalém: trata-se, assim, de reconhecer que nem a filosofia pode refutar a revelação nem a revelação pode desbaratar a filosofia, de forma que somos chamados, por assim dizer, a vivenciar mais uma vez o drama espiritual inerente a esse con-

---

94. MEIER, 2006, p. 143.
95. Cf. o que Strauss esclarece em "The Mutual Influence of Theology and Philosophy" (1979, p. 113).
96. TANGUAY, 2003, p. 278.

flito[97]. Isso significa que a reflexão straussiana sobre a oposição entre a razão filosófica e a fé bíblica visa, antes de tudo, a não propor uma solução para essa oposição, determinando a vitória de um dos lados da disputa, mas, antes, explicitar de maneira sempre mais aprofundada os elementos que nela se encontram presentes, a fim de que, por meio do entendimento das duas alternativas que se afrontam no problema teológico-político, possamos experimentar novamente esse problema de maneira mais genuína[98], recuperando a radicalidade do conflito entre filosofia e revelação e escapando dos dogmatismos que prevalecem no terreno da fé e da descrença[99]. É isso, de resto, o que Strauss mesmo nos convida a fazer no desfecho de sua reflexão sobre o antagonismo entre Jerusalém e Atenas em "Progress or Return?" e é com as palavras do próprio Strauss no referido texto que gostaria de finalizar o presente trabalho. Diz-nos Strauss no final de "Progress or Return?":

> [...] parece-me que esse antagonismo deve ser considerado por nós em ação. Ou seja: parece-me que o cerne, o nervo, da história intelectual ocidental, da história espiritual ocidental, poder-se-ia dizer, é o conflito entre a noção bíblica e a noção filosófica da boa vida [...] Parece-me que esse conflito não resolvido é o segredo da vitalidade da civilização ocidental. O reconhecimento de duas raízes conflitantes da civilização ocidental é, a princípio, uma observação muito desconcertante. No entanto, essa percepção também tem algo de alentador e reconfortante. A própria vida da civilização ocidental é a vida entre dois códigos, uma tensão fundamental. Não há, portanto, nenhuma razão inerente à própria civilização ocidental, em sua constituição fundamental, para que ela deva desistir da vida. Mas esse pensamento reconfortante só se justifica se vivermos essa vida, se vivermos esse conflito. Ninguém pode ser ao mesmo tempo filósofo e teólogo, nem pode haver, aliás, uma possibilidade que transcenda o conflito entre filosofia e teologia, ou que pretenda ser uma síntese de ambas. Mas cada um de nós pode e deve ser um ou outro, o filósofo aberto ao desafio da teologia ou o teólogo aberto ao desafio da filosofia[100].

---

97. Ver, em relação a esse ponto, as oportunas observações de Sfez (2007, p. 213-216). Segundo Sfez, a reflexão straussiana sobre o problema teológico-político desemboca na ideia de que, não havendo solução para esse problema, "la seule attitude convenable est d'accepter de vivre dans le conflit. C'est cette vie dans le conflit qui fait aujourd'hui la vie de la pensée et la vie considérée dans sa globalité".

98. Cf. as explicações de Sedeyn (STRAUSS, 2005, p. 29).

99. É o que explica muito bem Smith (2011, p. 77-78), ao observar que, em Strauss, "zetetic or Platonic philosophy does not claim to have found an answer, much less the answer, to the reason-revelation problem, but rather to keep that problem alive for further investigation. Zetetic understanding is precisely what protects the philosopher from the twin dogmatisms of faith and unbelief. Yet neither can withstand the test of rational justification. Only the philosopher who lives in constant awareness of and engagement with the conflict between Athens and Jerusalem, who is able to engage each side with the claims of the Other, is in a position to justify philosophy as a way of life".

100. STRAUSS, 1989, p. 270.

Referências

Obras de Leo Strauss

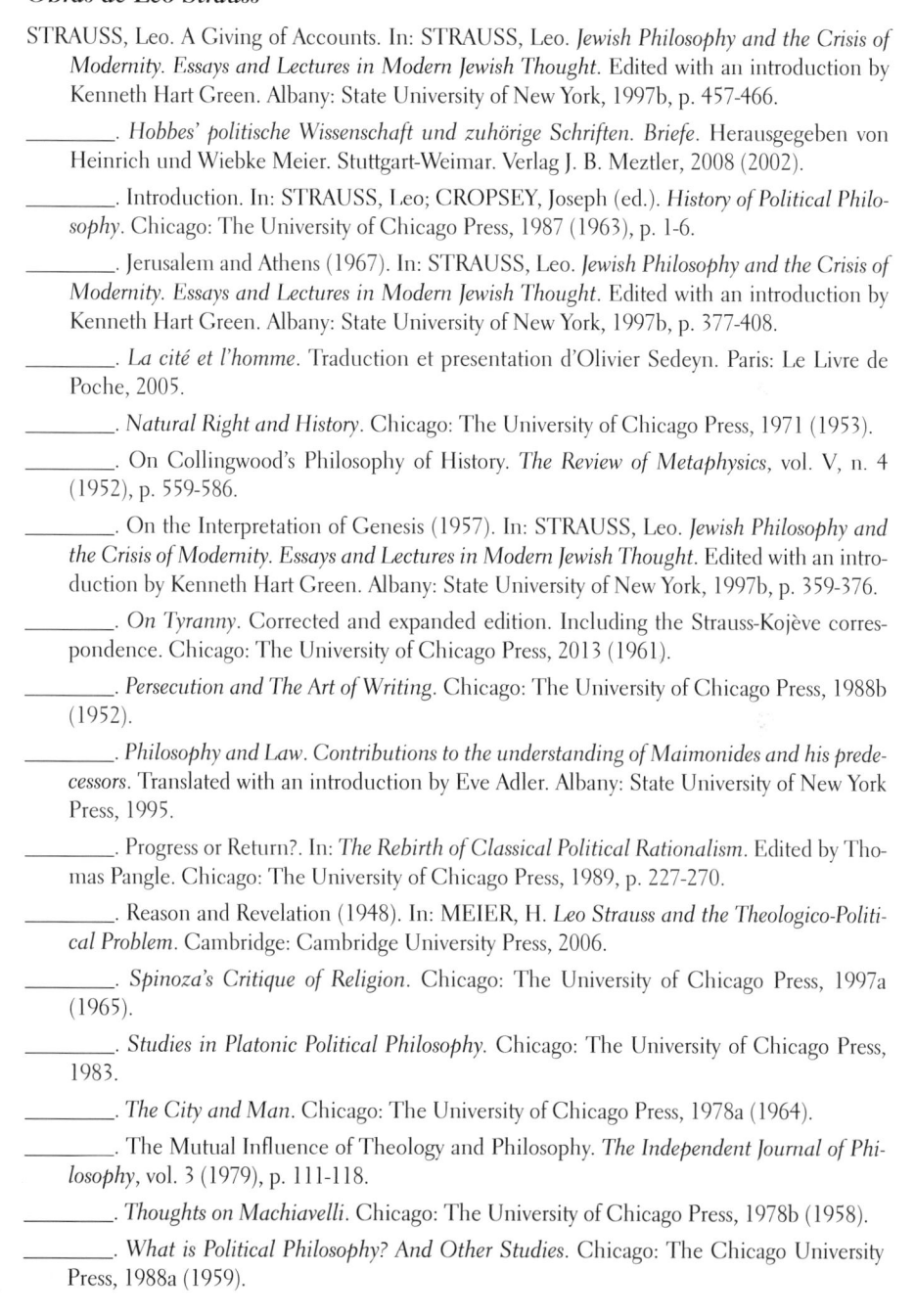

STRAUSS, Leo. A Giving of Accounts. In: STRAUSS, Leo. *Jewish Philosophy and the Crisis of Modernity. Essays and Lectures in Modern Jewish Thought*. Edited with an introduction by Kenneth Hart Green. Albany: State University of New York, 1997b, p. 457-466.

_____. *Hobbes' politische Wissenschaft und zuhörige Schriften. Briefe*. Herausgegeben von Heinrich und Wiebke Meier. Stuttgart-Weimar. Verlag J. B. Meztler, 2008 (2002).

_____. Introduction. In: STRAUSS, Leo; CROPSEY, Joseph (ed.). *History of Political Philosophy*. Chicago: The University of Chicago Press, 1987 (1963), p. 1-6.

_____. Jerusalem and Athens (1967). In: STRAUSS, Leo. *Jewish Philosophy and the Crisis of Modernity. Essays and Lectures in Modern Jewish Thought*. Edited with an introduction by Kenneth Hart Green. Albany: State University of New York, 1997b, p. 377-408.

_____. *La cité et l'homme*. Traduction et presentation d'Olivier Sedeyn. Paris: Le Livre de Poche, 2005.

_____. *Natural Right and History*. Chicago: The University of Chicago Press, 1971 (1953).

_____. On Collingwood's Philosophy of History. *The Review of Metaphysics*, vol. V, n. 4 (1952), p. 559-586.

_____. On the Interpretation of Genesis (1957). In: STRAUSS, Leo. *Jewish Philosophy and the Crisis of Modernity. Essays and Lectures in Modern Jewish Thought*. Edited with an introduction by Kenneth Hart Green. Albany: State University of New York, 1997b, p. 359-376.

_____. *On Tyranny*. Corrected and expanded edition. Including the Strauss-Kojève correspondence. Chicago: The University of Chicago Press, 2013 (1961).

_____. *Persecution and The Art of Writing*. Chicago: The University of Chicago Press, 1988b (1952).

_____. *Philosophy and Law. Contributions to the understanding of Maimonides and his predecessors*. Translated with an introduction by Eve Adler. Albany: State University of New York Press, 1995.

_____. Progress or Return?. In: *The Rebirth of Classical Political Rationalism*. Edited by Thomas Pangle. Chicago: The University of Chicago Press, 1989, p. 227-270.

_____. Reason and Revelation (1948). In: MEIER, H. *Leo Strauss and the Theologico-Political Problem*. Cambridge: Cambridge University Press, 2006.

_____. *Spinoza's Critique of Religion*. Chicago: The University of Chicago Press, 1997a (1965).

_____. *Studies in Platonic Political Philosophy*. Chicago: The University of Chicago Press, 1983.

_____. *The City and Man*. Chicago: The University of Chicago Press, 1978a (1964).

_____. The Mutual Influence of Theology and Philosophy. *The Independent Journal of Philosophy*, vol. 3 (1979), p. 111-118.

_____. *Thoughts on Machiavelli*. Chicago: The University of Chicago Press, 1978b (1958).

_____. *What is Political Philosophy? And Other Studies*. Chicago: The Chicago University Press, 1988a (1959).

Obras sobre Leo Strauss e outras fontes secundárias

DRURY, Shadia. *The Political Ideas of Leo Strauss.* Updated Edition. Lexington: Palgrave Macmillan, 2005 (1987).

FUSTEL DE COULANGES, Numa Denis. *A cidade antiga.* Tradução de Fernando de Aguiar. São Paulo: Martins Fontes, 2004 (1981).

LILLA, Mark. *A mente naufragada. Sobre o espírito reacionário.* Tradução de Clóvis Marques. São Paulo: Record, 2018.

MCALLISTER, Ted V. *Revolta contra a modernidade. Leo Strauss, Eric Voegelin e a busca por uma ordem pós-liberal.* Tradução de Túlio Sousa Borges de Oliveira. São Paulo: É Realizações, 2017.

MEIER, Heinrich. *Leo Strauss and the Theologico-Political Problem.* Cambridge: Cambridge University Press, 2006.

MELZER, Arthur. *Philosophy Between the Lines. The Lost History of Esoteric Writing.* Chicago: The University of Chicago Press, 2014.

MILLER, Eugene F. Leo Strauss e a recuperação da filosofia política clássica. In: CRESPIGNY, Anthony de; MINOGUE, Keneth R. *Filosofia política contemporânea.* Tradução de Yvonne Jean. Brasília: Editora UnB, 1979, p. 93-128.

PANGLE, Thomas. Introduction. In: STRAUSS, Leo. *The Rebirth of Classical Political Rationalism.* Edited by Thomas Pangle. Chicago: The University of Chicago Press, 1989a.

_____. *Leo Strauss. An Introduction to his Thought and Intellectual Legacy.* Baltimore, Maryland: The Johns Hopkins, 2006.

SFEZ, Gérard. *Leo Strauss, foi et raison.* Paris: Beauchesne, 2007.

SMITH, Steven B. Leo Strauss: Between Athens and Jerusalem. *The Review of Politics,* vol. 53, n. 1, 1991, p. 75-99.

_____. Leo Strauss Today. In: idem. *The Cambridge Companion to Leo Strauss.* Cambridge: Cambridge University Press, 2009, p. 1-12.

_____. Philosophy as a way of Life: the case of Leo Strauss. In: ZUCKERT, Catherine (ed.). *Political Philosophy in the Twentieth Century.* Cambridge: Cambridge University Press, 2011, p. 61-79.

TANGUAY, Daniel. Leo Strauss et les Lumières modernes. In: COPPENS, Frederic et al. (ed.). *Leo Strauss. À quoi sert la philosophie politique.* Paris: PUF, 2014, p. 47-66.

_____. *Leo Strauss. Une biographie intellectuelle.* Paris: Bernard Grasset, 2003.

TARCOV, Nathan; PANGLE, Thomas L. Epilogue. Leo Strauss and the History of Political Philosophy. In: STRAUSS, Leo; CROPSEY, Joseph (ed.). *History of Political Philosophy.* Chicago: The University of Chicago Press, 1987 (1963), p. 907-938.

XENOS, Nicholas. *Cloaked in Virtue. Unveilling Leo Strauss and the Rhetoric of the American Foreign Politics.* New York: Routledge, 2008.

ZUCKERT, Catherine; ZUCKERT Michael. *The Truth about Leo Strauss.* Political Philosophy and American Democracy. Chicago: The University of Chicago Press, 2006.

O conhecimento de Deus a partir da obra *De Trinitate* de Santo Agostinho

Daniel Ribeiro de Almeida Chacon

O presente capítulo[1] intenciona apresentar a "investigação psicológica" do mistério trinitário como resultado do esforço da inteligência da fé em sua procura pelo conhecimento de Deus. Nessa via essencialmente interiorizante e ascendente se indica um vestígio da Trindade na dimensão mais excelsa da alma humana. Mas, conforme elucida Agostinho, devido à degradação da alma pelo pecado, a razão não será capaz de alcançar, por si mesma, a *contemplatio aeternorum*.

A pesquisa aqui desenvolvida pertence ao campo de reflexão da Filosofia da Religião. Nessa área, a questão sobre a relação entre fé e razão apresenta-se como um intrigante drama, alvo de extensa e séria produção filosófica. Ainda, convém esclarecer que o método utilizado nesta produção acadêmica consiste no da revisão bibliográfica. A análise crítica dos livros XI a XV do *De Trinitate* pressupõe os resultados da interpretação de importantes comentadores.

O desenvolvimento desta proposta se dá em dois momentos distintos que, quando tomados em conjunto, visam demonstrar a validade da hipótese central aqui expressa. Nesse sentido, objetivamos apresentar a via epistemológica sugerida por Agostinho a partir dos conceitos de homem interior – homem exterior e ciência – sabedoria. No segundo instante, se realiza uma excursão sobre as etapas da degradação humana e da necessidade de purificação pela fé em Cristo a fim de se chegar à contemplação de Deus.

Contudo, a intenção desta investigação não consiste então em, a partir de Santo Agostinho, solucionar o problema que, todavia, ainda persiste na contem-

---

1. Este escrito é uma adaptação de um excerto da dissertação, de nossa autoria, intitulada *Fé e Razão a partir da obra* De Trinitate *de Santo Agostinho*. A pesquisa aqui realizada contou com o financiamento da Coordenação de Aperfeiçoamento de Pessoal de Nível Superior – CAPES.

poraneidade. No presente, esse desafio possui uma singularidade que o separa radicalmente das categorias conceituais em que operavam a inteligência filosófica na Antiguidade. Dessa forma, o objetivo desta investigação reduz-se à compreensão das origens do problema e da síntese da inteligência cristã na Antiguidade tardia, ainda que a relevância da síntese agostiniana se situe para além de seu valor estritamente histórico.

1. Homem exterior e homem interior

Conforme Santo Agostinho, o conhecimento de Deus impõe a exigência de uma dialética da interioridade. Por esta via, o ser humano pode alcançar a contemplação das verdades eternas e imutáveis, das quais a Trindade constitui o apogeu[2]: "e o que, nas coisas eternas, há de mais excelente do que Deus, cuja natureza, só a dele, é imutável?"[3]. Ora, a incursão agostiniana, a fim de encontrar em si mesmo, imagem e semelhança de Deus, um vestígio da Trindade se deu a partir de um íntimo e gradual movimento, do exterior para o interior e do inferior para o superior.

Não há, portanto, um caminho mais perfeito para alcançar o conhecimento do Deus-Verdade senão o voltar-se para si e, evitando pôr-se em clausura, num amor de si, ascender em direção ao *amor Dei*. Com efeito, concretiza-se aqui uma metafísica da interioridade, segundo a qual a atenção voltada para a introspecção do espírito é interpelada a não se fixar em si mesma, mas a transcender-se em direção àquele Outro que é capaz de conduzir o ser humano a sua realização plena:

> Não saias de ti, mas volta para dentro de ti mesmo, a Verdade habita no coração do homem. E se não encontras senão a tua natureza sujeita a mudanças, vai além de ti mesmo. Em te ultrapassando, porém, não te esqueças que transcendes a tua alma que raciocina. Portanto, dirige-te à fonte da própria luz da razão[4].

Nessa notável passagem, a dialética da interioridade aparece caracterizada por três atitudes: (1) de superação da exterioridade[5] – *Noli foras ire*; (2) de introspecção – *in te ipsum redi*; e, por fim, (3) de ascensão – *transcende et te ipsum*.

---

2. A visão do Deus-Trindade pela dialética da interioridade oferece o quadro fundamental do *intellectus fidei* (cf. DU ROY, 1966, p. 387-388). Nesse sentido, a via analógica desenvolvida por Santo Agostinho no *De Trinitate* é essencial para compreender a inteligência da fé.
3. *De Trinitate*, XII, 14, 22.
4. *De vera religione*, 39, 72. Remete-se, para esta obra, à tradução A *verdadeira religião*, da Editora Paulus, Série Patrística.
5. No entanto, quanto à superação da exterioridade, Contaldo (2011, p. 51) esclarece: "O itinerário agostiniano em busca da interioridade não desconhece e nem desconsidera o mundo exterior. Antes toma-o como referência para se posicionar servindo-se abundantemente da linguagem que expressa a experiência e a presencialidade das coisas sensíveis".

Mas, se é necessário escapar de si, qual a razão de voltar-se para si mesmo? Nas páginas do *De Trinitate*, a presente questão é pensada a partir da compreensão de que, nas profundezas da alma humana, no mais íntimo da mente[6], é possível encontrar uma imagem e semelhança do Criador[7]. Com efeito, essa semelhança não se dá segundo as aparências exteriores, mas segundo o que é singular e mais excelente no ser humano, ou seja, a imagem divina se dá em sua alma racional.

Nesse sentido, a distinção realizada no livro XII do *De Trinitate* entre homem exterior e homem interior é crucial para a ascendência do espírito que visa à sabedoria. Contudo, é necessário esclarecer que, para Santo Agostinho, o ser humano[8] não é nem um nem outro isoladamente. A distinção entre homem interior e homem exterior é, de certa maneira, muito genérica, e se refere a duas disposições do espírito humano, conforme expressão do livro XII: "duas em uma só mente"[9]. Inspirado na literatura paulina[10], o que Agostinho constata é a presença de diferentes tendências humanas na relação com a existência.

---

6. Apesar da especificidade e da fluidez da terminologia epistemológica e antropológica da filosofia agostiniana, Étienne Gilson faz alguns esclarecimentos importantes para o desenvolvimento dessa investigação: (1) *anima* é uma expressão que designa uma função vital dos corpos, um princípio animador compartilhado por homens e animais irracionais; (2) *animus* é preferencialmente utilizado em referência ao homem, constituindo, simultaneamente, um princípio vital e uma substância racional; (3) *spiritus* possui duas significações distintas: conforme a definição porfiriana e no sentido das Escrituras. De acordo com a primeira, *spiritus* designa a memória sensível, sendo, assim, superior à *anima* e inferior à *mens*. Conforme a interpretação escriturística de Santo Agostinho, o *spiritus* se refere à parte racional da alma, ou seja, a uma faculdade singular dos seres humanos; (4) *mens* vem a ser a parte superior da alma racional (*animus*) e se traduz, amiúde, como "pensamento", caracterizando-se pela relação com os inteligíveis. Com efeito, a *mens* contém a *ratio* (movimento pelo qual a *mens*, numa atividade associativa ou dissociativa, transita de um dos seus conhecimentos a outro) e o *intellectus* (compreendido como a parte mais excelente da *mens*) (cf. GILSON, 2010, p. 95-96). Ressalta-se ainda que, a rigor, as significações dos múltiplos conceitos da filosofia agostiniana não são sempre assim tão nítidas e de fácil tradução como aparentemente essa exposição possa sugerir.

7. Agostinho esclarece que, na alma humana, há uma imagem e semelhança de Deus pensadas sempre em relação à Trindade: "De facto, Deus disse: Façamos o homem à nossa imagem e semelhança; mas logo a seguir está dito: 'E Deus fez o homem à imagem de Deus'. Seguramente não diria nossa, que é plural, se o homem fosse feito à imagem de uma única Pessoa, fosse a do Pai, fosse a do Filho, fosse a do Espírito Santo, mas, porque era feito à imagem da Trindade, por isso mesmo foi dito: à nossa imagem. Depois, para não sermos levados a crer que na Trindade há três deuses, sendo a Trindade um Deus único, repete: 'E Deus fez o homem à imagem de Deus', como se dissesse: à sua imagem" (*De Trinitate*, XII, 6, 6).

8. Apesar da distinção corpo (princípio material) e alma (princípio incorpóreo e inextenso), a noção de ser humano na antropologia agostiniana se distancia da radicalidade do dualismo maniqueísta e da consequente instrumentalização da relação corpo e alma. A influência neoplatônica em sua antropologia diz respeito mais à elaboração do homem interior, mais especificamente na presença interior e superior da Trindade na *mens*, equivalente ao *noûs* neoplatônico (cf. LIMA VAZ, 2004, p. 53-59). Dessarte, é a partir da fé cristã que Santo Agostinho vai desenvolver a ideia de pessoa em sua unidade (corpo-alma), universalidade, singularidade e contingência histórica.

9. *De Trinitate*, XII, 3, 3.
10. Cf. SOUZA, 2013, p. 169-170.

Segundo a definição agostiniana: "O que em nosso espírito temos de comum com o animal irracional diz-se justamente pertencer ainda ao homem exterior"[11]. Discernir o homem exterior não equivale apenas a identificar sua corporeidade, mas também a manifestação da vida que confere vigor ao seu organismo físico; os sentidos com os quais se percebem as coisas exteriores; e a recordação[12] dos objetos gravados na memória[13]. Em suma, o homem exterior é identificado com os seres irracionais enquanto compartilha com eles os mesmos atributos.

A expressão "homem exterior" se refere àquela parte da alma que mantém contato com os sensíveis, ainda que num plano comum aos demais animais. No entanto, mesmo na estrutura física, Agostinho considera uma importante diferenciação por parte dos seres humanos, pois estes possuem uma constituição corpórea ereta que possibilitaria uma fronte elevada em direção ao céu, ou seja, para aquilo que o ultrapassa. Na concepção agostiniana, essa característica humana é um convite para que a alma, substância espiritual, se inspire a elevar-se, fixando seu olhar para além da realidade sensível, mais especificamente, para a superioridade dos inteligíveis[14].

Em face da possibilidade mesma de ultrapassar os limites da exterioridade do mundo corpóreo, o simples ato de recusar-se a transcender essa esfera e, consequentemente, de negligenciar as realidades mais sublimes que a mera transitoriedade do momento presente significa um desprezo à própria natureza constitutiva da alma humana. A efetivação dessa posição coincidiria com a redução a uma condição inferior àquela para a qual a alma foi criada. Dessa forma, a disposição que Agostinho nomeia como "homem exterior" não é nada além do que um estágio preliminar do espírito que deve ser por ele superado.

Contudo, uma questão essencial se impõe: se a superação da realidade sensível é um princípio *sine qua non* da filosofia agostiniana, o argumento cético desenvolvido pelos acadêmicos e que, com grande diligência, foi refutado por Agostinho no tempo que se seguiu à sua conversão não seria agora legitimado? Certamente, a proposta de uma ascendência do espírito não se confunde com a recusa cética em relação à possibilidade de se estabelecer um conhecimento seguro da realidade. Conforme os acadêmicos, cujo ceticismo Agostinho combate, o pro-

---

11. *De Trinitate*, XII, 1, 1.
12. No entanto, Agostinho, ainda que aparentemente reticente, admite que quanto à recordação dos conteúdos da fé cristã, o que se realizaria nesse ato seria uma atividade do homem interior: "Mas, se conhece e recorda o significado dessas palavras, realiza já, sem dúvida, uma atividade própria do homem interior, mas ainda não se deve dizer ou considerar que vive segundo a trindade do homem interior se não amar todas as coisas que nelas são ensinadas, preceituadas, prometidas" (Ibidem, XIII, 20, 26).
13. Cf. Ibidem, XII, 1, 1.
14. Cf. *De Trinitate*, XII, 1, 1.

blema do conhecimento se instauraria em razão de os sentidos invariavelmente se equivocarem, porém esta não é, definitivamente, uma alegação defendida por ele.

A relação e os limites entre o que, no *De Trinitate*, denominam-se "homem exterior" e "homem interior" requerem uma aproximação às considerações desenvolvidas no *De libero arbitrio*. Nessa obra[15], Santo Agostinho parte da corporeidade dos sentidos até chegar a um ponto caro para a presente reflexão, a saber: a verdade imutável da sabedoria, pois, conforme elucidado anteriormente, nisso consiste o fim último da relação entre fé e razão. Nesse sentido, a passagem dos sentidos à verdade se dá no percurso de sua exposição sobre a existência de Deus.

No caminho desenvolvido nessa obra, Santo Agostinho analisa os chamados *sensus corporis*, isto é, os cinco sentidos externos[16]. O desenvolvimento da argumentação agostiniana sugere que estes sentidos possuem um papel inicial na construção do conhecimento sensível. Contudo, ainda que os dados sensíveis sejam o ponto de partida, é por meio da razão que se alcança o conhecimento. As sensações por si mesmas não são capazes de informar quanto à verdade ou falsidade de algo; por conseguinte, os sentidos não nos podem enganar.

A reflexão avança, apontando para o então denominado *sensus interior*, ou seja, o sentido interior. Este possui a competência de assimilar as impressões advindas dos *sensus corporis* e, além disso, perceber também os próprios sentidos externos. Assim como estes, o sentido interior não é uma especificidade humana, mas uma dimensão do espírito presente até nos animais irracionais[17].

A relação entre essas esferas se produz num nível hierárquico de subordinação dos sentidos externos ao sentido interior[18]. A disposição de ordenação e sujeição a que o *De libero arbitrio* se refere está fundada na capacidade judicativa relativa à dimensão do sentido interior. O princípio que rege essa concepção se expressa na sentença: "Quem julga é superior àquele [sic] sobre o que julga". Ora, por *iudicare*, julgar, compreende-se a atividade de um ser sobre determinado objeto, implicando certa relação de dependência na ação[19].

---

15. O livro I do *De libero arbitrio* foi escrito aproximadamente 388 d.C.; já os livros II-III foram escritos entre 391-395 d.C. (cf. LANCEL, 1999, p. 741).
16. Cf. *De libero arbitrio*, II, 3, 8.
17. Cf. *De libero arbitrio*, II, 4, 10.
18. A subordinação de um ao outro se confirma nas palavras de Evódio, interlocutor de Santo Agostinho nesta obra: "É porque eu reconheço no sentido interior um guia e um juiz dos sentidos exteriores. De fato, quando estes faltam em algo de suas funções, o sentido interior reclama os seus serviços, como junto a um servidor, conforme dissemos em nossa conversa anterior. Na verdade, o sentido da vista, por exemplo, não vê a presença ou a ausência de sua visão. E porque não vê, não pode julgar sobre o que lhe falta ou lhe basta. Esse é o papel do sentido interior" (*De libero arbitrio*, II, 5, 12).
19. Cf. RAMOS, 2009, p. 111.

O *sensus corporis* e o *sensus interior* correspondem à dimensão do homem exterior. Apesar da possibilidade da dispersão dos sentidos na multiplicidade da realidade intramundana, através deles inicia-se o itinerário introspectivo e ascensional para o conhecimento da Verdade:

> E assim, gradualmente, desde os corpos até a alma, que sente através do corpo, e da alma até sua força interior, à qual o sentir do corpo anuncia as coisas exteriores, tanto quanto é possível, aos animais irracionais, e daqui passando de novo à capacidade raciocinante, a qual compete julgar o que é aprendido pelos sentidos do corpo; a qual, descobrindo-se também mutável em mim, elevou-se até a inteligência de si e desviou o pensamento do hábito, subtraindo-se às multidões antagônicas dos fantasmas, para que descobrisse com que a luz era aspergida quando clamava, sem nenhuma hesitação, que um imutável de antepor-se ao mutável, o motivo pelo qual conheci o próprio imutável – porque, se não o conhecesse de modo algum, de nenhum modo o anteporia, com certeza absoluta, ao mutável – e chegou àquilo que é num relance de vista trepidante. Então, porém, contemplei as tuas coisas invisíveis, compreendidas por meio daquelas coisas que foram feitas [...][20].

Santo Agostinho segue, portanto, sua conversação, no *De libero arbitrio*, analisando a dimensão na qual a atividade judicativa por excelência se concretiza, a saber: a *ratio*. Situada acima do *sensus corporis* e do *sensus interior*, a razão é a condição humana que possibilita a própria ciência: "Pois, a não ser ultrapassando esse mesmo sentido interior, o objeto transmitido pelos sentidos corporais poderá chegar a ser objeto de ciência. Porque tudo o que nós sabemos, só entendemos pela razão – aquilo que será considerado ciência"[21]. Nesse sentido, o conhecimento exige operações que ultrapassam a esfera dos sentidos externos e, também, do sentido interior:

> [...] reter na memória não só as que são naturalmente captadas, mas também as que à memória são intencionalmente confiadas, e voltar a imprimir as que começam a cair no esquecimento, recordando-as e pensando nelas de forma que, assim como do conteúdo da memória se forma o pensamento, assim também pelo pensamento se consolide precisamente o que a memória contém; construir visões imaginárias, colhendo daqui e dali e como que cosendo algumas recordações; ver de que modo, neste gênero de coisas, verossímeis se distinguem das verdadeiras, não no que respeita às espirituais, mas precisamente as corpóreas: estas e outras coisas do mesmo gênero, se bem que aconteçam e se passem ao nível das coisas sensíveis e daquelas que o espírito delas colhe pelos

---

20. *Confessionum*, VII, 17, 23.
21. *De libero arbitrio*, II, 3, 9.

sentidos do corpo, nem são desprovidas de razão, nem são comuns a homens e animais irracionais[22].

Com efeito, a saída da esfera dos sentidos para a racionalidade corresponde ao que o *De Trinitate* sugere como a passagem do homem exterior para o homem interior. As considerações desenvolvidas no *De libero arbitrio* lançam luz sobre as especificidades existentes desse salto. Os sentidos externos, o sentido interno e a razão, conforme esta obra, refletem respectivamente a hierarquia dos valores da existência, a saber: *esse, vivere et intelligere*, "ser", "viver" e "entender". No entanto, é na dimensão mais sublime da existência, o *intelligere*, que se encontra a possibilidade de ascender ao divino, encontrando em si o que escapa de si mesmo, ou seja, os vestígios da Trindade. A essa dimensão, a terminologia do *De Trinitate* identifica como "homem interior": "Assim, subindo nós interiormente pelas partes da alma alguns degraus de reflexão, no ponto onde começa a encontrar-se alguma coisa que já não partilhamos com os animais irracionais, aí começa a razão na qual o homem interior pode ser reconhecido"[23]. No homem interior, portanto, se encontra o exercício da razão, aquele que excede em seu valor à exterioridade dos sensíveis e dos próprios sentidos.

Os sentidos do corpo, em expressão agostiniana, *fenestrae sunt mentis*, "são as janelas da alma" que, sem a atividade da razão, em vão permaneceriam abertas[24]. Apesar de a sensação se iniciar na relação com a coisa, ou seja, ainda que o sensível possua em si a causa da sensação, é a alma, e não os sentidos, que atua nos objetos e que se permite afetar em decorrência da própria ação e de sua união com o corpo[25]. Com efeito, é no nível da alma racional que se encontram a sensação e sua compreensão[26].

Acima do conhecimento relativo ao sensível, à recordação dos objetos gravados na memória (*notitia*), encontra-se o conhecimento capaz de ajuizar de acordo com as verdades eternas (*cogitatio*)[27]. A alma racional[28] é, pois, a única capaz de transcender a dimensão da sensibilidade, além de ser essencialmente apta para, também, discriminar e ordenar hierarquicamente sua experiência. Nesse

---

22. *De Trinitate*, XII, 2, 2.
23. Ibidem, XII, 8, 13.
24. Cf. *In Psalmum* XLI, 7. Conforme a edição bilíngue da Biblioteca de Autores Cristianos.
25. Cf. GILSON, 2010, p. 123. Ainda sobre essa passagem, Gilson comenta que a doutrina agostiniana das sensações consiste numa reinterpretação de Plotino, para quem as imagens das coisas sensíveis percebidas pelo corpo eram, na verdade, impressas pela alma em si mesma.
26. Com essa doutrina, Agostinho insiste, pois, em salvaguardar a máxima da transcendência da alma em relação ao corpo, importante questão para a mentalidade da antiguidade tardia.
27. Cf. DALPRA, 2009, p. 135-136.
28. Na verdade, o intelecto (*intellectus*), denominado também como mente intelectiva (*mentis intellectus*), enquanto dimensão mais eminente da alma racional, tem acesso aos inteligíveis e por essa razão é capaz de emitir juízos assertivos.

sentido, o exercício do homem interior implica o julgamento dos dados sensíveis, não a partir de uma doação pessoal de valor, ou seja, construindo por si mesmo o sentido da realidade, mas recorrendo às razões eternas que o sobre-excedem:

> Mas é exclusivo da mais alta das razões ajuizar destas coisas corpóreas segundo razões incorpóreas e sempiternas que, se não estivessem acima da mente humana, certamente não seriam imutáveis, e, se algo nosso lhes não estivesse submetido, não poderíamos ajuizar das coisas corpóreas em função delas. Ora, nós ajuizamos das coisas corpóreas em função do princípio das dimensões e das figuras, princípio que a nossa mente sabe que se mantém imutável[29].

Conforme essa epistemologia, a alma racional reconhece uma proposição verdadeira como algo que não é por ela determinada. É necessário, então, que a verdade se situe num nível superior à própria alma humana. Logo, essa consideração vem a ser imprescindível para compreender o porquê da exigência de uma dialética ascensional na filosofia agostiniana. Apesar de sua excelência, a mente intelectiva não se constitui soberana, autossuficiente; ao contrário, ela depende necessariamente das razões incorpóreas, imutáveis e sempiternas, não condicionadas ao homem. A mutabilidade da alma racional revela a impossibilidade de a mente intelectiva se fixar como determinação inalterável e sempiterna para ajuizar as coisas sensíveis e de estabelecer, por si mesma, a ordenação e o sentido da própria realidade, implicando, dessa forma, a exigência de um itinerário ascensional[30].

Apesar da transcendência das razões eternas, Santo Agostinho sugere a existência de um elo com o homem interior. A questão se explicita nos seguintes termos: a partir das razões eternas o intelecto se torna apto para julgar. Como o esforço judicativo do homem interior implica necessariamente o recurso às razões eternas, existe, então, em algum grau, uma relação entre eles. Portanto, a dimensão do homem interior supera, inevitavelmente, a dimensão do homem exterior, pois apenas a mente intelectiva pode se relacionar com as razões eternas[31].

A referida superioridade dá-se também pelo fato de a alma racional poder pensar, além dos sentidos, a si mesma e, por ser capaz, mediante as razões eternas, de advertir quanto à hierarquia dos valores[32]. Com efeito, a via ascensional

---

29. *De Trinitate*, XII, 2, 2.
30. Na assim chamada "teoria da iluminação", a verdade não é simples construção da inteligência finita: "[...] a alma humana, ainda que dê testemunho da luz, todavia ela própria não é a luz, mas o Verbo de Deus é que é a luz verdadeira, que ilumina todo homem que vem a este mundo; e que estava neste mundo [...]" (*Confessionum*, VII, 9, 13).
31. Cf. RAMOS, 2009, p. 116-117.
32. Quanto à superioridade da razão, Agostinho dissipa qualquer dúvida a esse respeito quando diz: "[...] todas as realidades inferiores a ela: os corpos, os sentidos exteriores e o próprio sentido inte-

da alma racional e sua possibilidade mesma de interiorização denotam seu valor intrínseco, pois tanto melhor e mais refinado é o degrau que corresponde à identidade verdadeira do ser. Ora, Agostinho tinha plena consciência de que, no homem interior, abriga-se a singularidade do ser humano. Além disso, o próprio homem interior constitui o lugar onde é possível o reconhecimento da presença do Deus-Trindade[33].

Na epistemologia agostiniana, portanto, o conhecimento verdadeiro não se funda na exterioridade dos objetos sensíveis, mas na Verdade transcendente alojada no interior da alma humana. A razão do conhecimento, a Verdade em si, é o próprio Deus, "Mestre Interior" e "Luz Espiritual" capaz de desvelar as verdades eternas[34]. A *mentis intellectus*, iluminada pela graça divina, percebe, ao voltar-se para si, as razões eternas que lhe permitem emitir juízos relacionados a justiça, bondade e verdade[35]. Nesse sentido, em especial, dois importantes excertos do *De Trinitate* explicitam de maneira bem distinta e inequívoca a posição defendida por Agostinho:

> Deve-se antes crer que a natureza da mente intelectiva foi criada de tal modo que, unida segundo a ordem natural disposta pelo Criador às realidades inteligíveis, as vê a uma luz incorpórea especial, do mesmo modo que os olhos da

---

rior, quem, pois, a não ser a mesma razão nos declara como um é melhor do que o outro, e o quanto ela mesma ultrapassa-os a todos? E quem nos informará sobre isso a não ser a mesma razão?" (*De libero arbitrio*, II, 6, 13).

33. Cf. NOVAES FILHO, 2009, p. 189-190. O autor esclarece, nessas mesmas páginas, que o reconhecimento da presença divina no homem interior não representa um esforço de apreender o que Deus é em sua completude, pois as pretensões confessionais são, de certa maneira, inalcançáveis e inesgotáveis.

34. Na filosofia agostiniana, Deus é a razão, a origem mesma da existência das verdades imutáveis a partir das quais os homens podem emitir juízo (cf. PEGUEROLES, 1972, p. 350). Na linguagem metafórica utilizada por Santo Agostinho, Deus é para o pensamento o que o sol é para a vista; Deus é, nesse sentido, a fonte da verdade como o sol é a fonte da luz (cf. GILSON, 2007, p. 160). Com efeito, as verdades eternas (*rationes divinae*) participam da essência divina. Ora, com a impossibilidade de predicar uma oposição radical entre Deus e as ideias divinas, conhecê-las é, salvo os limites da razão humana, conhecer o próprio Deus (DALPRA, 2009, p. 18).

35. Duas considerações aqui são necessárias: (1) A iluminação divina não diz respeito ao conhecimento do sensível propriamente dito, mas do inteligível. No entanto, isso não significa que a iluminação não permita ao homem enunciar juízos quanto à realidade sensível, uma vez que, para tanto, recorre-se a noções inteligíveis como beleza, harmonia, equilíbrio, valores matemáticos, dentre outras (cf. SOARES, 2002, p. 42-53). (2) A cognição da verdade é semelhante a lampejos em que a mente apreende a verdade de maneira fragmentada. Assim, o enredar último da verdade, identificado com a felicidade absoluta, restringe-se à consumação dos tempos, isto é, ao irromper da escatologia neotestamentária (cf. GILSON, 2007, p. 73). O próprio Agostinho, quanto às verdades imutáveis e eternas, alega: "Alcançá-las com a visão da mente é privilégio de poucos, e quando, na medida do possível, se alcançam, aquele que as alcançou não se fixa nelas, mas é repelido como o revérbero do olhar que é reflectido, e constrói sobre uma realidade não transitória um pensamento transitório" (*De Trinitate*, XII, 14, 23).

carne veem aquilo que os rodeia a esta luz corpórea, olhos que foram criados aptos para essa luz e a ela conformes[36].

Onde, pois, estão escritas essas regras, onde é que o injusto conhece o que é justo, onde reconhece claramente que necessita ter aquilo que não tem? Onde estão, portanto, escritas senão no livro daquela luz que se diz verdade, da qual é copiada toda a lei justa e transposta para o coração do homem que pratica a justiça, não saindo de onde está, mas como que imprimindo-se nele, tal como uma imagem que passa do anel para a cera, mas sem abandonar o anel[37]?

O horizonte a que se referem estes fragmentos constitui a célebre doutrina da iluminação. Na epistemologia agostiniana, existe, porém, uma imprescindível distinção de duas espécies de conhecimentos, a saber: *scientia* e *sapientia*.

1.1. Razão inferior e a scientia

Assim como a distinção entre homem exterior e homem interior representa duas disposições do espírito humano, a referência a uma diferenciação das faculdades específicas da alma racional não significa uma ruptura radical no ser humano, um dualismo extremo na própria mente; ao contrário, o que Santo Agostinho sustenta é que a razão, substância espiritual una e singular, desempenha funções distintas:

> [...] no desempenho da sua actividade, uma parte da nossa racionalidade divide-se, não porque se separe para quebrar a unidade, mas como que desviando-se para auxílio do conjunto. E assim como no homem e na mulher é uma só carne dos dois, assim também a natureza única da nossa mente abarca o nosso entendimento e a nossa acção, ou a deliberação e a execução, ou a razão e o desejo racional, ou que se possa dizer de outra maneira mais expressiva, de que forma que, assim como daqueles, homem e mulher, foi dito: serão dois numa só carne, assim também possa dizer-se destes: são dois numa só mente[38].

Santo Agostinho enfatiza, então, um duplo movimento da razão: 1) o de acesso à luz imutável e eterna – *intelectum*; e, 2) o de relação com a realidade mundana – *actionem*. Na alma encontram-se, portanto: a) a razão inferior, responsável pela ciência de apreender e desenvolver os conhecimentos ligados à realidade temporal e sensível – *actio racionalis in temporalibus*; e, b) a razão superior, função mais elevada da alma, responsável pela contemplação das verdades inteligíveis – *contemplatio aeternorum*[39]. Contudo, os dois níveis do conheci-

---

36. *De Trinitate*, XII, 15, 24.
37. Ibidem, XIV, 15, 21.
38. *De Trinitate*, XII, 3, 3.
39. Cf. RAMOS, 2009, p. 123-124.

mento, ciência e sabedoria, ocorrem no homem interior, ainda que o primeiro se assemelhe mais ao homem exterior, por estar voltado para a concretude e contingência da realidade.

A razão exerce seu domínio sobre as realidades corpóreas a partir de uma ação judicativa que se funda nas razões eternas. Ao exercício racional que pretende, então, emitir juízos relativos à vida mundana, Santo Agostinho denomina de razão inferior:

> Mas aquela parte de nós que se ocupa da actividade das coisas corpóreas e temporais, de tal modo que nos não é comum com o animal irracional, é sem dúvida racional, mas é como que derivada daquela substância racional da nossa mente pela qual nos aproximamos da verdade inteligível e imutável, e é destinada a cuidar e administrar as coisas inferiores[40].

Relacionada a esta faculdade, encontra-se a *scientia*. Santo Agostinho a define como: "conhecimento das coisas temporais e mutáveis necessário à realização das acções desta vida"[41]. A ciência é dada na condição temporal atual a uma razão também temporal. A expressão latina *scientia* deriva do termo *scire*, que remete à ideia de um conhecimento seguro. De modo efetivo, Agostinho utiliza a expressão *scientia* num sentido amplo, que abarca a própria ação do homem[42].

A ciência é indispensável à vida humana, pois, além de fazer parte de sua natureza, a ação humana se realiza na esfera sensível e temporal. A abstenção do mal requer a ciência e, de igual modo, a prática do bem exige que a ela se conheça: "Por isso tudo aquilo que fazemos com prudência, fortaleza, temperança e justiça, pertence àquela ciência ou doutrina em obediência à qual a nossa acção se esforça para evitar o mal e buscar o bem [...]"[43]. Na verdade, apenas vivendo na dimensão temporal o homem pode alcançar, ordenando os bens à luz das razões eternas, o seu objetivo último: "Sem a ciência, de facto, nem sequer se pode alcançar as virtudes com que se vive retamente e pelas quais esta mísera vida é dirigida de modo a alcançar a eterna, que é realmente bem-aventurada"[44]. Com efeito, o exercício da ciência possui uma nítida intencionalidade ética.

O degrau do conhecimento da realidade sensível e temporal constitui etapa essencial para a metafísica da interioridade. A atividade da razão sobre os dados sensoriais constitui uma dimensão propedêutica para o conhecimento das realidades eternas e imutáveis. Nessa lógica, a obra *Confessionum* alude a uma importante passagem do apóstolo Paulo, em que se diz: "Porque o que se pode conhecer

---

40. *De Trinitate*, in: loc. cit.
41. *De Trinitate*, XII, 12, 17.
42. Cf. RAMOS, 2009, p. 319-320.
43. *De Trinitate*, XII, 14, 22.
44. Ibidem, XII, 14, 21.

de Deus é manifesto entre eles, pois Deus lho revelou. Sua realidade invisível – seu eterno poder e sua divindade – tornou-se inteligível, desde a criação do mundo, através das criaturas, de sorte que não tem desculpa"[45]. A razão, diante dos dados sensíveis, interroga a própria natureza da criação: *quod est?* A este exercício Agostinho chama de *scientia*. É necessário, no entanto, que a contemplação da criação não seja frívola, porém que impulsione a alma, numa dialética ascensional:

> É preciso não ser, em vão nem inútil, o exercício da contemplação da natureza: a beleza do céu, a disposição dos astros, o esplendor da luz, a alternância dos dias e noites, o ciclo mensal da lua, a distribuição do ano em quatro estações, análoga à divisão dos quatro elementos, o prodigioso poder dos gérmens geradores das espécies e dos números, a existência de todos os seres, enfim, pois cada uma guarda sua própria característica e natureza. Esse espetáculo não é feito para exercermos sobre ele vã e transitória curiosidade. Mas sim para nos elevar gradualmente até as realidades imperecíveis e permanentes[46].

Nesse sentido, a ciência não deve ser interpretada como essencialmente má. Na verdade, o valor ou mesmo o demérito da ciência consiste na finalidade à qual ela se destina. Caso este degrau do conhecimento supere a simples curiosidade e a vã satisfação dos desejos desta vida mortal, a ciência será benéfica e edificante. Os possíveis efeitos deletérios da ciência, todavia, dar-se-ão à medida que a razão se limitar aos seus conhecimentos temporais. Nesse sentido, inerente à atividade da razão inferior, existe um complexo e inevitável drama: por se envolver especificamente com os objetos corporais e transitórios, a razão inferior expõe-se constantemente ao perigo de rendição à sedução dos entes corpóreos e, por conseguinte, de reduzir o sentido da existência à realidade sensível.

Em tal cenário, a ideia da ciência como possuidora de um fim em si mesma corresponde a um exercício de nefasta perversão, a um grilhão que mantém o ser humano cativo da exterioridade e, por isso, privado de ascender à verdadeira sabedoria. Na filosofia agostiniana, a *scientia*, portanto, dá-se em vista da *contemplatio aeternorum*, ou seja, da própria *sapientia*.

1.2. *Razão superior e a* sapientia

Santo Agostinho define a razão superior como a dimensão do homem interior responsável pela contemplação dos inteligíveis. Com efeito, a razão superior diz respeito à *sapientia*. A presente formulação agostiniana esclarece, então, a especificidade das funções da razão humana, sendo que a razão inferior, enquanto

---

45. Romanos 1,19-20.
46. *De vera religione*, 29, 52.

ciência, volta-se para o campo da ação e, de outro modo, a razão superior, enquanto sabedoria, refere-se especialmente ao domínio da contemplação das realidades eternas e imutáveis, superiores aos objetos da ciência.

Quanto ao significado do conceito de sabedoria, o *De Trinitate* elucida:

> Os que discutem acerca da sabedoria definiram-na dizendo: "A sabedoria é a ciência das coisas humanas e divinas". Por isso, também eu, num livro anterior, não silenciei que se poderia designar não só a sabedoria, mas também a ciência, o conhecimento de ambas as realidades, isto é, das divinas e das humanas. Mas, de acordo com a distinção que faz o apóstolo ao dizer: "A um é dada uma palavra de sabedoria, a outro, uma palavra de ciência", essa definição deve ser dividida de modo a chamar propriamente a sabedoria à ciência das coisas divinas e atribuir propriamente o nome de ciência ao conhecimento das coisas humanas [...]".[47]

Apesar de sua definição mais estrita de sabedoria[48], Agostinho não nega que a *sapientia* possua certa incidência na ciência das coisas humanas; seu objetivo, portanto, não se reduz a contradizer em definitivo a formulação dos que "discutem acerca da sabedoria": *rerum humanarum divinarumque scientia*. No entanto, para nosso autor, a incidência da sabedoria em relação à ciência dos homens deve ser interpretada num horizonte de submissão da *scientia* à *sapientia*. O problema da formulação dos que "discutem acerca da sabedoria" parece estar no fato de que a definição de ciência se tornaria desnecessária, uma vez que a sabedoria implicaria a dimensão das coisas humanas, assim como das coisas divinas. A ciência tornar-se-ia, assim, apenas uma dimensão inferior da sabedoria. Contudo, a questão fundamental se dá no nexo harmônico determinado pelas relações entre ciência e sabedoria.

Aquele que, almejando ser sábio, retorna ao conhecimento sensível e temporal, deverá fazê-lo sem se esquecer da dimensão do eterno. Nesse sentido, o *De libero arbitrio* expressa: "Acaso, em tua opinião, será a sabedoria outra coisa a não ser a verdade, na qual se contempla e se possui o sumo Bem, ao qual todos desejamos chegar, sem dúvida alguma?"[49]. Diante dessa questão, o próprio Agostinho, após esclarecer melhor o problema, ratifica essa possível compreensão: "Logo, estamos agora de acordo sobre a natureza da sabedoria"[50]. A sabe-

---

47. *De Trinitate*, XIV, 1, 3.
48. Tomás de Aquino indica ser essa mesma a exata compreensão de Agostinho: "Em sentido contrário, diz Agostinho: 'A ciência das coisas divinas chama-se propriamente sabedoria; mas, a das coisas humanas, denomina-se propriamente ciência'" (*Sumae Theologiae* II-II, q. 9, a. 2, sc.). Contudo, Marrou (1938, p. 564-569) assegura que, dependendo do contexto, o conceito de sabedoria em Santo Agostinho pode assumir formulações variadas.
49. *De libero arbitrio*, II, 9, 26.
50. Ibidem, II, 9, 27.

doria se relaciona, assim, com a Verdade e com o *bonum beatificum* que transcende a realidade mundana.

A sabedoria é, pois, um conhecimento na beatitude, uma "ciência" da contemplação de Deus. Na filosofia agostiniana há uma estreita correspondência entre a piedade e a contemplação. Contudo, o ato contemplativo exercido no tempo presente não implica uma visão direta da Trindade. Porém, segundo o *De Trinitate* indica, a contemplação no momento atual diz respeito mais a um voltar-se para Deus, no sentido de amá-lo e prestar-lhe culto devido. Ora, o amor a Deus, ainda que imperfeito neste instante, no entanto, será perfeito na era vindoura. Na era presente, portanto, não é dado ao homem o gozo pleno da sabedoria. Apenas na vida futura, na eternidade, a sabedoria será desfrutada em seu sentido último, a saber, como contemplação de Deus tal como ele é:

> Mas, depois de haver perscrutado a multíplice riqueza das Sagradas Escrituras, descubro que no Livro Job, sendo este santo varão a falar, está escrito: "A piedade é sabedoria; fugir do mal é ciência". Nesta diferença deve entender-se que a sabedoria se liga à contemplação, e que a ciência se liga à acção. Neste passo referiu piedade, que em grego se diz *theosebeia*, como culto de Deus; é esta a palavra que os códices gregos registram nesse passo. E o que, nas coisas eternas, há de mais excelente do que Deus, cuja natureza, só a dele, é imutável? E o que é o seu culto senão o seu amor, amor que nos leva a desejar vê-lo agora e acreditar e a ter esperança de que o veremos e, em função do nosso progresso, a vê-lo "presentemente através de um espelho em enigma, e então" manifestamente? É precisamente isso que diz o apóstolo Paulo: "face a face"; isto mesmo diz João: "Caríssimos, agora somos filhos de Deus mas não se manifestou ainda o que havemos de ser. Sabemos que, quando se manifestar, seremos semelhantes a ele, porque o veremos tal como ele é". A palavra acerca desses passos e de outros semelhantes parece-me ser palavra de sabedoria[51].

Nisto consiste, pois, a *beata vita*: conhecer Deus face a face. Na medida em que Deus está na origem de todo o universo, a realização humana se dá no regresso (*redire*) à pátria de origem, à fonte do existir[52]. A sabedoria, então, identifica-se com a concretização desse retorno ao Criador, como pátria inicial. Os olhos do sábio devem, assim, voltar-se para a morada celeste, para as realidades eternas, imutáveis e inteligíveis e, apenas a partir delas, devem aplicar-se ao exercício da ciência. Do contrário, a fixação radical da alma nas realidades sensíveis e nos próprios desejos fortuitos implica um rompimento na relação com o Criador, uma degradação que ocasiona a dessemelhança com Deus.

---

51. *De Trinitate*, XII, 14, 22.
52. Cf. ARENDT, 2003, p. 69.

2. Etapas da degradação humana

A partir de uma dialética necessária e irreversível, por si mesma, o ser humano, *imago Dei*, precipita-se na regressão a uma *imago animalis*. Nesse movimento de dessemelhança, três aspectos são determinantes[53]: 1) *concupiscentia carnis*: o deslocar da mente para os entes sensíveis e contingentes; 2) *cogitationis delectatio*: a subtração da visão do eterno; 3) *corruptela voluntatis*: a soberba que ocasiona o amor centrado nos bens inferiores[54].

2.1. Concupiscentia carnis

A primeira degradação diz respeito à queda do ser humano na escala do ser. Apesar da bondade intrínseca à criação[55], o homem se fez degenerado e corrupto em decorrência da queda. Com efeito, o gênero humano tornou-se maculado pelo pecado:

> Deus, Autor das naturezas, não dos vícios, criou o homem reto; mas, depravado por sua própria vontade e justamente condenado, gerou seres desordenados e condenados. Estivemos todos naquele um quando fomos todos aquele um, que caiu em pecado pela mulher, dele feita antes do pecado. Ainda não fora criada e difundida nossa forma individual, forma que cada qual haveríamos de ter, mas já existia a natureza germinal, de que havíamos de descender todos. Desta, viciada pelo pecado, ligada pelo vínculo da morte e justamente condenada, o homem, nascendo do homem, não nasceria doutra condição[56].

O estado de decadência e ultraje resultante da queda condicionou o ser humano a uma posição inferior à que gozava. A sujeição aos vícios e a negligência das virtudes se tornaram problemas iminentes. Conforme Agostinho, a mente racional se encontra agora sujeita à tentação do desejo, ao fascínio da beleza dos entes corpóreos. Com o pecado, pois, instaurou-se o conflito entre a carne e o espírito. Paulo, o apóstolo, descreve com clareza essa tensão: "Pois a carne deseja o

---

53. No livro X de *Confessionum*, Santo Agostinho cita três tentações que também correspondem às degradações da imagem de Deus no homem, a saber: *concupiscentia carnis, concupiscentia oculorum* e a *ambitione saeculi*: "Sem dúvida, ordenas-me que me abstenha da concupiscência da carne, e da concupiscência dos olhos, e da ambição do século" (X, 30, 41). Uma leitura em confronto com *Confessionum* é indispensável, pois se no *De Trinitate* a ênfase da degradação se dá na leitura da narrativa dos primeiros pais, nesta outra, as tentações são tomadas num quadro mais amplo, considerando mais enfaticamente as tentações por um viés estrutural da alma humana no pós-queda.
54. Cf. SZESKOSKI, 2012, p. 38.
55. Conforme o bispo de Hipona: "Como está escrito, o homem foi criado justo por Deus e, por conseguinte, com vontade boa, porque sem vontade boa não seria justo. A boa vontade é, pois, obra de Deus, visto havê-lo Deus criado com ela" (*De Civitate Dei*, XIV, 11, 1; também, XII, 3).
56. Ibidem, XIII, 14.

que é contrário ao Espírito; e o Espírito, o que é contrário à carne. Eles estão em conflito um com o outro, de modo que vocês não fazem o que desejam"[57].

Em virtude da queda, a inteligência perdeu sua sensatez ao reduzir a essência do ente à corporeidade do mundo sensível, o ser à matéria, num exercício sacrílego e idolátrico de divinização da criação. Novamente, o retorno ao apóstolo Paulo é forçoso: "Dizendo-se sábios, tornaram-se loucos e trocaram a glória do Deus imortal por imagens feitas segundo a semelhança do homem mortal, bem como de pássaros, quadrúpedes e répteis". Contudo, o erro não se restringe apenas à prática de culto aos elementos da criação. Quando, porém, a razão se fixa na satisfação dos desejos contingentes da vida, a concupiscência se apresenta.

De modo efetivo, essa concupiscência diz respeito à tentação das coisas relacionadas aos sentidos. O desejo de bens corpóreos provoca a busca incessante pelo deleite dos sentidos, relegando a virtude dos inteligíveis a uma condição de menos-valia. Contudo, Agostinho jamais nega a necessidade de cuidados para com o corpo em vista da manutenção da vida. A concupiscência se assenta, todavia, na extrapolação da satisfação das necessidades físicas: "Tu ensinaste-me a ir tomar os alimentos como se fossem medicamentos. Mas quando passo do desconforto da necessidade ao conforto da saciedade, na mesma passagem o laço da concupiscência arma-me ciladas"[58].

Da sedução dos sentidos, portanto, a alma racional se detém nos entes corpóreos, a fim de satisfazer os desejos da carne – *concupiscentia carnis*.

2.2. Cogitationis delectatio

De acordo com o *De Trinitate*, a expressão *cogitationis delectatio* se refere à procura de uma satisfação fugaz em que o pensamento se perde diante da infinidade de atrativos deste mundo. Análoga a essa atitude, Santo Agostinho utiliza fortes expressões como *iumentis insensatis*, que significa: "[...] ignomínia à semelhança com o animal irracional"[59]; e *imaginibus, quas memoriae fixit*, que, conforme esclarece, consiste numa atitude racional inegavelmente desprezível[60]:

> [...] Deleitada nas formas e nos movimentos corpóreos, dado não os ter conseguido no seu íntimo, envolve-se com as imagens deles que fixou na memória, e inclina-se vergonhosamente numa fornicação imaginária, dirigindo todas as suas funções a esses fins para os quais cuidadosamente busca, pelos sentidos do

---

57. Gálatas 5,17. Agostinho menciona esta referência quando, em *Confessionum*, diz: "[...] a carne tem desejos contrários ao espírito e o espírito desejos contrários à carne [...]" (X, 23, 33).
58. *Confessionum*, X, 31, 44.
59. *De Trinitate*, XII, 11, 16.
60. Cf. SZESKOSKI, 2012, p. 39.

corpo, bens corpóreos e temporais, ou, com inchado orgulho, presume estar acima dos outros espíritos entregues aos sentidos corpóreos ou mergulha no mar lamacento do prazer carnal[61].

Santo Agostinho adota, pois, uma envolvente leitura alegórica da narrativa da queda para elucidar a natureza dessa concupiscência. Os efeitos nocivos dessa degeneração são, pois, interpretados a partir das consequências sofridas por Adão e Eva: "[...] retirada a visão das coisas eternas por forma a que a luz dos seus olhos não esteja com ele e assim, despojados ambos da iluminação da verdade [...]"[62]. Na verdade, a *cogitationis delectatio* se refere a uma subtração da visão do eterno – *visio subtrahitu*. O ser humano, em razão de sua concupiscência, perde a visão da verdade, restando-lhe apenas uma vã curiosidade.

A primeira etapa da degradação que ocasiona a dessemelhança com Deus, a *concupiscentia carnis*, reside na extrapolação da satisfação dos desejos dos órgãos sensoriais no contato com os entes corpóreos. Em contrapartida, a segunda etapa, a *cogitationis delectatio*, direciona sua expectativa não para uma satisfação física, senão para o gozo do conhecimento obtido através do simples contato com os objetos sensíveis. À luz disso, a carne converteu-se no artifício necessário para satisfazer uma curiosidade essencialmente frívola[63]:

> A isto acresce outra forma de tentação, perigosa sob muitos aspectos. Com efeito, além da concupiscência da carne, que é inerente ao deleite de todos os sentidos e prazeres, postos ao serviço da qual perecem os que se afastam de ti, existe na alma, disfarçado sob o nome de conhecimento e ciência, uma espécie de apetite vão e curioso, não de se deleitar na carne por meio dos mesmos sentidos do corpo, mas sim de sentir por meio da experiência da carne. Visto que esse apetite está no desejo de conhecer, e que os olhos ocupam o primeiro lugar entre os sentidos em ordem ao conhecimento, ele é designado na Escritura por concupiscência dos olhos[64].

Agostinho distingue, então, o anseio pela satisfação dos desejos corpóreos (*voluptas*) da expectativa de tudo conhecer por intermédio da carne (*curiositas*) sem, contudo, submeter os conteúdos adquiridos ao horizonte das verdades eternas, ou seja, instituindo o conhecimento sensível como um fim em si mesmo. Nesta ação, a mente volta sua atenção para os sensíveis, de modo a perder a visão do eterno, numa espécie de *concupiscentia oculorum*. Decerto, desse movimento da mente não poderia surgir nada além de uma ciência perversa – *perversa scientia*[65].

---

61. *De Trinitate*, XII, 9, 14.
62. Ibidem, XII, 8, 13.
63. Cf. RAMOS, 2009, p. 149.
64. *Confessionum*, X, 35, 54.
65. Cf. RAMOS, 2009, p. 150.

2.3. Corruptela voluntatis

O terceiro aspecto da deterioração da imagem de Deus no ser humano diz respeito a soberba ou orgulho, prefigurado na representação dos primeiros pais. Nesse sentido, em alusão à narrativa da queda, o *De Trinitate* expõe a ideia de uma transgressão voluntária da criatura, uma violação consentida pela alma racional, que devido ao próprio orgulho se corrompeu. Em seu comentário literal ao Gênesis, Agostinho relembra a instrução do sábio em Provérbios: "Pois bem, de fato, são verdadeiras as palavras das Escrituras: 'Antes da ruína o espírito se exalta, e antes da glória, humilha-se'"[66]. A soberba, portanto, é compreendida por ele como o princípio de todo o pecado – "*superbia, quod initium peccati dicitur*"[67]: "Com razão, a Escritura define o orgulho como o princípio de todo pecado, dizendo: 'O princípio de todo pecado é o orgulho'"[68].

A concepção agostiniana da *superbia* supõe três aspectos[69]: no nível do ser, a soberba é compreendida como uma imitação pervertida de Deus. A pretensão de usurpação visa à apropriação do ser de Deus, de seu poder, perfeição e independência no ser. Pretende-se, portanto, destronar a Deus em favor do amor de si, da complacência com a glória. Mas a perversão dessa elevação ilusória e indevida da alma, que deseja ardentemente deliciar-se em si, resulta, necessariamente, num aprisionamento dessa alma em si mesma, numa perigosa armadilha de amar o inferior, o efêmero e o mutável até a destruição de si em meio à miséria e à dispersão do sensível:

> Mas se, ao contrário, indo por assim dizer a seu próprio encontro, ela se compraz em si mesma, como por uma espécie de arremedo perverso de Deus, até pretender encontrar o seu gozo na própria independência, então se faz tanto menor quanto mais deseja se engrandecer[70].

Na dimensão do conhecimento, a soberba é interpretada como presunção. A altivez e a confiança desmedida nas próprias virtudes e saberes geram uma má compreensão de Deus. A presunção da soberba se manifesta na impiedade do não assentimento livre da vontade ao conhecimento de Deus. Essa perversidade recusa o alicerce da fé, optando por alcançar um conhecimento voltado à dispersão e exterioridade. A dinâmica dessa impiedade é essencialmente inautêntica, ilusória e vaidosa. Além da deturpação na compreensão de Deus, a presunção da

---

66. *De Genesi ad litteram*, XI, 5, 7. Tradução nossa, aqui na sequência, conforme a versão francesa de Agaësse e Solignac, na série Oeuvres de Saint Augustin.
67. *De Trinitate*, XII, 9, 14.
68. *De Genesi ad litteram*, XI, 15, 19.
69. Cf. VARGAS, 2011, p. 108-197. Tomamos de empréstimo a este livro, nas páginas citadas, a descrição dos aspectos relativos à ideia agostiniana da soberba.
70. *De libero arbitrio*, III, 25, 76.

soberba corrompe a compreensão humana de si, pois impede que o homem perceba sua natureza de criatura e seu atual estado de queda.

No nível do querer, a *superbia* é entendida como injustiça, pois representa a ruptura com a ordem justa instituída por Deus. Com esse rompimento, anuncia-se a negação do lugar preciso de cada ser na ordem criada e, no caso da alma racional, da moderação do querer. A vontade, numa ação livre, rebela-se contra a ordem divina, a fim de declarar-se autônoma e independente de Deus.

Em *Confessionum*, define-se a *corruptela voluntatis* como a tentação do querer ser temido e amado (*timere et amari*); isso não é outra coisa que a ambição do momento presente (*ambitione saeculi*). A soberba, adstrita à necessidade do amor e temor dos homens, constitui o problema central dessa sedução. A perversão relativa ao desejo de ser benquisto pela sociedade humana ocorre quando o homem acredita ser esse o caminho para a vida feliz, para a realização plena de sua existência. Dessa perversão resulta o anseio contínuo por ser sempre mais admirado e respeitado, não por amor a Deus, mas por amor de si, na expectativa de saciar o próprio orgulho. Nessa fratura, portanto, o ser humano procura falsear sua posição almejando um louvor do qual não é digno[71].

Nesse cenário, Agostinho ressalta a dimensão da queda em seus efeitos noéticos e morais. Em razão dessa corrupção e de seus efeitos deletérios, o alicerce da fé torna-se imprescindível para alcançar o conhecimento de Deus. A recusa, portanto, da submissão da ciência à sabedoria, que necessariamente implica o culto devido a Deus, resulta na iniquidade do orgulho, manifesta, inclusive, na atitude dos filósofos pagãos.

3. Jesus Cristo, *scientia* e *sapientia*: a purificação pela fé

Além do aspecto cognoscitivo, a *scientia* possui, conforme mencionado, uma incidência direta no campo da ação humana. O conhecimento correto dos *vestigia Trinitatis* implicaria um processo de purificação como condição necessária para alcançar a *sapientia*. Nesse cenário, o conhecimento correto do universo criado exige uma ação justa. O caminho para a visão do eterno pressupõe, portanto, duas possibilidades complementares: a *vita*, que corresponde às virtudes teologais (fé, esperança e amor), e a *eruditio*, que equivale à preparação científica[72].

Nesse processo de purificação, dá-se ao homem, imagem deturpada da Trindade, a possibilidade de, através da fé, atingir o conhecimento de Deus até os limites da própria inteligência humana. A partir da fé na encarnação de Cristo, o ser

---

71. Cf. *Confessionum*, X, 36, 59.
72. Cf. HOLTE, 1962, p. 364.

humano se torna capaz de compreender a irrupção do eterno na temporalidade, pois, ao tornar-se carne, o Deus Filho se revelou como perfeita personificação do eterno e condição de possibilidade para a contemplação da *sapientia*:

> Mas o ser ele mesmo o Unigênito do Pai, cheio de graça e de verdade, isso foi feito para que ele seja o mesmo nas realidades levadas a cabo no tempo a nosso favor, para o qual nos purificamos pela mesma fé, a fim de o contemplarmos para sempre nas realidades eternas[73].

A fé nesse evento *sui generis* incita o ser humano a aspirar pela própria imortalidade, a superação da finitude.

Nesse sentido, apenas aquele que se submeteu às condições humanas, aos limites do estado temporal e sensível, sendo divino, pôde cumprir o papel de mediação entre o homem e a sabedoria divina, interpelando a humanidade para que esta, através da graça divina, triunfe sobre a miséria da mortalidade, a fim de alcançar a imortalidade da vida feliz. Com efeito, o Deus encarnado, em seu papel de perfeito Mediador, cumpre uma função imprescindível ao exercício salutar e ordenado da ciência[74]:

> A nossa ciência, portanto, é Cristo; a nossa sabedoria também é o mesmo Cristo. É ele que implanta em nós a fé nas coisas temporais; é ele que mostra a verdade eterna. Por ele dirigimo-nos para ele, pela ciência caminhamos para a sabedoria; e, contudo, não nos afastamos do único e mesmo Cristo, em quem estão escondidos todos os tesouros da sabedoria e da ciência[75].

A fé no Deus eterno que adentrou a história se dá, assim, como exigência inegociável para a transição do conhecimento da ciência, ou seja, das coisas temporais e sensíveis para a verdadeira sabedoria, compreendida como contemplação das realidades eternas e imutáveis. Além do mais, é por meio da fé que os homens podem superar a curiosidade pueril, pois não há outra, senão a própria fé, capaz de indicar, *a priori*, uma ordem de realidade superior, despertando a inteligência humana para a compreensão da necessidade de uma via ascensional, que, partindo da realidade intramundana, contemple a realidade transcendente.

Portanto, a fé se impõe a tarefa de salientar a incapacidade e incompletude da razão, para que, enfim, purificada de toda mácula, a razão possa ir além das imagens de temporalidade e materialidade que carrega consigo. No seio da relação entre fé e razão existe, então, uma importante oposição descrita na forma *visibilia/invisibilia* ou *temporalia/aeterna*. Nesse sentido, a fé significa o percurso

---

73. *De Trinitate*, XIII, 19, 24.
74. Cf. RAMOS, 2009, p. 194.
75. *De Trinitate*, XIII, 19, 24.

que conduz a razão humana da esfera do visível para o invisível, do temporal para as realidades eternas.

Por conseguinte, não apenas a razão, mas a própria fé não basta a si mesma, pois ela se encontra, também, na esfera da temporalidade. Mesmo condicionada a essa esfera, a fé, no entanto, vem a ser indispensável à razão, pois não há outra capaz de desvelar a significação da realidade visível. Dessa maneira, uma relação ordenada com a criação, ou seja, um envolvimento adequado com os elementos visíveis e temporais é possível se, e somente se, partir da inteligência da fé.

A fé, ainda que temporal, pode conduzir o ser humano para algo além dela mesma, para uma realidade que transcende a própria contingência e limitação. Nesse sentido, a fé se dá em vista do eterno. O tempo da fé consiste, portanto, num tempo necessário para que o ser humano possa contemplar, na era vindoura, a Verdade: "Dessa forma, não desprezemos o tempo da fé, como o tempo da semente, não desprezemos, mas perseveremos, até que colhamos o que tivermos semeado"[76].

Por ora, o ser humano, incapaz de contemplar de maneira definitiva as verdades eternas, aguarda, numa atitude de fé, a plenitude da vida futura que se concretizará na visão exata do eterno. Essa vívida esperança distingue o homem de fé dos homens soberbos e orgulhosos. A fé cristã é, portanto, enquanto dádiva graciosa, necessária tanto à purificação do estado de degradação quanto à restauração da *imago Dei* e conquista da sabedoria verdadeira. Assim, assegura o *De Civitate Dei*: "Por esta graça de Deus, pela qual em nós mostrou sua grande misericórdia, tanto somos governados nesta vida, mediante a fé, como, depois desta vida, seremos levados pela mesma forma de verdade incomutável à plenitude da perfeição"[77].

Cabe, pois, à fé apontar o caminho a ser seguido pela razão. Segundo o *De Trinitate*: "nesta vida mortal, tão cheia de erros e de penas, é particularmente necessária a fé, pela qual se crê em Deus"[78]. Ausente a dimensão da fé, o ser humano se enclausura numa espécie de absolutização da finitude, da própria perversidade que impera na era presente. Apenas por meio da fé o homem pode transcender a realidade intramundana na vívida esperança de alcançar, distante das mazelas deste século, a plenitude da vida feliz. Desse modo, a fé cristã é fundamental para a superação desta vida mortal e para a consequente contemplação de Deus face a face.

---

76. *Sermo XLIII*, 1. Tradução nossa, a partir da versão de Miguel Fuertes Lanero e Moises M. Campos.
77. *De Civitate Dei*, X, 22. Tradução nossa, conforme a versão espanhola de Santos Santamarta del Rio e Miguel Fuertes Lanero.
78. *De Trinitate*, XIII, 7, 10.

4. Imago Dei

Na metafísica agostiniana, o universo possui sua razão de ser em Deus. Cada criatura, em maior ou menor grau, testifica da natureza do Criador, ou seja, revela algo dessa essência divina: "Portanto, na medida em que é bom tudo quanto existe, nessa mesma medida tem, todavia, se bem que muito imperfeita, alguma semelhança com o sumo Bem [...]"[79]. O exercício do conhecimento da criação, quando orientado pela sabedoria, apresenta-se, assim, como um vestígio para a compreensão de Deus. Com efeito, dado que Deus é Trindade, a criação possivelmente deverá expressar um testemunho dessa verdade a partir de certa trindade[80].

A trindade do amor desvelada ainda no livro VIII do *De Trinitate*, a saber: "aquele que ama, aquilo que é amado e o próprio amor", por si mesma insinua a natureza pericorética da trindade divina, sobretudo aquilo que o Espírito Santo é na Trindade. Ora, em Santo Agostinho, o Espírito Santo é compreendido como *communio*, quer no seio do mistério relacional da Trindade, quer na própria abertura à história.

No livro XV, Santo Agostinho retoma sua intencionalidade detida na transição do livro VII para o VIII em face do dilema expresso no livro V: "[...] foi dito três Pessoas não para o dizer, mas para que não se deixasse de o dizer"[81]. Ao refletir, portanto, sobre a pessoa do Espírito Santo, ele recupera seu intento suspenso e aponta para a pneumologia como ontologia da comunhão. Nesse cenário, a teoria agostiniana das relações se funda na pessoa do Espírito Santo como amizade (*amicitia*) ou, dito de forma mais adequada, como amor (*aptius caritas*) do Pai e do Filho[82]. O amor, assim, diz respeito à tarefa relacional por excelência e revelação da Trindade.

Conforme Agostinho, a realidade sensível, o que incluiria o homem exterior, situa-se numa posição inferior na ordem da existência e, por essa razão, não poderia apresentar uma imagem clara de Deus. Apenas na parte mais excelente da alma é possível encontrar a impressão da imagem divina: "[...] mas é na alma dos homens, alma racional ou intelectiva, que deve ser encontrada a imagem do Criador, que foi imortalmente implantada na sua imortalidade"[83]. É necessário,

---

79. *De Trinitate*, XI, 5, 9.
80. Nas páginas do *De Trinitate*, Santo Agostinho apresenta diversas analogias trinitárias como: *amans, amatus (quod amatur), amor* (VIII, 10, 14); IX, 2, 2); *mens, notitia, amor* (IX, 4, 4); *res (visio), visio (exterior), intentio* (XI, 2, 2); *memoria (sensibilis), visio (interior), volitio* (XI, 2, 6); *ingenium, doctrina, usus* (X, 11, 17); *memoria (intellectus), scientia, voluntas* (XII, 15, 25); *scientia fidei, cogitatio, amor* (XIII, 20, 26); *retentio, contemplatio, dilectio* (XIV, 2, 4). Contudo, a nenhuma dessas corresponde ainda a *imago Dei* (cf. ROSA, 2007, p. 38-40).
81. *De Trinitate*, V, 9, 10.
82. Cf. ROSA, 2007, p. 41.
83. *De Trinitate*, XIV, 4, 6.

então, que, no intuito de encontrar na criação aquilo que se torne transparente à noção da Trindade, a alma volte-se para si mesma, para aquilo que possui de mais nobre, pois, embora não possua a mesma substância de Deus, nada há na criação que supere sua proximidade dele[84]. Com efeito, essa pista é essencial para o prosseguimento da investigação agostiniana, pois no homem interior exclusivamente se encontra a capacidade de superar a exterioridade dos sentidos, a fim de voltar-se para si e se transcender. Ora, é nesse domínio, portanto, que a imagem de Deus deverá ser procurada.

Nesse movimento de interioridade, a contemplação da trindade na alma ocorre quando a *mens*, parte superior da alma racional, dobra sobre si mesma, ou seja, mais especificamente, quando as faculdades que a compõem, *memoria, intelligentia* e *voluntas*[85] voltam seu olhar para si: "É, pois, ainda nessas três palavras – memória, inteligência e vontade – que julgamos dever ser insinuada a trindade na mente"[86]. Essas três formam uma trindade, na medida em que formam uma unidade em sua essência e, simultaneamente, são ditas três em termos de relação:

> Por isso, memória, inteligência, vontade, são uma coisa só, na medida em que são única vida, uma única mente, uma única essência; e qualquer outra coisa que seja dita cada uma delas em relação a si mesma, é dita também conjuntamente, não no plural, mas no singular. Mas são três na medida em que são referidas umas às outras reciprocamente[87].

Santo Agostinho refere-se a essa trindade interior da alma racional a partir da consciência que ela possui de si[88]. Nesse sentido, devido à autoconsciência e por relacionar-se consigo mesma, a essa trindade se denomina *memoria sui, intelligentia sui* e *amor sui*. Contudo, o que possibilita a tal trindade se efetivar como imagem e semelhança de Deus é o movimento de ascensão de que ela é capaz, isto é, sua real possibilidade de voltar-se para o Criador: "Esta trindade da mente não é imagem de Deus pelo facto de a mente se recordar de si mesma, e de se

---

84. Cf. Ibidem, XIV, 8, 11.
85. Conforme a própria definição de Santo Agostinho no *De Trinitate*: "Chamo agora inteligência àquela com que compreendemos, quando pensamos, isto é, quando nosso pensamento é formado descobrindo aquelas coisas que tinham estado presentes na memória, mas não eram pensadas, e chamo quer vontade, quer amor, ou dilicção, à vontade que une o que é gerado e aquele que gera, e é de certo modo comum a um e a outro" (*De Trinitate*, XIV, 7, 10).
86. Ibidem, XIV, 6, 8.
87. Ibidem, X, 11, 18.
88. Quanto ao movimento de autoconhecimento da *mens*, existe uma diferença entre a consciência de si, como um conhecimento natural, originário e implícito à racionalidade, denominado por Agostinho de *notitia*; e o pensar sobre si, como um conhecimento explícito, fruto da reflexão, ao qual chama *cognitio*. A *mens* possui um conhecimento potencial de si mesma fixado na memória, o qual, no entanto, precisa ser desvelado pelo pensamento, que se move a partir da vontade (cf. SZESKOSKI, 2012, p. 105-106).

compreender, e de se amar, mas pelo facto de poder também recordar, e compreender, e amar aquele por quem foi criada. Ao fazê-lo, torna-se sábia"[89].

Com efeito, após chegar à compreensão da trindade da alma, a investigação do *De Trinitate* alcança seu apogeu ao expor a trindade da sabedoria. A trindade de memória, inteligência e vontade, além de autorrelacionar-se, é capaz também de se transcender num movimento de ascendência ao Deus-Trindade, da qual é imagem. Apresenta-se, então, no recordar, compreender e amar a Deus, o caminho da sabedoria, denominado por Agostinho como *memoria Dei, intelligentia Dei* e *amor Dei*[90].

Apesar do estado de deformação da alma humana, a imagem de Deus no homem é, no entanto, potencialmente inerente à criação da alma como ser espiritual, *capax Dei*. Daí a necessidade, no entanto, de ela ser restaurada pela graça de Deus a partir da figura do perfeito Mediador. A alma, então, deverá se aprimorar nesta vida, desapegando-se dos desejos individualistas, das seduções da exterioridade e da soberba da vida, a fim de que o homem interior alcance, na fé em Cristo, a contemplação da sabedoria divina[91].

Quanto à noção da imagem de Deus impressa na alma, não se deve esquecer, entretanto, que na tradição platônica onde ancora a reflexão agostiniana uma imagem é sempre inferior àquilo a que remete. A alma, desse modo, conquanto não seja divina por si mesma, é interpelada a viver divinamente, no sentido de que, através da fé, aproxime-se de Deus e, assim, a alma poderá conhecê-lo[92].

Considerações finais

O objetivo deste capítulo consistiu em elucidar o problema do conhecimento de Deus a partir dos livros XI-XV do *De Trinitate* de Santo Agostinho. A via seguida aqui foi a da analogia com a alma humana. Nesse sentido, a "investigação psicológica" do *mysterium Trinitatis* foi interpretada como um esforço da inteligência da fé em sua procura pelo conhecimento de Deus, ou seja, esse conhecimento foi manifesto como o resultado da relação fé e razão.

No itinerário analógico proposto no *De Trinitate*, apontou-se para um indício da imagem da Trindade na alma humana. A partir da fé em Cristo, a alma racional encontra a possibilidade de se purificar de seu atual estado de degradação e pecaminosidade. Nesse processo, a fé redireciona o exercício da razão, postulando a existência de uma realidade superior à ordem imanente das coisas. A via,

---

89. *De Trinitate*, XIV, 12, 15.
90. Cf. *De Trinitate*, XIV, 12, 15-16.
91. Cf. Ibidem, XII, 7, 10.
92. Cf. SOARES, 2002, p. 126.

portanto, sugerida por Santo Agostinho parte do conhecimento da exterioridade dos sensíveis (*scientia*) para a interioridade da alma racional; e da consciência de si para a consciência de Deus (*sapientia*). Não há, assim, outra condição que possibilite essa dialética, senão a fé.

O conhecimento de Deus exige, assim, um caminho de purificação através da fé em Cristo. Na síntese agostiniana, apenas o Deus encarnado, em sua função de Mediador, revela o exercício ordenado da ciência e manifesta a dimensão do eterno. Desse modo, a fé em Cristo redireciona o exercício da razão, indicando uma realidade transcendente em relação à ordem imanente das coisas. A fé cristã constitui, pois, uma condição indeclinável para a superação das misérias presentes nesta vida mortal e para a contemplação da Trindade. Em outros termos, apenas por meio da fé a razão pode ascender ao conhecimento de Deus (*contemplatio Dei*).

Agostinho conclui, portanto, sua investigação indicando uma imagem e semelhança de Deus a partir de uma trindade da sabedoria que se manifesta no mais íntimo da alma humana: *memoria Dei, intelligentia Dei* e *amor Dei*. A despeito do estado de degradação humana, a imagem de Deus no homem, no entanto, inere potencialmente à criação da alma, que segundo Agostinho é um ser *capax Dei*. Contudo, apenas através da fé a razão pode se elevar ao conhecimento de Deus.

A proposta deste texto, no entanto, mantém distância da pretensão de sustentar uma leitura dogmatizante, ou canônica, de Agostinho. Nesse sentido, ainda que a ênfase da interpretação aqui realizada não tenha recaído sobre a especificidade das controvérsias entre os intérpretes contemporâneos, não se deve esquecer que a filosofia agostiniana foi sempre alvo de acalorados debates. Contudo, por razões metodológicas, nossa ênfase aqui recai sobre o necessário e profícuo diálogo interno entre as obras agostinianas, não sobre a problematização das diferentes interpretações do problema do conhecimento de Deus em Agostinho.

Seria, no entanto, um contrassenso lastimável restringir esse problema à reflexão filosófica aqui apresentada, desconsiderando, outrossim, a especificidade do dilema à luz dos desafios suscitados pela filosofia moderna e contemporânea. Com efeito, realizar um resgate da filosofia agostiniana como um cânone sagrado na resolução desse dilema seria uma atitude demasiadamente desastrosa.

A complexidade desse dilema ganhou a devida atenção na reflexão agostiniana e tem concitado a filosofia a desenvolver proficientes ensaios. Contudo, para além de uma simples querela patrística ou medieval, o esforço de elucidação da razoabilidade da fé projeta-se ainda como um caro dilema para a inteligência contemporânea.

Referências

Primária

SAINT AUGUSTIN. La Genèse au sens littéral (livres VIII-XII). In: *Oeuvres de Saint Augustin: Exégèse*. Traduction par P. Agaësse e A. Solignac: Desclée de Brouwer, 1972, v. 49.

_____. La Trinité (livres I-VII). In: *Oeuvres de Saint Augustin: Dialogues philosophiques*. Traduction par M. Mellet et Th. Camelot. Paris: Desclée de Brouwer, 1955, v. 15.

_____. La Trinité (livres VIII-XV). In: *Oeuvres de Saint Augustin: Dialogues philosophiques*. Traduction par M. Mellet et Th. Camelot. Paris: Desclée de Brouwer, 1955, v. 16.

_____. La ciudad de Dios. In: *Obras de San Agustín*. Edición bilingue. Traducción de Santos Santamarta del Rio e Miguel Fuertes Lanero, 3. ed. Madri: Biblioteca de Autores Cristianos, 1977, Tomo XVI, v. I.

_____. La ciudad de Dios. In: *Obras de San Agustín*. Traducción de Santos Santamarta del Rio e Miguel Fuertes Lanero, 3. ed. Madri: Biblioteca de Autores Cristianos, 1978. Tomo XVI, v. II.

_____. Sermón XLIII. In: *Obras de San Agustín: Sermones (1) 1-50*. Edición bilingue. Traducción de Miguel Fuertes Lanero y Moises Mº Campos Madri: Biblioteca de Autores Cristianos, 1981, Tomo VII, p. 588-596.

SANTO AGOSTINHO. *A cidade de Deus contra os pagãos*. Tradução de Oscar Paes Leme, 2. ed. Petrópolis: Vozes/São Paulo: Federação Agostiniana Brasileira, 1991, v. I.

_____. *A cidade de Deus contra os pagãos*. Tradução de Oscar Paes Leme, 2. ed. Petrópolis: Vozes/São Paulo: Federação Agostiniana Brasileira, 1990, v. II.

_____. *Confissões: edição bilíngue*. Tradução de Arnaldo do Espírito Sando, João Beato, Maria Cristina de Castro-Maia de Souza Pimentel. Lisboa: Imprensa Nacional – Casa da Moeda, 2001.

_____. *O livre-arbítrio*. Tradução, organização, introdução e notas de Nair de Assis Oliveira, 2. ed. São Paulo: Paulus, 1995 (Coleção Patrística).

_____. *Trindade – De Trinitate: edição bilíngue*. Tradução de Arnaldo do Espírito Santo, Domingos Lucas Dias, João Beato, Maria Cristina de Castro-Maia de Souza Pimentel. Prior Velho: Paulinas, 2007.

_____. *Trindade*. Tradução de Frei Agustino Belmonte, 4. ed. São Paulo: Paulus, 1995 (Coleção Patrística).

_____. A verdadeira religião. In: *A verdadeira religião. O cuidado devido aos mortos*. Tradução, introdução e notas de Nair de Assis Oliveira, 2. ed. São Paulo: Paulinas, 2007, p. 25-138 (Coleção Patrística).

Secundária

ARENDT, Hannah. *O conceito de amor em Santo Agostinho*. Tradução de Alberto Pereira Dinis. Lisboa: Instituto Piaget, 2003.

BROWN, Peter. *Santo Agostinho: uma biografia*. Tradução de Vera Ribeiro, 6. ed. Rio de Janeiro: Record, 2012.

CONTALDO, Silvia Maria de. *Cor Inquietum: uma leitura das* Confissões *de Agostinho*. Porto Alegre: Letra Viva, 2011.

DALPRA, Fábio C. A inteligência é a recompensa da fé: a conciliação entre fé e razão na teoria do conhecimento de Agostinho. *Intuitio*, v. 2, p. 130-148, 2009.

DU ROY, Oliver. *L'intelligence de la foi en la Trinité selon Saint Augustin: genèse de sa théologie trinitaire jusqu'en 391*. Paris: Institut d'Éstudes Augustiniennes, 1966.

GILSON, Étienne. *Introdução ao estudo de Santo Agostinho*. Tradução de Cristiane Negreiros Abbud Ayoub, 2. ed. São Paulo: Discurso/Paulus, 2010.

HOLTE, Ragnar. *Béatitude et sagesse: Saint Augustin et le problème de la fin de l'homme dans la philosophie ancienne*. Paris: Études augustiniennes, 1962.

LANCEL, Serge. *Saint Augustin*. Paris: Arthème Fayard, 1999.

LIMA VAZ, Henrique Cláudio. A metafísica da interioridade: Santo Agostinho. In: *Ontologia e história*, 2. ed. São Paulo: Loyola, 2012, p. 77-87.

MARROU, Henri-Iréné. *Saint Augustin et la fin de la culture antique*. Paris: E. DeBoccard, 1938.

MATTHEWS, Gareth B. Fé e razão. In: *Santo Agostinho: a vida e as ideias de um filósofo adiante de seu tempo*. Tradução de Álvaro Cabral. Rio de Janeiro: Jorge Zahar, 2007, p. 135-148.

NOVAES FILHO, Moacyr Ayres. *A razão em exercício: estudos sobre a filosofia de Agostinho*, 2. ed. São Paulo: Discurso/Paulus, 2009.

PEGUEROLES, Juan. *El pensamiento filosófico de San Agustín*. Barcelona: Labor, 1972.

POSSÍDIO. *Vida de Santo Agostinho*. Tradução Monjas Beneditinas, 3. ed. São Paulo: Paulus, 1997.

RAMOS, Angelo Zanoni. *Ciência e sabedoria em Agostinho: um estudo do* De Trinitate. São Paulo: Baraúna, 2009.

ROSA, José Maria Silva. "Introdução" e "Notas". In: SANTO AGOSTINHO. *Trindade – De Trinitate*. Prior Velho: Paulinas, 2007.

RODRÍGUEZ, P. Hermínio. Introducción. In: *Obras de San Agustín: Obras apologéticas*. Madrid: Biblioteca de Autores Cristianos, 1948, Tomo IV, p. 791-792.

SOARES, Lúcia Maria Mac Dowell. *Verdade, iluminação, Trindade: o percurso da "interioridade" em Santo Agostinho*, 2002. 150 f. Tese (Doutorado em Filosofia) – Departamento de Filosofia, Pontifícia Universidade Católica do Rio de Janeiro, Rio de Janeiro.

SZESKOSKI, Luís Valdecir. *A concepção agostiniana do conhecimento em* De Trinitate *(livros XII, XIII, XIV)*, 2012. 126 f. Dissertação (Mestrado em Filosofia) – Centro de Filosofia e Ciências Humanas da Universidade Federal de Santa Catarina, Florianópolis.

TEIXEIRA, Evilásio Borges. *Imago Trinitatis: Deus, filosofia e felicidade. Um estudo teológico sobre o* De Trinitate *de Santo Agostinho*. Porto Alegre: EDIPUCRS, 2003.

VARGAS, Walterson José. *Soberba e humildade em Agostinho de Hipona*, 2011. 372 f. Tese (Doutorado em Filosofia) – Faculdade de Filosofia, Letras e Ciências Humanas, Departamento de Filosofia, Universidade de São Paulo, São Paulo.

VAZ, Henrique C. de Lima. Vide LIMA VAZ.

Complementar

BÍBLIA. Português. *Bíblia de Jerusalém*. Nova edição, revista e ampliada. São Paulo: Paulus, 2002.

GILSON, Étienne. *A filosofia na Idade Média*. Tradução de Eduardo Brandão. São Paulo: Martins Fontes, 2001.

_____. *O espírito da filosofia medieval*. Tradução de Eduardo Brandão. São Paulo: Martins Fontes, 2006.

LIMA VAZ, Henrique Cláudio de. *Antropologia filosófica*. São Paulo: Loyola, 2004. v. 1 (Série Filosofia).

TOMÁS DE AQUINO. *Suma Teológica – Sumae Theologiae*. Texto bilíngue. Coordenador geral da tradução: Carlos-Josaphat de Oliveira. São Paulo: Loyola, 2004, v. 5.

A fé cristã no capitalismo:
uma interpretação a partir de Slavoj Žižek

Carlos Roberto Drawin

Não é tarefa fácil reconstruir a interpretação proposta pelo filósofo esloveno Slavoj Žižek acerca da religião em geral e, de modo especial, do legado cultural da fé cristã, pois, para fazê-lo, teríamos de tentar elucidar as coordenadas básicas de seu pensamento filosófico. E não poucas são as dificuldades a serem enfrentadas. Poderíamos reuni-las em três aspectos bastante óbvios e convergentes: a singularidade tanto de seu percurso intelectual quanto do estilo de sua escrita e o intrincado de sua construção teórica.

Menciono brevemente o primeiro ponto: tendo vivido e estudado em Liubliana, na antiga Iugoslávia, podemos acompanhar por toda sua obra as marcas ambivalentes da experiência de ter estado sob o antigo regime comunista. Militante político nos anos oitenta do século passado e tendo aderido na juventude ao Partido Comunista, tornou-se um intérprete sagaz e irônico do socialismo real, sem rejeitá-lo em nome da democracia liberal e sem abandonar a teoria marxista e a hipótese comunista. Ao se transferir para Paris, teve como analista e orientador de sua tese de doutorado Jacques-Alain Miller, autoridade maior da ortodoxia lacaniana, seja como executor testamentário da obra de Jacques Lacan, seja como fundador e mestre da *École de la cause freudienne*. A partir das elaborações originais e surpreendentes de sua tese doutoral, tem início uma produção intelectual vertiginosa que, com a adoção da língua inglesa, alcança imensa repercussão internacional, sendo traduzida em dezenas de idiomas. O seu inegável conhecimento da filosofia contemporânea e da teoria psicanalítica se mistura com sua aversão aos cânones acadêmicos e com o gosto por enfrentar temas polêmicos, atuais e controversos, assim as suas intervenções públicas acabaram obtendo ampla difusão em inúmeras entrevistas e palestras midiáticas e projetaram a sua figura simultaneamente popular e estranha. O impacto dos seus caudalosos textos atrai inúmeros curiosos, embora poucos leitores tenham a paciência requerida para a travessia de seus argumentos – extensos, longos e, por vezes, surpreendentes e tortuosos.

Não bastassem os obstáculos de conteúdo, o leitor de seus livros, já num primeiro contato, desorienta-se com o seu estilo idiossincrático. De caráter predominantemente ensaístico, os seus argumentos estão pontuados por passagens anedóticas e são atravessados por episódios extraídos de filmes e novelas populares. A presença física do autor em suas muitas entrevistas, palestras e documentários suscita certa hilaridade por sua fala rápida e solavancada, num inglês cuja fluência carrega pesado sotaque, vindo adornada por seus sestros compulsivos e expressões faciais quase caricatas. Todos esses fatores ajudam a alavancar a popularidade do autor, podendo induzir, contudo, avaliações superficiais, taxativas e simplistas acerca de suas ideias filosóficas. Assim, por exemplo, a revista conservadora *New Republic* o rotulou como "o filósofo mais perigoso do Ocidente" e o jornal britânico *Observer* o satirizou como "o messias superstar da nova esquerda"[1]. Todos esses fatores – a imensa popularidade, suscitando centenas de milhares de acessos no YouTube, a exploração midiática de suas imagens e intervenções polêmicas, a produção incessante de seus escritos, a idiossincrasia do estilo – podem contribuir para a minimização da relevância de seu pensamento filosófico e funcionar como um obstáculo para a leitura atenta e reconstrutiva de suas ideias.

Não é o caso de tentar aqui realizar a proeza de uma leitura abrangente e minuciosa de seus textos. A minha exposição é bastante limitada, enfocando de modo especial três obras do filósofo para delas recortar algumas ideias básicas acerca da religião em geral e, em especial, do legado cristão. Mesmo assim, não se pode deixar de indicar alguns elementos teóricos reiteradamente presentes em seu pensamento filosófico, no qual nos deparamos com o contínuo entrecruzamento de três pensadores para ele basilares: Georg Hegel, Jacques Lacan e Karl Marx. Muitos outros autores contemporâneos são também convidados para a sua interlocução crítica, dentre eles, Theodor Adorno, Alain Badiou, Ernesto Laclau, Gilles Deleuze, Judith Butler. Nada obstante, vou me ater aos dois primeiros autores – Hegel e Lacan – não apenas porque são as referências essenciais para a sua interpretação singular do cristianismo, mas por ajudarem a destacar a ideia axial e estruturante do conjunto de sua extensa argumentação, quase sempre apresentada de modo dispersivo e sem tratamento metódico. Talvez a obra que mais se aproxime de um tratado sistemático seja *Menos que nada. Hegel e a sombra do materialismo dialético*, extensa publicação de 2012 na qual ele explicitou detalhadamente o modo como se apropriou da filosofia de Hegel, convergindo-a com a teoria lacaniana. Nela o filósofo procurou mostrar como o idea-

---

1. KUL-WANT, 2012, p. 3.

lismo hegeliano – o pensamento do Absoluto – permite a apreensão da verdade do materialismo: "É nesse sentido que um materialista pode dizer que, embora saiba que não existe um deus, a ideia de um deus, não obstante o move"[2]. Pois nada se compreende da realidade sem reconhecermos que, embora ela efetivamente exista, nada há em seu núcleo senão o vazio, a "ruptura pré-transcendental"; o seu núcleo real é "menos que nada", daí a necessidade suplementá-lo pela ficção: "para ocultar o seu vazio"[3]. Não pretendo avançar aqui no esclarecimento desse paradoxo ontológico, mas apenas ressaltar como nele já nos deparamos com a impossibilidade de não pensarmos Deus, mesmo e sobretudo em nossa civilização secular e justamente por ela ter levado às últimas consequências a morte de Deus na cultura[4]. Desse modo, pode-se compreender por que o legado cristão tornou-se incontornável para o redescobrimento do sentido da ação política numa época que pretende não acreditar em mais nada, quando o ódio e o mal-estar em relação ao capitalismo global circulam numa retroalimentação impotente, quando prevalece um "cenário ideológico fragmentado numa miríade de posições que brigam pela hegemonia"[5].

Na impossibilidade de um maior aprofundamento, vou recorrer à seguinte estratégia expositiva. Na primeira parte do texto procuro mostrar o ponto de partida filosófico de Žižek, tomando como referência principal a reelaboração de sua tese de doutoramento publicada em 1988 sob o título *O mais sublime dos histéricos. Hegel com Lacan*. Também recorro à sua teoria da ideologia tal como foi apresentada no livro *Eles não sabem o que fazem. O sublime objeto da ideologia*, publicado originalmente em 1990 e no qual, sobretudo em seus últimos capítulos, ele propõe a releitura da crítica marxiana da religião. Na segunda parte do meu texto, focalizo o livro *O absoluto frágil (ou por que vale a pena lutar pelo legado cristão)*, publicado originalmente no ano 2000, mas também levo em consideração, sem fazer um estudo mais minucioso, obras em que o autor trata mais extensamente do tema do cristianismo, a saber: *O amor impiedoso (ou: Sobre a crença)*, de 2001 e *A monstruosidade de Cristo*, dois ensaios intermediados por um texto de John Milbank, conhecido teólogo inglês representante da chamada "ortodoxia radical", além de *O sofrimento de Deus: inversões do apocalipse*, de 2012, intervenções em diálogo com Boris Gunjevic, teólogo e pastor luterano da croácia. Num terceiro tópico, faço algumas observações rápidas com o intuito de fechar provisoriamente a minha exposição.

---

2. ŽIŽEK, 2013 b, p. 14.
3. ŽIŽEK, 2012, p. 14 e 16.
4. EAGLETON, 2016.
5. ŽIŽEK, 2019, p. 12; ŽIŽEK, 2011, p. 19.

1. O ponto de partida teórico

O ponto teórico fundamental a ser enfrentado provém do modo como Žižek estabelece a aproximação entre o grande filósofo idealista alemão e o inovador psicanalista francês. De modo geral, fora do circuito dos estudiosos e especialistas, Hegel é visto como um pensador de inclinações megalomaníacas por tentar incluir em seu sistema a pujante riqueza da realidade sensível e dos acontecimentos históricos. Para tais críticos, o seu objetivo maior teria sido a domesticação da vida concreta por meio da transposição da fluidez do tempo histórico no rígido esquema triádico de sua dialética. Seria essa pretensão desmedida de seu idealismo absoluto que suscitou a repulsa generalizada dos pensadores pós-hegelianos em seu intuito de mostrar a impossibilidade de assimilar o indivíduo, a existência e o mundo empírico à camisa de força da lógica especulativa. Ora, Lacan, em sua palavra de ordem do "retorno a Freud", não teria feito outra coisa senão mostrar justamente o oposto de tal visão delirante atribuída a Hegel. A descoberta freudiana do inconsciente, radicalizada em suas últimas formulações acerca da pulsão de morte, assestou um golpe irrecuperável na soberania da razão e na autonomia do sujeito moderno: o Eu, incapaz de ser o senhor na própria casa, muito menos poderia alimentar a exorbitante pretensão de se assenhorear do mundo. Lacan enfatizou, em seus diversos comentários acerca do cogito cartesiano, justamente a diferença irredutível entre o psiquismo e a consciência, o sujeito e o Eu, como também afirmou a não coincidência entre ser e pensamento descartando a pedra angular da metafísica, contrapondo à sua restauração pela moderna filosofia do sujeito a célebre proposição "penso onde não sou e sou onde não penso"[6].

Por conseguinte, se, conforme a interpretação largamente difundida, Hegel teria levado o axioma metafísico da identidade entre ser e pensar à sua plena explicitação com a dialética da Ideia Absoluta, como poderia haver alguma convergência com a concepção lacaniana do sujeito humano enquanto constitutivamente desejante e faltoso? O sujeito do inconsciente sendo um "isso pensa" (*ça pense*) não seria essencialmente descentramento e cindido e, sendo inteiramente carente de lastro substancial, não deveria ser concebido como uma "falta-a-ser" (*manque à être*)? A aspiração hegeliana do Absoluto não seria um gigantesco contrassenso, quando contraposta à concepção da condição humana como "fenda" ou como uma clivagem (*Spaltung*) incorrigível, condição esta consumida por um vazio voraz (*béance*), simultaneamente insaciável, insanável e inexplicável[7]?

Pois bem, Žižek promoveu a aproximação entre esses dois pensadores aparentemente tão distantes e até mesmo antagônicos e o fez por meio do procedi-

---

6. LACAN, 1987, p. 15-18; LACAN, 1998, p. 519-522; FINK, 1998, p. 66-70.
7. LACAN, 1998, p. 695-696; LACAN, 1990, p. 27-28.

mento hermenêutico da reciprocidade crítica segundo a qual a confrontação das diferenças conceptuais descortina o espaço de interpretações alternativas. Ao desencavar veios teóricos pouco explorados pelas apropriações dominantes dos dois autores, ele visou estabelecer um novo espaço lógico de compreensão de nossa experiência epocal[8].

Nessa perspectiva hermenêutica, o psicanalista francês foi tomado como um intérprete adequado de Hegel justamente porque ele era hegeliano sem o saber, e o era justamente onde não pretendia ser. Desse modo, a verdadeira presença de Hegel em Lacan não se encontraria no primeiro período de sua investigação, quando recorreu à dialética do desejo e do reconhecimento, diretamente baseada na leitura feita por Alexandre Kojève do capítulo quarto da *Fenomenologia do espírito*. Ao contrário, ele foi rigorosamente hegeliano nos seus desenvolvimentos tardios, quando o filósofo alemão não é mais citado e parece ser até mesmo rejeitado. Esse desencobrimento do "outro" Hegel lacaniano somente foi possível em decorrência da leitura da *Ciência da lógica* a contrapelo da imagem "panlogicista" do filósofo comumente difundida pelos pós-hegelianos pressurosos em refutar a sua lógica ao atribuir-lhe o empreendimento absurdo de tudo encaixar nos moldes de um sistema racional prévio e onímodo. A figura do "saber absoluto" encarnaria essa ambição racional desmedida e disposta a incorporar em si a indigesta carne do mundo: seja a existência única e irrepetível dos indivíduos, como em Kierkegaard, seja a dinâmica irracional da vontade, como em Schelling e Schopenhauer, ou a materialidade das relações sociais, como em Marx.

Por que essa interpretação errônea do sistema hegeliano – supostamente arrogante em seu logicismo e indiferente em sua pretensão necessária – tornou-se tão bem-sucedida e foi logo amplamente assimilada? A hipótese de Žižek foi proposta de modo lapidar na introdução de seu livro seminal:

> Para nós, essa figura do Hegel "panlogicista" que devora e mortifica a substância viva do particular é o real de seus críticos, o real no sentido lacaniano: a construção de um ponto que não existe efetivamente (um monstro sem relação com o próprio Hegel), mas que, não obstante, tem de ser pressuposto para que possamos legitimar nossa postura mediante a referência negativa ao outro, ou seja, um esforço de distanciamento. Esse horror que se apodera dos pós-hegelianos diante do monstro do saber absoluto, de onde vem ele? O que encobre essa construção fantasística com sua presença fascinante? Um buraco, um vazio. É possível delimitar esse buraco se nos ativermos a ler Hegel com Lacan, isto é, tendo por base a problemática lacaniana da falta no Outro, do vazio traumático em torno do qual se articula o processo significante[9].

---
8. GABRIEL, 2012, p. 39-40.
9. ŽIŽEK, 1991, p. 14.

Embora não seja possível destramar o entretecido de influências que o levaram a assumir essa hipótese filosófica, essencial para todo o desenvolvimento posterior de seu pensamento, a citação anterior é bastante instrutiva. Os pós-hegelianos, como Nietzsche, difundiram a imagem do saber absoluto como uma atitude reativamente niilista da qual a filosofia devia se distanciar não só para acolher a diversidade da vida, a sua irredutível heterogeneidade, mas também para evitar o atoleiro da vanidade metafísica. Os pós-estruturalistas franceses, como Derrida, retomaram, no empenho de seu pensar desconstrutivo, a mesma imagem monstruosa do absoluto em seu ímpeto de tudo engolir, de modo a neutralizar a alteridade na mesmidade, igualizando as diferenças no moinho da identidade dialética cuja mágica consistiria em fazer coincidir a identidade e a não-identidade. Para Žižek, nos deparamos nas atitudes pós-hegelianas e pós-estruturalistas com a ansiedade de escapar do vazio transcendental de modo a "apreender a vida como ela é", em toda sua pulsante diferenciação. Todavia, observa Žižek, a pretensão desmedida não se encontra do lado da lógica dialética, porém desse impossível empreendimento de retorno "às coisas mesmas", paradoxalmente impossível, e o é por ser incapaz de reconhecer o impossível do desejo, o seu nada como condição ontológica e incontornável de toda simbolização. Sem que haja tal reconhecimento, toda filosofia movida pela ânsia do vivido em si mesmo, pelo fascínio do grau zero da ordem simbólica, recai nas ilusões da metalinguagem. Esse foi o ensinamento do Lacan tardio: "a distância entre o real e os modos de sua simbolização", intimamente associada à "contingência essencial da simbolização", nos aprisiona no "jogo significante" do qual "não podemos sair [...] para transpor a barra que o separa do real, assumir uma posição externa em relação a ele"[10] e nos impõe, no dizer de Markus Gabriel, "a afirmação, ainda mais radical, de que a necessidade é contingente"[11].

O enclausuramento lacaniano no simbólico, deve-se ressaltar, limita drasticamente o potencial da racionalidade intersubjetiva em seu empreendimento de um crescente esclarecimento racional do mundo. Ao contrário, a partir de 1957 Lacan introduz a ideia do "Outro barrado", isto é, que a ordem simbólica, constituída pela lei e pela linguagem, não pode apreender simbolicamente a si mesma; não há um ponto de exterioridade a partir do qual a ordem simbólica possa ser apreendida. Dessa forma, a realidade se choca com algo inassimilável, pois nela há um Real que escapa inteiramente à simbolização, à linguagem e ao pensamento; assim, para ele, "porque o oposto do possível é seguramente o real, seremos levados a definir o real como impossível"[12].

---

10. ŽIŽEK, 1991, p. 15.
11. GABRIEL, 2012, p. 49.
12. LACAN, 1990, p. 159.

Ao designar a "experiência da falta no Outro" como elemento central da psicanálise, o ensino do Lacan tardio abre a possibilidade de uma leitura de Hegel contrária àquela amplamente difundida e de acordo com a qual a sua concepção da história pode ser vista como um grande drama teleologicamente orientado e garantido desde o início pelo triunfo da razão, pela manifestação final de sua inteligibilidade. Nessa perspectiva padrão da filosofia da história, as vicissitudes da ação política e social e, portanto, a responsabilidade e o risco do compromisso ético nela empenhados seriam suplantados pela noção de "astucia da razão" (*List der Vernunft*), pela confortadora certeza de que "a razão governa o mundo e por conseguinte governa e governou a história universal"[13]. Esse tipo de interpretação da filosofia hegeliana certamente não pode convergir com as concepções lacanianas da lógica do não-todo e do conceito do Outro barrado. Aliás, observa Žižek: "acaso é possível imaginar oposição mais incompatível do que a existente entre o saber absoluto hegeliano – 'círculo dos círculos' fechado – e o Outro barrado lacaniano, saber irredutivelmente furado? Não será Lacan o anti-Hegel por excelência?"[14].

Ocorre que a imagem do radical logicismo hegeliano, endossada, inclusive, por eminentes estudiosos do filósofo como Theodor Häring e Nicolai Hartmann, já vinha sendo posta em questão pela própria pesquisa acadêmica. Žižek conhecia, e cita em sua tese de doutorado, a conferência de habilitação proferida por Dieter Henrich na Universidade de Heidelberg e publicada em 1958/1959 nos *Kantstudien*, na qual ele mostra que necessidade e contingência não podem ser contrapostas como se houvesse, de um lado, uma "essencialidade pensada" e, de outro, uma "existência real". A necessidade e a contingência não são excludentes, porque são conceitos modais analiticamente vinculados e, assim, a necessidade inteligível do todo impõe "a absoluta contingência dos entes intramundanos"[15]. Afinal, a leitura interna do texto hegeliano permite discernir no esforço do conceito, ou seja, na realização do lógico (*das Logische*), tanto na natureza quanto no espírito, um movimento contrário ao de uma razão transcendente e exteriormente contraposta ao tempo. Pensar o tempo não significa anulá-lo na identidade simples e imediata entre o "racional" (*vernünftig*) e o "real" (*wirklich*), pois pensar o "ser efetivo" (*wirklich*) exige a provação ontológica da contingência como unidade da possibilidade e da efetividade[16].

Não há em Hegel uma fuga do mundo em direção ao Absoluto; antes, o esvaziamento do Absoluto na carne do mundo, o reconhecimento do vazio no coração da realidade. Desse modo, Žižek promove a convergência de Hegel e Lacan:

---

13. HEGEL, apud FERRY, 1984, p. 55.
14. ŽIŽEK, 1991, p. 14.
15. HENRICH, 1971, p. 164 e 180.
16. MABILLE, 1999, p. 149-211.

a realidade mundana é necessariamente contingente, porque no fundo do mais exaustivo processo de simbolização reencontramos sempre o mesmo vazio abissal. O Real impossível se põe como exigência incontornável da linguagem e esta, enquanto cerceamento simbólico, jamais o assimila ou o esgota inteiramente. No entanto, conforme afirma Žižek, ao ser influenciado por intérpretes da filosofia hegeliana como Alexandre Kojève e Jean Hyppolite, o psicanalista francês permaneceu apegado aos lugares-comuns da interpretação do saber absoluto se desconhecendo como hegeliano justamente porque o era ali onde parecia não o ser[17].

Essas considerações aparentemente "abstratas" e tão distantes da experiência religiosa concreta me pareceram relevantes para elucidar o modo como Žižek aborda o escândalo racional do cristianismo tal como foi formulado pelo humanismo ilustrado e tomado como ponto de partida da "morte de deus" na modernidade secular[18]. Esse escândalo racional foi claramente apresentado por Lessing, com base na distinção feita por Leibniz entre "verdades de fato" e "verdades de razão". Segundo ele, haveria uma distância intransponível entre a particularidade dos fatos históricos e a universalidade requerida pela razão, daí decorrendo a impossibilidade de adequar a suposta verdade historicamente revelada do cristianismo, cujo cerne é o evento do Cristo, aos cânones da racionalidade moderna[19]. A diferença intransponível entre a particularidade dos acontecimentos e as proposições universais excluiria a história, constitutivamente contingente, do campo da racionalidade. Ora, em contraposição à objeção de Lessing, Hegel pretende justamente mostrar a ação da razão na história sem eliminar a contingência e sem a ela impor uma teleologia extrínseca. Toda trajetória de Hegel em busca desse modelo de inteligibilidade, desde suas primeiras intuições juvenis até a docência berlinense, foi alimentada pela meditação cristológica. Após a publicação de suas obras sistemáticas o seu interesse de juventude pela religião não declinou, antes se acentuou, pois, como observa Hans Küng, "Hegel volta o seu olhar ainda mais para o cristianismo e o Cristo concreto" ao se empenhar em sua incessante meditação acerca da apreensão filosófica da história universal[20]. Hegel, nas *Lições sobre a filosofia da história universal*, retomando a descoberta da identidade dialética do ser e do aparecer, ressalta que:

> Reconciliação do mundo consiste na reunião do finito e do infinito [...] mas esta unidade existente em si deve tornar-se "certeza perceptível pelos sentidos", ela deve aparecer "no tempo": é necessário que este em-si torne-se objeto para o

---

17. ŽIŽEK, 1991, p. 15.
18. TAYLOR, 2010, p. 357-491.
19. MATHIEU, 1986, p. 806-808.
20. KÜNG, 1973, p. 407.

mundo [...] deva aparecer sob a forma humana. A certeza da unidade de Deus e do homem, é o conceito do Cristo, do Homem-Deus[21].

No entanto, o Cristo não pode ser considerado apenas em sua particularidade fáctica, porque a singularidade teândrica de Cristo, enquanto unidade da divindade e da humanidade, deve ser elevada à universalidade do Espírito, por conseguinte, continuada na vida histórica da comunidade, pois *"a prova da divindade de Cristo"*, diz Hegel:

> É o testemunho do próprio espírito, não os milagres; pois só o espírito reconhece o espírito. A reconciliação, portanto, não deve ter lugar unicamente no indivíduo uno, que é Homem-Deus, mas também em todos os homens; por isso, Cristo vive na comunidade cristã e entra nos corações de todos[22].

Essas reflexões de Hegel acerca do cristianismo, aqui brevemente evocadas, são repetidas diversas vezes por Žižek em seus numerosos escritos, visando explorar a suas diferentes ressonâncias nos impasses morais, políticos e culturais da modernidade contemporânea. A fórmula "Hegel com Lacan", adotada desde sua tese de doutoramento, entrelaça o conceito lacaniano de "Outro barrado", significando a inexistência de uma instância simbólica capaz de oferecer a inteligibilidade radical do mundo e a concepção hegeliana de "juízo infinito", isto é, "um juízo no qual o sujeito e o predicado são radicalmente incompatíveis"[23]. Essa articulação permitiria a seguinte proposição filosófica: a perquirição do sentido não pode prescindir do caráter contingente dos fatos históricos; em contrapartida, não há vida humana sem atribuição de sentido; por conseguinte, o sujeito finito ou cindido não pode prescindir da atividade significante, da busca da inteligibilidade, porém o faz na própria experiência da contingência histórica.

O incontornável e singular legado do cristianismo reside, portanto, na aceitação da morte de Deus no Cristo e sua ressurreição como espírito na comunidade dos fiéis. Não se pode mais, a partir do advento de Cristo, recorrer a uma transcendência real externa como fundamento da ação humana e garantia prévia do curso dos acontecimentos. Por isso, o cristianismo introduz uma ruptura radical com a tradição religiosa da intervenção abrupta do sagrado na natureza e na história e entrega os seres humanos à própria capacidade de agir, pensar e amar. Se a história é o reino da contingência, então a perquirição de seu sentido se dá no enredamento de seus dramas sempre dependentes dos atos humanos de decisão e ruptura. O escândalo de Cristo pode se expressar do seguinte modo:

---

21. HEGEL, apud KÜNG, 1973, p. 419-421.
22. HEGEL, 1980, p. 586.
23. ŽIŽEK, 1992, p. 131.

Essa coincidência paradoxal da totalidade racional com um momento absolutamente particular, inerte, não-dialético, é visada pelo "juízo especulativo" hegeliano: o espírito é um osso, Napoleão, esse indivíduo arbitrário é o "espírito do mundo"; Cristo, esse indivíduo miserável crucificado entre dois salteadores, é Deus; ou então, para fornecer a matriz geral: o significante, essa pontinha insensata do real, é o significado, a riqueza exuberante do sentido[24].

O cristianismo se distancia tanto da sacralização do absoluto, fonte de todo tipo de fundamentalismo, com o seu intuito de forcejar a universalidade da verdade nas certezas particulares das crenças, quanto do relativismo liberal pós-nietzschiano, ao dissolver a verdade na dispersão incomensurável das crenças. Em ambos os casos se quer ocultar o desespero da certeza diante da verdade traumática do vazio que descortina a necessidade da contingência, o imperativo de pensar e agir sabendo não possuir a garantia de qualquer lastro ontológico.

2. O legado cristão

O conjunto dos ensaios que compõem a obra *O absoluto frágil (ou por que vale a pena lutar legado cristão)* tem como fio condutor o reexame da crítica materialista da religião no contexto da sociedade pós-secular, aquela na qual o humanismo iluminista moderno se vê confrontado com o inesperado ressurgimento da religião, seja na forma dos fundamentalismos, seja na disseminação dos espiritualismos ressurgentes na esteira do multiculturalismo pós-moderno. Para Žižek, a sua posição rigorosamente materialista pode ser contraposta ao idealismo subjetivo hegemônico, no sentido de romper com a superfície leviana da descrença generalizada própria ao secularismo das sociedades capitalistas avançadas. Essa pretensão crítica já aparece no prefácio de 2008 da segunda edição da obra, ao explicitar a tese retora de sua visão acerca da especificidade do legado cristão: a sua incompatibilidade com a espiritualidade oriental[25].

Ora, como defender o legado cristão e, ao mesmo tempo, reafirmar a crítica materialista da religião? Rejeitando a contraposição aparentemente óbvia de sua incompatibilidade. Diante da acusação liberal contra o marxismo como uma religião secularizada e das tentativas marxistas de purificar o seu materialismo de sua ganga religiosa, a atitude deveria ser justamente a inversa:

> Defendendo plenamente aquilo de que somos acusados: sim, existe uma linhagem direta entre o cristianismo e o marxismo; sim, o cristianismo e o marxismo deveriam lutar do mesmo lado da barricada contra o furioso ataque nos novos

---
24. ŽIŽEK, 1991, p. 41.
25. ŽIŽEK, 2015, p. 11.

espiritualismos – o legado cristão autêntico é precioso demais para ser deixado aos fanáticos fundamentalistas[26].

O autor avança a sua argumentação, como o faz com frequência, por meio de um jogo de inversões às vezes desconcertantes para o leitor. A "calúnia liberal" assacada contra o marxismo parece ser a expressão mais avançada de uma sociedade que se vê como liberada da religião e empenhada em extirpar, por meio dos setores de sua vanguarda progressista, os resíduos que dela ainda restam, pois neles sempre vicejam as sementes do sectarismo fundamentalista. Se assim é, se a sociedade liberal se emancipou da religião, então as manifestações mais virulentas e desabridas da violência religiosa só podem provir de uma exterioridade ainda não purificada do elemento religioso tido por irracional. Ora, essa presumida "exterioridade" não é outra senão a dinâmica perversa da própria modernidade secular. Pode-se entender isso por meio de um olhar atento para as próprias tradições religiosas. O seu universo simbólico, as suas narrativas e prescrições conscientemente assumidas pressupõem o real obsceno, a intrusão de uma alteridade "fora de cena", o implícito sempre presente como sustentação oculta e como interferência traumática na dimensão explícita. A passagem analítica do plano explícito da cena ao plano recalcado e fantasmático do obsceno, do fora de cena, também revela nas sociedades liberais seculares a alteridade espectral rondando o tempo todo o espaço do que é admissível, e somente o é por ser ideologicamente condizente com a sua suposta racionalidade. No entanto, a fixação dos pares opositivos – dentro e fora, superfície e profundidade, identidade e diferença – pode interferir na análise espectral dos desdobramentos processuais do capital enquanto esforço de introduzir distinções relevantes em sua contínua e acelerada metamorfose. Assim, por exemplo, deparamo-nos com inesperadas complementaridades: o racismo brutal caracterizado pela rejeição violenta do "outro", de sua cultura "exótica" como essencialmente inferior à "nossa", facilmente desliza para o plano reflexivo do politicamente correto. Isso ocorre quando nos distanciamos das antigas crenças preconceituosas e nos instalamos no lugar superior e mais puro da tolerância multicultural. Esse deslocamento reflexivo das sociedades liberais modernas, nas quais as crenças são relativizadas e substituídas pelo achatamento de todas as interpretações no mesmo patamar da in(diferença), não assegura a realização da paz e da liberdade, apenas esvazia todas as justificações ideológicas dos acontecimentos, tornando incompreensíveis as irrupções do ódio e da violência tomados como explosões irracionais, meras perturbações disfuncionais sem maior alcance estrutural, algo a ser afetivamente elaborado e rapidamente esquecido[27]. Ora, o mecanismo operante em nossas sociedades liberais e pós-ideológicas é aquele des-

---

26. ŽIŽEK, 2000, p. 27.
27. ŽIŽEK, 2015, p. 29-34.

crito por Freud como "desmentido perverso" (*Verleugnung*): a cisão entre o saber e o fazer, levando o perverso a saber de sua condição faltosa, porém agindo como se não o fosse. O encobrimento perverso encontrou a sua personificação exemplar na frase a ele atribuída por Octave Mannoni: "eu sei, mas mesmo assim" (*Je sais bien, mais quand même*)[28]. Poder-se-ia igualmente dizer "não deveria ser, mas assim acontecem as coisas", ou "assim é, mas não sei por que é", traduzindo o "*mas... mesmo assim*" como a máscara do saber perverso: em nossa casa tudo está em ordem, os móveis são sólidos, os adornos refinados e luxuosos, porém se há alguma sujeira ocasional, embora "varrida para debaixo do tapete", a sua insistência em ressurgir é inexplicável e só pode provir de fora. A violência pode ser tratada como um resíduo desagradável e inadmissível, porque inconcebível de acordo com os critérios funcionais da racionalidade moderna e nada tem a ver com ela, e sua proveniência é atribuída à exterioridade bárbara. Algo excessivo, como se diz do impensável do holocausto, e sobre ela só se pode dizer de seu caráter indizível à luz do suposto progresso histórico enaltecido pelo iluminismo. No entanto, como excesso, puro gozo e dispêndio de energia a violência, como todo trauma, produz um efeito significante: ao nos interrogar em nossa descrença ela produz novos rearranjos simbólicos, o impensável impõe o pensamento.

Mas como pensar o impossível? A resposta especulativa seria a seguinte: o impossível, concebido como a necessidade de que as coisas sejam como são, não neutraliza as suas condições de possibilidade enquanto condições contingentes, como sintetiza a já citada proposição do filósofo alemão Markus Gabriel: "a necessidade é contingente". Em outras palavras, a linguagem ordenadora é uma atividade incessante e produtora de contradições no ato mesmo de dar sentido às coisas, portanto, "ser uma criatura dotada de linguagem é estar exposto à contingência"[29]. Não há como avançar aqui no aprofundamento dessa discussão filosófica, mas o que está em jogo pode ser discernido com alguma clareza na análise feita por Žižek de uma célebre passagem do *Manifesto Comunista* de 1848:

> Dissolvem-se todas as relações sociais antigas e cristalizadas, com seu cortejo de concepções e ideias secularmente veneradas; as relações que as substituem tornam-se antiquadas antes de se consolidarem. Tudo o que era sólido e estável se desmancha no ar, tudo o que era sagrado é profanado e os homens são obrigados finalmente a encarar sem ilusões a sua posição social e suas relações com os outros homens[30].

A interpretação, proposta por Žižek, dessa passagem do *Manifesto* aparece perfeitamente nítida nas seguintes palavras:

---
28. MANNONI, 1973, p. 9-27.
29. GABRIEL, 2012, p. 49 e 149.
30. MARX, apud ŽIŽEK, p. 35ss.

O capitalismo, enquanto suspende o poder dos velhos fantasmas da tradição, gera os seus próprios monstros. Ou seja, por esse lado, o capitalismo implica a secularização radical da vida social – ele dilacera impiedosamente qualquer aura de autêntica nobreza, sacralidade, honra [...] No entanto, a lição fundamental da crítica da economia política elaborada pelo Marx maduro, nos anos que se seguem ao Manifesto, é que essa redução de todas as quimeras celestiais à realidade econômica brutal, gera uma espectralidade própria [...] O problema é que essa "abstração" não existe apenas em nossa má percepção (a do especulador financeiro) da realidade social; ela é "real" no sentido preciso de que determina a própria estrutura dos processos sociais materiais: o destino de todas as camadas da população, e por vezes de países inteiros, pode ser decidido pela dança especulativa solipsista do capital, que persegue seu objetivo de lucratividade com uma indiferença abençoada em relação ao modo como seu movimento afetará a realidade social. Essa é a violência sistêmica fundamental do capitalismo, muito mais misteriosa que qualquer violência pré-capitalista socioideológica direta: essa violência não é mais atribuível aos indivíduos concretos e suas "más" intenções, mas é puramente "objetiva", sistêmica, anônima[31].

O *Manifesto* teria revelado por antecipação o horror subjacente ao anúncio triunfante de uma humanidade finalmente emancipada de todas as velhas tradições e, assim, liberado o desenvolvimento desenfreado das forças produtivas.

Em uma de suas versões, o juízo infinito hegeliano se "materializa" nessa "abstração real" da dinâmica do capitalismo em seu estágio financeiro e globalizado. Não obstante, a sua aparente inevitabilidade não proveio de um destino cego e nem expressa a natureza humana, mas emergiu de uma série de contingências histórias que foram naturalizadas como uma necessidade inelutável. A magia da transformação do contingente em necessário bloqueia todas as alternativas, impedindo até mesmo que elas sejam pensadas. Todas as contestações são bem-vindas para logo serem integradas e tornarem-se obsoletas e ultrapassadas pela força centrífuga de sua "desterritorialização" incessante, suscitando subjetividades desenraizadas, porém perfeitamente compatíveis com a maximização de sua funcionalidade[32]. O perturbador nesse dinamismo contínuo consiste justamente na percepção de todo acontecimento ser contingente, relativo e fluído, ocorrendo numa totalidade cuja lógica imanente é implacável e torna-se absolutamente necessária. Desse modo, o fluxo das coisas, a mudança vertiginosa na circulação do capital se dá sob o signo da abstração da mesma forma que a imensa diversidade das mercadorias é equalizada pelo dinheiro. Tudo pode mudar, porque nada pode ser transfigurado no interior da identidade abstrata do capital.

---

31. ŽIŽEK, 2015, p. 37.
32. ŽIŽEK, 2013, p. 7.

Ora, a lógica de Hegel nomeia como Absoluto não um ser separado do devir, mas a identidade contraditória. Pensar o Absoluto consiste em pensar o nada laborando no coração mesmo de toda realidade determinada, pois como indica o início da doutrina do ser: "o puro ser e o puro nada são, portanto, o mesmo [...]. O ponto de vista filosófico segundo o qual vale como princípio 'Ser é apenas ser, nada é apenas nada' merece o nome de sistema da identidade; essa identidade abstrata é a essência do panteísmo"[33].

A morte de Deus na modernidade pós-moderna, isto é, na cultura secular, liberal e relativista do capitalismo avançado, significou a impossibilidade de pensar o Absoluto e, por conseguinte, a impossibilidade de pensar o infinito a transluzir enquanto negatividade nas determinações finitas. A separação do finito e do infinito significa apenas a desconsideração da infinitude verdadeira da razão (*wahrhafte Unendlichkeit*) e sua substituição pela má infinitude do entendimento (*schlechte Unendlichkeit*) enquanto indeterminação abstrata, extensão indefinida de uma mesmidade desprovida de alteridade, a indeterminação[34].

Por conseguinte, apesar da experiência vivida na vertigem do quotidiano, tornam-se inconcebíveis as condições de possibilidade do surgimento histórico do capitalismo e também suas alternativas igualmente históricas. Por outro lado, e aí reside o inestimável valor do legado cristão, a morte de Deus em Cristo aponta na direção, como Hegel já havia proposto, de sua ressurreição no Espírito, na vida da comunidade, ou seja, a sua realização inesgotável no mandamento do amor como alternativa radical à violência sistêmica.

Longe de ser um encômio ingênuo e sentimental, a evocação do amor em Cristo não implica envolver as condições materiais do capitalismo na névoa da espiritualidade *new age*, a convidar os sujeitos, em seu desamparo e perdição, para mergulhar no *contemptus mundi* de uma interioridade anelante de purificação e tomada pelo ímpeto da busca de uma transcendência alheia ao tempo. Nesse ponto a crítica marxiana da religião ainda procede: a espiritualidade abstrata como um bálsamo da criatura atormentada. Por que, no entanto, a crítica marxiana fracassou em prever o desaparecimento da religião como modelo exemplar de ideologia? Certamente porque Marx apostou nas virtualidades emancipatórias da produtividade capitalista desimpedida e livre dos entraves das relações sociais anacrônicas, alimentando a fantasia da plena liberação das forças produtivas como veículo seguro para a libertação e realização humanas. Não percebeu como "a 'condição de impossibilidade' do pleno desenvolvimento das forças

---

33. HEGEL, 2016, p. 86-87; CARON, 2006, p. 227-229.
34. HEGEL, 2102, p. 191-193; HEGEL, 2021, p. 213; VAZ, 2020, p. 144-145; LARDIC, 1995, p. 34-46; p. 142-147.

produtivas" converge inteiramente, apesar de seu aparente antagonismo, com a "condição de possibilidade" de seu pleno funcionamento e máxima expansão[35].

Aprisionado pelas ilusões do processo de modernização desencadeado pelo capitalismo, o equívoco da crítica marxiana da religião foi não ter reconhecido o quanto a Encarnação difere radicalmente das vias gnósticas de salvação que proliferam na cultura tardia do capitalismo e parecem anunciar o retorno triunfante do sagrado. A proposta "ateísta" do legado cristão, tal como interpretada por Žižek, pretende reafirmar o potencial crítico e efetivamente mundano de Cristo, sem pretender reencontrar o Cristo "autêntico", como uma "bela alma" anódina e empalidecida em sua etérea divindade, purificada da ganga da história e anterior às distorções da comunidade eclesial.

O fantasma que ronda a vida social, democrática e liberal do capitalismo contemporâneo não provém da exterioridade do Deus transcendente e nem de alguma profundidade abissal e misteriosa do Eu. A sua presença espectral surge continuamente na superfície da realidade social, porque é requerida pela vida prosaica dos indivíduos e comunidade, vida continuamente tensionada pelas exigências incessantes do processo produtivo e anestesiada pelo gozo, pela proliferação dos objetos que nos são oferecidos como "corporificação direta do 'isso', do puro excesso do gozo em relação às satisfações comuns, do misterioso e esquivo X que todos buscamos em nosso consumo compulsivo da mercadoria"[36].

Ao contrário da ideologia tradicional de matriz religiosa, o fantasma inquietante próprio de nossa época pós-ideológica não se origina do além alienado da idealidade, como quer a crítica humanista da religião; antes, emerge na superfície das coisas, como um requisito técnico para o bom funcionamento sistêmico. O mal-estar por ele suscitado é inerente à abstração de sua efetividade, o imperativo de viver intensamente sem um quê, um porquê ou para quê, e não pode ser sanado pelas mesmas causas dos seus sintomas: a abdicação do pensamento crítico e participante por meio das drogas lícitas ou ilícitas e pelas espiritualidades psicoterápicas[37].

A tolerância passa a ser a virtude arquitetônica de uma sociedade na qual os grupos mais avançados cultivam a atitude *blasé* diante dos mais inusitados e provocativos comportamentos. Quando nada mais pode ser diferente – todas as coisas são engolidas e homogeneizadas no vórtice enlouquecido da realidade –, tudo se torna indiferente. Aqui se desenha um duplo impasse: de um lado, a nostalgia conservadora do passado, cuja sobrevivência somente é viável ao se integrar na lógica "desideologizada" do capitalismo e cujo correlato é o desencadea-

---
35. ŽIŽEK, 2015, p. 39.
36. ŽIŽEK, 2015, p. 43.
37. ŽIŽEK, 2012, p. 49-61.

mento da irritação e exacerbação fascistas; de outro, a utopia da emancipação humana a partir da mesma lógica dominante na perspectiva de extirpar dela toda destrutividade, todo excesso gozoso. Neste caso a frustração logo se instala, suscitando o tédio conformista e a ira aleatória; assim, não poucas vezes, a sombra do futuro perdido se transforma numa variante melancólica. Como Freud mostrou, no mecanismo da melancolia as acusações objetivas (*Anklagen*) tornam-se lamentações subjetivas (*Klagen*), as primeiras, mesmo quando politicamente consistentes, convertem-se no puro sofrimento da vítima diante de um destino cego e inalterável[38].

Como resolver esse duplo impasse? O que fazer? Em primeiro lugar não se deve fazer nada, isto é, deve-se suspender essa pergunta, pois ela parece impor uma tarefa objetiva e previsível como se pudéssemos extrair da análise da realidade social a solução para suas contradições, como se houvesse uma continuidade dedutiva entre a análise e a solução. Essa continuidade no tempo, ou poderíamos dizer essa pretensão de imediatidade, é justamente o obstáculo a ser evitado, como Adorno advertiu na primeira frase de sua *Dialética negativa*: "A filosofia, que antes pareceu superada, permanece viva porque se deixou passar o momento de sua realização"[39]. A permanência da filosofia significa cultivar um outro tipo de temporalidade, bem diferente da urgência do fazer e da utilidade. A filosofia sempre recomeça porque ressignifica o já pensado, abrindo o espaço arqueológico necessário à escavação do presente. Assim, quando Žižek propõe a retomada da crítica da economia política, ele não está advogando por um retorno puro e simples à ortodoxia marxista, mas apontando para a relevância de se investigarem as condições históricas originárias que engendraram o capitalismo e são escamoteadas por sua naturalização, pelo postulado filosófico de sua necessidade real e em relação à qual não há alternativa concebível. Ora, o Real do capitalismo não se confunde com a sua realidade, porque aponta para sua verdade traumática e sempre evitada, a de que a sua necessidade naturalizada resulta de uma ruptura, de um conjunto de acontecimentos, e, portanto, demonstra como o mundo contemporâneo em sua aparente necessidade bem poderia não ter sido como é, pois a sua aparente e inabalável solidez resultou de contingências históricas. A respeito, há uma passagem crucial na qual Žižek formula o problema recorrendo à dialética "entre eternidade e tempo":

> A "eternidade" não é atemporal no simples sentido de persistir "para além"; ela é, antes, o nome do Acontecimento ou do Corte que sustenta, que abre a dimensão da temporalidade como a série ou sucessão de tentativas fracassadas

---

38. FREUD, 1999, p. 434; ŽIŽEK, 2015, p. 69.
39. ADORNO, 1975, p. 11.

de apreendê-la. O nome que a psicanálise dá a esse Acontecimento/Corte do tempo é, obviamente, trauma. O trauma é "eterno", nunca pode ser propriamente temporalizado ou historicizado, é o ponto de "eternidade" em volta do qual o tempo circula – ou seja, é um Acontecimento acessível no tempo somente por meio de seus múltiplos traços[40].

A "eternidade" não é o tempo potencial da simples sucessividade, se estendendo indefinidamente como aquela "má infinitude" antes mencionada, mas é o Ato no tempo ou o Real do tempo, como "verdadeira infinitude" sempre irrompendo nas determinações finitas, suprassumindo suas limitações e subvertendo a aparente continuidade do fluxo temporal. Essa relação dialética entre tempo e eternidade não pode ser deduzida ou, em termos kantianos, não pode ser conhecida pelo entendimento compartimentalizado preso aos dualismos próprios ao "pensar analítico", satisfeito em ser simplesmente um cânon crítico do conhecimento, e não um *órganon* da verdade[41]. Isso não significa, porém, como enfatiza Žižek, conceber algum tipo pretensamente superior de conhecimento, como se a razão dialética (*Vernunft*) fosse uma instância já disponível e prévia em sua capacidade de ir além dos procedimentos analíticos do entendimento (*Verstand*). A razão não é algo "além" das determinações abstratas postas pelo entendimento, mas apenas se propõe a pensar as suas contradições e fazer a sua interminável travessia. As contradições podem ser pensadas porque habitam o Espírito naquilo que ele é em si e para si, isto é, em seu desdobramento no "aquém", na negatividade infinita do mundo. O juízo infinito é o pensamento que recolhe essa negatividade como uma noite presente no homem em sua contraditória riqueza. Numa passagem célebre de suas lições sobre o conceito de espírito na *Filosofia Real de Iena* (*Jenaer Realphilosophie*) diz Hegel:

> O homem é essa noite, esse nada vazio que em sua simplicidade tudo contém, uma riqueza infindável de representações, de imagens que não lhe ocorrem logo ou estão atualmente presentes. Isso é a noite, o interior da natureza, o puro si mesmo[42].

O espírito no homem é o depositário dessa riqueza infindável, é o guardião da noite que nele está sob custódia (*Nacht der Aufbewahrung*), Dela, de sua infindável riqueza, ele não dispõe como o faz um proprietário com o seu patrimônio, mas nele, no Espírito, a noite irrompe como um "vazio nada" (*leere Nichts*). Acerca dessa verdadeira infinitude, acerca do nada que nos habita, o mundo totalmente administrado nada quer saber ou, antes, o julga como algo impossível e,

---

40. ŽIŽEK, 2015, p. 99-100.
41. HEGEL, 2021, p. 213; HEGEL, 2012, p. 129.
42. HEGEL, 1974, p. 205; ŽIŽEK, 2015, p. 104.

portanto, impensável. Heidegger assim se pronunciou em sua aula inaugural de 1929 na Universidade de Freiburg:

> O ser-aí humano (*das menschlichen Dasein*) somente pode entrar em relação com o ente, se ele se retém no nada [...] A metafísica é o acontecimento fundamental (*das Grundgeschehen*) no ser-aí. A filosofia somente se põe em movimento por um peculiar salto (*durch einen eigentümlichen Einsprung*) da própria existência nas possibilidades fundamentais do ser-aí na totalidade[43].

No tempo achatado da radical imanência da vida proliferam as lacunas e os vazios, preenchidos pela pressão do trabalho, a avidez do consumo e a expectativa de um total controle técnico das vicissitudes e acasos. Por mais sofisticados que sejam os cálculos de previsão e evitação dos riscos, eles fracassam inexoravelmente em impedir a insinuação dos traços do acontecimento traumático fundante da própria racionalidade calculadora. Contudo, o "salto metafísico" proposto por Heidegger não se dá para fora do mundo, como saída para um espiritualismo desencarnado do Espírito, mas é antes o movimento de apropriação das rupturas intramundanas. No entanto, qual o sentido teria esse salto intramundano? Ele implicaria a passagem da metafísica à política? Ou a transposição do reconhecimento ontológico do ser humano como "noite" e "vazio nada" para uma configuração histórica concreta, ou seja, a transposição direta do plano ontológico para o plano ôntico de uma solução política específica e previsível para os nossos impasses civilizacionais? A resposta é complexa e, por isso, deve-se evitar a urgência da questão "o que fazer?". Em seu lugar, deve-se enfrentar a questão do sentido sem a pretensão de solucioná-la, seja na imediatidade da ação, imposta por um programa político previamente estabelecido, seja pela mediação de um consenso racional pacificador. Por quê? Porque em ambos os casos o que se pretende é emancipar o homem de si mesmo, esquecendo que a "noite do mundo", a origem traumática inscrita em sua finitude não pode ser apagada pelo sortilégio da linguagem, da ciência ou da ação. A "paciência do conceito", opondo-se à pressa das soluções intuitivas e ao sonho da transparência comunicacional, requer o reconhecimento do dilaceramento do infinito no finito[44].

O legado cristão consiste na incessante recordação desse sofrimento do Espírito em sua travessia na noite mundana. Advertindo contra as tentações do lançar-se no futuro a partir da consistência interna da lógica produtivista do capitalismo ou do voltar-se para o passado orgânico do pré-capitalismo. No primeiro caso os efeitos catastróficos, como no caso da crise ecológica, são bem evidentes em sua persistente invisibilidade. No segundo caso, como já se disse, o for-

---

43. HEIDEGGER, 2008, p. 132-133.
44. GUILLETTE, 2021, p. 19-36; ŽIŽEK, 2007, p. 79-133.

cejar de um recuo na história produz a exasperação fascista, cuja brutalidade contém o reflexo especular e desabrido da destrutividade congênita da dinâmica capitalista. Essa segunda alternativa, conforme acredita Žižek, teria sido a escolhida por Heidegger ao aproximar-se do nazismo em seu esforço de ultrapassar as aporias da subjetividade moderna saltando diretamente do plano ontológico ao plano ôntico[45].

Então, diante do horror, dos diversos tipos de manifestação e ocultação da violência, o que fazer? A insistência da pergunta deve ser insistentemente contida. A resposta aparentemente cínica seria: melhor não fazer nada. O "melhor" não deve ser confundido com um juízo de valor do que existe, como se o curso das coisas fosse intrinsecamente bom, e muito menos como apologia da omissão, do descomprometimento histórico. O "melhor" em contraposição com o "fazer" é uma afirmação do valor do pensamento numa época de resistência ao pensamento como atividade inútil caso não seja domesticado pela racionalidade calculadora. Por outro lado, a expressão "não fazer nada" insinua uma diferença: como é perfeitamente compreensível não fazer algo, porém absurdo "fazer o nada", então não há coincidência entre a negação lógica e o nada como experiência ontológica. A meditação do nada não é atividade ociosa, mera "especulação", tomada em sentido vulgar. Em sua "Lógica" Hegel mostrou como o nada quando pensado, e não há algo como um "nada" não pensado, ele, esse algo, se revela como ser. Essa identidade contraditória entre ser e nada se efetiva como o devir (*das Werden*): "a verdade do ser, assim como do nada é, portanto, a unidade dos dois, essa unidade é o vir-a-ser"[46]. Essa é a primeira determinação concreta do pensamento (*Gedankenbestimmung*) e é, por conseguinte, o paradigma dialético a partir do qual a história pode ser pensada[47].

Qual a relevância concreta disso tudo? O não pensar o destino histórico se impõe como evidência no aparente absurdo da violência manifesta, aquela testemunhada todos os dias nas telas da televisão e do celular. Sem o ver do pensar a perturbação emocional imediata nos torna enceguecidos para a *"violência objetiva [...] inerente ao estado normal das coisas"*. O pensamento crítico desvia o nosso olhar e:

> Há razões para mirarmos obliquamente a violência [...] há algo intrinsecamente mistificador numa consideração direta: a alta potência do horror dos atos violentos e a empatia com as vítimas funcionam inexoravelmente, como um engodo que nos impede de pensar[48].

---

45. ŽIŽEK, 2007, p. 17-38.
46. HEGEL, 2012, p. 180.
47. HARRIS, 1987, p. 118.
48. ŽIŽEK, 2014, p. 18-19.

Ora, reconhecer a inviabilidade de uma saída imediata da violência contida em nossos impasses civilizacionais significa discernir pacientemente as condições de possibilidade, subjacentes e operantes na atual impossibilidade ou, como já se disse antes, há que pensar o caráter contingente da necessidade nas tortuosidades geradoras de um suposto destino cego. Pensar o acontecimento traumático supostamente impensável consiste no trabalho de discernimento da irrupção do novo no tempo, desentranhar nos impasses do tempo a dimensão propriamente *kairológica* do salto intramundano e apropriador (*eigentümlichen Einsprung*).

Ora, o legado cristão oferece algo verdadeiramente surpreendente: esse salto "de certa forma" já foi realizado:

> O cristianismo oferece Cristo como indivíduo mortal-temporal e insiste que a crença no Acontecimento temporal da Encarnação seja a única via para a verdade e a salvação eternas. Nesse sentido preciso, o cristianismo é a "religião do Amor". No amor nós escolhemos um objeto temporal finito que "significa mais do que qualquer outra coisa" e nos concentramos nele[49].

A contemplação do Deus sofredor, Absoluto e frágil está radicada no cerne crítico dos nossos impasses históricos. A crise da civilização ocidental planetária não pode ser equacionada apenas com os recursos das ciências sociais, porque trata-se no fundo de uma profunda crise teológica. As categorias utilizadas pela sociologia e politologia contemporâneas, tomadas como generalizações adequadas dos dados empíricos, não podem, por princípio, escapar de concluir aquilo que já está posto em seus dados e inscrito na realidade social naturalizada. A evidência de suas categorias encontra-se marcada, desde o início, pelas sementes teológicas e metafísicas plantadas na passagem para a concepção moderna acerca da objetividade e neutralidade da natureza. Sementes cuja florescência niilista pode ser percebida facilmente em nossa época, embora suas raízes permaneçam profundamente encobertas[50]. Compreende-se, assim, como bem viu Hegel, o porquê do lugar central ocupado pela reflexão cristológica do amor como contraponto crítico incontornável diante da vacuidade de sentido associada à ontologia da violência.

O amor cristão deve retornar continuamente à norma absoluta do Deus padecente e isso nada tem a ver com o imaginário do amor romântico, com a idealização de algum objeto mágico ou a busca ansiosa da satisfação espiritual, traços típicos do circuito narcísico do desejo. O esvaziamento de Deus em Cristo desmistifica a pretensão de plenitude da vida humana e convoca o olhar para o vazio, a falta de objeto que causa o desejo por todos os objetos imaginários e impõe

---

49. ŽIŽEK, 2015, p. 100.
50. MILBANK, 1995, p. 11-18; p. 357-416; VAZ, 1991, p. 241-254.

o reconhecimento da vanidade de todas as fantasias de preenchimento de nossa falta originária. Como ensina a psicanálise freudiana a idealização do amor, objetivado em alguma coisa, pessoa ou objetivo, acena ao sujeito com a ilusão da completude e da saciedade. No entanto, o objeto ideal insinuado é sempre destituído de seu lugar e substituído por algum outro. Certamente, pode haver a realização simbólica de desejo (*Wunscherfüllung*), porém de modo sempre lacunar e decepcionante, porque uma "amarga experiência vital" impede o reencontro do enigma do desejo com a vivência mítica da plena coincidência do sujeito consigo mesmo (*Wahrnehmungsidentität*). Não há objeto algum verdadeiramente apropriado para a obtenção da real satisfação de desejo (*Wunschbefriedigung*), pois a pacificação (*Befriedigung*) apenas pode ser alcançada de modo momentâneo e pontual por meio da revivescência de algum "traço de memória" (*Gedächtnisspur*), contudo o breve repouso gera uma repetição sem fim[51].

A lição freudiana indica por que a autêntica paz espiritual não se confunde com as ilusões narcísicas e com as recompensas da adaptação normativa. Na experiência cristã – e Žižek evoca um termo do Mestre Eckhart, posteriormente retomado por Heidegger – o caminho da serenidade é assinalado por meio do árduo exercício do amor como abdicação de si. Em frontal oposição ao estado de posse e gozo do possuído, a experiência da serenidade (*Gelassenheit*) consiste em "se deixar" (*lassen*), ou se perder no abandono de si mesmo, e se associa à provação do "ser separado" (*Abgeschiedenheit*), palavra na qual se unem o verbo separar (*scheiden*) e a partícula indicativa de uma tomada de distância (*ab*) em relação ao Eu. A serenidade do amor provém do "desapego" trazido pela contemplação do Absoluto onde no contemplado não encontramos nada que possa ser por nós absolutizado. Tais formulações podem parecer supérfluas, até mesmo risíveis e certamente inúteis para o homem aprisionado pelo "pensamento calculador", sempre pressuroso em obter a maior facilidade e economia dos meios empregados para a obtenção de finalidades previamente estabelecidas. Agarrado a um êxito crescente na dominação de si e da natureza, como admoestou Heidegger, cujo preço a pagar consiste numa crescente "ausência de pensamentos" (*Gedankenlosigkeit*). Por outro lado, como sublinhou o filósofo alemão, o cultivo do pensamento meditativo não significa uma fuga para algum "além etéreo" (*hochhinaus*), antes exige o demorar-se junto ao que está mais próximo[52].

O amor cristão difere do amor genérico e engrandecido por sua atenção ao próximo, que se manifesta não somente no mais ínfimo e desvalido, mas também nos aspectos repulsivos e odiados dos outros e de nós mesmos. A morte de Deus

---

51. FREUD, 1999a, p. 571; LAPLANCHE e PONTALIS, 2017, p. 113-114; p. 225-226.
52. HEIDEGGER, 2000, p. 518-520; NICOLAS, 2013, p. 521-523.

em Cristo desvela na mais pura contingência, aí mesmo onde se dá o fracasso da autoafirmação humana, a presença imperativa da "norma absoluta da Encarnação". O Cristo revivido em sua miséria e sofrimento se apresenta, numa formulação de sabor heideggeriano, como o "Aí-Deus" (*Da-Gott*), o aí do inesperado a ser esquecido e eliminado no projeto humanista e ilustrado de dominação do mundo.

A consciência cristã do Deus crucificado entra em choque frontal com o "neopaganismo da Nova Era" em sua promoção de uma "versão vulgarizada de psicanálise narrativista-desconstrucionista" segundo a qual, não havendo uma instância irredutível e indomesticável, nós somos apenas narrações de nosso passado e, por conseguinte, podemos desconstruí-lo em sua inscrição traumática para reescrevê-lo numa versão mais positiva e produtiva. Esse projeto de reescrita do passado de indivíduos e sociedades produz a dissolução retroativa e imaginária do Real e atinge até os rearranjos do Simbólico em sua trama normativa quando algum mandamento for considerado excessivamente severo e coercitivo[53].

Os seis últimos ensaios de *O absoluto frágil* desenvolvem algumas teses que soam por demais provocativas para os ouvidos habituados às crenças mais comuns tanto ao humanismo secular quanto ao cristianismo tradicional. Eu vou apresentar algumas delas, retiradas do décimo ensaio do livro, sem incluir em sua enunciação as nuances e giros argumentativos que as matizam e justificam. Em sua formulação crua elas visam produzir um choque crítico em relação a ideias comumente aceitas como sensatas e razoáveis.

1ª. A Lei mosaica não é o resultado do "autoconhecimento" e da "autorrealização", porque nos foi imposta de fora e de forma contingente e, portanto, corresponde ao Real traumático como Coisa real/impossível. A tradição judaico-cristã se opõe "à problemática da autorrealização ou autossatisfação gnóstica da Nova Era: quando o Antigo Testamento nos manda amar e respeitar o próximo, ele não está se referindo ao nosso duplo/semelhante imaginário, mas ao próximo enquanto Coisa traumática"[54]. Ao contrário da espiritualidade pós-moderna, o meu próximo/Outro não é a "minha imagem especular", mas "o Próximo continua sendo uma presença inerte, impenetrável, enigmática". Não sendo o amável nas outras pessoas e em nós mesmos, o nosso encontro com o próximo em seu simples "ser-aí" destitui as nossas certezas subjetivas e nos desorienta.

2ª. Assim é porque o Deus bíblico escapa de nossos esforços de enquadrá-lo em categorias filosóficas, como, por exemplo, "substância" ou "causalidade". Ele se revela como:

> Um Nome autorreferencial, a subjetividade de um enunciador puro não substancial, desse modo, o único terreno em que podemos demonstrar nossa

---
53. ŽIŽEK, 2015, p. 109-110.
54. ŽIŽEK, 2015, p. 110.

devoção à Lei divina é o do "amor ao próximo", nossa atividade ético-social [...] não existe atalho para contatarmos a dimensão divina pela "via interior" da autorrealização espiritual mística[55].

3ª. Por ser um imperativo contingente, a gratuidade do amor ao próximo não pode provir de uma exigência racional, daí a relação paradoxal entre:

> Os mandamentos divinos impostos traumaticamente e seu anverso moderno, os enaltecidos "direitos humanos". Como demonstra amplamente a experiência de nossa sociedade pós-política liberal-permissiva, os direitos humanos são, no fundo, apenas direitos de violar os Dez Mandamentos[56].

Assim, por exemplo, o roubo e a mentira tornam-se aceitáveis se forem revestidos dos direitos universais de propriedade e liberdade de expressão.

4ª. O mandamento evangélico do amor não diz respeito à alteridade imaginária, concretizada em alguém com quem nos identificamos como o "próximo", o semelhante, e com quem nos identificamos, mesmo quando lhe impomos algo que julgamos "bom" segundo os nossos critérios. Mas o outro também não é "o sujeito simbólico dos Direitos". O amor ao próximo implica aceitação e acolhimento de uma alteridade incompreensível e estranha à bondade, ou seja, "Outro no próprio abismo de seu Real, o Outro como um parceiro propriamente inumano, 'irracional', radicalmente mal, caprichoso, revoltante, repugnante. Em suma, para além do Bem"[57].

Essas teses parecem incompatíveis com algumas crenças hegemônicas da modernidade ilustrada e sua assimilação cristã. Assim, subverte-se o processo de crescente racionalização do mundo mediante a dominação da natureza e da garantia proveniente do bom funcionamento da comunicação social. O acordo prévio que assegura a circulação das opiniões com suas convergências e discordâncias não significa algum tipo de aproximação da verdade ou da realidade em si mesma. O caráter transcendental da instância simbólica também não implica sua consistência e, por conseguinte, o acesso de uma compreensão do mundo estável e compartilhada. O simbólico, designado na terminologia lacaniana como "o grande Outro", está atravessado pela inconsistência e escorrega continuamente da necessidade lógica para a contingência história. O seu estatuto pode ser qualificado como paradoxalmente transcendental porque, embora as suas regras regulem os nossos intercâmbios com o mundo e nossas interações sociais, a sua mediação padece de opacidade e cisão e sua lógica é internamente corroída por um vazio abissal.

---

55. ŽIŽEK, 2015, p. 110-111.
56. ŽIŽEK, 2015, p. 111.
57. ŽIŽEK, 2015, p. 112.

Todos partilham como suposto saber algo que ninguém verdadeiramente sabe e esse enigma aterrorizante da linguagem sempre se insinua quando fracassam todos os intentos de plena compreensão comunicacional e totalização simbólica. O engodo do "grande Outro" e das utopias do consenso racional pressupõem, como se fosse possível, um ponto de vista externo à condição de possibilidade de toda fala. Ora, o desejo do sujeito e os seus sintomas provêm da precariedade estrutural da linguagem capaz de produzir apenas conexões locais e frágeis, pequenos pontos de estabilidade[58]. Há um desencaixe estrutural em todo acordo, uma exceção ou excesso sempre fora da universalização. Ou, segundo as palavras de Lacan no seminário "Mais, ainda": "não há Outro do Outro. O Outro, esse lugar onde vem se inscrever tudo que se pode articular de significante é, em seu fundamento, radicalmente Outro. É por isso que esse significante, com esse parêntese aberto, marca o Outro como barrado"[59]. Dessa destituição do universal da totalização inteligível, resta o confronto com o excedente, o qual se coloca sempre como "inimigo" da minha estabilidade e integração. A caridade cristã consiste justamente na transfiguração amorosa do excedente hostil em "próximo". Nada está garantido de antemão, não há estrutura transcendental do amor cristão, ele só se realiza no ato a ser retomado em cada situação concreta e cujo paradigma encontra-se no mais perturbador dos eventos: a morte de Deus em Cristo. O único renascimento possível é a vida no Espírito, ou seja, na memória partilhada desse evento terrível, dessa exceção absoluta. A fé cristã sobrevive à morte de Deus, porque Deus já morreu em Cristo e ressuscitou como amor, como comunidade no Espírito Santo[60].

Na sociedade pós-ideológica do capitalismo tardio a existência de Deus em sentido metafísico é irrelevante, tudo funciona muito bem "como se Deus não existisse", pois tudo segue a aparentemente inexorável lógica da autorreprodução do capital. Com o declínio da ordem social hierárquica e orgânica nada há entre o indivíduo entregue à própria sorte e seduzido pela salvação neopagã de sua integração cósmica e a incessante ordenação, desconstrução e reordenação da sociedade. A comunidade do Espírito, tendo rompido com a antiga ordem simbólica – a exigência de abandonar o pai e a mãe segundo o Evangelho de Lucas (Lc 14.26) –, introduz o "Acontecimento milagroso", e já perturbador na antiga totalidade cósmica pagã, "a intrusão violenta da Diferença que descarrila o circuito equilibrado do universo"[61]. Por outro lado, a ruptura com a antiga ordem cósmica não tem parentesco algum com a dinâmica centrífuga do capitalismo em sua produção de indivíduos atomizados, ciosos de si mesmos e, ao mesmo tempo, homo-

---

58. ŽIŽEK, 2015, p. 115-117.
59. LACAN, 1985, p. 109.
60. ŽIŽEK, 2015, p. 118.
61. ŽIŽEK, 2015, p. 120.

geneizados na equivalência geral da circulação das mercadorias. O "desacoplamento" promovido pelo "escândalo de Cristo" não flerta nem com a "tentação perversa" do individualismo narcísico, nem com a tentação reacionária e fascista da autodissolução nos movimentos de massa[62]:

> O "desligamento" cristão não é uma postura contemplativa interior, mas sim o trabalho ativo do amor que necessariamente leva à criação de uma comunidade alternativa. Além disso, em claro contraste com o "desligamento" carnavalesco fascista das regras simbólicas estabelecidas, que funciona como transgressão inerente da ordem simbólica, o desacoplamento cristão propriamente dito suspende não tanto as leis explícitas, mas seu obsceno suplemento espectral implícito[63].

O grande risco contido na rejeição do legado cristão por parte tanto do humanismo secular moderno quanto da cultura pós-moderna e supostamente libertária consiste em repetir indefinidamente a circularidade da Lei e da transgressão, uma vez que, como mostra a psicanálise:

> A própria Lei encoraja sua transgressão, gera o desejo de transgredi-la [...] No entanto, essa dialética do desejo transgressor que engendra a culpa não é o horizonte supremo do cristianismo como São Paulo deixa claro, a sua posição, em sua forma mais radical, envolve precisamente a suspensão do círculo vicioso da Lei e seu desejo transgressor[64].

O refluxo das utopias iluministas de emancipação da humanidade deu lugar à dupla vertente da perversão em sua complementaridade: de um lado, a da imposição sádica da funcionalidade cega e, de outro, o gozo masoquista dos indivíduos em suas reivindicações imaginárias. Nessa surpreendente confluência perde-se a revelação cristã do contraste entre a "realidade ordinária que é dura, inerte e estúpida, e o Absoluto completamente frágil e efêmero" a transluzir nos gestos, nos atos simples e quase evanescentes do amor[65]. Como conciliar, contudo, a fragilidade do Absoluto, a salvação proveniente do Deus marginalizado e sofredor, com a árdua tarefa teórica e prática da crítica transformadora do sistema atualmente hegemônico?

3. Perspectivas e incertezas

Avançar na elucidação da pergunta anteriormente formulada implicaria prosseguir, de maneira detida e reflexiva, na leitura dos textos posteriores do filósofo.

---

62. ŽIŽEK, 2015, p. 123-125.
63. ŽIŽEK, 2015, p. 127.
64. ŽIŽEK, 2015, p. 137-138.
65. ŽIŽEK, 2015, p. 126.

Após a publicação de *O absoluto frágil*, Žižek, como já se mencionou, publicou *O amor impiedoso (ou: Sobre a crença)* (2001), conjunto de ensaios nos quais examina as crenças implícitas na descrença pública e explícita. A proclamação da descrença, tão corrente nos meios acadêmicos e intelectuais, mal encobre a necessidade de crer que é consubstancial à subjetividade humana e subjaz às posições ateias, agnósticas e/ou cultoras da presumida "neutralidade científica". A dissimulação da crença é uma regra implícita nos meios mais sofisticados da sociedade secular, pós-tradicional, liberada e hedonística. Como já foi observado, agir como se Deus não existisse faz parte dos mecanismos de cisão (*Spaltung*) necessários para o êxito da perversão generalizada que sabe da impossibilidade de viver sem crenças e sem interrogar o sentido da existência e, ao mesmo tempo, nada sabe dessa impossibilidade. A cultura pós-moderna, típica da sociedade perversa, generaliza esse impasse por meio do mecanismo do desmentido (*Verleugnung*), veiculando a suposta evidência niilista da historicização radical. Esta, assumindo a "desterritorialização" do capitalismo, promovendo o seu contínuo desenraizamento das comunidades, encobre, em nome do caráter insuperável das particularidades, a sua universalidade efetiva, a essência naturalizada e coercitiva da "abstração real"[66].

De qualquer forma os argumentos do filósofo, especificamente delineados a partir de *O absoluto frágil*, devem ser retomados e ressignificados na perspectiva de suas obras posteriores e, sobretudo, aprofundados com as elucidações feitas por ocasião dos debates com John Milbank, teólogo anglo-católico representante da "ortodoxia radical", e com Boris Gunjevic, teólogo croata e pastor luterano. Independentemente de uma avaliação crítica profunda, as posições de Žižek não podem ser descartadas e nem mesmo minimizadas. Afinal, como observa Creston Davis logo no início de sua introdução ao debate com Milbank: "se o teológico foi marginalizado na era da modernidade secular ocidental, agora ele voltou com toda força"[67]. Segundo Davis, o novo lugar do teológico emerge do fracasso do comunismo real e do triunfo destrutivo do capitalismo, pois, apesar da euforia imediata de sua vitória, logo amplos segmentos sociais vão dando conta de seu esgotamento enquanto projeto civilizacional. No primeiro quartel do século passado muitos diagnósticos sombrios foram feitos acerca da crise da humanidade europeia, conforme a expressão celebrizada por Edmund Husserl. O fundador da fenomenologia contemporânea percebeu as sombras da crise justamente no êxito crescente da racionalidade científica ou, pode-se dizer, de acordo com Žižek, que o esgotamento do capitalismo, longe de anunciar o seu fim, deriva de

---
66. ŽIŽEK, 2012, p. 9-13.
67. DAVIS, 2014, p. 7.

seu incontido dinamismo do seu poder de triturar tudo o que lhe é alheio. Ora, há no teológico um apelo de transcendência inassimilável pelo capitalismo, enquanto religião da imanência absoluta, porém como evitar que tal apelo não seja apenas uma expressão compensatória dos indivíduos desamparados? Para tanto, a dimensão da transcendência deve ser articulada à crítica da economia política, ou seja, às condições materiais sustentadoras do capitalismo. Daí a ampla ressonância da questão formulada por Davis em sua introdução ao debate de Žižek com Milbank: "de que maneira o teológico e o material podem se unir para consolidar uma resistência ao niilismo capitalista?"[68]. Para responder a tal indagação não é suficiente acompanhar as exposições posteriores do filósofo sobre o tema, mas é preciso investigar criticamente os pressupostos filosóficos mantidos e repetidos ao longo de toda sua vasta produção intelectual. Não se trata simplesmente de confrontar a sua leitura de Hegel com os resultados obtidos pela pesquisa acadêmica (*Hegelforschung*), mas também, como mostra Milbank, de desentranhar as consequências de sua rejeição *ad limine* da tradição metafísica pré-moderna. Ao endossar, por exemplo, certo viés unilateral da teologia negativa do Mestre Eckhart – descurando o lado igualmente relevante do argumento ontológico do grande *"magister theologiae sacrae"* medieval[69] –, pode-se perder a fecunda compreensão da relação entre Ser e Deus proporcionada tanto pela metafísica da participação quanto pela teologia trinitária.

Referências

ADORNO, Theodor. *Dialectica negativa*. Madrid: Taurus Ediciones, 1975.

CAPUTO, John D. *The mystical element in Heidegger's thought*. New York: Fordham University Press, 1986.

CARON, Maxence. *Être et identité. Méditation sur la Logique de Hegel et sur son essence*. Paris: Les Éditions du Cerf, 2006.

DAVIS, Creston. Sábado Santo ou Domingo da Ressureição? Preparando um debate improvável. In: ŽIŽEK, Slavoj; MILBANK, John. *A monstruosidade de Cristo. Paradoxo ou dialética?* São Paulo: Três Estrelas, 2014, p. 7-33.

EAGLETON, Terry. *A morte de Deus na cultura*. Rio de Janeiro: Record, 2016.

FERRY, Luc. *Philosophie politique. 2: Le système des philosophies de l'histoire*. Paris: PUF, 1984.

FINK, Bruce. *O sujeito lacaniano. Entre a linguagem e o gozo*. Rio de Janeiro: Jorge Zahar Editor, 1998.

FREUD, Sigmund. Die Traumdeutung. In: FREUD, Sigmund. *Gesammelte Werke*. Bd. II/III. Frankfurt am Main: Fisher Tachenbuch, 1999a.

---

68. DAVIS, 2014, p. 9.
69. HELTING, 1997, p. 14-35; CAPUTO, 1986, p. 97-139.

_____. Trauer und Melancholie. In: FREUD, Sigmund. *Gesammelte Werke*. Bd. X. Frankfurt am Main: Fischer Tachenbuch, 1999b, p. 427-446.

GABRIEL, Markus. O ser mitológico da reflexão – Um ensaio sobre Hegel, Schelling e a contingência da necessidade. In: GABRIEL, Markus; ŽIŽEK, Slavoj. *Mitologia, loucura e riso*. Rio de Janeiro: Civilização Brasileira, 2012, p. 31-165.

GUILLETTE, Benoît. *La terreur du langage: la philosophie de Slavoj Žižek*. Paris: L'Harmattan, 2021.

HARRIS, Errol E. Lire da logique de Hegel. *Commentaire de la Logique de Hegel*. Lausanne: Éditions L'Age d'Homme, 1987.

HEGEL, Georg W. F. Jenaer Realphilosophie. In: HEGEL, Georg W. F. *Frühe politische Systeme*. Frankfurt/M, Berlin, Wien: Verlag Ulstein, 1974, p. 201-289.

_____. *Lecciones sobre la filosofia de la historia universal*. Madrid: Alianza Editorial, 1980.

_____. *Enciclopédia das ciências filosóficas em compêndio (1830). I. A ciência da lógica*. São Paulo: Loyola, 2012.

_____. *Ciência da lógica. 1. A doutrina do ser*. Petrópolis: Vozes/Bragança Paulista: Editora Universitária São Francisco, 2016.

_____. *Ciência da lógica. 2. A doutrina da essência*. Petrópolis: Vozes/Bragança Paulista: Editora Universitária São Francisco, 2017.

_____. *Ciência da lógica. O Ser (1812)*. São Paulo: Loyola/FAPEMIG, 2021.

HEIDEGGER, Martin. "Was ist Metaphysik?" In: HEIDEGGER, Martin. *Wegmarken*. Gesamtaugabe. Bd. 9. Frankfurt am Main: Vittorio Klostermann, 1976, p. 103-122.

_____. O que é metafísica? In: HEIDEGGER, Martin. *Marcas do caminho*. Trad. Enio Paulo Giachini e Ernildo Stein. Revisão da tradução de Marco Antônio Casanova. Petrópolis: Vozes, 2008.

_____. "Gelassenheit". In: HEIDEGGER, Martin. *Reden und andere Zeugnisse eines Lebensweges*. Gasamtausgabe. Bd. 16. Frankfurt am Main: Vittorio Klostermann, 2000, p. 517-529.

HELTING, Holger. *Heidegger und Meister Eckehart. Vorbereitende Überlegungen zu ihrem Gottesgedenken*. Berlin: Dunker & Humblot, 1997.

HENRICH, Dieter. Hegels Theorie über den Zufall. In: HENRICH, Dieter. *Hegel im Kontext*. Frankfurt am Main: Suhrkamp Verlag, 1971, p. 157-186.

KUL-WANT, Christopher e (ilustrações de) Piero. *Entendendo Slavoj Žižek. Um guia ilustrado*. São Paulo: Leya, 2012.

KÜNG, Hans. *Incarnation de Dieu. Introduction à la pensée théologique de Hegel comme prolégoménes à une Christologie future*. Paris: Desclée de Brouwer, 1973.

LACAN, Jacques. *O Seminário. Livro 2: O eu na teoria de Freud e na técnica da psicanálise*. Rio de Janeiro: Jorge Zahar Editor, 1987.

_____. *O seminário. Livro 11: Os quatro conceitos fundamentais da psicanálise*. Rio de Janeiro: Jorge Zahar Editor, 1990.

_____. A instância da letra no inconsciente ou a razão desde Freud. In: LACAN, Jacques. *Escritos*. Rio de Janeiro: Jorge Zahar Editor, 1998, p. 496-533.

_____. A significação do falo. In: LACAN, Jacques. *Escritos*. Rio de Janeiro: Jorge Zahar Editor, 1998, p. 692-703.

LAPLANCHE, Jean; PONTALIS, J.-B. *Vocabulário de psicanálise*. São Paulo: Martins Fontes, 2016.

LARDIC, Jean-Marie. *L'infini et as logique. Étude sur Hegel*. Paris: Editions L'Harmattan, 1995.

MABILLE, Bernard. *Hegel. L'épreuve de la contingence*. Paris: Aubier, 1999.

MANNONI, Octave. *La outra escena. Claves de lo imaginário*. Buenos Aires: Amorrortu Editores, 1973.

MATHIEU, V. Lessing. In: Centro de Estudios Filosoficos de Gallarate. *Diccionario de filósofos*. Madrid: Ediciones Rioduero, 1986, p. 806-808.

MILBANK, John. *Teologia e teoria social. Para além da razão secular*. São Paulo: Loyola, 1995.

NICOLAS, Florence. Gelassenheit. In: ARJAKOVSKY et al. (dir.). *Diccionnaire Martin Heidegger. Vocabulaire polyphonique de as pewwnsée*. Paris: Éditions du Cerf, 2013, p. 521-523.

SOLER, Collete. O sujeito e o Outro. In: FELDSTEIN, Richard; FINK, Bruce; JAANUS, Maire (orgs.). *Para ler o seminário 11 de Lacan*. Rio de Janeiro: Jorge Zahar Editor, 1997.

TAYLOR, Charles. *Uma era secular*. São Leopoldo: Editora Unisinos, 2010.

VAZ, Henrique C. de Lima. Além da modernidade. Síntese Nova Fase, v. 18, n. 53 (1991), p. 241-254.

_____. *Introdução ao pensamento de Hegel. Tomo I: A "Fenomenologia do espírito" e seus antecedentes*. São Paulo: Loyola/FAPEMIG, 2020.

ŽIŽEK, Slavoj; GUNJEVIC, Boris. *O sofrimento de Deus: inversões do Apocalipse*. Belo Horizonte: Autêntica, 2015b.

ŽIŽEK, Slavoj; MILBANK, John. *A monstruosidade de Cristo. Paradoxo ou dialética?* São Paulo: Três Estrelas, 2014b.

ŽIŽEK, Slavoj. *O mais sublime dos histéricos. Hegel com Lacan*. Rio de Janeiro: Jorge Zahar Editor, 1991.

_____. *El espinhoso sujeto. El centro ausente de la ontologia política*. Buenos Aires, Barcelona, México: Paidós, 2007.

_____. *Eles não sabem o que fazem. O sublime objeto da ideologia*. Rio de Janeiro: Jorge Zahar Editor, 1992.

_____. *Em defesa das causas perdidas*. São Paulo: Boitempo, 2011.

_____. *O amor impiedoso (ou: Sobre a crença)*. Belo Horizonte: Autêntica, 2012.

_____. *Alguém disse totalitarismo? Cinco intervenções no (mau) uso de uma noção*. São Paulo: Boitempo, 2013a.

_____. *Menos que nada. Hegel e a sombra do materialismo dialético*. São Paulo: Boitempo, 2013b.

_____. *Violência. Seis reflexões laterais*. São Paulo: Boitempo, 2014a.

_____. *O absoluto frágil (ou por que vale a pena lutar pelo legado cristão)*. São Paulo: Boitempo, 2015a.

_____. *A coragem da desesperança. Crônicas de um ano em que agimos perigosamente*. São Paulo: Boitempo, 2019.

Do sentimento trágico da vida nos homens e nos povos:
um guia de leitura para a filosofia de Miguel de Unamuno ou a filosofia de carne e osso

Marcio Gimenes de Paula

A obra *Do sentimento trágico da vida nos homens e nos povos* é, antes de mais nada, uma espécie de declaração de amor à humanidade feita pelo filósofo espanhol, o que, evidentemente, não diminui – em hipótese alguma – o seu rigor filosófico. Pelo contrário, ele é, em nossa visão, ampliado. Assim, no seu entender, vida e filosofia não podem se dissociar em momento algum. É costumeiro que essa obra do pensador espanhol seja lida e apreciada na esteira da filosofia da existência do século XX, mas bem poderia ser também tomada como uma obra de antropologia filosófica, pois nela a ênfase começa com o homem e com ele termina, como bem o enfatiza o próprio autor: "Esse homem concreto, de carne e osso, é sujeito e, ao mesmo tempo, o supremo objeto de toda a filosofia, quer queiram, quer não, certos pretensos filósofos"[1].

Por meio da citação de diversos filósofos – e também de suas vidas – como Espinosa, Kant e Hegel, por exemplo, Unamuno questiona-se profundamente sobre o que se toma como *conceito* em termos de filosofia moderna. Em outras palavras, julga que tal nomenclatura parece inapropriada, visto que ela apenas parece apontar para algo ligado estritamente à experiência do pensamento. Desse modo, não representa mais a vida, mas algo que se divorciou dela. Curiosamente, outra palavra sobejamente utilizada pela filosofia moderna chama a atenção do pensador espanhol. Trata-se da palavra *consciência*. Contudo, dado que a visão objetivista mo-

---

1. UNAMUNO, 1996, p. 2.

derna não a compreende na totalidade, Unamuno afirma: "Porque a única consciência de que temos consciência é a do homem"[2]. Em outras palavras, ser filósofo é ser homem. Por isso, o pensador espanhol é enfático ao dizer que quem não é homem não pode ser filósofo: "Se um filósofo não é um homem, é tudo menos filósofo, é, sobretudo, um pedante, isto é, um arremedo de homem"[3].

Desse modo, Unamuno insere-se perfeitamente no grupo daqueles autores da assim chamada *filosofia da vida*, denominada por Hannah Arendt no seu texto *Søren Kierkegaard* do seguinte modo:

> Nietzsche e a filosofia da vida (*Lebensphilosophie*), Bergson, Dilthey e Simmel haviam preparado o terreno para Kierkegaard na Alemanha. Com Nietzsche, houve a primeira ameaça aos postulados fundamentais da filosofia sistemática, pois a destruição nietzschiana dos velhos pressupostos psicológicos revelou as energias extrafilosóficas, psíquicas e vitais que de fato levavam os filósofos a filosofar. Essa revolta de um filósofo contra a filosofia iluminava a situação do próprio filosofar e insistia que o filosofar *era* filosofia. Isso significava o resgate da subjetividade do indivíduo[4].

Assim, ao criticar enfaticamente um tipo de filosofia com excessivo recorte racional, o autor não deixa de perceber claramente um outro tipo de filosofia, a saber, aquela que não se divorcia da vida. Por isso, ele é enfático ao afirmar que tal sentimento trágico da vida, que igualmente haveria em alguns povos, sua tese principal desenvolvida na obra, encontra-se também em notáveis filósofos: "Houve, entre os homens de carne e osso, exemplares típicos dos que têm o sentimento trágico da vida. De pronto lembro Marco Aurélio, santo Agostinho, Pascal, Rousseau, René, Obermann, Thomson, Leopardi, Vigny, Lenau, Kleist, Amiel, Quental, Kierkegaard, homens carregados muito mais de sabedoria do que de ciência"[5].

A filósofa espanhola Maria Zambrano é ainda mais enfática ao perceber o aspecto existencial da filosofia de Unamuno. No seu modo de entender, o pensador é trágico e toda a sua obra está impregnada da filosofia existencial:

> A obra de Unamuno é trágica porque representa a tragédia da existência. Há quem queira fazer de Don Miguel precursor ou antecedente da filosofia existencial. Na realidade, não é sua filosofia existencial, senão sua obra inteira, moldado à existência de si mesmo, sua obra inteira que não é senão a tragédia de um homem para chegar à existência desde a obscura caverna do seu ser não nascido[6].

---
2. UNAMUNO, 1996, p. 13.
3. UNAMUNO, 1996, p. 14.
4. ARENDT, 2008, p. 74.
5. UNAMUNO, 1996, p. 17.
6. ZAMBRANO, 2015, p. 95.

Para que se recupere a relação da filosofia com a vida, Unamuno pensa ser necessário realizar um tipo de diagnóstico da doença que nos atingiu. A doença chama-se progresso. Aqui notamos um curioso jogo irônico e dialético do pensador que, ao rememorar o mito bíblico do pecado original, opera um tipo de dialética capaz de criticar tanto o mito original como uma espécie de nova mitologia, agora proposta cientificamente pela teoria da evolução.

Na avalição do nosso autor há um tipo de desejo de conhecer doentio. Contudo, não se trata aqui daquele desejo de conhecer expresso por Aristóteles na *Metafísica*. Tal desejo parecia mais integral e não se desvinculava do homem que, por isso mesmo, desejava naturalmente conhecer, como bem afirmava o filósofo grego. O problema é que com a modernidade o conhecer parece haver se autonomizado e o desejo de conhecer passa a ser ligado com o conhecer pelo próprio conhecer. Em outras palavras, não parece haver mais outra razão para o ato de conhecer. Tal trama nos conduziu a várias discussões metafísicas dos séculos XVI e XVII, tal como aquelas protagonizadas por Espinosa, Leibniz e Descartes.

Contrariamente ao que talvez se possa pensar, a crítica de Unamuno a Descartes não ocorre por causa da dúvida, por ele admirada. Ele igualmente admira o fato de Descartes ser um pensador apaixonado e haver alcançado um ponto igualmente importante na filosofia de Santo Agostinho que é a teoria do eu. Seu problema reside, na realidade, num outro tipo de interpretação da teoria do cogito cartesiano: "A verdade é *sum, ergo cogito*, sou, logo penso, muito embora nem tudo o que é, pense. A consciência do pensamento não será, antes de tudo consciência de ser?"[7]. Curiosamente, a despeito de isso ser feito em outro registro, a mesma pista foi apresentada na crítica de Kierkegaard à dúvida cartesiana. Numa obra denominada *Johannes Climacus ou É preciso duvidar de tudo*[8], o pensador dinamarquês expôs sua visão sobre a dúvida cartesiana. A rigor, ao menos nos moldes convencionais, não se trata de uma obra filosófica, pois é uma espécie de romance autobiográfico. Kierkegaard a escreveu por meio da pena de um tal Johannes Climacus, um autor pseudonímico. Tal autor, profundamente desconfiado da assim chamada dúvida da filosofia moderna, não vê nela nada mais do que meras fórmulas repetidas. Para combater tal tese, evoca até mesmo a dúvida dos antigos céticos gregos, capazes de morrer por suas ideias. Evidentemente seu intuito não foi elogiar o suicídio, mas perceber a paixão como integrante do ato filosófico de duvidar e tomar a dúvida, de modo autêntico, como categoria existencial.

Aqui, reafirma-se a tese de Unamuno: mesmo o chamado problema do conhecimento humano, ao invés de comportar uma questão meramente objetiva, com-

---

7. UNAMUNO, 1996, p. 35.
8. KIERKEGAARD, 2003.

porta, na realidade, o problema do afeto humano e por isso "esse ponto de partida pessoal e afetivo de toda filosofia e de toda religião é o sentimento trágico da vida"[9].
Assim, o que marca efetivamente o homem é sua fome pela eternidade: "A sede da eternidade é o que se chama amor entre os homens e quem ama a outrem é porque quer se eternizar nele. O que não é eterno também não é real"[10]. Contudo, o cristianismo, especialmente na sua faceta católica, que Unamuno bem conhecia, não parece tratar adequadamente o problema da fome do homem pela imortalidade. Sua resposta é, na realidade, a criação de uma teologia e a troca de uma fé religiosa por ela, tal como se pode notar, por exemplo, na teologia católica do século XIII.

No entender de Unamuno, o cristianismo surgiu a partir de duas correntes espirituais: judaísmo e helenismo. Tal constatação é importante para, na realidade, sabermos que o fenômeno do cristianismo é sempre a junção dessas duas coisas. Aos olhos do pensador espanhol, o judaísmo vive mais claramente sem a concepção de imortalidade[11], ainda que cultive uma relação pessoal com Deus, com a figura de Javé. Já o helenismo apresenta, desde os primórdios, uma sede pela imortalidade.

No contexto de surgimento do cristianismo um dos seus debates mais significativos orbita em torno da discussão entre o Cristo real e o Cristo histórico. Muito se escreveu e se pensou sobre tal temática inesgotável. Unamuno não a negligencia e, para tanto, segue notadamente no capítulo IV da obra, em que almejava dissertar acerca da origem do catolicismo, algumas das pistas nessa direção e também no intuito de perceber os elementos formadores do pensamento ibérico, a saber, a diferença entre protestantismo e catolicismo. Por intermédio das teses de Oliveira Martins, na sua obra *História da civilização ibérica*[12], o pensador avalia que uma diferença crucial entre o catolicismo e o protestantismo é que o primeiro se notabiliza por construir heróis e tipos corajosos, ao passo que o segundo parece produzir estabilidade e instituições sólidas. Contudo, a concepção religiosa protestante parece domar a audácia do coração do homem e aqui percebe-se um elogio do pensador espanhol ao catolicismo por tê-lo como mais apto ao heroísmo e à coragem[13].

---

9. UNAMUNO, 1996, p. 36.
10. UNAMUNO, 1996, p. 38.
11. Um exemplo cabal da finitude do judaísmo pode ser bem percebido no livro de Eclesiastes, que também integra a Bíblia cristã. Ali, um autor sábio avalia tão enfaticamente a finitude humana que exclui qualquer possibilidade de felicidade em outro mundo. Trata-se de um livro fortemente marcado pelo que hoje poderíamos denominar como pensamento existencial e até mesmo imanente. O poeta brasileiro Haroldo de Campos explorou tal pista em sua tradução do texto (Cf. CAMPOS, 1990).
12. Cf. MARTINS, 1946.
13. Dois importantes autores, Orringer e Jorge Cesar Motta, com suas respectivas obras, podem colaborar para uma melhor investigação do protestantismo no pensamento de Unamuno (Cf. ORRINGER, 1985; MOTTA, 1978).

Tal observação a respeito do protestantismo também é embasada numa leitura de um autor bastante crítico de tal concepção, a saber, Ernst Troeltsch[14]. É verdade que Unamuno também cita o protestante Albrecht Ritschl. Aliás, como bem enfatiza Orringer em sua obra *Unamuno y los protestantes liberales*, as fontes de Unamuno para a produção de *Do sentimento trágico da vida* foram calcadas na leitura de diversos autores protestantes. Curiosamente, o pensador faz uma comparação entre três tipos de cristianismo: o católico, o protestante e o ortodoxo oriental: "O cristianismo oriental, ou grego, é predominantemente escatológico, o protestantismo é predominante ético, enquanto o catolicismo é um compromisso entre ambas as coisas, embora com predominância do primeiro"[15].

A despeito da crítica da infalibilidade papal, proclamada no século XIX, há uma passagem muito instigante de Unamuno acerca da curiosa relação entre o catolicismo e a modernidade: "Pio IX, o primeiro pontífice declarado infalível, declarou-se irreconciliável com a chamada civilização moderna. E fez bem"[16]. Contudo, engana-se quem apressadamente imagina que o catolicismo de Unamuno aceitará facilmente todas as posições da Igreja Católica. Aparece aqui, igualmente, uma severa crítica à Escolástica e ao conceito de infalibilidade que, no seu entender, deriva de um racionalismo típico da Escolástica: "A infalibilidade, noção de origem helênica, é, no fundo, uma categoria racionalista"[17]. Curiosamente, num texto de 1907 denominado *De la desesperación religiosa moderna*, Unamuno faz uma declaração muito importante sobre o tema da eternidade em contexto moderno:

> É certo que o problema da eternidade nos situa, como bem vislumbrou Kierkegaard, ante um terrível dilema. É terrível, angustioso, aterrador pensar que cada consciência humana volte ao nada do qual nasceu, que nossa estirpe humana e nosso mundo inteiro se convertam um dia em pó cósmico e todos os nossos esforços se vejam completamente perdidos; terrível a ideia de que a consciência humana não seja senão um relâmpago entre duas eternidades de trevas: mas não menos terrível é a ideia de uma persistência sem fim. A eternidade nos afogaria[18].

A principal objeção de Unamuno ao racionalismo consiste no fato de haver nele um claro materialismo: "O racionalismo – e, com isso, entendo a doutrina

---

14. Ernst Troeltsch foi estudado por Unamuno no período de produção de *Do sentimento trágico da vida*, tal como se pode notar na já citada obra de Orringer. Também Heidegger serve-se de Troeltsch em seus trabalhos sobre Filosofia da Religião. Contudo, Fernández percebe uma severa crítica de Heidegger a Troeltsch, julgando mesmo que ele não foi capaz de compreender importantes aspectos do pensamento protestante (Cf. FERNÁNDEZ, 2018).
15. UNAMUNO, 1996, p. 69.
16. UNAMUNO, 1996, p. 70.
17. UNAMUNO, 1996, p. 76.
18. UNAMUNO, 2011, p. 51.

que não se atém mais que à razão, à verdade objetiva"[19]. Tal aspecto é muito importante de ser ressaltado, pois categoricamente mostra a crítica do pensador espanhol ao que o racionalismo possui de mais criticável em sua opinião, isto é, o excessivo apego a um tipo de verdade objetiva. Aqui, percebe-se também sua crítica ao problema do conhecimento de Deus que, não raras vezes, não apenas era um tema metafísico, mas igualmente parecia preocupar também uma parte do cristianismo.

Contudo, para que se tenha uma ideia clara da crítica de Unamuno ao racionalismo, parece importante que se percorra o mesmo percurso que ele efetivou, isto é, o pensador espanhol percebe o nascedouro do racionalismo ainda na Renascença italiana, quando nota a emancipação do pensamento diante da religião. Posteriormente, seu ponto de análise estará em Espinosa, em que percebe que a totalidade do divino, no panteísmo espinosano, também consiste num tipo de negação da divindade. Porém, sua tese é ainda mais aguda: Unamuno também vê em Santo Tomás de Aquino, uma espécie de pensador questionador, algo como uma espécie de "advogado". Aqui, contrastando com os dogmas característicos do cristianismo desde os seus primórdios, temos na figura do Doutor Angélico uma espécie de antecipador, guardadas as devidas diferenças, do próprio Espinosa e alguém que, de um ponto de vista epistemológico e racional, parece colocar em xeque as certezas do próprio cristianismo. Nisso residia a grande novidade do pensamento de Santo Tomás.

O tema da imortalidade da alma sempre parece haver fascinado a espécie humana, mas a razão teórica não prova que a alma é imortal. O que a razão teórica parece trazer mais fortemente é o tema da consciência, que, por sua vez, apresenta o sentimento do homem diante do mundo, colocando-o num tipo de ceticismo diante das coisas, uma espécie de desespero[20]. É com esse tipo de abismo que a filosofia de Unamuno se dedica a trabalhar[21]. Desse modo, o anseio pela imortalidade não é plenamente respondido por tal tipo de razão. Assim, aos olhos de Unamuno, a dúvida cartesiana é cômica: "A dúvida metódica de Descartes é uma dúvida cômica puramente teórica, provisória, isto é, a dúvida de alguém que age como se duvidasse sem duvidar"[22]. A mesma crítica, tão bem-posta e explorada por Unamuno, já havia sido feita por Kierkegaard, como vimos anteriormente. Inclusive, ressaltamos que ele sempre trata o pensador de Copenhague como "irmão Kierkegaard". Assim, não fortuitamente, o tema da paixão e do indivíduo, centrais no filósofo dinamarquês, serão as tônicas na reflexão de

---

19. UNAMUNO, 1986, p. 78.
20. Na coletânea denominada *De la desesperación religiosa moderna*, já citada por nós, Sandro Borzoni recolhe textos muitos significativos do pensador basco nesse sentido (Cf. UNAMUNO, 2011).
21. O tema do abismo, frequente também na filosofia Nietzsche, foi, num linguajar mais heideggeriano, recuperado brilhantemente pelo filósofo italiano Luigi Pareyson (2018).
22. UNAMUNO, 1996, p. 104.

Unamuno. Contudo, o filósofo espanhol, de quem tão costumeiramente é dito que tomava a si mesmo como "irmão de Kierkegaard", nem sempre concorda na totalidade com o pensador e há aqui, inclusive, um ponto, a saber, a questão da abstração, em que ele parece ressaltar até mesmo uma dada compreensão – e concordância – para com Hegel:

> Mas não creio que o irmão Kierkegaard esteja de todo certo, porque o mesmo pensador abstrato, ou pensador de abstrações, pensa *para* existir, para não deixar de existir, ou talvez pense para esquecer que terá de deixar de existir. É este o fundo da paixão do pensamento abstrato. Talvez Hegel se interessasse tão infinitamente quanto Kierkegaard por sua existência concreta e singular, ainda que, para manter o decoro profissional do filósofo do Estado, ocultasse isso. Exigências do cargo[23].

Curiosamente, Unamuno assiste a uma dupla salvação e faz questão de enfatizá-la. Na primeira, o cristianismo, loucura da fé, é salvo pela razão grega e, ao mesmo tempo, termina por salvá-la, numa relação dialética das mais instigantes e importantes da história do pensamento:

> O cristianismo, a loucura da cruz, a fé irracional em que Cristo havia ressuscitado para nos ressuscitar, foi salvo pela cultura helênica racionalista, e esta pelo cristianismo. Sem ele, sem o cristianismo, teria sido impossível o Renascimento, sem o Evangelho, sem são Paulo, os povos que haviam atravessado a Idade Média não teriam compreendido nem Platão, nem Aristóteles. Uma tradição puramente racionalista é tão impossível quanto uma tradição puramente religiosa[24].

Tal afirmativa de Unamuno é fundamental para que possamos compreender – de um modo mais sofisticado – o que significa efetivamente afirmar que filosofia e religião são inimigas. A frase, vista de modo assim tão solto, pode colaborar para algum tipo de apologética, que seria extremamente injusta com o pensador basco, mas, vista em amplitude, merece um aprofundamento: "Filosofia e religião são inimigas, e, por serem inimigas, necessitam uma da outra. Não há religião sem alguma base filosófica, nem filosofia sem raízes religiosas; cada uma vive de seu contrário. A história da filosofia é, a rigor, uma história da religião"[25]. Ao elogiar a religião, Unamuno depara-se, uma vez mais, com Kierkegaard e a paixão do pensamento. Aqui reside esse significado amplo de sentimento do mundo e, mesmo quando o assunto parece ser, por exemplo, o suicídio, que a rigor seria um tema difícil, o que parece estar em jogo é, na realidade, não o ato

---

23. UNAMUNO, 1996, p. 108.
24. UNAMUNO, 1996, p. 108.
25. UNAMUNO, 1996, p. 110-111.

em si, mas a paixão do ato em meio à mortalidade do homem e em meio à imortalidade da alma. De modo muito bem-humorado, Unamuno questiona-se se, de fato, está fazendo filosofia, a tal "filosofia pura". Por isso, ele afirma: "não quero enganar ninguém, nem fazer passar por filosofia o que talvez não seja mais que poesia ou fantasmagoria"[26]. Nunca é demais ressaltar que Unamuno, tal como Kierkegaard, é um escritor, um literato. Sua filosofia surge a partir de sua vasta literatura e uma obra como *Do sentimento trágico da vida*, embora tenha inúmeros elementos filosóficos e teológicos, não deixa de transparecer o quanto a obra do pensador, na sua integralidade, possui elementos literários. Assim, sua filosofia nunca poderá ser tomada como "pura", sob pena de isso soar como a mais cruel incompreensão do próprio autor.

Na filosofia de Miguel de Unamuno, o amor, a dor e a compaixão são temas centrais. Em oposição a um tipo de filosofia que parece negar tudo isso, o pensador se esforça exatamente na direção oposta, isto é, seu filosofar implica tal integralidade, naquilo que ele mesmo denominou como "o homem de carne e osso". Seguindo tal pista é que podemos compreender que um dos capítulos da obra *Do sentimento trágico da vida* vai se dedicar exatamente a discutir o amor. Curiosamente, aos olhos do pensador, o amor é quem dá efetiva corporeidade ao que pensamos: "Porque o amor não é, no fundo, nem ideia, nem volição, é, antes, desejo, sentimento, é algo carnal até no espírito. Graças ao amor, sentimos tudo o que o espírito tem de carne"[27]. O amor vai além de tal corporificação. Ele possui, em realidade, uma teleologia. Em outras palavras, o amor dá o sentido e o final de todas as coisas aos olhos do pensador espanhol. Ele é, ao mesmo tempo, o ponto de partida e o ponto de chegada de todas as coisas.

O amor é um sentimento. Unamuno privilegia o tema do sentimento não apenas no nome da própria obra. Para ele, o sentimento religioso, por exemplo, é uma espécie de sentimento da divindade. Nesse sentido, sua tese está em absoluta concordância com a posição de Schleiermacher[28], célebre autor que defende o sentimento de dependência do homem em relação a Deus: "A doutrina de Schleiermacher, que coloca a origem, ou, antes, a essência do sentimento religioso, no sentimento imediato e simples de dependência, parece ser a explicação mais profunda e exata"[29].

Nesse sentido, a divindade se encontra em nós de modo subjetivo. O Deus que temos na consciência aparece em função de um certo sentimento da divindade, aspecto que a filosofia trabalha de um modo mais teórico e concei-

---

26. UNAMUNO, 1996, p. 120-121.
27. UNAMUNO, 1996, p. 127.
28. Tal tese de Schleiermacher (1990) é explorada na obra *Sobre a religião*.
29. UNAMUNO, 1996, p. 152.

tual. Contudo, é exatamente a partir de uma conceitualização excessiva que Unamuno percebe uma diferença fundamental entre dois tipos de divindade: a primeira seria o Deus salvador, a segunda seria o Deus da ciência e da lógica, o chamado Deus filosófico. Notemos a ênfase da sua recusa: "Um Deus razão, um Deus teórico ou contemplativo, como o do racionalismo teológico, é um Deus que se dilui em sua própria contemplação"[30]. Nesse aspecto entra decisivamente o tema do amor. Deus é, aos olhos de Unamuno, amor: "Porque ao Deus vivo, ao Deus humano, não se chega pelo caminho da razão, mas pelo caminho do amor e do sofrimento. A razão antes nos afasta Dele"[31]. Por isso, o pensador recusa a proposta de qualquer teodiceia[32]. Aquilo que ele pensa acerca da divindade não pode ser compreendido sem o reconhecimento do Deus do amor e, ao mesmo tempo, a afirmação de que esse Deus do amor se volta para o homem, e a ele também oferece a chance de agir, torna implícito o querer humano. Assim, até mesmo a afirmação do Deus pessoal ocorre aqui: "Um Deus universal e pessoal bem diferente do Deus individual do rígido monoteísmo metafísico"[33].

Na interpretação unamuniana, o cristianismo, notadamente em sua matriz católica, se constitui da soma tanto do politeísmo e do paganismo greco-latino quanto do monoteísmo judaico. Desse modo, o sentimento de Deus é resultante dessa união. Assim, recebendo forte influência kierkegaardiana, Unamuno fará uma defesa do Deus verdadeiro como uma espécie de fome de Deus, do Deus da paixão. Em outras palavras, há um claro confronto entre o sentimento do Deus da paixão contra o Deus dos filósofos e da razão apresentado pela teodiceia. Chegamos, então, à afirmação do vitalismo, como bem aponta o pensador basco: "Não é, pois, necessidade racional, mas angústia vital, o que nos leva a crer em Deus. E crer em Deus é, antes de tudo e sobretudo, repito, sentir fome de Deus, fome da divindade, sentir sua ausência e vazio, querer que Deus exista"[34].

A fome de Deus conduz os homens a três aspectos centrais do cristianismo: a fé, a esperança e a caridade. Tais aspectos são a própria afirmação do Deus em vivo em detrimento do Deus lógico. Por isso, Unamuno serve-se do texto bíblico de Hebreus como uma espécie de esperança das coisas que não vemos. Em tal sentido, "crer é uma forma de conhecer"[35]. Vejamos, contudo, que não se trata mais aqui de um conhecer meramente objetivo e ao modo de uma dada lógica,

---

30. UNAMUNO, 1996, p. 158.
31. UNAMUNO, 1996, p. 161.
32. A ideia de teodiceia na modernidade é especialmente desenvolvida por Leibniz em sua obra de igual nome (Cf. LEIBNIZ, 2013).
33. UNAMUNO, 1996, p. 164.
34. UNAMUNO, 1996, p. 177.
35. UNAMUNO, 1996, p. 180.

mas, sim, de um conhecer a partir de si. Por isso, a fé pode ser um ponto de partida como igualmente já havia pensado Santo Anselmo[36].

Para melhor compreender o jogo entre clareza e mistério, Unamuno faz uma digressão que, certamente, mereceria um estudo mais aprofundado: ele pensa no Ocidente como uma espécie de parte do mundo interessada na mais profunda clareza e, em contrapartida, toma o Oriente como uma espécie de lado obscuro, até mesmo místico. Trata-se de uma espécie de leitura panorâmica do pensador que poderia ter maiores desdobramentos. Curiosamente, a pista seguida pelo pensador espanhol não deixa de ser hegeliana, isto é, o filósofo alemão já havia tido tal percepção em seus textos sobre história da filosofia[37]. Contudo, Unamuno toma esses dois aspectos não no intuito de escolher um dos lados ou de dizer, como parece haver feito Hegel, acerca da superioridade do lado ocidental. Ele toma a ambos como irmãos e tenta perceber um tipo de dialética mais produtiva em tal relacionamento.

A conclusão a que se chega inevitavelmente é a do vitalismo. Em outras palavras: "Como a pessoa é uma vontade, e a vontade se refere sempre ao porvir, quem crê, crê no que virá, isto é, no que espera"[38]. Em tal sentido, a fé é também uma potência criadora. Assim, "querer que Deus exista e conduzir-se e sentir-se como se existisse"[39]. O pensador é ainda mais enfático quando afirma: "creio em Deus como creio em meus amigos, por sentir o alento de seu carinho e sua mão invisível e intangível que me traz, me leva e me aperta"[40]. Desse modo, nosso autor pensa que a fé não é apenas irracional, mas é antirracional, isto é, ela vai na mão oposta de qualquer definição racional. Aqui talvez resida o traço mais kierkegaardiano de Unamuno: a afirmação do paradoxo[41]. Collado, autor de uma célebre obra intitulada *Kierkegaard y Unamuno*, reconhece o quanto é complexo tratar do tema do paradoxo em Kierkegaard e o toma sempre como paradoxo da existência:

> A existência paradoxal, ou o sistema de paradoxos constitutivos da existência, é um tema muito complexo no pensamento de Kierkegaard... O paradoxo da

---

36. O argumento de Santo Anselmo, bastante conhecido, é por ele apresentado no seu *Proslogion*. O teólogo protestante Karl Barth recupera na contemporaneidade o tema com imensa desenvoltura em *Fé em busca de compreensão – Fides quaerens intellectum* (BARTH, 2000).
37. Tal tese é exposta por Hegel (1999) notadamente em *Filosofia da história*.
38. UNAMUNO, 1996, p. 183.
39. UNAMUNO, 1996, p. 186.
40. UNAMUNO, 1996, p. 187.
41. O paradoxo kierkegaardiano é um tema central na obra do autor dinamarquês. A despeito de Unamuno possuir uma genial apropriação do pensador, julgamos que lhe falta um pouco mais de profundidade ao tratar do tema, pois ele ultrapassa uma categorização de irracional, em que Unamuno parece haver se detido. Um dos equívocos do pensador talvez tenha sido não haver se apercebido que Kierkegaard não era um pensador trágico na sua totalidade. Oscar Oubiña percebe tal coisa com clareza (Cf. OUBIÑA, 2010).

existência consiste concretamente nisso: a existência não é concebível "sub specie aeterni", isto seria dissolvê-la essencialmente, e nisso se funda todo o mérito da abstração. A existência somente pode ser concebida em movimento[42].

A partir do paradoxo não se pode chegar a outro lugar senão ao amor e exatamente aí é que se encontram, na definição de Unamuno, as três virtudes cristãs: fé, esperança e amor. O escândalo do cristianismo reside exatamente nessa manifestação. Deus, por amor aos homens, veio ao encontro deles e por eles sofreu. Novamente, percebe-se a forte influência kierkegaardiana de Unamuno e, não fortuitamente, além do amor e do escândalo do cristianismo, nos deparamos aqui com a angústia e com a dor, temas centrais da experiência humana e da relação humano-divina.

Na interpretação de Miguel de Unamuno, o sentimento da divindade funda a religião e novamente percebemos a influência de Schleiermacher sobre o seu pensamento, isto é, trata-se de uma relação íntima com Deus. É bem verdade que tal pista não é proveniente apenas do pensador alemão, mas nosso autor igualmente a recebe tanto da tradição agostiniana quanto da tradição mística. Desde tempos imemoriáveis, a religião parece sempre ser tomada como uma dada totalidade, como uma ideia de totalidade. Percebe-se tal coisa desde a antiga mística e até mesmo entre os pensadores da Renascença. Em tal sentido, mesmo pensadores da envergadura de Santo Tomás de Aquino e Espinosa acabam por receber críticas de Unamuno na medida em que parecem excessivamente racionais do aspecto religioso. Nosso autor, com enorme erudição, cita autores como Spencer, Leopardi, Ritschl e Antero de Quental no intuito de perceber a integralidade do pensamento. Entretanto, no seu entender, os europeus basicamente vivem a crise do cristianismo no século XX e, por esse motivo, seu grande autor e inspirador não pode ser outro senão o dinamarquês Kierkegaard. Segundo Unamuno, ele nos ensinou "uma saída desesperada, saída que só se logra mediante o martírio da fé, que é a crucificação da razão, segundo o mesmo trágico pensador"[43].

O problema do cristianismo, tal como bem percebido por Kierkegaard, e seu atento leitor Miguel de Unamuno, é, na verdade, um problema prático e ético-moral. A sua primeira indagação passa pela clássica pergunta: o que é o homem? Talvez não sejamos capazes de responder cabalmente a tal questionamento. Contudo, a ênfase aqui não é propriamente nela, mas no ato segundo, isto é, nas nossas escolhas. De acordo com o pensador espanhol, a incerteza e a dúvida podem nos livrar de construir uma moral dogmática. Uma dose de desconfiança também não nos permitirá adentrar num ateísmo ingênuo. Aliás, Arendt percebe

---

42. COLLADO, 1962, p. 27.
43. UNAMUNO, 1996, p. 245.

tal coisa com imensa clareza. Por isso, num belo texto publicado em 1965 e totalmente dedicado ao cristão Angelo Giuseppe Roncalli, ou seja, o Papa João XXIII, a pensadora afirma novamente a importância de Kierkegaard e dos desafios de se conjugar filosofia e teologia:

> As gerações de intelectuais modernos, na medida em que não eram ateístas – isto é, tolos que pretendiam saber aquilo que nenhum homem pode saber –, foram ensinadas por Kierkegaard, Dostoievski, Nietzsche e seus inumeráveis seguidores, dentro e fora do campo existencialista, a considerar "interessantes" a religião e as questões teológicas[44].

Desse modo, perceberemos que, por mais que se possa criticá-la, a moral católica ainda parece formar boa parte da teleologia que ainda hoje conhecemos e, talvez, o faça com certa solidez. A mesma desconfiança nos livraria de um tipo de pedantismo da intelectualidade. A questão relevante sublinhada pelo pensador espanhol é que ética, ciência e virtude são coisas sobre as quais se pode certamente discutir. Contudo, a paixão, ingrediente central do ato filosófico, também não deve estar ausente de tal discussão ético-moral. Por isso, notadamente no momento posterior ao século XIX e ao ápice da cultura humana, convém recuperar a discussão dos ditames éticos e morais no século do progresso. Unamuno enxergou isso com uma clareza singular. Tal coisa estaria na essência daquilo por ele denominado como sentimento trágico:

> O que chamo de sentimento trágico da vida nos homens e nos povos é, no mínimo, nosso sentimento trágico da vida, o dos espanhóis e do povo espanhol, tal como se reflete em minha consciência, que é uma consciência espanhola, construída na Espanha. E esse sentimento trágico da vida é o próprio sentimento católico dela, pois o catolicismo, mais ainda o catolicismo popular, é trágico[45].

Por isso, de modo absolutamente planejado, o último capítulo da obra de Unamuno será sobre Dom Quixote, ou melhor, o personagem será inspirador para a feitura daquilo que ele denominou como uma tragicomédia europeia contemporânea. É bom que se diga que não será apenas aqui que o pensador espanhol se dedicará ao Quixote, mas, pelo contrário, ele será presença marcante em toda a sua obra[46]. Percebemos que o pensador basco encarna o próprio Quixote e, por sua vez, este parece ser a representação fiel da própria intencionalidade. Aos seus olhos, o século XIX, que perdeu a integralidade filosófica, carece, quiçá por meio dessa figura, criar as condições de tal recuperação.

---

44. ARENDT, 1987, p. 65.
45. UNAMUNO, 1996, p. 281-282.
46. Nesse sentido, nos lembramos aqui da sua obra sobre a vida de Dom Quixote e Sancho (Cf. UNAMUNO, 2006).

Nesse sentido, o capítulo fecha um círculo panorâmico. O primeiro movimento é percebido por Unamuno entre Renascimento, Reforma e as Revoluções. Não importa fazer as distinções entre tais coisas. O importante é notar que, cada qual, ao seu modo, produziu aquilo que hoje se denomina espírito europeu[47]. O mesmo tipo de dialética é percebido, por exemplo, quando o pensador aborda a Reforma Protestante e afirma que a Reforma católica é igualmente importante, mas não se trata apenas disso: nenhuma das duas, efetivamente, pode ser plenamente apreciada (e compreendida) sem a outra.

Seguindo o mesmo inventário do espírito europeu, Unamuno faz uma afirmação central sobre a língua espanhola e suas possibilidades filosóficas: "Nossa própria língua, como toda língua culta, traz implícita uma filosofia"[48]. Contudo, ainda persiste a questão central: como o pensador fará a comparação entre os dois tipos trágicos, a saber, Cristo e Dom Quixote? O primeiro aspecto a ser aqui ressaltado é que se trata de tragédias distintas. Cristo é a tragédia religiosa no seu mais alto grau. O Quixote é a tragédia humana. A busca do homem pelo sentido religioso termina por converter-se num dado tipo de metafísica. Assim, Unamuno defende que o quixotismo deve, na realidade, ser compreendido em seu aspecto medieval. Ele é a reação de um mundo suplantado pela Renascença e também pela Reforma, mas que insiste em manter seus traços e suas características. Por isso, ele consiste numa eterna luta, numa agonia[49]: "Qual é, pois, a nova missão de Dom Quixote, hoje, neste mundo? Clamar, clamar no deserto. Mas o deserto ouve, ainda que não ouçam os homens"[50].

Referências

ARENDT, H. *Compreender: formação, exílio e totalitarismo* [S. Kierkegaard; O que é filosofia da existência; O existencialismo francês; Søren Kierkegaard]. São Paulo: Companhia das Letras, 2008.

_____. *Homens em tempos sombrios*. São Paulo: Companhia das Letras, 1987.

BARTH, K. *Fé em busca de compreensão – Fides quaerens intellectum*. São Paulo: Novo Século, 2000.

CAMPOS, H. *Qohélet, o-que-sabe – Eclesiastés*. São Paulo: Perspectiva, 1990.

COLLADO, J. A. *Kierkegaard y Unamuno – la existencia religiosa*. Madrid: Gredos, 1962.

FERNÁNDEZ, A. G. Heidegger e a Reforma Protestante. *Revista de Filosofia Moderna e Contemporânea da UnB*, Brasília, 2018.

---

47. Tal espírito é bastante explorado por Novalis (2006) no seu clássico trabalho *A cristandade ou a Europa*.
48. UNAMUNO, 1996, p. 294.
49. Não fortuitamente *A Agonia do cristianismo* será o título de uma obra de Unamuno escrita em 1924 (Cf. UNAMUNO, 1924).
50. UNAMUNO, 1996, p. 312.

HEGEL, G. W. F. *Filosofia da história*. Brasília: Editora UnB, 1999.

KIERKEGAARD, S. A. *É preciso duvidar de tudo*. São Paulo: Martins Fontes, 2003.

LEIBNIZ, G. W. *Ensaios de teodiceia*. São Paulo: Liberdade, 2013.

MARTINS, Joaquim Pedro de Oliveira. *História da civilização ibérica*. Lisboa: Parceria A. M. Pereira, 1946.

MOTTA, J. C. *Dom Miguel de Unamuno e a Bíblia*. São Paulo: FFLCH-USP, 1978.

NOVALIS, F. H. *A cristandade ou a Europa*. Lisboa: Antígona, 2006.

ORRINGER, N. R. *Unamuno y los protestantes liberales (1912) – sobre las fuentes de 'Del sentimiento trágico de la vida'*. Madrid: Gredos, 1985.

OUBIÑA, O. P. Kierkegaard contra Unamuno: nas antípodas do sentimento. *Revista Pandora Brasil*, nº 23, outubro 2010, p. 11-17.

PAREYSON, L. *Ontologia e Liberdade: o mal e o sofrimento*. São Paulo: Loyola, 2018.

SCHLEIERMACHER, F. D. *Sobre la religión*. Madrid: Tecnos, 1990.

UNAMUNO, M. *A Agonia do cristianismo*. Lisboa: Cotovia, 1991.

_____. *De la desesperación religiosa moderna*. Madrid: Trotta, 2011.

_____. *Do sentimento trágico da vida nos homens e nos povos*. São Paulo: Martins Fontes, 1996.

_____. *Vida de Don Quijote y Sancho/En torno al casticismo*. Cd. de México: Editoral Porrúa, 2006.

ZAMBRANO, M. *Unamuno*. Barcelona: Penguin, 2015.

A morte de Deus como momento do negativo:
Hegel e a religião no livro *Fé e saber* de 1802

Fabiano Veliq

> *Se expulsarem Deus da face da Terra,*
> *nós O acharemos debaixo dela!*
> (DOSTOIEVSKI, FIODOR. IRMÃOS KARAMÁZOV, P. 767)

Escrever um texto sobre a religião em Hegel é, por si só, uma tarefa árdua. Tanto pelo terreno árido que é a filosofia hegeliana quanto pelo próprio tema da religião, que já é extremamente instigante e mobiliza nossos sentimentos mais profundos. Para além da dificuldade intrínseca ao assunto, ainda há de se levar em conta o fato de que muito já se falou e se escreveu sobre a religião em Hegel, de forma que precisamos nos precaver de não sermos apenas mais um a relatar coisas que todo estudioso de Hegel já ouviu.

Podemos notar que Hegel sempre esteve muito atento à sua época, de modo que os problemas da religião do seu tempo o incomodavam bastante. Se de um lado há uma religião de forte matriz iluminista, ou seja, Deus se transforma em apenas uma "causa" para o mundo, alguém que coloca o mundo em movimento e não mais interfere nele, aquilo que ficou conhecido como Deísmo; por outro lado, temos tentativas de transformar Deus em algo de cunho mais sentimental, tal como na leitura de Hegel seria a proposta de Schleiermacher e, em grande medida, Schelling.

Os textos de Hegel sobre a religião, principalmente as suas lições acerca da filosofia da religião, são bastante conhecidos por vários de seus leitores, especialmente as lições de 1821, 1824 e 1827. Mas é sabido que o interesse de Hegel pelo tema da religião se faz presente já em sua juventude: desde cartas dos anos 1790, o assunto já lhe aparece caro.

Tendo em vista esses pormenores, o nosso capítulo tem como pretensão abordar um livro muito pouco conhecido de Hegel sobre religião, obra que gosto de chamar de "livro de transição de Hegel", pois é o momento em que esse autor inicia a sua "virada" em direção à filosofia. Se os primeiros escritos de Hegel foram chamados de "escritos teológicos"[1] por causa dos temas abordados, em *Fé e saber*, de 1802, o projeto hegeliano pode ser chamado com todo o mérito de filosofia. Não que Hegel tenha abandonado os problemas teológicos, coisa que sabemos que ele nunca fez durante toda a sua vida, mas é visível que a partir de *Fé e saber* a sua reflexão sobre tudo acerca da religião e de Deus passa a assumir um caráter mais filosófico que teológico.

Dessa forma, o tema da religião está no cerne da questão filosófica para Hegel e é a partir da análise das propostas dos filósofos e teólogos da sua época que *Fé e saber* se torna uma tentativa de resposta de Hegel à religião no iluminismo. Se por um lado a religião não pode ser considerada moralidade como queria Kant, ela também não pode ser considerada apenas uma espécie de sentimentalismo que não raras vezes culmina em um tipo de fideísmo. Assim, pensamos que *Fé e saber* pode ser entendido como uma espécie de um recontar da história pascal. A morte de Deus entendida como "Sexta-Feira Santa especulativa" é seguida pela ressurreição tipificada na filosofia de Hegel, em que o Absoluto ressurge enquanto possibilidade de ser pensado e uma nova relação entre finito e infinito se mostra possível.

Fé e saber (1802)

Fé e saber (1802)[2], juntamente com *Diferenças entre os sistemas de Fichte e Schelling*[3], de 1801, marca a entrada de Hegel no cenário filosófico alemão. Nesses dois livros, Hegel se coloca no debate a respeito da filosofia dos seus contemporâneos e promove análises pormenorizadas de seus sistemas a fim de tentar resolver os impasses pelos quais a filosofia alemã teria passado até o momento. O impasse principal seria entre as filosofias de Fichte e Schelling. Para além de

---

1. Os textos da juventude de Hegel foram chamados de "escritos teológicos" por Dilthey (1833-1911) em seu *A história do jovem Hegel* (1906) e editados posteriormente por Knox e Kroner em 1907. Early theological writings/G. W. F. Hegel; translated by T. M. Knox with an introduction, and fragments translated by Richard Kroner.

2. *Fé e saber* foi publicado originalmente como artigo no *Kritisches Journal der Philosophie*, Bd. II, Stück i, [Juli] 1802. O texto alemão que será citado corresponde à versão da Suhrkamp Verlag Frankfurt am Main 1970. Werke 2, seguido do número de página desta versão.

3. Para os propósitos deste capítulo, esse livro de Hegel não será analisado por nós.

uma disputa filosófica, Hegel está bastante preocupado com o *Zeitgeist* alemão, que, na sua leitura, se manifestava por um esquecimento do absoluto; logo, caberia à filosofia construir o absoluto, ou resgatar o absoluto como objeto da filosofia por meio da reflexão.

Em *Fé e saber* (1802), Hegel evidenciará de maneira mais clara aquilo que coloca em evidência no seu texto *O espírito do cristianismo e seu destino* de 1798/1799, que é a necessidade de pensar filosoficamente o absoluto. O que está em jogo aqui é romper com uma visão dualista entre sujeito conhecedor e objeto conhecido, tal como a filosofia de Kant, Jacobi e Fichte proporiam nesse momento, *i. e.*, romper o dualismo entre finito e infinito, mas sempre mantendo a especificidade de cada um. O livro em questão retoma várias vezes elementos das propostas filosóficas desses autores com críticas cada vez mais pontuais, atacando de forma teórica os elementos centrais dos autores. Em relação à estrutura do livro, ele é dividido em três grandes capítulos nos quais Hegel analisará e criticará a proposta de cada um dos filósofos citados. O primeiro capítulo se dedica à filosofia kantiana, o segundo capítulo tratará da filosofia de Jacobi e o último capítulo será uma análise e crítica à filosofia de Fichte.

Como afirma Hegel:

> Segundo Kant, o suprassensível é incapaz de ser conhecido pela razão, a ideia suprema não tem simultaneamente realidade. Segundo Jacobi, a razão se envergonha de mendigar, e para cavar ela não tem nem mãos nem pés, ao homem é dado apenas o sentimento e a consciência de sua ignorância do verdadeiro, apenas o pressentimento do verdadeiro na razão, a qual é tão-somente instinto e algo subjetivo. Segundo Fichte, Deus é algo inconcebível e impensável, o saber não sabe nada senão que ele sabe nada e deve buscar refúgio na fé. E para todos eles o absoluto, segundo a antiga distinção, não pode ser contra e tampouco para a razão, mas ele está acima da razão[4].

Dessa forma, ao se manter o dualismo entre suprassensível e sensível, o objeto do conhecimento filosófico, *i. e.*, o absoluto, se torna algo inalcançável, que escapa do conhecimento da razão. A oposição entre finitude absoluta e infinitude absoluta conduz diretamente a esse impasse, de forma que o saber, mesmo, é nada. Segundo Hegel, "permanece nessas filosofias o ser absoluto do finito e da

---

4. HEGEL, *Fé e saber*, 2009, p. 20. Original em alemão: „Nach Kant ist Ubersinnliches unfähig, von der Vernunft erkannt zu werden; die höchste Idee hat nicht zu gleich Realität. Nach Jacobi schämt sich die Vernunft zu betteln, und zu graben hat sie weder Händ e noch Füße; dem Menschen ist nur das Gefühl und Bewußtsein seiner Unwissenheit des Wahren, nur Ahnun g des Wahren in der Vernunft, die nur etwas allgemein Subjektives und Instinkt ist, gegeben. Nach Fichte ist Gott etwas Unbegreifliches und Undenkbares; das Wissen weiß nichts, als daß es nichts weiß, u nd muß sich zum Glauben flüchten. Nach allen kann das Absolute, nach der alten Distinktion, nicht gegen, sowenig als für die Vernunft sein, sondern es ist über die Vernunft" (p. 288).

realidade empírica e a contraposição absoluta do infinito e do finito, e o que é ideal é compreendido apenas como conceito"[5].

A proposta kantiana evidenciada na *Crítica da Razão Pura* (1791) de pontuar a impossibilidade da afirmação da existência ou não existência de Deus de acordo com as regras do conhecimento teórico puro – uma vez que Deus não se mostra como fenômeno – soa para Hegel como negação do próprio objeto da filosofia que tem, no absoluto, tal objeto[6]. Cai-se aqui em uma filosofia da subjetividade que retira do absoluto a sua especificidade. Kant propõe, em sua *Crítica da Razão Pura*, uma diferenciação entre sensibilidade, *Sinnlichkeit*, entendimento, *Verstand*, e razão, *Vernunft*, tendo a imaginação transcendental como síntese entre sensibilidade e entendimento.

Nestas três faculdades, *Vermögen*, há elementos puros *a priori*, a saber, intuições puras *a priori* da sensibilidade, conceitos puros *a priori*, categorias, do entendimento e conceitos puros *a priori*, ideias, da razão. Dessa forma, não só as ideias da razão são vazias, mas também as intuições puras *a priori* e as categorias, pois todas as três são formas puras *a priori*, privadas de conteúdo. Diferentemente das duas últimas, no entanto, as ideias da razão nunca encontram um elemento congruente no campo empírico.

Portanto, não há conteúdo da ideia da razão oriundo da intuição sensível ou do mundo fenomênico. As intuições puras *a priori* da sensibilidade (Espaço e Tempo) e as categorias do entendimento se dirigem, no seu uso correto, aos fenômenos, regidos pelas leis da natureza, ao passo que as ideias da razão se referem necessariamente ao noumênico, incondicionado. Assim sendo, sensibilidade e entendimento produzem um conhecimento condicionado de um objeto também condicionado. Com isso, então, esse tipo de conhecimento não está em condições de tematizar a liberdade, seja a cosmológico-transcendental, seja a prático-moral.

O que Kant chama de fenômeno se refere ao objeto indeterminado da intuição. Nele se distinguem a matéria (correspondente à sensação, aos múltiplos dados sensoriais) e a forma, que ordena a matéria segundo diferentes modos e perspectivas do tempo e espaço. Se a matéria de todo o fenômeno é dada *a posteriori*, a forma ordenadora processa-se a dois níveis diferentes; a um nível inferior opera a forma *a priori* da sensibilidade (o espaço e o tempo), puramente receptiva, que nos fornece uma representação; esta, por sua vez, é matéria para a síntese *a priori* do entendimento, unificadora de representações sob a forma de objeto.

---

5. HEGEL, *Fé e saber*, 2009, p. 27.
6. Segundo Kant, "o Ser supremo mantém-se, pois, para o uso especulativo da razão, como um simples ideal, embora sem defeitos, um conceito que remata e coroa todo o conhecimento humano; a realidade objetiva desse conceito não pode, contudo, ser provada por esse meio, embora também não possa ser refutada" (KANT, 2001, p. 543). (A642 B670).

O entendimento humano é capaz de conhecimento, de ciência, mas limitado ao domínio da sensibilidade, da experiência possível, de tal forma que a inteligibilidade do fenômeno ocorre devido às intuições puras *a priori*, depois, às categorias, formas *a priori* do entendimento e, finalmente, à ligação entre elas.

Paralogismos, antinomias e ideal da razão pura expressam a referência da razão pura ao incondicionado e aos erros provenientes das ideias para produzir conhecimento legítimo, a saber, de acordo com as regras do conhecimento universal e necessário, já que elas não lidam com fenômenos. Como o ato próprio da razão, em seu uso lógico-formal, é o raciocínio, e este consiste em ligar juízos uns aos outros, temos que a razão não trata diretamente da experiência, à diferença do que acontece ao entendimento, mas dos juízos a que este último se reduz. O papel desempenhado pela razão, em seu uso lógico-transcendental, é aquele em que ela, subindo de condição em condição, alcança um primeiro termo, o qual, por sua vez, é incondicionado ou absoluto.

Como afirma Kant, "Todo o nosso conhecimento começa pelos sentidos, daí passa para o entendimento e termina na razão, acima da qual nada se encontra em nós mais elevado que elabore a matéria da intuição e a traga à mais alta unidade do pensamento"[7].

A razão *Vernunft*, segundo Kant, possuiria apenas três ideias: a unidade absoluta do sujeito pensante (a ideia de alma), a unidade absoluta da experiência externa (a ideia de mundo) e, por último, a unidade absoluta de todos os objetos do pensamento, "a condição suprema da possibilidade do todo" (a ideia de Deus). Essas ideias são conceitos que não encontram, na experiência, objetos adequados, de forma que seja impossível o conhecimento por meio delas. Essas ideias são, portanto, transcendentes, e por isso não se poderia atribuir a elas uma correspondente existência real empírica, fenomênica. Atribuir a elas tal existência é o que Kant chamava de "ilusão transcendental".

A terceira antinomia, aquela entre causalidade segundo as leis necessárias da natureza e a causalidade mediante a liberdade, diz justamente do conflito entre as faculdades da sensibilidade e do entendimento que, no seu uso legítimo, devem se limitar ao fenomênico, ao passo que a razão pura tematiza uma ação causal que tem início fora da esfera empírica, mas tem seu efeito nesta última. Com isso, mediante a liberdade cosmológico-transcendental, abre-se um espaço teórico para pensar a liberdade, primeiramente, no sentido cosmológico e, depois, no sentido da liberdade moral.

Para Hegel, a proposta kantiana é marcada por uma contradição na sua forma de compreender a razão. Se, por um lado, a razão é declarada vazia em si, sem

---

7. KANT, 2001, p. 289.

conteúdo, uma vez que tais conteúdos viriam da intuição sensível, por outro lado, ela é descrita como pura espontaneidade e liberdade absoluta. Segundo Hegel, esse dualismo da razão kantiana produz uma antinomia na própria razão, absolutizando o conflito ao relacionar necessidade e liberdade, o que impediria pensar verdadeiramente o absoluto.

A filosofia tem como ponto de partida o absoluto, e se negar a pensar isso é negar a própria tarefa filosófica. Aqui, temos um ponto fundamental da filosofia hegeliana, isto é, a possibilidade de conhecer o absoluto a partir da sua manifestação na história. Para além da proposta kantiana de uma religião nos limites da pura razão, que eliminaria a questão da fé enquanto objeto de conhecimento, a proposta hegeliana dá à fé e à religião um *status* diferente. A fé não é oposta ao saber, e a religião não é oposta à razão, mas, antes, haveria uma complementaridade entre religião e saber absoluto neste momento. No livro *Fé e saber*, tal conciliação não será tematizada; no entanto, em *Fenomenologia do espírito* o saber absoluto concilia razão e fé na medida em que vê a religião como uma das figuras da consciência que será suprassumida no saber absoluto como um momento na marcha da consciência. A razão é capaz de conhecer o absoluto, e esta é a vocação da filosofia desde o seu surgimento, segundo Hegel.

A crítica à filosofia de Jacobi (1743-1819) se dará de maneira contundente, na medida em que, para Hegel, Jacobi recusa toda tentativa de demonstração racional a respeito da realidade e propõe uma concepção que parte do saber imediato, deixando de lado o "louvor a Deus" e louvando o homem. O horizonte da filosofia seria restrito ao limite da vista humana, ou seja, estaria circunscrito pelo físico, para o empírico. Como afirma Silva,

> Para Jacobi, qualquer afirmação que não repouse em fundamentos racionais e que não apresente provas (mesmo que estas sejam fracas) acaba por ser acusada de crença cega. Assim, para Jacobi, todas as explicações racionais não passam de mera especulação e não podem responder à pergunta pela realidade. Sabemos da realidade de maneira imediata, e provas fundamentais a este respeito simplesmente não são possíveis. O conceito de realidade estaria, portanto, relacionado ao apreender imediato das coisas[8].

A crítica à filosofia de Fichte é tão enfática quanto aquelas direcionadas a Kant e Jacobi, ressaltando os problemas que a filosofia da subjetividade conduz ao focar em demasia no papel do "Eu" e, com isso, absolutizar um lado da relação entre Sujeito e Objeto. Segundo Hegel, ao sintetizar o problema do sistema de Fichte:

> Na filosofia jacobiana, a consciência da mesma [objetividade absoluta] é o primeiro, e a oposição que está no conhecimento, para representá-lo a si dissolvido,

---

8. SILVA, 2018, p. 40.

foge de igual maneira para o seu oposto, um para-além do conhecimento. Mas é dado um centro entre essa passagem para o absolutamente contraposto; este centro é ele mesmo um subjetivo, um anseio e uma dor. Esse anseio é sintetizado na filosofia fichteana com a objetividade kantiana, mas não de maneira que ambas as formas contrapostas se extinguissem em uma identidade e indiferença verdadeiras, destacando-se assim o centro absoluto, porém aquela unificação subjetiva jacobiana na vitalidade do indivíduo é ela mesma apenas tomada de forma objetiva. Não há na filosofia kantiana a menor preocupação com a contradição entre a universalidade vazia e a particularidade viva; ela é absolutamente afirmada no teórico, e no prático, cujo conceito comporta a sua superação, abrange um formalismo da ciência do direito e da moral que é destituído de vitalidade, bem como de verdade. A filosofia Jacobiana tem a identidade do universal e do particular na individualidade, porém na individualidade subjetiva; tal unificação só pode, por isso, ser uma preocupação e um anseio, e a particularidade deve ser um permanente, um divinizado e um absoluto. Em Fichte, essa subjetividade do anseio foi ela mesma tornada um universal, um pensado, exigência absoluta e a exigência é o ponto culminante do sistema: Eu devo [soll] ser ao mesmo tempo não-Eu; mas não se reconhece nele nenhum ponto de diferença[9].

Podemos notar o cuidado de Hegel nesse livro, ao expor os diversos sistemas filosóficos dos autores que ele analisa, sempre tentando comparar as filosofias para evidenciar em que medida há um problema central na forma como eles colocam para si o problema de sua época. Mais para o final do artigo, Hegel associa a religião da sua época com o que ele chama de "filosofia da subjetividade", ressaltando que a religião compartilha com essa filosofia alguns pontos, mas, ao mesmo tempo, difere-se drasticamente na questão do mal, pois enquanto a filo-

---

9. HEGEL, 2009, p. 133-134. Original em alemão: „In der Jacobischen Philosophie ist das Bewußtsein über denselben das Erste, und der Gegensatz, der im Erkennen ist, flieht ebenso, um ihn aufgelöst sich vorzustellen, zu seinem Gegenteil, einem Jenseits des Erkennens. Abres ist eine Mitte zwischen diesem Übergang zu absolut Entgegengesetzten vorhanden; aber diese Mitt e ist selbstein Subjektives, ein Sehnen und ein Schmerz. Dieses Sehnen ist in der Fichteschen Philosophie mit der Kantischen Objektivität synthesiert, aber nicht daß die bei den entgegengesetzten Formen sich in einer wahrhaften Identität und Indifferenz auslöschten und die absolut et Mitt e hervorträte, sondern jene Jacobische subjektiv e Vereinigung in der Lebendigkeit des Individuums ist selbst nur in objektiv e Form aufgenommen. In der Kantischen Philosophie zeigt sich wegen des Widerspruchs der leeren Allgemeinheit zur lebendigen Besonderheit nicht der mindeste Kummer; im Theoretischen wir der absolut behauptet, und im Praktischen, dessen Begriff es mit sich bringt, ihn aufzuheben, tritte in Formalismus von Rechtswissenschaft und moral ohn e Lebendigkeit sowie ohne Wahrheit auf. Die Jacobische Philosophie hat das Identischsein des Allgemeinen und Besonderen in der, aber subjektiven Individualität; eine solche Vereinigung kann deswegen nur ein Kummer und Sehnen, und die Besonderheit muß ein Permanentes, Geheiligtes und Absolutes sein. Bei Fichte ist diese Subjektivität des Sehnens selbst zum Unendlichen gemacht, ein Gedachtes, absolute Forderung, und die Forderung ist der Kulminationspunkt des Systems: Ich soll gleich Nicht-Ich sein; aber es ist kein Indifferenzpunkt in ihm zu erkennen" (p. 393-394).

sofia da subjetividade enxergaria o mal tal qual uma contingência, a religião coloca o mal como "necessidade da natureza finita e em unidade com o conceito da mesma"[10].

A religião, nesse sentido, apresenta não uma redenção num progresso infinito, mas uma reconciliação real e existente, aqui e agora, uma reconciliação possível (não só possível, mas também efetivada) na encarnação de Jesus, na qual o subjetivo aparece como imagem e semelhança originária de Deus. Esta observação é importante, pois ela relaciona o tema da encarnação com uma tese, ao que parece, cara a Hegel. A reconciliação (*Versöhnung*) entre finito e infinito, humano e divino, sensível e suprassensível, verbo e carne, moralidade e felicidade, é realizada no aqui e agora concretos, ao invés de ser postergada para um futuro indefinido e nebuloso.

> A religião [...] apresenta o mal como necessidade da natureza finita e em unidade com o conceito da mesma; isto é, apresenta não uma redenção postergada num progresso infinito e jamais realizável, mas verdadeiramente real e existente, e oferece à natureza, na medida em que é considerada como finita e singular, uma reconciliação possível, cuja possibilidade originária, o subjetivo à imagem e semelhança originária de Deus. Todavia o seu lado objetivo, a efetividade de sua encarnação eterna como homem –, redime a identidade daquela possibilidade e dessa efetividade por meio do espírito como o ser uno do subjetivo com o Deus tornado homem, portanto reconstrói o mundo *em si* e o santifica de um modo inteiramente diferente que no ideal da ordem moral do mundo [...], e porque na religião o mundo foi santificado segundo o seu ser, então ele é posto como não santificado apenas para a limitação do conhecimento, a intuição empírica e o estabelecimento de seus próprios objetivos, contudo a intuição consumada e a bem-aventurança eterna são postas expressamente para além da limitação, da limitação que deve permanecer pura e simplesmente imanente na ordem moral do mundo [...][11].

---

10. HEGEL, 2009, p. 164.
11. HEGEL, 2009, p. 164. Original em alemão: „Die Religion [...] sie vielmehr das Böse als Notwendigkeit der endlichen Natur, als eins mit dem Begriff derselben darstellt, aber für diese Notwendigkeit zugleich eine ewige, d. h. nicht eine in den unendlichen Progreß hinaus verschobene und nie zu realisierende , sondern wahrhaft reale und vorhandene Erlösung darstelltund der Natur , insofern sie als endliche und einzelne betrachtet wird , eine mögliche Versöhnung darbietet, deren ursprüngliche Möglichkeit, das Subjektive im ursprünglichen Abbilde Gottes, - ihr Objektives aber, die Wirklichkeit in seiner ewigen Menschwerdung, - die Identität jener Möglichkeit und dieser Wirklichkeit aber durch den Geist als das Einsein des Subjektiven mit dem Mensch gewordenen Gotte , also die Welt an sich rekonstruiert, erlöst und auf eine ganz andere Weise geheiligt ist, als daß in dem Ideal der moralischen Weltordnung [...] und weil in der Religion die Welt ihrem Wesen nach geheiligt ist, so wird sie nur für die Beschränktheit des Erkennens , die empirische Anschauung und das eigene Zwecksetzen als ungeheiligt, die vollkommen und Anschauung und die ewige Seligkeit aber ausdrücklich jenseits der Beschränktheit gesetzt, der Beschränktheit, welche in der moralischen Weltordnun" [...] (p. 422-423).

O tema da encarnação não tinha aparecido até esse momento no texto e Hegel deixa para o final o elemento que segundo ele será o ponto de torção para ressaltar os problemas advindos das chamadas "filosofia da subjetividade". A encarnação de Deus é um fato que reconcilia o absoluto com o subjetivo, o subjetivo se mostra como manifestação do próprio absoluto, pois o absoluto se fez sujeito e entrou na história eliminando, portanto, a separação que as filosofias de seus contemporâneos insistem em manter.

Na religião (e aqui claramente Hegel fala da religião cristã, a religião manifesta) o mundo objetivo é santificado de maneira cabal, ou seja, a separação entre sujeito e absoluto se rompe a partir do momento em que se reconhece a encarnação de Deus no mundo. O autor pode, neste momento, ter dado preferência ao discurso da religião sobre o problema do mal, pois ela garante o lugar para a fé não apenas como uma atestação do limite da razão, mas como condição de acesso ao mundo em si, na medida em que o Absoluto é resgatado. A encarnação, no texto de 1802, desempenha, portanto, um papel central na crítica que Hegel está fazendo aos filósofos de sua época. O esquecimento do Absoluto, a sua dissolução em um para além do mundo, ou a ênfase no sujeito esquece a síntese que já teria sido promovida por Deus na encarnação, entre Sujeito e Mundo[12] na interpretação de Hegel. Evidentemente, Hegel considera sua interpretação sobre Deus e sua encarnação (ὁ λόγος de Hegel) como o movimento imanente ao próprio Deus, o ser mesmo de Deus (τὸ ὄν). Portanto, sua ontologia levanta a pretensão de expressar o real. Após realizar a análise e a crítica às filosofias precedentes, Hegel conclui o seu livro de maneira bastante enfática:

> Assim, depois que mediante a totalidade das filosofias consideradas o dogmatismo do ser foi refundido no dogmatismo do pensamento e a metafísica da objetividade na metafísica da subjetividade e, portanto, o dogmatismo antigo e a metafísica da reflexão se revestiram, por meio dessa revolução completa da filosofia, primeiramente apenas com a cor do interior ou da cultura nova e transitória, a alma como coisa se transformou em Eu, como a razão prática em absolutidade da personalidade e da singularidade do sujeito – o mundo, todavia, no sistema de fenômenos ou afecções do sujeito e efetividades criadas –, o absoluto como um objeto [*Gegenstand*] e o objeto [*Objekt*] absoluto da razão em um para-além absoluto do conhecimento racional, esta metafísica da subjetividade, enquanto outras formas da mesma inclusive não podem ser creditadas a essa esfera, atravessa o ciclo consumado de suas formas na filosofia kantiana, jacobiana e fichteana e, portanto, aquilo que deve ser contado conforme o lado

---

12. Encontramos nessa proposta hegeliana desse período ecos do texto de Paulo em 2 Coríntios 5,19: "Deus estava em Cristo reconciliando consigo o mundo". O tema da reconciliação é exposto aqui por Hegel para descrever o processo encarnacional.

da cultura, a saber, o pôr do absoluto das dimensões singulares da totalidade e a elaboração de cada uma delas em um sistema, deve ser apresentado de modo acabado e, com isso, chegou ao termo o configurar[13].

As filosofias precedentes, ao manterem a separação entre finito e infinito, entre o Absoluto e o Eu, entre o Sujeito e o Objeto, evidenciam o discurso da religião de sua época na sensação de "Deus, ele mesmo, está morto" (*Gott selbst ist tot*)[14]; e por isso, tais filosofias precisam ser superadas, pois apenas assim seria possível restabelecer, para a filosofia, a ideia da absoluta liberdade. É preciso se livrar do sofrimento da "Sexta-Feira Santa especulativa" para a ressurreição da suprema totalidade em toda a sua seriedade. O texto hegeliano, neste momento, evidencia que o problema da "morte de Deus" é extremamente sério e não cabe uma análise tendenciosa nem na direção do que ficou conhecido como "direita hegeliana" e nem para o que ficou conhecido como "esquerda hegeliana", como vimos acontecer na história da filosofia posterior.

A primeira coisa que nos aparece é que Hegel já estaria decifrando o ateísmo moderno, ou seja, o que está em jogo aqui é uma experiência histórica, uma "dor infinita". A época moderna, para Hegel, é a época da morte de Deus. O dualismo cartesiano e a revolução científica do século XVII marcaram o homem moderno com uma nova visão de mundo e fizeram com que se criasse uma separação entre sujeito e objeto. A visão mecanicista de mundo advindo da física newtoniana exerceu forte impulso para o ateísmo vivenciado na época de Hegel. Essa visão de mundo não encontra lugar para Deus, a não ser como "relojoeiro", tipificada na visão deísta de mundo. Da mesma forma, a Revolução Francesa traz consigo novos ares em que a noção de liberdade e política não precisam mais ser vincula-

---

13. HEGEL, 1802/2009, p. 171-172. Original em alemão: „Nachdem auf diese Weise durch die Totalität der betrachteten Philosophien der Dogmatismus des Seins in den Dogmatismus des Denkens , die Metaphysik der Objektivität in die Metaphysik der Subjektivität umgeschmolzen [ist] und also der alt e Dogmatismus und Reflexionsmetaphysik durch diese ganze Revolution der Philosophie zunächst nur die Farbe des Innern oder der neuen und modischen Kultur angezogen [hat], die Seele als Ding in Ich, als praktische Vernunft in Absolutheit der Persönlichkeit und der Einzelheit des Subjekts , – die Welt aber als Ding in das System von Erscheinungen oder von Affektionen des Subjekts und geglaubten Wirklichkeiten , – das Absolute aber als ein Gegenstand und absolutes Objekt der Vernunft in ein absolutes Jenseits des vernünftigen Erkennens sich umgewandelt und diese Metaphysik der Subjektivität, während andere Gestalten derselben auch selbst in dieser Sphäre nicht zählen, den vollständigen Zyklus ihrer Formen in der Kantischen , Jacobischen und Fichteschen Philosophie durchlaufen und also dasjenige, was zur Seite der Bildung zu rechnen ist, nämlich das Absolutsetzen der einzelnen Dimensionen der Totalität und das Ausarbeiten einer jeden derselben zum System, vollständig dargestellt und damit das Bilden beendigt hat; so ist hierin unmittelbar die äußer e Möglichkeit gesetzt, daß die wahre Philosophie , aus dieser Bildung erstehend und di e Absolutheit der Endlichkeiten derselben vernichtend, mit ihrem ganzen, der Totalität unterworfenen Reichtum sich als vollendete Erscheinung zugleich darstellt" (p. 430-431).

14. HEGEL, 1970, p. 173. *Surkamp*, p. 432.

das a religião ou igreja, mas são encaradas de forma laica pelo homem moderno. Para Hegel, todas essas mudanças são um sinal dessa morte de Deus, já no início do século XIX.

Na visão do autor, o mesmo movimento do dualismo cartesiano era visto na filosofia de Kant, Fichte e Schelling, ou seja, uma separação drástica entre sujeito e absoluto, de forma que a fé cristã (principalmente a protestante) se retira do mundo e se volta totalmente para a interioridade do sujeito, que está agora totalmente ligado à razão. Basta lembrarmos da proposta kantiana em *A fé nos limites da pura razão* (1793). A retirada da fé para a interioridade do sujeito abriu lugar para que o mundo objetivo da natureza e o mundo subjetivo fossem deixados nas mãos do ateísmo. É nesse sentido, aqui bem determinado, que o protestantismo é o pai do ateísmo moderno.

A fé interiorizada e submetida à razão ilustrada não se preocupa com o Absoluto. Ele é transformado em algo supérfluo, que não precisa ser pensado, mas sentido[15].

Como afirma Küng:

> Tanto a fé quanto a razão estavam assim à mercê do entendimento iluminado; para mal da fé, que foi despojada de seu conteúdo ou alienada em um além transcendente; e, para o mal da razão filosófica, que assim se reduziu ao nível de reflexão ou raciocínio e teve que renunciar ao conhecimento do absoluto[16].

Esse é o sentimento que marca a época moderna, que Hegel atesta como sendo o momento em que Deus está morto. No entanto, essa objeção entre finito e infinito não é vista de maneira definitiva por Hegel, que se coloca exatamente nesse movimento. Ao atestar que o tempo moderno é o tempo da morte de Deus, o que se propõe é repensar esse lugar de Deus após a crítica da ilustração. Para ele, não é possível retornar a um momento anterior à ilustração, nem mesmo anterior à filosofia da subjetividade levada a cabo por Fichte e Kant, mas é preciso pensar o absoluto incorporando em tal filosofia de sua época.

Para levar a cabo esse projeto, o filósofo se propõe a desfazer o dualismo que separa o finito do infinito por meio da suprassunção do finito no infinito, de

---

15. Aqui nos referimos à formulação de Schleiermacher e sua noção de religião como sentimento de dependência do Absoluto, e que por isso não pode ser explicado, mas apenas sentido. Cf. SCHLEIERMACHER, Friedrich D. E. *Sobre a Religião: Discursos a Seus Menosprezadores Eruditos*. Trad. Daniel Costa. São Paulo: Novo Século, 2000 [1799]. É clássica e bem conhecida a formulação de Schleiermacher da religião: "Sua essência não é pensamento nem ação, senão intuição e sentimento" (p. 33).

16. KÜNG, 1974, p. 234. Original em espanhol: "Tanto la fe como la razón quedaron así a merced del entendimiento ilustrado; para mal de la fe, que ha quedado despojada de su contenido o alienada en un más allá; y para mal de la razón filosófica, que con ello se ha rebajado hasta el plano de la reflexión o del razonamiento y ha tenido que renunciar al conocimiento del absoluto".

forma que o infinito e o finito sejam uma mesma totalidade que se diferencia internamente, de tal forma que o infinito constantemente põe e transpõe o finito. O finito é o momento da negação do infinito, mas que, como tal, se mostra como momento pelo qual o infinito precisa passar para se conhecer. Este movimento hegeliano nos mostra que a morte de Deus foi reabsorvida novamente no próprio Deus. A morte de Deus é um momento no processo de autoconhecimento do próprio Deus. Deus se alienou, dando-se ao mundo. Através desse movimento, a inteligência filosófica é restabelecida, pois, ao pensar o mundo, ela pensa o Absoluto que está nele enquanto o mundo é o Absoluto alienado de si. A morte de Deus é essa dor absoluta, é a Sexta-Feira Santa que se impõe sobre a modernidade.

Cabe ressaltar que Hegel não propõe, neste momento (e nem em nenhum lugar da sua obra), uma espécie de "ateísmo cristão", ou "cristianismo ateu", mas já no início do século XIX sugere uma fé pós-ateia[17] em Deus. Essa fé pós-ateia evidenciaria que a morte de Deus se seguiria à ressurreição, pois a morte é apenas um momento, o momento do negativo do Absoluto. Portanto, o Absoluto supera a negação que lhe é imanente e, ao conservar o que foi negado, se reergue como totalidade reconfigurada pela mediação do negativo. Com isso, o Deus que morre é também o Deus que ressuscita. Da dor infinita surge a liberdade para o mundo[18]. O próprio Hegel já supera aqui a proposta de uma teologia da morte de Deus[19], encarando de maneira extremamente honesta o movimento secular de sua época, que propunha que Deus não tinha mais nenhum papel no mundo.

---

17. Uma proposta interessante para pensar a ideia de uma fé pós-ateia pode ser encontrada nos trabalhos de Mikhail Epstein, que propõe repensar a religião depois do declínio da união soviética. A proposta do autor é que uma nova forma de viver a espiritualidade emerge a partir do momento que a proposta de uma sociedade ateia não cumpre suas promessas. E esse ressurgir só é possível porque parece sempre ter havido algum resquício religioso na sociedade russa. A proposta de Epstein é extrapolada por nós e analisada em um texto específico (cf. VELIQ, 2017).

18. Este texto sobre a morte de Deus que analisamos será a base para a chamada "Teologia da morte de Deus". Como pertencentes à "teologia da morte de Deus", devemos mencionar (apesar das diferenças entre eles): G. VAHANIAN, A morte de Deus; P. VAN BURÉN, O Significado Secular do Evangelho; W. HAMILTON, A Nova Essência do Cristianismo; THOMAS J. J. ALTIZER, O Evangelho do ateísmo cristão; idem, junto com Hamilton, Teologia Radical e a Morte de Deus; Sobre a discussão na América (cf. J. BISHOP, The Theologians of the Death of God, Herder, Barcelona, 1969), bem como os dois volumes da miscelânea: The Meaning of The Death of God (publicado por D. Murchland) e Radical Theology Phase Two (publicado pela CW Christian and GR Wittig). Além disso, é conhecida a influência que essa teologia teve sobre a Teologia da Libertação formulada no Brasil principalmente no pensamento de Rubem Alves.

19. O movimento que ficou conhecido como "teologia da morte de Deus" não se tratou de um movimento homogêneo, mas se mostrou como um conjunto de várias vozes e interpretações a respeito do papel da teologia pós-Auschwitz e tentando dar conta das diversas críticas ateias feitas contra o cristianismo, principalmente os chamados "mestres da suspeita" (Marx, Nietzsche e Freud). Dentre os livros precursores desse movimento podemos citar a obra do bispo anglicano John

No lugar desse mundo sem Deus, o filósofo insiste na presença de um Deus vivo que se faz enxergar no desenrolar da própria história. Aqui, percebemos a dificuldade de um ateísmo que quer ter em Hegel a sua fonte teórica. Uma análise mais detida da formulação hegeliana interdita tanto o ateísmo feuerbachiano quanto o marxista, de forma que até mesmo o ateísmo proposto por Žižek parece naufragar.

Vista do ponto de Hegel, a morte de Deus é um momento do desenvolvimento do absoluto, é o momento da negação, e a negação da negação afirma a sua vida suprassumindo a morte em si mesma. A morte de Deus não é, portanto, a eliminação da transcendência e uma queda definitiva na imanência secular, mas a imanência do mundo e do homem é transformada em um momento, um aspecto finito do infinito. Deus se nega a si mesmo para continuar sendo Deus.

O que fica claro para nós, neste momento do pensamento hegeliano, é que a temática sobre Deus e o pensamento cristão se tornam central do ponto de vista filosófico, e não apenas sob o enfoque teológico predominante dos textos do chamado "jovem Hegel". E, neste momento, propomos quatro grandes movimentos que delineiam esse problema nessa época de desenvolvimento do seu trabalho.

O primeiro grande movimento é a análise que Hegel empreende sobre a questão do mal. Enquanto as filosofias de Kant e de Fichte consideram o mal como uma contingência e arbítrio da natureza[20], a religião cristã qualifica o mal como uma necessidade da natureza finita, ou como idêntico ao conceito desta: o homem é pecador, a sua natureza é pecadora. Hegel, neste momento, afirma que o mal moral seria idêntico ao conceito de natureza finita, de forma que todo homem (incluindo Jesus) estaria marcado por tal pecado. Aqui Hegel difere drasticamente da visão clássica cristã que exclui Jesus da mácula do pecado original.

Desta forma, o pecado é, portanto, necessário, já que o mal é idêntico ao conceito de natureza finita, porque o próprio finito como tal é um ente que não pode ser alijado do movimento do ser. Assim como um há um "trabalho do negativo", vide Prefácio à *Fenomenologia do espírito*, assim também haveria um trabalho necessário do pecado. Portanto, a negação da/do negação/pecado é a reafirmação de Deus, já que sua primeira afirmação foi negada. Assim sendo, teríamos um movimento de afirmação, negação e (re)afirmação. O ser de Deus envolve necessariamente o negativo, ou seja, morte e pecado.

Robinson *Honest to God*, o texto de Harvey Cox, *A cidade secular*, e o livro de J. J. Altizer, *Teologia da morte de Deus*, além de nomes como Paul Van Buren, William Hamilton, Gabriel Vahanian, dentre outros. Estes autores marcaram em grande medida a entrada dessa teologia no *mainstream* do debate filosófico-teológico a partir da década de 60 do século XX.

20. Cf. HEGEL, 2009, p. 159-166. Essa leitura é também proposta por Mancuso (1996, p. 101-126).

Um segundo movimento é a análise hegeliana da noção de redenção que, para Hegel, dar-se-ia no presente, e não em um futuro distante, em uma salvação para além da história. Hegel aqui está contrapondo algumas propostas filosóficas/teológicas típicas das filosofias do iluminismo para as quais a redenção só seria possível em um futuro distante. É aqui que o tema da encarnação se faz presente de maneira crucial, pois a reconciliação se dá a partir do momento em que o homem é visto como imagem e semelhança de Deus desde a sua criação, e é no reconhecimento de tal semelhança evidenciada na encarnação que tal redenção se daria.

Um terceiro movimento se debruça sobre a teologia do Espírito Santo (pneumatologia) como Deus que habita o homem, pois ele, o Espírito Santo, mostra a sua semelhança com o próprio Deus, unindo, portanto, o finito e o infinito. Logo, o crente se encontra unido pela mediação do Espírito Santo ao Cristo, Deus feito homem.

O quarto movimento tematiza a reconciliação propriamente dita em que o mundo natural e humano é reconhecido como ocorrendo EM Deus. Por conseguinte, a história enquanto um grande problema filosófico aparece redimida como sendo o lugar onde o Reino de Deus acontece. A soteriologia hegeliana, nesse sentido, tem lugar como uma salvação da história e, ao mesmo tempo, uma salvação na história. O que é salvo nesta leitura hegeliana é a própria história como sendo o lugar por excelência da manifestação do divino.

Conclusão

A proposta hegeliana se mostra devedora da doutrina da encarnação de uma maneira extremamente íntima. Enquanto algumas propostas das filosofias iluministas na sua ênfase no sujeito anulam a questão do absoluto enquanto conhecimento, Hegel está trazendo de volta o pensamento do Absoluto permeando toda a história. Enquanto a filosofia iluminista teria erigido o sujeito como infinito, restando apenas o nada diante dele, para Hegel é preciso que esse sujeito reconheça a sua impossibilidade de ser o fundamento das coisas, sob pena de estar diante de um grande nada. Daí a sua dor infinita. É neste contexto que se coloca a frase de Hegel "*Gott selbst ist tot*" – Deus mesmo está morto.

Com isto, é assinalada a dor infinita da subjetividade moderna, que, diante do mundo e da história, encontra apenas o abismo do nada. A filosofia deve ser pensada à luz do inteiro, à luz do Absoluto para que possa se realizar enquanto liberdade absoluta, enquanto uma filosofia da existência. O que está em jogo aqui é concentrar o esforço da filosofia sobre essa dor infinita, sobre o mistério do mal, a sua condição ética, a sua profundidade ontológica como negativo no próprio Deus.

Como afirma Mancuso,

> Com isso Hegel colocou com clareza diante de si o objetivo futuro: pensar o negativo, a fim de tomar, para além da sua força devastante de dor e de morte, o seu sentido à luz do absoluto. O qual se configura assim como suprema totalidade que abraça tudo contemporaneamente, como de resto, especularmente, o todo aparece a sua volta "als eine Selbstkonstruktion des Absolutes" [como uma autoconstrução do Absoluto] (Diferença). Só se pensa o todo, do qual o negativo é parte integrante, Deus vem efetivamente pensado e neste pensamento celebrado[21].

Desta forma, fica claro que noções preliminares sobre a encarnação divina pensadas como manifestação do espírito e como divindade no homem tipificada na pessoa de Jesus já se encontram em fase germinal nos escritos de juventude, e encontram uma transição filosófica no livro *Fé e saber*, mas serão desenvolvidas e alargadas de maneira mais detalhada ao longo da vida de Hegel, culminando nas lições sobre filosofia da religião.

Referências

BÍBLIA SAGRADA. Tradução de João Ferreira de Almeida. São Paulo: Vida, 1999.

DILTHEY, W. *Hegel y el Idealismo (Jugendgeschichte Hegels)*. Tradução castelhana Eugenio Imaz. México: Fondo de Cultura Econômica, 1956.

HEGEL, G. W. F. *Early theological writings*. Philadelphia: University of Pennsylvania, 1971, 340 p. (Works in continental philosophy; 1022).

_____. *Fé e saber*. Tradução Oliver Tolle. São Paulo: Hedra, 2009.

_____. *Glauben und Wissen oder die Reflexionsphilosophie der Subjektivität in der Vollständigkeit ihrer Formen als Kantische, Jacobische und Fichtesche Philosophie*. Suhrkamp Verlag Frankfurt am Main, 1970.

_____. *O Espírito do cristianismo e seu destino*. Porto Alegre: Editora Fundação Fênix, 2021.

_____. *Vorlesungen über die Philosophie der Religion II*. Frankfurt/M: Suhrkamp, 1991 (Werke 17).

KANT, Immanuel. *A religião nos limites da simples razão*. Lisboa: Edições 70 (Textos Filosóficos).

_____. *Crítica da Razão Pura*. Tradução de Manuela Pinto dos Santos e Alexandre Fradique Morujão, 5. ed. Lisboa: Fundação Caloustre Gulbenkian, 2001.

---

21. MANCUSO, 1996, p. 122. Original em italiano: "Con questo Hegel ha posto con chiarezza di fronte a sé l'obietivo futuro: pensare il negativo, al fine di cogliere, al di là della sua forza devastante di dolore e di morte, il suo senso nella luce dell'Assoluto. Il quale si configura così come suprema totalità che abbraccia tutto contemporaneamente, come del resto, specularmente, il tutto appare a sua volta" "als eine Selbstkonstruktion des Absolutes" (Differenza). Solo se si pensa l'intero, di cui il negativo è parte integrante, Dio viene effettivamente pensato e in questo pensiero celebrato. (Tradução nossa).

KÜNG, Hans. *La encarnación de Dios. Introducción al pensamiento teológico de Hegel como prolegómenos para una cristologia futura*. Barcelona: Editorial Herder, 1974.

MANCUSO, Vito. *Hegel Teologo e l'imperdonabile assenza del "Principe di questo mondo"*. Segrate: Edizioni Piemme Spa, 1996, 422 p.

SCHLEIERMACHER, Friedrich D. E. *Sobre a Religião: Discursos a Seus Menosprezadores Eruditos*. Trad. Daniel Costa. São Paulo: Novo Século, 2000.

SILVA, Bárbara Assis Viana da. Realismo e idealismo em F. H. Jacobi. *Revista Ética e Filosofia política*. Número XXI, vol. I. Juiz de Fora: UFJF, 2018.

VELIQ, Fabiano. Charles Taylor And Mikhail Epstein: proposals to thinking religion in hypermodernity. *Revista Caminhos – Revista de Ciências da Religião*, Goiânia, v. 15, n. 1, p. 70-79, out. 2017. Disponível em: <http://seer.pucgoias.edu.br/index.php/caminhos/article/view/5960/3265>. Acesso em: 17 maio 2022. doi: <http://dx.doi.org/10.18224/cam.v15i1.5960>.

O homem capaz e a religião a partir da filosofia de Paul Ricoeur

Frederico Soares de Almeida

Paul Ricoeur, um dos grandes pensadores do século XX, procurou estudar e compreender a linguagem simbólica. Diferentemente de Heidegger, que realizava uma ontologia da compreensão, o filósofo francês não acreditava que a compreensão de si pudesse ser adquirida de forma imediata através de uma análise do ser no mundo. Isso porque esta precisaria passar pela mediação da interpretação das obras nas quais o ser humano se manifesta[1]. Nesse sentido, Ricoeur entendia que os mitos e os símbolos deveriam ser estudados e analisados para se compreender o ser humano.

Dessa maneira, Paul Ricoeur oferece, em todo o seu percurso filosófico, uma atenção especial à linguagem religiosa. Ele procurou trabalhar essa linguagem como uma fonte não filosófica da filosofia. O pensador francês acreditava que a abordagem filosófica da religião devia passar pela mediação da linguagem, enquanto hermenêutica fenomenológica dos símbolos, das metáforas e das narrativas mito-poéticas.

Os textos religiosos proporcionam ao ser humano uma nova possibilidade de compreensão de si. Ricoeur leva isso em consideração e busca compreender como a religião pode ser destinada ao ser humano, ao ser humano capaz. Sendo assim, o objetivo de nosso capítulo é mostrar como a religião pode ser vista como destinatária ao homem capaz.

O homem capaz como destinatário da religião

Paul Ricoeur, em sua antropologia filosófica, parte do pressuposto de que o ser humano capaz é o destinatário da religião. O ser humano capaz é descrito

---

1. RICOEUR, 1978, p. 8.

como aquele que apresenta a capacidade de falar, agir, narrar e de ser responsável pelos seus atos. Não podemos esquecer que o ser humano capaz também será visto como falível; a possibilidade do mal se encontra inscrita dentro da própria constituição do ser humano. O pensador francês compreende o ser humano como um ser inconcluso marcado pela falibilidade e pela capacidade.

Essas duas noções devem ser entendidas como conceitos complementares, mesmo percebendo que a ideia de capacidade vai ser central para o filósofo francês pensar o ser humano. Ricoeur caminha nessa direção ao afirmar que o tema das capacidades deve ser visto como um fio tênue, mas contínuo, que está presente em toda sua obra[2]. A ideia de capacidade é entendida como uma noção fundamental construída por Ricoeur para pensar o ser humano. Mesmo que o ser humano seja visto como falível, ele também é compreendido como capaz.

A expressão "homem capaz" é utilizada por Ricoeur em seus trabalhos de antropologia filosófica. O sujeito que é marcado pela compreensão de um *cogito* quebrado, perpassado pelo erro e pelo mal, é capaz de agir, buscando o bem com os outros em instituições justas. É por causa de uma antropologia filosófica centrada na ação humana que Ricoeur construirá esse termo *l'homme capable* relacionado com o agir humano a que ele vai chamar "a polissemia do verbo ser".

Na obra *Soi-même comme un autre*, Ricoeur discute a questão do "eu posso", e busca responder a ela. Como o próprio Ricoeur diz:

> Permita-me considerar *Si mesmo como um Outro* de um ponto de vista mais afastado, a partir da temática do "homem capaz", que hoje muito prezo. Os seis capítulos do livro, antes da parte ética, respondem a essa questão do "eu posso": posso falar, posso agir, posso narrar-me, etc. Essa questão suscita uma série de figuras do *quem*? Pois a questão do homem capaz é sucessivamente a questão de saber *quem* pode falar, *quem* pode agir, *quem* pode narrar, *quem* pode imputar-se os seus próprios atos[3].

Segundo Ricoeur, o ser humano é identificado por suas capacidades, por aquilo que ele pode fazer. O ser humano se refere como homem capaz, mas é claro que não pode se esquecer de que ele continua sendo um ser vulnerável e que sofre. Ao olharmos para o ser humano, podemos pensar que as capacidades somente são vistas por fora, mas elas são sentidas e vividas pelos indivíduos. Para o pensador francês, é possível estabelecer uma tipologia das capacidades de base, compreendendo-as como a articulação do inato com o adquirido.

Paul Ricoeur elabora seu pensamento ético em sua obra *O Si-Mesmo Como Outro*. Ele acredita que por meio da hermenêutica do si o sujeito será visto como aquele que assume a dialética de sua identidade, na pretensão do seu caráter (*idem*)

---

2. Cf. RICOEUR, 2000.
3. RICOEUR, 1995, p. 137-138.

e na permanência de sua palavra e promessa (*ipse*). Esse sujeito pode ser entendido como alguém constituído ao mesmo tempo como leitor e como escritor da própria vida. Conforme Ricoeur, "a história de uma vida não cessa de ser refigurada por todas as histórias verídicas ou fictícias, que um sujeito conta sobre si mesmo. Essa refiguração faz parte da própria vida, um tecido de histórias narradas"[4].

Portanto, é por meio da hermenêutica do si que se estrutura a ideia de sujeito capaz. O homem capaz é aquele que tem a capacidade de dizer algo sobre uma coisa a qualquer pessoa, pode produzir mudanças no mundo, tem a capacidade de narrar a própria história e pode ser visto como um sujeito moral. Como aponta o próprio Ricoeur em *Anthropologie Philosophique, l'homme capable*, deve ser visto como o destinatário da religião[5].

Ao colocar o ser humano capaz como destinatário da religião, Ricoeur procura explorar, sob o título do homem capaz, um horizonte da experiência do ser humano cujo entendimento e cuja explicação, em um primeiro momento, não caem na dualidade entre ética e ontologia.

Além disso, o filósofo francês também busca compreender a forma pela qual a religião é direcionada a esse ser humano capaz – capaz de agir, crer e pensar –, considerando, nessa observação, o objetivo de se alterar a autocompreensão de certas capacidades, nos moldes de uma introspecção, como inspeção de si ou autorreflexão, mas completada pela observação exterior do conjunto da experiência humana, não só a sensível, que se revelaria por demais estreita[6].

É necessário frisar que Paul Ricoeur tem a preocupação de entender em qual sentido a ideia de capacidade, aplicada ao si religioso, transcende às muitas figuras do si ético, tal como a noção aristotélica da perspectiva da vida boa, como a figura kantiana da obrigação moral e a sabedoria prática que busca um equilíbrio refletido entre um e outro.

A capacidade presente no ser humano é reconhecida por Ricoeur como uma face específica da finitude[7]; e esta, por sua vez, não pode deixar de ser pensada sob o sinal da falibilidade. Sendo assim, identificar o destinatário da religião como o sujeito capaz é dizer que esse ser humano não é capaz de tudo. Mas em sua visada prevalece que a ação é composta de atos, assim como a capacidade, como potência ou capacidade de agir.

Paul Ricoeur seguindo a filosofia de Kant, busca realizar uma hermenêutica filosófica da religião. Nesse sentido, "a religião constitui para a filosofia um exterior específico, uma alteridade na qual só pode dar conta em sua própria mensa-

---

4. RICOEUR, 1997, p. 425.
5. RICOEUR, 2013, p. 415.
6. RICOEUR, 2013, p. 415.
7. GREISCH, 2001, p. 398.

gem"[8]. Na filosofia de Kant, Ricoeur busca a chave para mostrar que a noção de capacidade não é compreendida como poder, mas, sim, como fragilidade e vulnerabilidade. Ele ainda acredita que a análise do discurso do homem capaz relança, de forma totalmente nova, o debate outrora enrijecido entre ética e ontologia[9].

Disposto a lidar com essa questão, o filósofo francês percorre o horizonte das capacidades. A respeito dessa incursão, há que se destacar: a pergunta pela capacidade de agir pode ser achada antes mesmo de se entrar no campo da ética. Logo, uma hermenêutica do si encontra a ideia de capacidade em todos os graus em que a reflexão é desenvolvida[10]. Dessa forma, todas as respostas à pergunta "Quem?" levam à designação de si como aquele que pode falar, fazer, narrar a sua história e ser responsável por seus atos.

Nesse sentido, o pensador francês compreende que a noção de imputação será ultrapassada pela ideia de imputabilidade. Segundo Ricoeur, a imputação diz respeito a alguém que é responsável por uma ação realizada, enquanto a imputabilidade revela a capacidade de um determinado agente de cair sob o julgamento de imputação ou a sua admissibilidade, bem como plausibilidade, correntes nos inquéritos jurídicos.

Posto isso, esse filósofo se volta para a relação do ser humano com a obrigação e afirma: "obrigação de agir de acordo com a norma, obrigação de reparar os danos causados a outrem, obrigação de sofrer a pena, pressupõe essa capacidade de entrar no círculo das obrigações que chamamos imputabilidade"[11]. Paul Ricoeur propõe o seguinte equivalente da ideia de imputabilidade: a capacidade de um sujeito que age com o propósito de submeter sua ação às exigências de uma ordem simbólica, ou, como ele diz, num sentido mais forte ainda, uma ordem normativa. Sobre isso, ele diz:

> Considero tal capacidade a condição existencial, empírica, histórica (ou como queríamos dizer) do vínculo entre um si e uma norma: portanto, exatamente daquilo que é veiculado na filosofia kantiana pela ideia de autonomia[12].

No horizonte da esfera moral, a capacidade de agir se confunde com a imputabilidade. Conforme Ricoeur, o ser humano apresenta a capacidade de entrar e participar numa ordem simbólica como esfera própria da ação humana. Isso implica que, de forma correlativa, o sujeito é capaz de entrar em uma ordem de reconhecimento.

---

8. RICOEUR, 1994, p. 19, tradução nossa.
9. RICOEUR, 2013, p. 416.
10. BLUNDELL, 2010, p. 158.
11. RICOEUR, 2013, p. 418, tradução nossa.
12. RICOEUR, 2013, p. 418, tradução nossa.

No espectro da religião, o símbolo auxilia o ser humano a orientar sua vida na busca da compreensão daquilo que o sagrado revela. O símbolo faz apelo não só à interpretação, mas verdadeiramente à reflexão filosófica. Ciente disso, Ricoeur tem como propósito construir uma hermenêutica da linguagem religiosa capaz de analisar a linguagem simbólica com o objetivo de reconstruir as intenções significantes dos símbolos, dos mitos e dos textos sagrados. Essa linguagem, então, busca expressar a experiência do sagrado.

O filósofo francês compreende a necessidade da hermenêutica, do desvio na interpretação e da inovação no campo dos discursos religiosos. Ele ainda enfatiza que os leitores apresentam liberdade na interpretação e competência na leitura, considerando o caráter do homem capaz. O ser humano é visto como aquele que entra na ordem simbólica, e, correlativamente, apresenta a capacidade de adentrar em uma ordem do reconhecimento.

Além disso, a entrada em uma ordem simbólica revela outra capacidade do ser humano. Ele contém a capacidade de elevar-se acima do seu ponto de vista particular, atingindo, assim, um ponto de vista imparcial e englobante. Na ordem simbólica, o ser humano também apresentará a capacidade de situar sua ação sob a regra de justiça.

Ricoeur esclarece:

> De fato, designar-se como aquele que pode é identificar o tipo de ser que eu sou. É dizer que cabe à condição humana se deixar apreender em termos de poder e não poder. É, portanto, dizer qualquer coisa que pretende ser verdadeiro. É verdadeiro que sou capaz de me considerar capaz de entrar em uma ordem simbólica – que sou capaz de reconhecimento, de imparcialidade e de equidade[13].

Destarte, existe uma dimensão ontológica que está conectada à pretensão cognitiva e veritativa. Logo, aquilo que pode ser visto como verdadeiro sobre a capacidade de entrar em uma ordem simbólica é também verdadeiro sobre a ideia de imputabilidade a partir da qual as capacidades podem ser resumidas. É através da atestação que o ser humano mostra seu poder-fazer; ele atesta que pode e sabe disso ou que é isso.

Dessa forma, a atestação revela um estatuto que corresponde à maneira de ser da capacidade. Isso se refere a uma "dimensão veritativa de um gênero muito particular: de um lado, ela é inseparável do momento prático do agir; de outro, distingue-se dele por sua relação com o modo de ser do ente que eu sou"[14]. Conforme Ricoeur, a mescla complexa de subordinação ao prático e de especificidade cognitiva é o que realiza todo mistério da ideia de capacidade no campo

---

13. RICOEUR, 2013, p. 422-423, tradução nossa.
14. RICOEUR, 2013, p. 423, tradução nossa.

epistemológico e ontológico. Logo, essa conjuntura faz vacilar a asserção segura de si mesma da dualidade entre ética e ontologia.

Dessa maneira, podemos compreender como a religião pode ser direcionada ao ser humano capaz. Ricoeur afirma:

> Gostaria de mostrar várias coisas: que a religião atinge o homem em um nível de incapacidade específica, classicamente designado como erro, pecado, mal moral; que a religião tem por propósito levar socorro, ajuda, remédio a esse homem ferido, liberando nele um fundo enterrado de capacidade que se pode chamar *bondade originária*; que a religião opera essa regeneração por meios simbólicos específicos, que despertam as capacidades morais fundamentais que pudemos colocar na primeira parte, sob o título da entrada em uma ordem simbólica[15].

Conforme Marco Olivetti, Ricoeur compreende que, no horizonte da modernidade, a religião realiza um deslocamento de ênfase da ontologia para a ética[16]. Nesse sentido, o pensador francês busca elaborar uma resposta que justifique tal mudança dentro do estatuto epistemológico da atestação. Para confirmar sua tese, o pensador francês realiza um teste crítico e recorre à obra kantiana *A religião nos limites da simples razão*, resgatando a ideia de que a capacidade transcende a oposição entre ética e ontologia, pois ela designa não somente um poder para realizar algo, mas também um modo de ser[17].

Paul Ricoeur considera que a obra kantiana (*A religião nos limites da simples razão*) pode ser entendida como um ensaio de justificação filosófica da esperança, a favor de uma interpretação filosófica da simbólica do mal e do texto das representações, das crenças e das instituições que delimitam a religião enquanto tal[18]. Dessa forma, Ricoeur pontua que na obra kantiana o mal e a esperança se recruzam no decorrer do trabalho, o mal afetando a religião do início ao fim, e a esperança afirmando-se rigorosamente contemporânea ao processo de irrupção do mal.

A hermenêutica filosófica da religião tem como objetivo dar razão, no horizonte dos limites da simples razão, do entrecruzamento entre o reconhecimento do mal radical e a assunção dos meios de regeneração. Nesse sentido, na medida que o entrecruzamento do mal radical e a assunção dos meios de regeneração é constitutivo do horizonte da esperança, pode-se afirmar que esse é o objetivo específico da hermenêutica filosófica da religião. Ricoeur considera *A religião nos limites da simples razão* como um ensaio de justificação filosófica da esperança,

---

15. RICOEUR, 2013, p. 425, tradução nossa.
16. RICOEUR, 2013, p. 415.
17. GREISH, 2001, p. 399.
18. RICOEUR, 1994, p. 20-21.

"a favor de uma interpretação filosófica da simbólica do mal e do texto das representações, das crenças e das instituições que delimitam o religioso enquanto tal"[19].

Ao utilizar o texto kantiano, de forma mais específica a introdução acerca do mal radical, Ricoeur se atém a uma panóplia de conceitos que giram em torno da noção de disposição. São essas definições que, indo além de Kant, ele procura religar à escala dos poderes do homem capaz. A ideia de disposição é vista nesse horizonte como o conceito liminar. Esta diz respeito ao que Kant chama de admissão das máximas, noção que Ricoeur afirma não hesitar em interpretar à luz do "acesso a uma ordem simbólica"[20].

Kant situará o mal onde ele reside, nas máximas da vontade. Para o pensador alemão, o mal reside nas máximas de nossas ações, pelas quais hierarquizamos as nossas preferências, colocando o dever acima do desejo, ou o desejo acima do dever[21]. Nesse sentido, o mal não pode consistir em nada além de um reviramento de prioridade, uma modificação no plano das máximas ação. Segundo Ricoeur, a doutrina kantiana do mal desconstrói a ideia de que o mal seria idêntico ao desejo e ao prazer enquanto tais e com a noção de que o mal estaria na corrupção do desejo.

Na obra de Kant, como se sabe, existe na natureza humana uma propensão para o mal e, também, uma disposição original para o bem[22]; esta última teria o seu caráter originário determinado, sendo enraizada na estrutura teleológica da ação do ser humano. Kant ligará a disposição para o bem à disposição para a animalidade do homem como ser vivo; e ainda: à disposição para a humanidade como ser vivo e racional, bem como à disposição para sua personalidade como ser racional e responsável[23]. Nesse sentido, Ricoeur tem o objetivo de reter o elo entre disposição e aptidão, capacidade.

Ainda refletindo sobre o texto kantiano, Ricoeur expõe o que entende ser uma virada do pensador alemão: a introdução do pendor para o mal revela uma distinção basilar em relação à disposição para o bem; e esse pendor para o mal não pode ser visto como inclinação inata à natureza humana, mas algo contraído por meio do erro do próprio ser humano. Existe um aspecto que é indecifrável em relação ao mal e o seu enigma consiste na determinação do livre-arbítrio. É na semântica da capacidade que o mal se diz, podendo ser hierarquizado em três momentos: fragilidade, impureza e maldade. O pendor da maldade é contraído do livre-arbítrio, e é por isso que ele pode ser imputado ao ser humano.

---

19. RICOEUR, 1994, p. 20-21, tradução nossa.
20. RICOEUR, 2013, p. 427, tradução nossa.
21. RICOEUR, 1994, p. 22.
22. Cf. KANT, 1992.
23. KANT, 1992, p. 32.

Contudo, Kant compreende que não podemos saber de qual maneira o mal moral poderia primeiramente nos alcançar. É por causa disso que Ricoeur recorrerá, em *A simbólica do mal*, a um remanejamento do discurso e à utilização de uma hermenêutica que procure lidar com os mitos no decorrer de uma interpretação dada por meio de uma linguagem de sabedoria. É a partir da noção do arbítrio que o religioso se defronta na tradição judaico-cristã, como assinala Ricoeur:

> Ao mesmo tempo se encontra caracterizado o lugar filosófico do discurso da religião. Nem ético, na medida em que a religião nada acrescenta ao que a moral do dever determina, nem ontológico, ao menos na medida em que o discurso tradicional da ontologia não parece capaz de se encarregar do elo entre a dimensão veritativa da atestação e a dimensão prática da potência de agir[24].

Paul Ricoeur percebe que o discurso da religião é colocado no ponto de convergência da disposição para o bem e do pendor para o mal, isto é: no seio de todo o sistema da imputabilidade, com as ideias de culpa e de culpado ficando nas vizinhanças.

Nesse âmbito, há de se considerar a existência de uma intervenção do religioso no espectro da imputabilidade: circunstância em que religião apresenta o papel de resgatar no ser humano sua bondade originária, conduzindo-o em direção à ética, com todas as implicações que a imputação moral comporta, podendo ser o reconhecimento da bondade do ato ou da ação, a autoincriminação ou a mortificação, a incriminação por terceiros, a regeneração, a escusa e o perdão.

No contexto da imputação, havendo mais de uma possibilidade, o religioso se revela. Conforme Ricoeur:

> Não violaríamos a filosofia kantiana da religião se disséssemos que a problemática inteira da religião se resume na reapropriação por parte do homem de sua bondade originária, não obstante, ou em oposição a, seu pendor para o mal radical. [...] Se é verdade que a religião tem por tema único a restauração do poder alienado do livre-arbítrio, então pode-se dizer, como proponho no título de minha comunicação, que a religião tem por destinatário o homem capaz e que seu estatuto próprio resulta dessa relação fundamental[25].

Nesse sentido, a religião apresenta um pano de fundo ético. Ela aponta para a responsabilidade, para a alteridade e para a esperança. Essa dimensão revelada pelo religioso tem como objetivo enriquecer valores éticos de convivência. A religião tem o intuito de resgatar e renovar o ser humano a tal ponto que sua forma de ser e de estar no mundo é modificada. O resgatar da bondade do ser humano mostra que, para Ricoeur, a religião, além de oferecer dignidade, contribui também com a construção de uma sociedade igualitária.

---

24. RICOEUR, 2013, p. 431-432, tradução nossa.
25. RICOEUR, 2013, p. 432-433, tradução nossa.

Como já havíamos apontado, no pensamento ricoeuriano, o ser humano capaz é visto como o destinatário da religião, mas era preciso determinar como isso se daria. Por consequência, em busca da evidenciação de uma tal postulação tão contundente, não podendo ignorar o fato bem real do mal ao nosso redor e espalhado pelo mundo. Nesse alinhamento, a religião, além de resgatar a bondade originária do ser humano, também o influenciará a agir de forma boa e justa para com os outros.

Assim, o sujeito colocado no horizonte do religioso vivenciará uma revelação a ser consolidada a partir do espectro da ética. Constitui-se, assim, uma das propostas do querigma cristão: orientar a vida daquele ou daquela que acolhe essa mensagem e colocá-la em conformidade com o amor e com o bem anunciados por Cristo. A nosso ver, esse acolhimento e essa orientação impulsionarão o ser humano capaz a agir com o outro, visando-lhe o bem, ao pautar sua ação pela busca do amor e da justiça.

O paradoxo entre alteridade e *ipseidade* desenrola-se desde o centro de todo o processo de libertação do fundo da bondade do ser humano em direção das mediações constitutivas do religioso. Ricoeur, na esteira de Kant, acredita que a filosofia da religião não fala a respeito de Deus, mas, sim, das mediações históricas que a própria religião pode oferecer ao processo de regeneração. O filósofo francês se interessa pelos elos entre as mediações históricas consideradas e pelo projeto de libertação do servo arbítrio. Dessa forma, por meio desse elo, podemos falar que a religião tem o homem capaz como seu destinatário.

Posto isso, é necessária a seguinte corroboração: ao recorrer a Kant para mostrar o objetivo da religião, esse resgatar o horizonte da bondade na existência humana, Ricoeur se distancia da tradição agostiniana que está bastante atrelada à ideia de pecado original, a qual constrói uma visão antropológica deveras pessimista em relação à bondade humana. Conforme ele assevera, "por mais radical que seja o mal enquanto princípio *a priori* de todas as máximas más, ele não ocupa o lugar do originário, que é o da disposição para o bem, condição última do respeito pela lei"[26].

Conforme o pensador francês, Agostinho afirma que o mal não pode ser pensado como substância. Logo, pensar o "ser" é pensar "inteligivelmente", pensar "uno", pensar "bem"[27]. Por outro lado, surge uma nova ideia de "nada", e do *ex nihilo*, expressa no pensamento de uma criação total e sem sobras. Um discurso ontoteológico começa a aparecer com a reflexão agostiniana. Com a ideia de pecado original, Agostinho racionaliza um falso conceito:

---

26. RICOEUR, 1994, p. 25, tradução nossa.
27. RICOEUR, 1988b, p. 32.

[...] Por dar crédito à ideia de que todo o sofrimento, tão injustamente repartido ou tão excessivo que seja, é uma retribuição do pecado, é necessário dar a este uma dimensão supraindividual, histórica, até mesmo genérica; é a resposta da doutrina do "pecado original" ou "pecado da natureza". Não se traçarão aqui as fases de sua constituição (interpretação literal do Gen. 3 relegada pela ênfase pauliniana do Rom. 5,12-19, justificação do batismo das crianças, etc.). Será notado somente o status epistemológico ou o nível de discurso da proposição dogmática sobre o pecado original. Essencialmente, esta proposição condensa um aspecto fundamental da experiência do mal, isto é, a experiência ao mesmo tempo individual e comunitária da impotência do homem perante a potência demoníaca de um mal "já lá", antes de toda e qualquer intenção deliberada. Mas esse enigma da potência do mal "já lá" é colocado na falsa claridade de uma explicação de aparência racional: confluindo no conceito de pecado de natureza, duas noções heterogêneas, a de uma transmissão biológica por via de geração e a de uma imputação individual de culpabilidade, a noção de pecado original surge como um falso conceito que se pode relacionar com uma gnose antignóstica. O conteúdo da gnose é negado, mas a forma do discurso da gnose é reconstituída, isto é, a de um mito racionalizado. É por isso que Agostinho parece mais profundo que Pelágio, porque percebeu que o nada da privação é ao mesmo tempo uma potência superior a cada vontade individual e a cada volição singular. Por outro lado, Pelágio parece mais verídico, porque deixa cada ser livre perante sua única responsabilidade, tal como Jeremias e Ezequiel já o tinham feito antes, ao negarem que os filhos pagavam a falta dos pais[28].

Mesmo vindo de tradição calvinista, Ricoeur apresenta uma enorme resistência em relação à ideia de pecado original e, a essa, procura fazer um contraponto, que ele introduz a partir da graça: noção bíblica que funda uma assimetria original, remetendo-se ao "quanto mais" do apóstolo Paulo. Contudo, toda a temática calvinista da falta, da mancha, do pecado e da experiência do mal, revivida pela guerra, assombra Ricoeur; e ele buscará fazer dela seu objeto de interrogação filosófica.

Conforme Ricoeur, a doutrina agostiniana do pecado original está relacionada com o discurso da ontologia. Kant dará um golpe duro nesse discurso ontológico em relação ao qual a *Teodiceia* se tinha estruturado, de Agostinho a Leibniz. O desmantelamento da teologia racional realizado pela *Crítica da Razão Pura* na parte intitulado "Dialética Transcendental". A teodiceia será privada de todo o seu suporte ontológico e ela se integra no item de "Ilusão transcendental"[29]. O filósofo francês pensa que:

---
28. RICOEUR, 1988b, p. 33-34.
29. RICOEUR, 1988b, p. 37.

Não quer dizer que o problema do mal desapareça da cena filosófica. Bem ao contrário. Desliga-se unicamente da esfera prática, como o que não deve ser e que a ação deve combater. O pensamento encontra-se, assim, numa situação comparável aquela onde Agostinho o tinha conduzido: não se pode mais perguntar de onde vem o mal, mas por que nós o praticamos. Como no tempo de Agostinho, o problema do sofrimento é sacrificado pelo problema do mal moral. No entanto, com duas diferenças. De um lado, o sofrimento deixa de estar ligado à esfera da moralidade, entendido como punição. Distingue-se do juízo teleológico da Crítica do Juízo, o qual, aliás, autoriza uma apreciação relativamente otimista das disposições das quais o homem é dotado por natureza, tal como a disposição à sociabilidade e à personalidade, disposições que o homem deve cultivar. É em relação a esta tarefa moral que o sofrimento é obliquamente entendido no nível individual, mas sobretudo no plano que Kant designa cosmopolita. A origem do mal-sofrimento perdeu assim toda a pertinência filosófica. Por outro lado, a problemática do mal radical, sobre a qual se abre *a Religião nos limites da simples razão*, rompe francamente com a do pecado original, em detrimento de algumas semelhanças. Não só nenhum recurso a esquema jurídicos e biológicos confere ao mal radical uma inteligibilidade falaciosa [...], mas o princípio do mal não é de modo nenhum uma origem, no sentido temporal do termo: é somente a máxima suprema que serve de fundamento subjetivo último a todas as máximas más de nosso livre-arbítrio, esta máxima suprema fundamenta a propensão (*Hang*) ao mal em todo o gênero humano [...] ao encontro da *predisposição* (*Anlage*) ao bem, constitutiva da vontade boa. Mas a razão de ser deste mal radical é "insondável" (*unerforschbar*): "não existe para nós razão compreensível para saber de onde o mal moral pode primeiramente nos vir". Como Karl Jaspers, admiro esta última declaração: como Agostinho, e talvez como o pensamento mítico, compreende-se o fundo demoníaco da liberdade humana, mas com a sobriedade de um pensamento sempre atento à não-transgressão dos limites do conhecimento e à preservação do distanciamento entre pensar e conhecer através do objeto[30].

Destarte, o pensamento especulativo não pode ser visto como desarmado diante da problemática do mal. Kant não conseguiu acabar com a teologia racional, restringindo-a a utilizar outros recursos que são diferentes desta forma de pensar – deste *Denken* – que o limite de conhecimento por objeto colocava na reserva. O exemplo disto é "a extraordinária floração de sistemas na época do idealismo alemão: Fichte, Schelling, Hegel, para não falar de outros gigantes como Hamann, Jacobi, Novalis"[31].

Paul Ricoeur procura afirmar a liberdade do ser humano apesar de qualquer condicionamento. Contudo, o sujeito será marcado em sua constituição pela fa-

---
30. RICOEUR, 1988b, p. 37-38.
31. RICOEUR, 1988b, p. 38-39.

libilidade. Por homem falível Ricoeur compreende que a possibilidade do mal moral se faz presente no homem. A falibilidade humana não pode ser vista como algo que gera o mal, mas o torna possível. Ricoeur afirma que:

> [...] dizer que o homem é tão mau que não sabemos mais o que seria sua bondade seria propriamente nada dizer, porque se eu não compreendo o "bom", também não compreendo o "mau". Devemos compreender juntos e como em sobreimpressão a destinação originária da "bondade" e sua manifestação histórica na "maldade". Por mais originária que seja a maldade, a bondade é mais originária ainda[32].

Algo parecido tinha dito Aristóteles na *Política*, afirmando que "a característica específica do homem em comparação com os outros animais é que somente ele tem o sentimento do bem e do mal, do justo e do injusto e de outras qualidades morais"[33]. Paul Ricoeur parte do pressuposto de que existe no ser humano uma bondade nas suas mais distintas dimensões, e essa bondade leva o sujeito a buscar agir de forma boa e justa no mundo.

Dito isso, Ricoeur pensa, analisando Kant, que a justaposição entre o mau e o bom princípio, ambos inerentes à natureza humana, junto com a afirmação da originalidade da disposição ao bem, preserva a possibilidade do primeiro passo no itinerário da esperança. Kant percebeu uma via de passagem entre a hermenêutica do mal e da esperança, "se o homem se tornou mau por sedução, então ele não é corrupto essencialmente"[34].

Ao trazer um alívio para o ser humano em relação ao peso da origem, a temática da sedução marca o ponto em que a culminação do mal radical coincide como o primeiro impulso da esperança:

> "Assim, no homem que apesar da corrupção de seu coração guarda ainda a boa vontade, permanece a esperança de um retorno ao bem do qual ele se separou" (*ibid.*). Esse "apesar" é o "apesar" da esperança. E o conceito de mal radical torna-se ele mesmo o primeiro componente de uma esperança justificada[35].

Dessa forma, o reconhecimento daquilo que pode ser visto como o inescrutável do mal não fecha o caminho da explicação do contrário para sustentar aberto o da regeneração. Assim, percebe-se que a hermenêutica filosófica apresenta uma dupla tarefa: reconhecer de maneira efetiva, na representação religiosa, o *outro* da reflexão filosófica e dar uma interpretação que, sem poder ser derivada da reflexão, possa concordar com ela.

---

32. RICOEUR, 1988a, p. 161, tradução nossa.
33. ARISTÓTELES, 1985, Livro I, cap. 1, 1253a.
34. RICOEUR, 1994, p. 27, tradução nossa.
35. RICOEUR, 1994, p. 27, tradução nossa.

Por mais radical que seja o mal, ele não pode ser visto como definitivo e, ainda que esteja sempre presente, é uma presença contingente, na medida em que a disposição ao bem, sendo mais originária, conserva a possibilidade de retorno ao respeito à lei. Portanto, por mais inescrutável que possa ser a origem do mal, mais inescrutáveis são a presença e a eficácia do arquétipo da humanidade agradável a Deus.

Paul Ricoeur acredita que a esperança vai assumir o lugar da atestação. Sobre isso ele diz:

> A inescrutabilidade da origem do mal constitui uma crise da atestação. Eis por que não dispomos senão de representações simbólicas, de mitos, para essa entrada do mal no mundo, isto é, no centro de nossa potência de agir. É essa inescrutabilidade específica, que afeta o não-poder do poder mais fundamental da imputabilidade, que decide o destino epistemológico de todas as enunciações relacionadas à regeneração e aos caminhos da regeneração no plano da representação no plano da crença e no da instituição. Sugiro dizer que, aqui, é a esperança que assume o lugar da atestação[36].

Percebemos que a atestação podia acompanhar a confissão do mal, enquanto o pendor para o mal fosse condizente com o ciclo das capacidades. Entretanto, verificamos que há uma falha na atestação a partir do momento em que a origem do pendor extrai a confissão do inescrutável.

Logo, a esperança será vista como a categoria epistêmica adequada à réplica do religioso, à indisponibilidade do servo arbítrio e à inescrutabilidade da origem dessa passagem. A esperança é uma temática central em todo o pensamento de Ricoeur. Para Kevin Vanhoozer, Ricoeur pode ser visto como "filósofo da esperança"[37]. É possível identificar no pensamento de Ricoeur "uma paixão pelo possível", compreendendo que sua filosofia percebe que a vida humana é repleta de significados.

Ricoeur concorda com Kant que a liberdade no horizonte da esperança oferecida pela religião é vista como uma liberdade que pode; isto é: uma liberdade apresentada na capacidade de existir no fundo de uma totalidade livre, a qual se dá segundo a esperança. É essa liberdade que a religião oferece a mediação da representação, da crença e da instituição.

A religião tem como um dos seus objetivos anunciar a esperança. Esta, a esperança, representa a superabundância da significação na contramão à abundância do não-sentido, do fracasso e da destruição:

> A significação existencial dessa lei de superabundância é rica e complexa. Há várias maneiras de viver segundo esse acontecimento escatológico da nova criação.

---

36. RICOEUR, 2013, p. 439, tradução nossa.
37. VANHOOZER, 1990, p. 6.

Várias maneiras: pessoal e coletiva, ética e política. Todas essas maneiras são irredutíveis à pura sabedoria do eterno presente: trazem a marca do futuro do "ainda não" e do "quanto mais": nos termos de Kierkegaard, a esperança faz da liberdade a paixão pelo possível, contra a triste meditação do irrevogável. Essa paixão pelo possível é a resposta da esperança a todo amor nietzschiano do destino, a toda adoração do destino, a todo *Amor fati*. A paixão pelo possível não implica nenhuma ilusão: sabe que toda ressureição é uma ressureição dentro os mortos, que toda criação nova é a despeito da morte. Como costumam dizer os reformadores, a Ressureição está escondida sob seu contrário, a Cruz. Com efeito, considerada desse ponto de vista da esperança, a vida não é somente o contrário, mas a negação da morte: essa negação repousa sobre sinais, não sobre provas. Interpreta de uma maneira criativa os sinais da superabundância da vida a despeito da evidência da morte. O "tanto mais" da lei da superabundância não pode abrir mão do "a despeito de", a despeito da morte, que dá à esperança sua lucidez, sua seriedade, sua determinação. De minha parte, direi que a liberdade é a capacidade de viver segundo a lei paradoxal da superabundância, da negação da morte e da afirmação do excesso de sentido sobre o não-sentido em todas as situações desesperadas. Tais são os aspectos da irracionalidade da esperança. É somente em termos de paradoxo que podemos falar da paixão pelo possível, da negação da morte, do "quanto mais" da graça, do excesso do sentido sobre o não-sentido[38].

Ao resgatar a bondade originária do ser humano, ela chama o indivíduo a agir de forma livre em conformidade com o bem, com a justiça e com o amor. Existe um querigma da esperança que cria, ao mesmo tempo, uma novação de sentido e uma exigência de inteligibilidade. Conforme Ricoeur:

Uma novação de sentido, que Moltmann sublinha opondo a promessa ao logos grego; a esperança começa como uma "a-lógica". Ela irrompe numa ordem fechada; ela abre uma carreira de existência e de história. Paixão pelo possível, envio e êxodo, desmentido ao real da morte, resposta da sobreabundância do sentido à abundância do não-sentido, outros tantos signos de uma nova criação, cuja novidade nos toma, no sentido próprio, inesperadamente. A esperança, no seu jorrar, é "aporética", não por falta, mas por excesso de sentido[39].

Portanto, a esperança se coloca na continuidade da atestação. Ricoeur pensa que:

Ao designar a religião como réplica à confissão do mal radical, nós a inserimos na continuidade da atestação. Essa continuidade recuperada é finalmente assegurada pela disposição originária para o bem, na qual culmina a hierarquia das capacidades e cuja liberação é garantida pela religião[40].

---

38. RICOEUR, 2006, p. 105.
39. RICOEUR, 1978, p. 400.
40. RICOEUR, 2013, p. 442, tradução nossa.

A religião conceitualizada como libertação da bondade coloca a esperança na continuação da atestação; que é, por sua vez, instrumento pelo qual a consciência oferece testemunho referente à potência de agir onde o núcleo moral é a imputabilidade. Assim, a esperança não é enfraquecida pelo fato de ser colocada na continuação da atestação. Ela é inserida fora da alternativa da ética e da ontologia, ao mesmo tempo que se distingue de todo saber e de todo dever.

Considerações finais

Dessa maneira, a filosofia ricoeuriana compreende o florescimento da esperança no horizonte do ser humano capaz. "Pela esperança, a religião, na tarefa hermenêutica do reconhecimento de si, é o desdobramento da existência humana com fins bons."[41] Existe uma sintonia entre a ideia de regeneração e a ideia de esperança. A esperança revela, em nosso horizonte, no espectro da religião como destinatária, ao homem capaz a possibilidade de uma retomada ou de um retorno ao bem. Ela surge como uma temática fundamental no arcabouço da filosofia ricoeuriana, principalmente no contexto de suas reflexões teológicas.

A esperança aparece no cenário do homem capaz como possibilidade de uma ontologia reconciliada, ela surge como um horizonte de possibilidades. O homem capaz, sendo visto como o destinatário da religião, revela-nos que a esperança gera um otimismo em relação ao futuro, ao porvir.

Esse otimismo não pode ser compreendido a partir de uma noção inocente de que tudo será bom, mas, sim, da capacidade que o homem capaz apresente de ressignificar sua vida, mesmo diante do mal, da capacidade que ele revele de dar sentido à sua existência na contramão do niilismo, na busca de sua realização e na procura do bem comum.

Referências

ARISTÓTELES. *Política*. Brasília: Editora Universidade de Brasília, 1985.

BLUNDELL, Boyd. *Paul Ricoeur between Theology and Philosophy*. Indiana: Indiana University Press, 2010.

DOSSE, François. *La saga des intellectuels français 1944-1989. I. À L'épreuve de l'histoire 1944-1968*. Paris: Gallimard, 2018a.

_____. *La saga des intellectuels français 1944-1989. II. L'avenir en miettes 1968-1989*. Paris: Gallimard, 2018b.

_____. *Paul Ricoeur – les sens d'une vie*. Paris: La Découverte, 2001.

_____. *Paul Ricoeur – Un philosophe dans son siècle*. Paris: Armand Colin, 2012.

---

41. SOUZA, 2017, p. 426.

GREISCH, Jean. *Paul Ricoeur L'itinérance du sens*. Grenoble: Éditions Jérôme Millon, 2001.

KANT, Immanuel. *A religião nos limites da simples razão*. Trad. Artur Mourão. Covilhã: Luso-Sofia Press, 1992.

KENNY, Peter. Conviction, Critique and Christian Theology. In: *Memory, Narrativity, Self and the Challenge to Think God: The Reception within Theology of the Recent Work of Paul Ricoeur*. Munster: LIT Verlag, 2004, p. 92-102.

MONGIN, Olivier. *Paul Ricoeur*. Paris: Éditions du Seuil, 1994.

REAGAN, Charles. Conversations with Paul Ricoeur. In: VERHEYDEN, J.; HETTEMA, L. L.; VANDECASTEELE, P. *Paul Ricoeur – Poetics and Religion*. Uitgeverij Peeters: Leuven-Paris-Walpole, MA, 2011, p. 229.

RICOEUR, Paul. *A hermenêutica bíblica*. Tradução de Paulo Meneses. São Paulo: Loyola, 2006.

_____. *A metáfora viva*. Trad. Dion Davi Macedo. São Paulo: Loyola, 2000b.

_____. *Da Metafísica à Moral*; seguido de Paul Ricoeur, "Autobiografia intelectual". Trad. Sílvia Menezes e Antonio Moreira Teixeira. Lisboa: Instituto Piaget, 1997a.

_____. *Du texte a l'action. Essais d'herméneutique II*. Paris: Éditions du Seuil, 1986.

_____. *Écrits et Conférence 3. Anthropologie Philosophique*. Paris: Éditions du Seuil, 2013.

_____. Herméneutique de l'idée de Révélation. In: RICOEUR, P. et al. *La revelation*. Bruxelles: Facultés Universitaires, Saint-Louis, 1977.

_____. *História e verdade*. Trad. F. A. Ribeiro. Rio de Janeiro: Forense Universitária, 1968.

_____. *Karl Jaspers et la philosophie de l'existence*. En collaboration avec Mikel Dufrenne. Paris: Éditions du Seuil, 1947.

_____. *La métaphore vive*. Paris: Éditions du Seuil, 1975.

_____. *Lectures 3. Aux frontières de la philosophie*. Paris: Éditions du Seuil, 1994a.

_____. *Leituras 2. A região dos filósofos*. Trad. Marcelo Perine e Nicolás Nyimi Campanário. São Paulo: Loyola, 1996.

_____. *O conflito das interpretações: ensaios de hermenêutica*. Trad. M. F. Sá Correia. Porto: Rés-Editora, 1978.

_____. *O mal: um desafio à filosofia e à teologia*. Trad. Maria da Piedade Eça de Almeida. Campinas: Papirus, 1988b.

_____. *Philosophie de la Volonté II. Finitude et culpabilité*. Paris: Aubier, [1960] 1988a.

_____. Promenade au fil d'un chemin. In: TUROLDO, Fabrizio. *Indagini su Paul Ricoeur*. Padova: Il Poligrafo, 2000.

_____. *Tempo e narrativa*, vol. 3. Trad. Roberto Leal Ferreira. Campinas: Papirus, 1997b.

RICOEUR, Paul; LACOCQUE, André. *Pensando biblicamente*. Tradução de Raul Fiker. Bauru: EDUSC, 2001.

SOUZA, Vitor Chaves. *A dobra da religião em Paul Ricoeur*. Santo André: Kapenke, 2017.

VANHOOZER, Kevin J. *Biblical narrative in the philosophy of Paul Ricoeur. A study in hermeneutics and theology*. Cambridge: Cambridge University Press, 1990.

PARTE II
Reflexões sistemáticas

A existência de Deus

Agnaldo Cuoco Portugal

Trata-se de um dos tópicos mais tradicionais de toda a filosofia, envolvendo contribuições de alguns dos maiores filósofos desde a Antiguidade. Apesar de toda essa tradição, a filosofia analítica da religião foi capaz de acrescentar algo a esse longo debate, usando recursos da lógica, da teoria da probabilidade e da epistemologia modernas para responder às principais questões que o tópico suscita.

O tema da existência de Deus é abordado na filosofia contemporânea por diversas áreas da investigação filosófica, mas principalmente pela metafísica e a epistemologia. Por um lado, temos a questão do que estamos falando quando nos referimos a Deus e quais as interações entre os diferentes aspectos da natureza divina. Por outro lado, de forma bastante associada à questão metafísica, coloca-se o problema da justificação da crença em Deus.

No presente texto, serão vistas de forma sucinta algumas das principais questões metafísicas e epistemológicas da filosofia atual sobre esse tema. Inicialmente, será apresentada a concepção padrão do teísmo como tese metafísica comum às três grandes monoteístas, judaísmo, cristianismo e islamismo. Em seguida, serão analisados alguns dos componentes do conceito teísta de Deus, particularmente a onipotência, a onisciência e a eternidade. A ênfase nesse caso será dada não apenas à descrição dessas noções, mas especialmente aos paradoxos geralmente apontados internamente em cada uma delas e na relação entre elas e outras teses também caras ao teísmo.

Como um importante argumento contra a existência de Deus é exatamente a ocorrência desses problemas conceituais no teísmo e como isso é também uma dificuldade para a racionalidade da crença em um ser assim, o texto passa em seguida para as principais questões epistemológicas relacionadas ao assunto na filosofia contemporânea. Em primeiro lugar, será apresentada a versão indutiva dos argumentos sobre a existência de Deus, como a forma atualizada do modo mais tradicional de defender a racionalidade da crença em Deus. Em seguida, será vista a crítica aos pressupostos da exigência de argumentos para a existência de Deus para que a crença correspondente possa ser tida como racional. Por fim, o texto indicará alguns dos caminhos mais recentes que o debate epistemológico sobre a (crença na) existência de Deus tem percorrido.

1. O conceito de Deus e alguns dos seus problemas

Como dito anteriormente, a primeira coisa a ser esclarecida na análise do problema da existência de Deus é o próprio significado de "Deus". A filosofia analítica da religião se refere normalmente, nesse caso, ao que é tido como o mínimo denominador comum conceitual das chamadas "religiões de Deus", concentrando-se no conceito central e deixando de lado – ao menos para o propósito de definição conceitual geral – os elementos doutrinários específicos de cada uma. A esse conceito comum dá-se o nome de "teísmo"[1], em oposição principalmente ao panteísmo e ao deísmo[2]. Em oposição ao panteísmo, o teísmo postula a existência de Deus como não coincidente com o universo físico, mas antes como criador deste e do qual este depende para existir. Para o teísmo, então, Deus é criador e sustentador do universo, no sentido de que as leis que ordenam o mundo natural são também criações suas e devem seu funcionamento a sua ação contínua. O universo depende de Deus, mas Deus é completamente independente de tudo o mais.

Nesse sentido, o teísmo defende um conceito pessoal de divindade, ou seja, este é um agente capaz de ação intencional com base em poderes e crenças. O caráter pessoal do teísmo, somado à tese da necessidade da contínua ação de Deus para que o universo se mantenha, é o principal elemento de distinção do teísmo em relação ao deísmo. Para um deísta, Deus seria o responsável pela criação do universo, mas, uma vez isso tendo acontecido, as leis naturais garantiriam por si a manutenção da ordem natural e não haveria espaço para eventuais intervenções do criador. Não haveria espaço tampouco para a atividade religiosa, na medida em que esta supõe algum tipo de interação com o divino, por meio de preces e rituais especialmente, e uma vez que o Deus impessoal do deísmo é apenas uma força propulsora inicial, algo como um "primeiro motor imóvel", mas desnecessário e inacessível após aquele primeiro impulso. Assim, a pessoalidade do conceito teísta de Deus é uma característica coerente com a origem religiosa

---

1. Tal como as tradições que servem de inspiração para o conceito filosófico de Deus discutido aqui, tomarei teísmo no sentido de "monoteísmo". Por razões de espaço, não abordarei questões relativas ao politeísmo. Assim, "teísmo" e "monoteísmo" serão termos sinônimos no presente texto.
2. A exposição a seguir é fortemente inspirada (mas não muito mais que isso) em Swinburne (2010).

desse conceito, o que é mais um traço qualificador desse conceito: além de pessoal, criador e mantenedor do universo, o conceito teísta de Deus implica que ele é objeto de culto e capaz de interação religiosa.

Outro elemento importante do conceito monoteísta de Deus é a tese de que ele é incorpóreo. Essa postulação gera problemas conceituais interessantes ao ser associada com a noção de pessoalidade, pois uma pessoa incorpórea foge inteiramente à experiência comum de pessoas que temos – as humanas – que são ao menos constitutivamente, senão essencialmente corpóreas[3]. Não se trata apenas de ser pouco intuitivo, mas de suscitar problemas quanto a identidade, condições de persistência e eficácia causal de uma pessoa incorpórea.

O caráter incorpóreo de Deus é condição para outra qualidade atribuída a ele pelo teísmo: a onipresença, que significa que Deus está em todo lugar de modo igual, sem estar uma parte mais ou uma parte menos em algum lugar específico. A onipresença pode gerar dificuldades quanto à transcendência de Deus em relação ao universo que ele criou. Se Deus está em toda parte, como distingui-lo do universo criado? Uma maneira de responder a essa questão é associar a onipresença à qualidade de mantenedor do universo, ou seja, à dependência deste em relação a Deus, no sentido de que Deus está presente em todo o universo porque cada pedaço do universo depende de sua ação contínua para existir. Outra maneira é associar a onipresença a outro atributo central de Deus no teísmo: a onisciência, quer dizer, a qualidade de conhecer tudo. Ao saber tudo sobre o universo, Deus está em contato permanente com o universo que ele criou e, como esse contato cognitivo não implica coincidência com o objeto do conhecimento, pode-se dizer que Deus está presente em todo lugar sem que precisemos falar de panteísmo.

Embora seja uma solução possível para permitir que o conceito de onipresença não leve o teísmo a cair no panteísmo, a noção de onisciência implica problemas por si mesma. Em princípio, ela parece significar apenas a qualidade de conhecer tudo. Então um sujeito S é onisciente se, e somente se, S conhece tudo. No entanto, por exemplo, parece não ser possível que outra pessoa conheça as coisas que eu conheço do meu ponto de vista subjetivo, pois apenas eu tenho meu ponto de vista subjetivo. Isso significa que a existência de outros sujeitos de conhecimento implicaria um limite para a onisciência, não sendo possível que alguém conheça tudo. Uma resposta possível a essa objeção é a de que ela não é uma limitação real à noção de onisciência, pois importa ao conhecimento não o ponto de vista do sujeito que conhece, mas se o que é afirmado acerca do objeto do conhecimento é verdadeiro e cumpre os outros requisitos epistêmicos para conferir esse *status* a uma crença. Em outras palavras, basta para a onisciência

---

3. Ver Backer (2013) e Hudson (2001).

que Deus conheça todos os conteúdos proposicionais verdadeiros, sendo irrelevante o fato de ele não poder assumir o ponto de vista subjetivo de outro sujeito em sentido estrito. A mesma ideia de relevância parece estar presente na resposta à objeção um tanto infantil de que Deus não seria onisciente porque não sabe nada que suponha capacidade física, como andar de bicicleta, por exemplo. Esse não seria um limite real, pois não se trata de um conhecimento relevante para um ser onipresente, que não precisa se locomover para estar presente em toda parte.

A onisciência é geralmente associada à propriedade tida como mais fundamental e mais importante do conceito teísta de Deus, a onipotência. Trata-se de um atributo ainda mais problemático, exigindo ainda mais qualificativos para manter-se coerente. Novamente, temos dificuldades aparecendo quase que imediatamente ao se entender onipotência no sentido de "poder fazer tudo". Começando com as aparentemente menos sérias (embora essas sejam, frequentemente, as mais difíceis de lidar em filosofia), uma objeção seria de que Deus não pode tudo porque, por exemplo, não pode se divorciar. Seria esse um limite real para a onipotência divina? Além da questão da relevância (esse não parece ser um tipo de poder dos mais interessantes, que realmente faça falta a um ser divino), pode-se questionar se faz sentido supor de uma pessoa não humana que possa se divorciar. Dito de outro modo, divorciar só é possível a quem está casado e se casar é um tipo de estado estritamente cabível a seres humanos que se associam a outros seres humanos numa relação marital socialmente reconhecida. Não cabe falar de casamento em senso estrito para seres não humanos. Se isso é verdade, então não poder divorciar-se não é um limite real para a onipotência divina porque simplesmente não faz sentido a ideia de Deus se casando ou se divorciando, ou seja, não se está realmente dizendo nada com significado, dados os conceitos comuns de "casamento", "divórcio" e o conceito estipulado pelo teísmo para "Deus".

Um problema interno ao conceito de onipotência ficou famoso pelo exemplo utilizado para exprimir a dificuldade geral: o paradoxo da pedra. Deus poderia criar uma pedra que ele não pudesse levantar? Se ele não pudesse criá-la, então ele já de início não poderia ser considerado onipotente. Caso pudesse criá-la e ela tivesse a qualidade mencionada, então Deus não seria onipotente por não poder levantá-la subsequentemente. Antes que se tente a saída da irrelevância ou da falta de sentido em se querer que Deus levante pedras, o problema pode ser generalizado no sentido de se eliminar o exemplo, bloqueando essas saídas. Assim, a questão seria: Deus poderia fazer algo que implicasse um limite para o próprio poder? Podendo ou não, seu poder seria limitado e assim teríamos uma razão para pensar que o conceito de onipotência é incoerente. Por outro lado, dito dessa maneira, o problema não parece tão difícil assim de resolver, pois se Deus resolver impor a si mesmo um limite, pode-se manter o princípio de que não há nada que limite o poder de Deus além dele mesmo, ou seja, da própria decisão de evitar fazer algo. Nesse caso, e usando a expressão "limite real" para excluir os casos de objeções sem sentido, precisaríamos redefinir onipotência divina como "Deus é onipotente no sentido de que nada externo à sua vontade constitui limite real ao seu poder".

No entanto, a solução para o paradoxo da pedra apontada anteriormente parece nos remeter a um tipo de relação de Deus com o tempo pelo qual ele está submetido à passagem deste. Dito de outro modo, uma maneira de falar da autolimitação do poder de Deus no paradoxo da pedra é de que não há incoerência em pensar em Deus decidindo no tempo t_1 criar uma pedra que ele não vai poder levantar no tempo t_2 e, mudando de ideia novamente no tempo t_n, voltar a poder levantar a tal pedra (o exemplo é realmente ruim, mas pelo menos a ideia fica clara – espero). Nesse caso, outro atributo famoso de Deus no teísmo – a eternidade – deveria ser pensado como perpetuidade, ou seja, Deus é eterno porque existe desde sempre e para sempre em todos os tempos. Colocar Deus no curso do tempo não é o modo mais tradicional de se pensar a eternidade divina. Autores como Agostinho de Hipona e Tomás de Aquino, por exemplo, preferiram falar da eternidade de Deus em termos de atemporalidade, ou seja, Deus é eterno porque está fora do curso do tempo ao qual estão sujeitos os entes finitos. Para Deus, todo o tempo que nos parece passar é apenas um mesmo instante, de modo que passado, presente e futuro não são realidades vividas por Deus, mas apenas modos humanos de lidar com a finitude, à qual Deus não está submetido.

A noção de eternidade divina como atemporalidade tem a vantagem de preservar uma ideia que está por trás de todos os ditos atributos de Deus, ou seja, Deus é antes de tudo perfeito. A tese é que um ser perfeito não deve estar sujeito à mudança, pois a perfeição seria um ponto ótimo último e qualquer modificação significaria a perda desse ponto. Ora, estando no tempo, Deus estaria submetido à mudança e, nesse caso, haveria problema em se manter a ideia de perfeição divina no sentido de ser em estado ótimo ou portador de grandeza máxima. Por outro lado, um Deus assim imutável e impassível parece muito pouco coerente com a tese teísta de que ele age no mundo e interage com os seres humanos por meio da relação religiosa. Um Deus que está fora do tempo, na eterna impassibilidade da perfeição imutável, parece-se mais com o postulado pelo deísmo do que o proposto pelo teísmo. O teísmo precisa encontrar um modo de conciliar perfeição divina e interação com o mundo.

Esse problema da relação entre o conceito de eternidade e o de perfeição se mostra particularmente claro ao se associar a esse conjunto o de criador do universo. A questão é que, ao postular que Deus cria e mantém o universo, o teísmo pressupõe uma ação contínua no mundo, que se dá no tempo, obviamente.

Como seria possível Deus estar fora do tempo e agir no tempo? A solução de Agostinho de Hipona e Tomás de Aquino é de considerar que o tempo é o modo pelo qual *nós* vemos (imperfeitamente) a ação divina no mundo, ao passo que, do ponto de vista divino, tudo se daria em um único instante indiferenciado. Trata-se da tese da "distância epistêmica" entre a inteligência divina e a capacidade humana de cognição: nossa capacidade é incomensuravelmente menor que a inteligência de Deus, embora seja "semelhante" a esta. É por isso que não temos como entender a tese da ação divina em um tempo de "instante eterno". A tese da distância epistêmica será um dos recursos principais no manejo de outro problema que veremos na próxima seção: o problema do mal.

Outra solução para a relação entre eternidade divina e criação é a proposta contemporaneamente por Richard Swinburne[4]. Para Swinburne, a noção de atemporalidade é pouco inteligível em si mesma e cria problemas desnecessários para se conciliarem os atributos de eternidade e de criador/mantenedor do universo. Como vimos, sua tese é de que Deus é eterno no sentido de ser perpétuo, ou seja, existir desde sempre e para sempre. Deus agiria no mundo no tempo determinado, estando "sujeito" ao tempo como todos nós.

Por outro lado, pode-se talvez conciliar as duas concepções pensando-se que, na proposta monoteísta, o tempo (como sucessão de instantes e o contínuo onde se dão as mudanças) é criado por Deus junto com o universo e que haverá um final para esse tempo, correspondendo ao conceito teológico de *parusia*. Desse modo, Deus seria eterno no sentido de atemporal nos "períodos" anterior e posterior ao fim dos tempos, mas perpétuo durante o intervalo propriamente definido como "temporal". Provavelmente, como muitas soluções conciliadoras, essa tem mais problemas que as duas que ela tenta combinar, mas deixo para o leitor a tarefa de averiguar isso.

Passo, por fim, à descrição do último dos conceitos de qualidades tradicionalmente atribuídas a Deus pelo teísmo: a perfeita bondade. A tese é de que Deus é perfeitamente bom, pois faz tudo que é correto fazer e não faz nada que é incorreto. Trata-se de um conceito antes de tudo moral, ou seja, Deus é perfeitamente bom no sentido de que sua ação é sempre moralmente boa. Temos aqui mais um atributo particularmente problemático, pois a noção de bem moral é objeto de uma discussão extremamente controversa em filosofia, particularmente quanto à existência de critérios objetivos de avaliação ética. Richard Swinburne, por exemplo, associa a bondade moral de Deus à onisciência, defendendo que nossa incapacidade de chegar a acordo quanto à noção de bem moral se deve a nossa falta de conhecimento sobre o valor de verdade das proposições morais. Em outros

---

4. SWINBURNE, 2010 e 2004.

termos, o fato de não termos concordância sobre que valores morais são objetivamente bons pode não significar que não haja valores objetivos, mas simplesmente que não os conhecemos (ainda, talvez). Ora, se Deus é onisciente e se há valores morais objetivos, ele os conhecerá e, uma vez sendo onipotente (nada o limita em sua ação, a não ser a própria decisão), fará sempre o que é bom e não fará o que é mau, embora nem sempre nós consigamos compreender esse juízo e a correspondente ação como moralmente boa.

No breve texto acima, temos então as seguintes qualidades identificadoras de Deus segundo o teísmo: é um ser pessoal, criador e mantenedor do universo, capaz de interação com os seres humanos, é incorpóreo, onipresente, onisciente, onipotente, eterno e perfeitamente bom. Alguns dos problemas desses conceitos foram apresentados ao longo da exposição e na próxima seção veremos um pouco mais do conceito teísta de Deus ao tratarmos especificamente de duas outras questões bastante tradicionais nesse tema: a relação entre onisciência divina e liberdade humana, e o problema do mal.

2. Duas dificuldades adicionais para o conceito teísta de Deus

Pela tradição do debate em torno delas e a importância que continuaram tendo na discussão contemporânea, vale a pena destacar duas dificuldades que se colocam para o conceito teísta de Deus, adicionais às apresentadas anteriormente. A primeira diz respeito à relação entre a onisciência divina e a tese de que os seres humanos são dotados de livre-arbítrio. O problema pode ser posto inicialmente da seguinte maneira:

(1) Se Deus é onisciente, então conhece o futuro.
(2) Se Deus conhece o futuro, então Deus sabe o que os seres humanos farão antes de estes executarem suas ações.
(3) Se Deus sabe o que os seres humanos farão antes de estes executarem suas ações, então os seres humanos não são livres.
(4) Logo, se Deus é onisciente, então os seres humanos não são livres.

Trata-se de uma conclusão bastante indesejável para o teísmo, pois este postula as duas teses, ou seja, Deus é onisciente e os seres humanos são livres. Normalmente, o debate se concentra nas premissas (1) e (3), que passaremos a discutir em seguida.

Uma maneira de lidar com a questão é negar a premissa (1), ou seja, negar que a onisciência implique conhecimento sobre o futuro. Como vimos, é o que propõe, por exemplo, Richard Swinburne[5], ao defender que não faz sentido falar

---
5. SWINBURNE, 2010.

em conhecimento sobre o futuro. Dito de outro modo, conhecimento proposicional supõe que a crença à qual ele se refere seja verdadeira, e não meramente provável (por mais alto que seja esse grau de probabilidade). Porém, uma proposição sobre um estado de coisas que ainda não aconteceu não tem valor de verdade. Assim, "O sujeito S toma café no dia 13 de junho de 2015" afirmado no dia 12 de junho de 2015 não tem ainda valor de verdade, porque simplesmente não pôde ainda ser verificada (no sentido de ter sua verdade examinada). O fato de S não saber o valor de verdade da proposição antes de o evento a que ela se refere acontecer não significa uma deficiência da capacidade cognitiva de S, mas apenas que não é logicamente possível conhecer uma proposição p, quando p se refere a um evento que ainda não pode ser verificado. Assim, se Deus é eterno no sentido de ser perpétuo, ou seja, de estar no tempo (ao menos enquanto duram os tempos), Deus não sabe o que acontecerá no futuro, no sentido estrito de "saber", pois não há valor de verdade definido para essa crença ainda. Sendo assim, é possível que Deus seja onisciente e que o ser humano seja livre.

No entanto, a tese de que Deus existe no tempo é problemática no sentido visto acima, de que é difícil compatibilizá-la com a perfeição divina. A fim de evitar essa dificuldade, outras soluções foram tentadas para resolver o problema da relação entre onisciência de Deus e liberdade humana. Uma delas é o compatibilismo, ou seja, a tese de que a liberdade é compatível com a ausência de opções realmente diferentes de ação. Em outras palavras, um sujeito S é livre mesmo que S não possa agir de modo diferente do que de fato fez, desde que S tenha realizado a ação que era seu propósito realizar. Assim, o compatibilismo permite que haja um único curso para as ações, eternamente conhecidas por Deus na totalidade, mas os agentes humanos seriam ainda livres (no sentido cabível à liberdade humana), pois ações por eles realizadas seriam (limitadamente) conformes a sua vontade e da qual seriam moralmente responsáveis. Contudo, é difícil aceitar um sentido de liberdade que não inclua opções genuínas de ação para serem realizadas pelo sujeito. Mesmo que eu realize minha vontade ao fazer x, é estranho dizer que minha ação foi livre se eu não tinha outra escolha senão fazer x. O debate sobre o compatibilismo suscita interessantes questões quanto ao conceito de liberdade e sua relevância vai além da possibilidade de sua aplicação ao problema que estamos discutindo[6].

Afora a saída compatibilista, outros esforços foram feitos no sentido de manter ao mesmo tempo a onisciência de Deus e a liberdade humana, negando então a premissa (3). Outras respostas ao problema têm sido conhecidas como "ockhamismo" e "molinismo", em referência aos filósofos e teólogos cristãos Guilherme

---

6. Para mais sobre o tema ver, por exemplo, Frankfurt (2007).

de Ockham e Luís de Molina, respectivamente. Para Ockham, Deus não é atemporal, ou seja, sua eternidade significa existir desde sempre e para sempre no tempo. Segundo ele, proposições sobre o passado seriam necessárias pelo fato de não poderem ser modificadas, são necessárias *per accidens*[7]. No entanto, proposições sobre o futuro não são acidentalmente necessárias, pois este ainda está aberto, ao contrário do passado. Essa abertura do futuro é que possibilita a ação livre. Associada a essa diferença, é possível constatar a existência de fatos acerca do passado que dependem de ações posteriores de criaturas livres, aos quais os ockamistas atuais dão o nome de *soft facts*. Um exemplo de *soft fact* seria: "Pedro parabenizou Antônio por estar se mudando para uma nova cidade". O fato de que Pedro parabenizou Antônio se deu no passado, mas ele é compatível com o fato posterior de que Antônio mudou de ideia e resolveu ficar na cidade onde estava. Assim, a verdade dessa proposição sobre o passado não implica impossibilidade de ação livre associada ao conteúdo do que ela exprime. Seria a crença (infalivelmente verdadeira) de Deus no passado sobre a ação futura de um agente humanamente livre um *soft fact* nesse sentido? A proposição "Deus tinha no tempo t_1 a crença de que Antônio se mudaria de cidade no tempo t_2" supõe, como vimos, que se trata de uma crença verdadeira. Seria ela verdadeira ainda que Antônio mudasse de ideia em um tempo t_3? Supondo que Deus está no tempo e que suas crenças são infalivelmente verdadeiras sobre tudo que acontece, Deus também saberia no passado que Antônio mudaria de ideia em t_3 e que não se transferiria de cidade em decorrência disso. Mas o próprio modo como está apresentada esta última ideia permite compatibilizar o conhecimento verdadeiro infalível de Deus sobre tudo que é logicamente possível saber e a ação humanamente livre de um agente. Deus sabia no passado que Antônio iria mudar de ideia em t_3 e que, por conseguinte, não sairia da cidade onde está e tanto a mudança de ideia quanto a não transferência de Antônio se deveram a sua escolha. O conhecimento que Deus tinha de todos esses eventos não implica que Antônio não possa ter agido livremente. Assim, a questão fundamental que está pressuposta na resposta ockhamista para o problema é a da relação entre conhecimento acerca de um evento x e a ocorrência de x. Para os ockhamistas, o fato de que Deus sabe de x, no caso da ação de um agente humanamente livre, não tem uma relação causal com x. Deus sabe que o evento x vai acontecer, mas sabe também que x se deverá a uma escolha livre de um agente. Desse modo, uma importante controvérsia que o ockhamismo suscita é acerca da possibilidade de relação causal entre crença passada de Deus (verdadeira e infalível – é bom lembrar) e a ocorrência de um evento futuro praticado por um agente (supostamente) livre[8].

---

7. Uma proposição sobre o passado (por exemplo, "Deus acreditava que 'p' em 1968") é apenas acidentalmente necessária, pois não há contradição lógica em negá-la.

8. Sobre esse e outros aspectos da resposta ockhamista ao problema, ver Zagzegski (1991).

Por sua vez, o molinismo tenta resolver a questão distinguindo o conhecimento de Deus em "natural" (de todas as proposições necessárias, que não estão sob o controle de Deus), "livre" (de proposições contingentes acerca da própria vontade criativa de Deus) e "médio" (sobre proposições relativas a como um ser livre agiria livremente se estivesse numa dada circunstância, que têm a forma de contrafactuais). Basicamente, no molinismo, a onisciência divina é preservada porque Deus conhece todas as proposições contrafactuais e a liberdade humana é mantida porque se trata de contrafactuais que supõem a ação humana livre, no sentido de envolver alternativas genuínas. Tanto o ockamismo como o molinismo suscitam problemas, que têm sido debatidos com intensidade na bibliografia recente em filosofia analítica da religião[9].

Outro tema clássico relativo à existência de Deus que é intensamente debatido na filosofia analítica da religião é o chamado problema do mal. De modo semelhante à questão que acabamos de analisar, trata-se de uma dificuldade relativa à coerência da afirmação de várias teses admitidas pelo teísmo. No caso, o problema do mal se refere a uma possível incompatibilidade na afirmação de que Deus é onipotente, de que ele é perfeitamente bom e de que existe o mal. O debate contemporâneo distingue duas formas do argumento: uma dedutiva e uma indutiva. A forma dedutiva teria a seguinte estrutura:

(1) Se Deus é onipotente e é perfeitamente bom, então não deveria existir mal.
(2) Existe mal.
(3) Deus não é onipotente e perfeitamente bom.

Facilmente o problema do mal se torna um argumento contra a existência de Deus, pois, como vimos, os conceitos de onipotência e perfeita bondade são essenciais à noção teísta de Deus. Isso já era reconhecido por autores como Agostinho de Hipona e Boécio, por exemplo, e Tomás de Aquino chegou a considerá-lo o mais importante dos argumentos ateus na apresentação de suas famosas cinco vias na *Suma Teológica*.

Na discussão analítica recente, a principal versão do argumento dedutivo foi de John Mackie, apresentado no influente artigo *Evil and Omnipotence* (1955). O autor propõe que os dois conjuntos de conceitos (onipotência e perfeita bondade, de um lado, e mal, de outro) implicam uma contradição, que torna logicamente impossível a existência de Deus e irracional a crença teísta. Em seu texto, Mackie considera várias soluções para o problema, especialmente a tese de que Deus não poderia criar um mundo no qual não houvesse mal. Tal solução é descartada pelo autor, pois só seria cabível admitindo-se limites à noção de onipotência, como os

---

9. Para uma crítica ao molinismo e indicações bibliográficas adicionais sobre esse debate, ver Oppy & Saward (2014) e Perszyk (2012).

da lógica ou da autolimitação por iniciativa de Deus mesmo. Porém, como vimos antes, esses limites são amplamente admitidos no debate atual sobre onipotência.

Essa ideia de que há limites lógicos para a onipotência divina é aplicada no também influente trabalho de Alvin Plantinga (1974a), na tentativa de anulação do problema do mal na sua versão dedutiva. Segundo seu argumento, para que uma pessoa P faça bem moral, P precisa ser significativamente livre, de modo que possa ser atribuído a sua iniciativa o mérito da boa ação. No entanto, ao criar pessoas com liberdade significativa, Deus acaba criando a possibilidade de que aconteça o mal decorrente da ação livre desses sujeitos. Plantinga usa uma semântica de mundos possíveis para defender a ideia de que uma pessoa humana P criada por Deus com liberdade significativa poderia fazer pelo menos uma ação má em todos os mundos possíveis que Deus pode atualizar. A essa possibilidade Plantinga chama de "depravação transmundial", alegando que é possível que todas as pessoas humanas sofram desse problema. Em outras palavras, se Deus cria pessoas capazes de ação moralmente boa, então não está em seu poder criar um mundo que, contendo bem moral, não contenha também a possibilidade de mal moral. Plantinga estende essa defesa do livre-arbítrio contra o problema do mal também ao chamado mal natural, que ocorre devido a causas não humanas como terremotos e doenças. Segundo ele, embora isso seja considerado altamente implausível, é possível que essas ocorrências sejam decorrentes da ação má de espíritos não humanos dotados de liberdade, com poderes limitados, mas muito mais poderosos que as pessoas humanas. Com isso se reduz o chamado mal natural ao mal moral e a defesa do livre-arbítrio acaba valendo para esses casos também. Como, para anular o argumento dedutivo do mal, basta apenas trabalhar com a *possibilidade* de que Deus seja onipotente e perfeitamente bom, mas que aconteça o mal mesmo assim, considera-se no debate atual na área que o trabalho de Plantinga foi suficiente para que se deixasse de lado aquela forma de inferência e se concentrasse na versão indutiva desse argumento contra a existência de Deus.

A forma indutiva do problema do mal pretende mostrar que a existência de Deus é improvável em vista da ocorrência de males no mundo. O modo mais comum atualmente de se colocar o argumento nesses termos é pelo uso de noções probabilísticas. Além disso, o que se avalia não é propriamente a existência de Deus, mas a crença de que Deus existe, ou seja, o teísmo. Assim, o que se tem é uma avaliação da probabilidade da hipótese de que Deus existe em vista da afirmação de que existe o mal, em conjunção com outras proposições que constituem o conhecimento de fundo. Trata-se, portanto, de uma probabilidade epistêmica, ou seja, que calcula o quanto os indícios disponíveis confirmam ou infirmam a crença na tese de que Deus existe, especialmente se considerando proposições que afirmam a ocorrência do mal. Embora não seja possível atribuir valores numéricos exatos a esse tipo de avaliação probabilística, pode-se manter a forma do cálculo de probabilidades como instrumento lógico para esclarecer os elementos que devem ser levados em conta nessa discussão e para disciplinar a inferência nesse tipo de raciocínio. Caso seja útil, é possível também atribuir valores numéricos às probabilidades envolvidas, com exatidão semelhante à que se tem na avaliação quantitativa de trabalhos acadêmicos de estudantes, por exemplo.

Assim, a questão é saber qual a probabilidade do teísmo (T) em vista da ocorrência do mal (M) e de conhecimento de fundo (C), ou seja, P(T/M&C). Trata-se de uma probabilidade condicional, cujo cálculo é mais bem captado pelo Teorema de Bayes. No entanto, antes de usarmos esse recurso formal, podemos nos acercar da abordagem indutiva probabilística do problema do mal com algumas noções informais e intuitivas. A ideia que está em questão na avaliação do teísmo em vista do mal nessa abordagem é se a existência de Deus é esperável em vista da ocorrência do mal e de um conjunto de proposições adicionais. Essa avaliação fica mais clara se compararmos, quanto a esse grau de expectativa, o teísmo com a negação deste, ou seja, a tese de que Deus não existe. Em outras palavras, o argumento indutivo do mal contra o teísmo afirmaria que esse fato é muito mais esperável em vista da tese de que Deus não existe do que da hipótese de que Deus existe. Assim, embora a ocorrência do mal não seja logicamente incompatível com a existência de Deus, a versão indutiva desse argumento defende que a ocorrência de males torna comparativamente muito improvável a tese de que existe um Deus tal como postulado pelo teísmo, ou seja, P(T/M&C)«P(~T/M&C). Essa superioridade da negação do teísmo sobre o teísmo em vista desse problema seria verdadeira, especialmente se forem considerados males como o sofrimento intenso de animais indefesos sem nenhum bem que o compense[10].

As respostas dos teístas a esse tipo de argumento geralmente se concentram na apresentação de afirmações que componham o conhecimento de fundo C e que aumentem a probabilidade do teísmo nesse caso. Richard Swinburne (1998), por exemplo, propõe que, no caso de seres conscientes, o mal pode ser uma oportunidade de exercício de ações moralmente boas como o auxílio ao próximo ou o heroísmo desinteressado. Em outros termos, a existência do mal seria uma ocasião de formação do caráter, algo muito menos provável de acontecer num mundo sem desafios que exigissem respostas corajosas e desprendidas[11]. Por outro lado, o mal natural (descartando-se a hipótese indicada por Plantinga vista anteriormente) seria conciliável com a existência de Deus em vista do bem intrínseco

---

10. Ver Rowe (1979).
11. Ver Hick (2010).

que há na existência de ordem física. Em outras palavras, um mundo no qual toda possibilidade de sofrimento fosse contornada por uma ação direta de Deus seria um mundo caótico no sentido de se tornar complexo demais para ser compreendido. Nesse sentido, sendo o sofrimento consequência de uma ordem causal natural, e sendo essa ordem um bem altamente importante, esta compensaria o mal existente, anulando o argumento contra o teísmo[12].

Porém, na segunda edição de seu influente *The Existence of God* (2004), Richard Swinburne admite que a quantidade e a intensidade do mal no mundo excedem em muito aquilo que seria necessário para ocasionar a boa ação moral e permitir o conhecimento da ordem natural. A esse tipo de mal que parece sem sentido, pois não parece servir para nenhum bem, nem parece decorrer de uma situação que seria logicamente inevitável, Marilyn Adams chama de "mal horrendo". Um mal horrendo seria aquele que faria o indivíduo que o sofre preferir não ter nascido por ser forte demais e parecer não ter qualquer significado[13]. Essa outra forma de apresentar o problema do mal tem suscitado duas linhas básicas de resposta em favor do teísmo. Por um lado, argumenta-se com base na "distância epistêmica" entre um Deus infinito e os seres humanos finitos, ou que a própria Filosofia como área do conhecimento é insuficiente para assentar de modo definitivo a improbabilidade da existência de Deus em vista do indício do mal horrendo. Um exemplo desse tipo de estratégia se encontra em Van Inwagen (2008). Outra estratégia que vem sendo explorada é a de Marylin Adams na obra já referida. A tese é de que males horrendos não são um desafio apenas para o teísmo, mas também para o naturalismo, entendido como uma concepção metafísica que defende haver apenas a natureza tal como pode ser explicada pelas ciências empíricas. A intensidade e quantidade do mal não são apenas um problema teórico, mas também existencial, e o naturalismo parece incapaz de responder a uma indagação acerca do sentido da vida em vista do sofrimento agudo. Para Adams, a questão deixa o âmbito meramente filosófico do debate e acaba incorporando elementos de teologia, uma vez que se trata de ver a coerência do teísmo (e mais especificamente do cristianismo) em vista desse fenômeno. Numa linha parecida, Swinburne defende que a improbabilidade do teísmo em vista do indício do mal intenso e em grande quantidade pode ser neutralizada se duas hipóteses auxiliares forem acrescentadas à hipótese básica do teísmo: a da vida após a morte (como compensação pelo sofrimento nesta vida) e a da expiação do mal por parte de Deus que teria se encarnado em Jesus Cristo (dando sentido ao mal horrendo como algo que é inevitável e que Deus mesmo teria se disposto a

---

12. Ver Inwagen (1991).
13. Ver Adams (2000).

sofrer). O problema de ambas as estratégias é que elas parecem tornar a discussão ainda mais difícil pela introdução de elementos teológicos e, como o próprio Swinburne admite, a adição de hipóteses auxiliares ao teísmo torna este menos provável *a priori*, dado o aumento de sua complexidade[14].

3. Epistemologia da crença na existência de Deus

Conforme indicamos na apresentação do problema do mal, a questão originalmente metafísica da existência de Deus é fortemente relacionada ao problema da justificação da crença que a tem por referente. Dito de outra forma, a existência de Deus tem a ver com razões que sustentem essa crença, e não apenas com a coerência interna dos conceitos que a constituem, pois eventuais incoerências seriam fortes argumentos no sentido de descartar essa crença como irracional.

É exatamente a apresentação de argumentos a favor ou contra a existência de Deus a forma mais tradicional de abordar a questão epistemológica envolvida nesse tema. Trata-se de uma das atividades filosóficas mais antigas, remontando à Antiguidade, passando pela Idade Média e sendo atingida por críticas severas no século XVIII, especialmente de Hume e Kant. A Dialética Transcendental da *Crítica da Razão Pura* defende que há apenas três tipos de argumento em favor da existência de Deus: o ontológico (com base no próprio conceito de Deus), o cosmológico (com base na existência do mundo) e o teleológico (com base na existência de ordem no mundo). Kant pretendeu ter mostrado que o ontológico não funciona, pois toma existência como uma propriedade que não poderia faltar a Deus, mas existência não seria uma qualidade, e sim o pressuposto para que algo tenha qualidades. Como apenas o argumento ontológico mostraria a necessidade da existência de Deus (respondendo, assim, à pergunta "e o que justifica a existência de Deus?"), os outros argumentos dependeriam dele. E se ele não funciona e não há outros argumentos possíveis, então a crença na existência de Deus não se justificaria do ponto de vista epistemológico.

A filosofia do século XIX (à exceção, talvez, do idealismo alemão) parece ter considerado os argumentos de Kant definitivos e pouco se fez em termos de argumentação quanto ao valor de verdade do teísmo. A reflexão filosófica sobre a religião se limitou nesse período a aspectos éticos, políticos e existenciais envolvidos no tema. Mas o século XIX também viu o surgimento de uma nova lógica, a partir dos trabalhos de Frege e Russell, e na segunda metade do século XX especialmente, recursos da lógica simbólica, particularmente a referente aos conceitos de possibilidade e necessidade (a chamada lógica modal), puderam ser aplicados ao

---

14. Para uma extensa abordagem do problema do mal na filosofia da religião, ver Martin (1990).

argumento ontológico criticado por Kant e que teria sido proposto originalmente por Anselmo de Cantuária, no século XII.

Um dos principais reformuladores do argumento ontológico foi Charles Hartshorne, especialmente em *The Logic of Perfection* (1962). A reconstrução que ele propõe se baseia no capítulo 3 do *Proslogion* de Anselmo, que teria uma versão do argumento que escaparia à crítica kantiana. Segundo o capítulo 3 do livro de Anselmo: necessariamente, se Deus existe, então Ele existe necessariamente (o que equivale logicamente a dizer que "ou Deus existe necessariamente ou não existe"). Em outras palavras, diferentemente dos entes comuns, a existência de Deus não é uma questão contingente, mas que envolve necessidade: ou ele é impossível ou, se existe, existe necessariamente (chamado abaixo de "Princípio de Anselmo"). Sendo "q" a proposição "existe um ser maximamente perfeito", considere-se uma linguagem na qual "□" simboliza o operador modal de necessidade, na qual este tem como propriedade que ele implica tanto possibilidade (se q é necessário, então q é possível) quanto verdade (se q é necessário, então q é verdadeiro), tal como acontece no sistema S5. Além disso, tenha-se "◊" como operador de possibilidade. Obtemos o seguinte em termos formais:

(1) $\Box(q \rightarrow \Box q)$ Premissa (princípio de Anselmo)
(2) $\Diamond q$ Premissa
(3) $\Box(q \rightarrow \Box q) \rightarrow (\Diamond q \rightarrow \Box q)$ Teorema da lógica modal (S5)
(4) $\Diamond q \rightarrow \Box q$ De (1) e (3), *modus ponens*
(5) $\Box q$ De (2) e (4), *modus ponens*
(6) q   De (5), enfraquecimento

As premissas mais controversas do argumento são (1) e (2). O problema com (1) está na tese de existência necessária, ao afirmar que, se Deus existe, isso não pode ser contingente, pois um ser maximamente perfeito, se existir, deve existir necessariamente. Alvin Plantinga (1974b) esclarece essa ideia com a semântica de mundos possíveis, dizendo que, se existe um ser maximamente perfeito, este deve ser maximamente perfeito em todo mundo possível. Em que sentido essa ideia escapa da crítica de Kant contra a noção de existência como predicado? É que não se está falando de existência apenas, mas de existência necessária e essa seria uma qualidade real, na medida em que é capaz de distinguir um referente lógico como Deus. Mas realmente faria sentido falar de "existência necessária" ou necessidade é algo circunscrito à lógica? Ao menos parte da discussão atual parece alargar a noção de necessidade para além da lógica[15], mas é questionável se isso permite falar de existência necessária no sentido pretendido pelo argumento.

---
15. Ver Swinburne (1993) e Plantinga (1974b).

Por outro lado, a premissa (2) pretende que um ser assim seja possível ou, equivalentemente, que não é necessário que não exista um ser maximamente perfeito. A crítica aqui é de que, dadas possíveis incoerências internas em cada uma das qualidades atribuídas a Deus pelo teísmo ou delas entre si – tal como vimos na primeira parte deste texto –, essa premissa está longe de ser de fácil aceitação. Michael Martin (1990) acrescenta a objeção de que a mesma estrutura argumentativa serviria para provar a existência de um ser maximamente perfeito, mas com uma intenção malévola, ou seja, o argumento não seria apenas em favor de Deus, mas também de uma versão extrema do Gênio Maligno[16].

Talvez em vista dos problemas acima, a discussão sobre o argumento ontológico diminuiu drasticamente de intensidade e volume a partir da segunda metade dos anos 1970. Isso não quer dizer que ele tenha deixado de ser discutido ou que perdeu seu valor para o problema da existência de Deus[17]. O fato é que tem sido explorado – mais ou menos a partir da segunda metade dos anos 1970 – outro modo de lidar com argumentos sobre a existência de Deus como forma de justificar essa crença epistemologicamente: a versão indutiva ou probabilística destes.

A ideia é que diferentes fenômenos que servem de premissa para argumentos em favor da existência de Deus sejam usados como indícios que confirmam num grau limitado essa tese. Em outras palavras, não se pretende que os argumentos demonstrem a existência de Deus de modo dedutivamente necessário, mas que confiram alguma probabilidade a mais para a crença e, dessa forma, possam torná-la epistemologicamente justificada. A imagem usada por Richard Swinburne (2004) – um dos principais proponentes dessa forma de lidar com os argumentos teístas – é a de que cada argumento tomado em si mesmo é como um balde furado, mas se vários baldes furados são colocados uns dentro dos outros, é bem possível que o conjunto todo acabe segurando água. Isso significa que os argumentos não devem ser considerados isoladamente, mas de modo cumulativo. E se cada argumento acrescenta algum grau de confirmação para a hipótese teísta, pode-se ter ao final um resultado satisfatório do ponto de vista da justificação.

O principal instrumento formal para a apresentação e avaliação desses argumentos é o Teorema de Bayes do cálculo de probabilidades, cuja formulação mais simples é a seguinte:

$$P(T/I\&C) = \frac{P(I/T\&C)}{P(I/C)} P(T/C)$$

---

16. Ver Haight (1970).

17. Para um bom levantamento da história do argumento ontológico, ver Plantinga (1965); interessantes reflexões mais recentes sobre o argumento são de Kim (2004) e Pruss (2007).

Numa interpretação indutiva e epistêmica – mencionada anteriormente, quando se tratou do problema do mal – o teorema permite avaliar a probabilidade de uma hipótese (T), condicionada à consideração de determinado indício (I) e de conhecimento de fundo (C). No caso do teísmo, temos: P(T/I&C). Essa probabilidade (denominada "probabilidade posterior") é função de dois fatores: a probabilidade prévia da hipótese (P(T/C)) e seu poder explicativo em relação ao indício. Por sua vez, o poder explicativo da hipótese é uma proporção de duas probabilidades, ou seja, a verossimilhança [*likelihood*] da hipótese (ou o quanto o indício se torna explicado ou mais provável em vista dela) (P(I/T&C)) e a probabilidade prévia do indício (o quanto este é provável, tendo em vista apenas o conhecimento de fundo já estabelecido, ao que se pode chamar também o grau de expectativa do indício sem contar a hipótese) (P(I/C)). O poder explicativo seria, então, expresso pela fórmula $\frac{P(I/T\&C)}{P(I/C)}$, que representa o quanto a hipótese em avaliação acrescenta à explicação do indício, no sentido de torná-lo mais provável. Se o indício já é amplamente compreendido, então seu grau de expectativa será alto e o poder explicativo da hipótese será baixo, pois ela acrescentará pouco ou nada para a explicação daquele. Caso o indício careça de explicação por si mesmo (se não for esperável em vista do conhecimento de fundo existente), o poder de explicação da hipótese tenderá a ser alto pelo fato de esclarecer o indício, como acréscimo ao conhecimento atual. Segundo essa abordagem, então, a probabilidade do teísmo dependerá do quanto forem altas sua probabilidade prévia e seu poder explicativo.

Um problema sério para essa proposta argumentativa é estimar probabilidades para elementos que não estão sujeitos a frequências estatísticas quantitativamente computáveis. No caso da existência de Deus, um modo de estimar seu valor probabilístico é compará-lo com o de sua negação, que seria (principalmente, pelo menos nos dias de hoje) a tese naturalista de que não há nenhuma realidade para além do que pode ser estudado pelas ciências empíricas. Em sua defesa do teísmo nesses moldes, Swinburne se propõe a perguntar sobre a probabilidade do teísmo em vista de fenômenos que são ou muito grandes ou muito estranhos para a ciência explicar. Fenômenos como a existência do universo físico, de ordem inteligível nesse universo, da consciência, de condições para uma vida produtiva seriam exemplos dos tipos mencionados. Swinburne compara a explicação dada pelo teísmo – em termos de poderes, crenças e ações intencionais de Deus – com a explicação científica, que se refere a leis naturais, poderes causais e propensões de entes inanimados. Trata-se de um dualismo epistemológico que distingue explicações científicas do que ele chama de explicações pessoais, sendo o teísmo um exemplo dessas últimas.

O dualismo explicativo postulado por Swinburne significa que explicações pessoais não podem ser reduzidas a, ou eliminadas por, explicações em termos de entes inanimados. Eliminar propósitos como razões para a ocorrência de algo seria perder muito da história do mundo como o conhecemos. Isso não significa que essas explicações não possam ser combinadas às científicas e que eventos materiais e causais não ajudem a entender intenções que levam uma pessoa a realizar determinada ação. Sua tese é que se trata de um nível de explicação diferente e, fundamentalmente, irredutível de dizer por que razão um evento se dá.

Além do poder explicativo do teísmo, há o desafio de estimar sua probabilidade prévia. Probabilidade prévia é uma questão de plausibilidade, ou seja, do quanto a hipótese é provável independentemente de sua avaliação em relação ao indício relevante no caso. Além disso, como é uma tese metafísica, não mensurável em termos estatísticos, a plausibilidade do teísmo terá de ser avaliada de acordo com critérios *a priori*. Para Swinburne, isso é algo comum entre as teorias científicas também, especialmente as mais gerais, como a lei da gravitação de Newton. Em casos assim, não só não há registros quantitativos para estabelecer a probabilidade prévia de uma hipótese, mas o conhecimento de fundo de áreas de conhecimento vizinhas também não é um recurso disponível. Para teses de caráter universal, o critério mais usual para avaliação da probabilidade prévia é o de simplicidade, entendida como a postulação de poucas entidades, poucas propriedades ou poucas explicações adicionais para ser entendida. O teísmo seria simples porque postula um único ser com propriedades que se articulam entre si e que as tem em um grau infinito, o que livra o teísta de ter de explicar por que Deus as teria em determinado grau limitado, e não outro. Por esse critério, o teísmo seria uma hipótese com significativa probabilidade prévia. Com isso, pode-se responder à incômoda pergunta "e o que justifica Deus?" sem precisar recorrer ao argumento ontológico.

Considerando os elementos acima, teríamos:

(1) $P(T/C)>0$
(2) $\frac{P(I/T\&C)}{P(I/C)}$ para I_1, I_2, I_n é crescente, ou seja, cada Ii confirma T em alguma pequena medida (exceto para o problema do mal)
(3) O problema do mal não é suficiente para infirmar T
(4) Logo, $P(T/I\&C)>0,5$

No primeiro passo, como vimos, temos a probabilidade prévia do teísmo. Esta seria maior do que zero (ou seja, não é logicamente impossível nem falsa) em vista da simplicidade dessa postulação metafísica. A plausibilidade do teísmo seria maior que zero, mas não muito maior, pois seria mais simples que não houvesse nada ao invés de algo; mas, como há algo, é mais simples que seja uma inteligência imaterial com qualidades positivas em grau infinito. Isso seria um ponto final na cadeia de explicação mais racionalmente aceitável do que o naturalismo materialista, pois negar o naturalismo parece menos incoerente do que negar a própria inteligência.

Em (2), temos o poder explicativo do teísmo em vista de cada indício discutido por Swinburne. Como mencionado anteriormente, esses são ou fenômenos muito grandes ou muito estranhos para a ciência explicar. Os "muito grandes" se referem a condições para a realização da própria atividade científica (a própria existência do universo e sua ordem), e que não podem ser explicados por ela porque são seus pressupostos. Os "muito estranhos" são aqueles que exigiriam uma teoria tão complexa para explicá-los sem eliminá-los (a consciência e a experiência religiosa, por exemplo) que esta perderia plausibilidade, deixando de ter valor cognitivo. Dito de outro modo, esses fenômenos ficam mais bem explicados como causados em termos últimos pela ação de uma pessoa imaterial maximamente perfeita do que pelo materialismo naturalista. Trata-se de uma confirmação pequena por parte de cada indício, mas o Teorema de Bayes permite a cumulatividade dessas pequenas confirmações ao aumentar a probabilidade prévia da hipótese em vista do indício anterior quando for ser considerado o indício seguinte. Assim, a probabilidade prévia do teísmo quando for considerado o indício da ordem do universo já considera a confirmação dada a T pelo indício da existência do universo. E o incremento dado a T por esses dois indícios já entra na probabilidade prévia deste ao se considerar o indício seguinte, e assim por diante[18].

O passo (3) reconhece que o problema do mal é um argumento contrário ao teísmo e, para Swinburne pelo menos, como já vimos, exige a adição de duas hipóteses auxiliares (a vida eterna e a expiação em Cristo) para ser anulada. Esse acréscimo à hipótese original a torna mais complexa e, portanto, menos plausível. Contudo, ele entende que isso não seria suficiente para tornar o teísmo improvável.

A conclusão (4) estipula a probabilidade posterior do teísmo em um valor maior que 0,5. Isso significa que ela não é falsa ou impossível (probabilidade zero), nem é incerta (probabilidade 0,5), mas tampouco é certamente verdadeira (probabilidade 1). Um valor entre 0,5 e 1 indica, em termos de probabilidade epistêmica, um grau de confirmação suficiente para o assentimento racional segundo a epistemologia bayesiana e é o máximo que a razão argumentativa pode fazer. O grau de certeza que a fé religiosa parece implicar pode tomar esse resultado como base, mas vai exigir muito mais que essa abordagem epistemológica é capaz de oferecer. Isso remete a elementos práticos, referentes a atos como escolhas, compromissos, confiança, que escapam à abordagem pretendida aqui[19].

---

18. Para esclarecimento sobre essa dinâmica do raciocínio probabilista bayesiano, chamada de "regra da condicionalização", ver Phillips (1973).

19. Ver a propósito Swinburne (2005).

Apesar de representar uma inovação na tradicional atividade filosófica de apresentar argumentos sobre a existência de Deus, não faltam problemas para a abordagem bayesiana. O primeiro e mais sério deles, mencionado anteriormente inclusive, está na estimativa de probabilidades para teses metafísicas como o teísmo. Sem o apoio de registros empíricos estatísticos fica difícil falar de probabilidades nesse campo. O uso de conceitos *a priori* como conhecimento de fundo e simplicidade é bastante limitado, pois eles próprios não são nada definidos. Por outro lado, não deixa de ser interessante usar essa forma de raciocínio para disciplinar a reflexão, o que, sem dúvida, já parece um ganho significativo em filosofia. Outro problema que merece uma observação especial é o fato de que a conclusão comparativa acerca do teísmo é em relação a sua negação, mas esta inclui muitos elementos diferentes, pois o teísmo pode ser negado de várias maneiras. O naturalismo materialista ou ontológico é uma das negações do teísmo (embora, talvez, a mais relevante no debate atualmente), mas está longe de ser a única, não apenas do ponto de vista lógico, como também do ponto de vista das concepções metafísicas de fato defendidas no mundo moderno. Isso significa que essa abordagem pode, no máximo (se conseguir resolver os outros problemas que enfrenta), apresentar um argumento em favor do teísmo em relação a um número finito de teses rivais, o que permite apenas uma conclusão relativa sobre a racionalidade da crença em Deus em termos argumentativos.

Mas será que precisamos de argumentos para que a crença na existência de Deus tenha credenciais epistêmicas positivas? Essa é a pergunta que motiva uma das principais correntes da epistemologia da religião contemporânea, a chamada Epistemologia Reformada, cujo principal representante é Alvin Plantinga, já referido várias vezes neste texto. O nome se refere à inspiração encontrada nas ideias do teólogo reformado João Calvino e da tradição calvinista acerca da relação entre razão e fé. Para essa tradição, a crença em Deus não precisa primeiramente demonstrar sua admissibilidade perante um tribunal universal da razão. Tal como muitas – talvez a imensa maioria – das crenças que temos, não necessitamos antes justificá-la argumentativamente para termos direito de crer na existência de Deus. Entendendo-se justificação como a atividade de fundamentar crenças não básicas em crenças básicas (que não carecem de fundamentação além de si mesmas – uma concepção que os epistemólogos chamam de "fundacionismo"), esse processo inferencial seria desnecessário porque a crença em Deus seria básica. Para o teísta em condições epistêmicas adequadas, a existência de Deus é tão evidente quanto a existência do mundo externo ao eu ou a existência de outras mentes além da minha. Em todos esses casos, não há como apresentar um argumento conclusivo imune à dúvida cética, mas poucos defendem que é preciso primeiro responder ao cético antes de se perceber justificado (na prática, pelo menos) em crer que há um mundo externo independente do eu e que existem outras mentes.

Porém, estaria a crença em Deus no mesmo nível dessas duas outras crenças? Ou dito de modo mais geral: a crença em Deus pode ser básica para alguns, mas ela seria básica do modo adequado? Plantinga (1983) defende que a principal recusa do caráter básico da crença em Deus está numa concepção que ele chama de "fundacionismo clássico", encontrável em alguma medida nas ideias de Descartes, Locke e Hume. Segundo essa concepção, ideias propriamente básicas seriam aquelas imunes à dúvida como as verdades da razão (a existência do eu pensante, as leis da lógica, as verdades matemáticas) e estados mentais como as impressões sensíveis. Como a crença na existência de Deus não cabe em nenhuma dessas categorias, não pode ser considerada propriamente básica e, por isso, precisa de argumentos para ser considerada epistemologicamente aceitável.

Plantinga apresenta dois argumentos contra o fundacionismo clássico. Em primeiro lugar, essa concepção deixa como injustificada a imensa maioria de nossas crenças que normalmente pensamos ser tranquilamente aceitáveis do ponto de vista epistemológico, como as da existência de outras mentes e de um mundo externo a minha mente. Nos estreitos limites do fundacionismo clássico, dificilmente se consegue escapar do ceticismo quanto à existência de outras mentes ou do solipsismo, que é a antessala do ceticismo global. Nada muito abonador para uma teoria epistemológica. Em segundo lugar, o fundacionismo clássico tira o chão dos próprios pés, ao não se enquadrar dentro dos critérios que ele mesmo estabelece para uma crença ser justificada. Em outros termos, uma vez que ele não é nem uma verdade de razão nem é evidente como estado mental sensorial ou de outro tipo, o fundacionismo clássico não é uma teoria básica, e como não apresenta argumentos a seu favor baseados nesse tipo de crença básica, ele não se justifica nos próprios termos. Sendo assim, afirma Plantinga, o mais recomendável é ampliarmos o espectro de crenças que podem ser consideradas adequadamente básicas e, assim, justificadas sem necessidade de argumento prévio, o que poderia incluir a crença em Deus.

Contudo, não se corre o risco de ser permissivo demais e se ter de admitir que qualquer crença, por mais bizarra que seja, é básica e, por isso, justificada? Segundo os epistemólogos reformados, sua proposta não tem esse tipo de consequência relativista, pois ela estabelece condições para uma crença poder ser positivamente avaliada em termos epistêmicos. Não se trata apenas de coerência interna ou de ser capaz de responder a questionamentos de modo argumentativo, mas de apresentar também condições de garantia ou aval epistêmico (*warrant*). Plantinga (1993) desenvolve sua teoria do conhecimento numa perspectiva externalista, preocupando-se em mostrar que condições deveriam ser cumpridas para que uma crença verdadeira pudesse ser tomada como conhecimento. Basicamente, trata-se de ser produzida por um processo ou aparato que funcione bem, que o meio seja adequado para que o funcionamento se dê de forma correta, que o mecanismo de produção da crença seja voltado para o objetivo de produção de crenças verdadeiras (e não outro objetivo não epistêmico, como o conforto psicológico ou o sucesso prático) e que seja provável que esse processo ou aparato produza crenças verdadeiras.

Naquela que é considerada sua *opera magna*, Plantinga (2000) apresenta um modelo destinado a mostrar que o teísmo cumpre as condições de garantia, ou seja, as condições para ser uma crença passível de ser considerada conhecimento. Esse modelo seria inspirado nas ideias de João Calvino e Tomás de Aquino acerca da existência em todo ser humano de um "senso de Deus" inato, uma espécie de aparato que nos permitiria reconhecer a existência dele, desde que o meio fosse favorável para o bom funcionamento dessa capacidade cognitiva. Uma vez que, nesse modelo, o *sensus divinitatis* é criado por um ser perfeito e onipotente (de quem se pode esperar que vá criar um aparato confiável) com vistas ao seu conhecimento por nós, duas das quatro condições acima se cumprem. O problema é que o meio nem sempre é favorável e é por isso que muitos de nós não conseguimos ter essa crença ou, se a temos, é sem muita convicção. Ou seja, não é a crença em Deus que é problemática nesse modelo, mas a descrença. O problema é saber por que pensar que esse modelo corresponde à verdade, mas a isso Plantinga responde que a tese naturalista não é tampouco fundamentada, ou seja, não há por que partir de um modelo que pressuponha a inexistência de Deus.

Na verdade, Plantinga não pensa que o naturalismo ontológico esteja na mesma situação epistêmica que o teísmo. Enquanto este depende de Deus existir de fato para que o modelo que lhe dá *status* de conhecimento seja completamente efetivo (a questão epistemológica *de jure* depende da questão metafísica *de facto*), o naturalismo tem problemas muito mais sérios com os quais lidar. Ao final de Plantinga (1993) há a primeira versão de um argumento contra o naturalismo materialista, entendido, como já dito, como a tese metafísica que exclui a possibilidade da existência de Deus, pois admite que é real apenas o que pode ser estudado pelas ciências empíricas. O argumento foi objeto de intenso debate, tendo sido especialmente discutido em Beilby (2002) e reformulado em Plantinga (2011).

O argumento evolucionário contra o naturalismo pretende mostrar que é baixa a confiabilidade de que o aparato cognitivo humano será capaz de nos dar crenças verdadeiras, considerando-se apenas a conjunção entre o naturalismo ontológico e a teoria da evolução por seleção natural neodarwinista. A ideia, fundamentalmente, é que a teoria neodarwinista descreve o processo de constituição de órgãos e capacidades tendo em vista o quanto estes contribuem para a sobrevivência e reprodução. Como são fins práticos, estes podem ser obtidos por diferentes meios, o que inclui a produção de crenças verdadeiras de modo apenas acidental. Em outras palavras, uma vez que o naturalismo materialista não acrescenta nada à descrição científica oferecida pelo neodarwinismo (pois depende da própria ciência em sua ontologia), a probabilidade de que nosso aparato cognitivo será capaz de nos dar crenças verdadeiras é, no máximo, indeterminada, dada a acidentalidade da relação entre verdade e objetivos práticos como sobrevivência e reprodução.

O problema é que, havendo uma probabilidade no máximo indeterminada de que nosso aparato cognitivo será capaz de nos levar à verdade, não temos como confiar nele para esse fim. Sendo assim, não temos como confiar que seja verdadeira a própria teoria neodarwinista ou o naturalismo materialista. Isso significa que o naturalismo destrói a própria possibilidade de sua credibilidade, ou seja, a julgar pelo naturalismo ontológico em conjunção com a ciência, não temos razão para acreditar que essa tese metafísica deva ser aceita.

Além disso, esse resultado faz questionar se o naturalismo materialista é mesmo a melhor base metafísica para a ciência moderna. Melhor seria uma concepção que colocasse como a realidade fundamental uma inteligência imaterial que valoriza a verdade. Se essa concepção também postula que nossa capacidade cognitiva está voltada para o conhecimento, pois somos *imago Dei*, ainda que por um processo de evolução por seleção natural, então deixamos de ter os problemas que tornam o naturalismo inviável.

Essa crítica de Plantinga ao naturalismo não chega a fundamentar a crença na existência de Deus, mas pretende neutralizar a principal teoria metafísica que se opõe a ela atualmente. A ela se juntam outras críticas desde outros pontos de partida que não a confiabilidade do aparato cognitivo, especialmente Rea (2004) e Reppert (2003).

Além do debate acerca do naturalismo, o problema da existência de Deus suscitou outras abordagens dignas de menção, mas que não terão como ser tratadas aqui, como o contextualismo wittgensteiniano de Phillips (1965 e 1993) e Malcolm (1994), ou a epistemologia da experiência religiosa de Alston (1991).

Em suma, o problema da existência de Deus na filosofia analítica contemporânea suscita questões das mais variadas áreas de investigação filosófica atual, servindo como teste extremo para diferentes propostas teóricas. Por outro lado, é notável o esforço de restabelecer o teísmo como uma opção merecedora de discussão séria enquanto tese metafísica. Uma implicação desse esforço para a atividade filosófica hoje é que a existência de Deus é um conceito metafísico altamente problemático, mas não impossível e talvez ainda frutífero intelectualmente. A sofisticação do debate e o quanto este pode render em resultados para a filosofia em geral já são ganhos positivos, mesmo que ele não tenha chegado a uma conclusão ainda (se é que algum dia o terá).

Referências

ADAMS, Marilyn. *Horrendous Evil and the Goodness of God*. Ithaca: Cornell University Press, 2000.

ALSTON, William. *Perceiving God: The Epistemology of Religious Experience*. Ithaca/London: Cornell University Press, 1991.

BACKER, Lynne. *Naturalism and the First Person Perspective*. Oxford: Oxford University Press, 2013.

BEILBY, James (ed.). *Naturalism Defeated? Essays on Plantinga's Evolutionary Argument Against Naturalism*. Ithaca, NY: Cornell University Press, 2002.

FRANKFURT, Harry. Alternate Possibilities and Moral Responsibility. In: *Reason & Responsibility: Readings in Some Basic Problems of Philosophy*, edited by Joel Feinberg and Russ Shafer-Landau, p. 486-492. California: Thomson Wadsworth, 2007.

HAIGHT, David; HAIGHT, Marjorie. An Ontological Argument for the Devil. *The Monist* 54 (2), p. 218-220, 1970.

HARTSHORNE, Charles. *The Logic of Perfection*. London: Open Court, 1991.

HICK, John. *Evil and the God of Love*. London: Palgrave MacMillan, 2010.

HUDSON, H. *A Materialist Metaphysics of the Human Person*. Ithaca, NY: Cornell University Press, 2001.

KIM, H. Jong. What does the second form of the ontological argument prove? In: *International Journal for Philosophy of Religion*, vol. 56 (1), p. 17-40, 2004.

MACKIE, J. L. *Evil and Omnipotence Mind*, New Series, vol. 64, n. 254, p. 200-212, 1955.

MALCOLM, Norman. *Wittgenstein: A Religious Point of View*. Ithaca, NY: Cornell University Press, 2004.

MARTIN, Michael. *Atheism: A Philosophical Justification*. Philadelphia: Temple University Press, 1990.

OPPY, G.; SAWARD, M. Molinism and divine prophecy of free actions. *Religious Studies*, 50, p. 235-244, 2014.

PERSZYK, Ken (ed.). *Molinism: The Contemporary Debate*. Oxford: OUP, 2012.

PHILLIPS, D. Z. *The Concept of Prayer*. Oxford: Blackwell, 1965.

_____. *Wittgenstein and Religion*. London: Macmillan, 1993.

PHILLIPS, Laurence. *Bayesian Statistics for Social Scientists*. London: Nelson, 1973.

PLANTINGA, Alvin. *God, Freedom, and Evil*. Grand Rapids, MI: Eedmans, 1974a.

_____. Reason and Belief in God. In: PLANTINGA, A.; WOLTERSTORFF, N. (eds.). *Faith and Rationality – Reason and Belief in God*. Notre Dame: University of Notre Dame Press, p. 16-93, 1983.

_____. *The Nature of Necessity*. Oxford: Clarendon, 1974b.

_____ (ed.). *The Ontological Argument*. New York: Doubleday, 1965.

_____. *Warrant and Proper Function*. New York: Oxford University Press, 1993.

_____. *Warranted Christian Belief*. New York: Oxford University Press, 2000.

_____. *Where the Conflict Really Lies – Science, Religion and Naturalism*. New York/Oxford: OUP, 2011.

PRUSS, Alexander. A Gödelian ontological argument improved. In: *Religious Studies*, vol. 45 (3), p. 347-353, 2009.

REA, Michael. *World without Design – Ontological Consequences of Naturalism*. New York: Oxford University Press, 2004.

REPPERT, Victor. *C. S. Lewis's Dangerous Idea*. Downers Grove, IL: IVP Academic, 2003.

ROWE, William. The problem of evil, and some varieties of atheism. In: *American Philosophical Quarterly*, vol. 16, n. 4, p. 335-341, 1979.

SWINBURNE, Richard. *Faith and Reason – Second Edition*. Oxford: OUP, 2005.

_____. *Is There a God? – Revised Edition*. Oxford: Oxford University Press, 2010.

_____. *Providence and the Problem of Evil*. Oxford: OUP, 1998.

_____. *The Coherence of Theism*. Oxford: Clarendon, 1993.

_____. *The Existence of God – Second Edition*. Oxford: Oxford University Press, 2004.

VAN INWAGEN, Peter. The problem of evil, the problem of air, and the problem of silence. *Philosophical Perspectives*. vol. 5, p. 135-165, 1991.

_____. *The Problem of Evil*. Oxford: OUP, 2008.

ZAGZEBSKI, Linda. *The Dilemma of Freedom and Foreknowledge*. New York: Oxford University Press, 1991.

Paradoxos da onisciência

Guilherme A. Cardoso
Sérgio R. N. Miranda

A questão fundamental acerca da existência de Deus é tratada pelos filósofos primariamente como uma questão sobre a verdade do teísmo, ou seja, a respeito da verdade da doutrina segundo a qual há um criador do cosmo, um ser incorpóreo e eterno com determinados atributos pessoais, entre os quais a onipotência, a onisciência e a bondade perfeita. Esse tema divide os filósofos em três grupos: os teístas, que afirmam a verdade do teísmo, os ateístas, que negam o teísmo, e, por fim, os agnósticos, que suspendem o juízo sobre a questão. Neste capítulo, estamos interessados nos argumentos que apoiam o ateísmo. Mais especificamente, discutiremos dois argumentos que visam estabelecer não só a falsidade do teísmo, mas a conclusão ainda mais forte de que o teísmo é uma doutrina necessariamente falsa.

Uma via direta para estabelecer que o teísmo é uma doutrina necessariamente falsa é mostrar que é impossível existir um indivíduo com os atributos que o teísta afirma serem os atributos divinos. O ateísta busca mostrar que o teísta está comprometido com a existência de algo tão absurdo quanto uma figura geométrica ao mesmo tempo circular e quadrática ou uma pessoa ao mesmo tempo solteira e casada. Em tempos recentes, muitos filósofos defenderam de forma competente o teísmo contra esses argumentos de impossibilidade e um número ainda maior pensa que o ateísta mira alto demais e erra o alvo quando sustenta que o teísmo é necessariamente falso. Mesmo assim, a questão está longe de ser decidida. Há muitos argumentos ateístas de impossibilidade não respondidos, entre os quais destacamos os argumentos que exploram a ideia de que a onisciência é um atributo essencial de Deus, ou seja, um atributo sem o qual ele não pode existir, e igualmente um atributo impossível de ser satisfeito por qualquer indivíduo, assim como "ser círculo quadrático" ou "ser solteiro casado" não podem ser satisfeitos por qualquer coisa.

Denominamos os argumentos baseados na ideia de que a onisciência é insatisfatível de paradoxos da onisciência. Para discutir esses paradoxos, acompanharemos o seguinte percurso. Em primeiro lugar, expusemos o *Paradoxo do Mentiroso Divino*, que explora um paralelo entre o predicado de verdade e o atributo da onisciência. Na sequência, apresentamos um argumento que explora a tensão entre a pressuposição de haver um conjunto que contém todas as verdades conhecidas por um ser onisciente e um teorema importante provado por Cantor. Vamos chamá-lo de *Argumento Cantoriano*. Após as apresentações dos paradoxos, discutimos duas respostas alternativas: a resposta dialeteísta e a nossa resposta baseada na lógica que anteriormente havíamos denominado de *Logic of Impossible Truths* (LIT). Seguem-se algumas observações finais a título de conclusão.

1. O Paradoxo do Mentiroso

O Paradoxo do Mentiroso Divino é um argumento análogo ao tradicional paradoxo semântico do mentiroso, tanto em relação aos seus ingredientes quanto em relação às regras de inferência utilizadas na sua elaboração. Vejamos então quais seriam esses ingredientes e quais seriam essas regras de inferência, começando com o Paradoxo do Mentiroso[1].

Uma versão simples do mentiroso parte de uma sentença autorreferencial M que atribui falsidade a si mesma:

$$M \text{ é falsa} \quad (M)$$

Sentenças autorreferenciais como M são facilmente obtidas no uso cotidiano da linguagem natural por meio de expressões indexicais como *eu, este* e *hoje*, citações e nomeações de sentenças. E mesmo no caso das linguagens formais obtemos facilmente sentenças autorreferenciais por meio da diagonalização. Esse procedimento é, *grosso modo*, o seguinte. Seja $\phi(x)$ uma fórmula bem formada com uma variável da linguagem formal L e $\ulcorner\phi\urcorner$ o numeral do código para essa fórmula. Obtemos a diagonalização da fórmula original substituindo o numeral da codificação da fórmula pela variável. Obteremos então: $\phi(\ulcorner\phi\urcorner)$. Tomando a verdade e a falsidade como predicados exprimíveis em L, podemos, por meio da diagonalização, construir sentenças análogas à

---

[1]. Uma apresentação do Paradoxo do Mentiroso muito útil é o verbete *"Liar Paradox"* da *Stanford Encyclopedia of Philosophy*, escrito por Beall, Glanzberg e Ripley. Uma discussão detalhada do Paradoxo do Mentiroso envolvendo respostas não contempladas neste artigo pode ser encontrada em Cardoso (2018).

sentença do mentiroso, ou seja, sentenças que são verdadeiras se, e somente se, são falsas.

A sentença do mentiroso leva à contradição do seguinte modo. M é verdadeira ou falsa. Supondo que M é verdadeira, obtemos, por substituição, que (i) "M é falsa" é verdadeira, donde se segue que (ii) M é falsa. Portanto, nessa suposição, (iii) M é verdadeira e falsa. Supondo agora que M é falsa, visto que isso é exatamente o que M afirma, então (iv) "M é falsa" é verdadeira, donde se segue, por substituição, que (v) M é verdadeira. Portanto, nessa suposição, (vi) M é verdadeira e falsa. Concluímos então que (vii) em qualquer caso, M é verdadeira e falsa. Absurdo!

De modo geral, os paradoxos colocam dificuldades para a explicação de conceitos muito caros aos filósofos. Em particular, o Paradoxo do Mentiroso coloca a séria dificuldade de avançar uma teoria sobre a verdade que ao mesmo tempo capte as nossas intuições fundamentais sobre esse conceito e não leve à contradição do mentiroso. Entre essas intuições, vale a pena ressaltar, estão dois princípios que fazem parte do raciocínio precedente que levou à contradição. Elas são os princípios de Captura e Soltura do predicado T de verdade:

$$A \vdash T(\ulcorner A \urcorner) \quad \text{(Captura)}$$
$$T(\ulcorner A \urcorner) \vdash A \quad \text{(Soltura)}$$

A letra "A" simboliza uma sentença, "T" o predicado de verdade, "⊢" uma noção genérica de implicação, a ser especificada em conformidade com o tipo de lógica que se adota, e, finalmente, as cantoneiras "⌜" e "⌝" indicam que o predicado T é atribuído não à letra A, mas a um nome da sentença (o numeral do código) que aparece do outro lado da implicação. No argumento introduzido acima, de (i) *"M é falsa" é verdadeira*, passamos a (ii) *M é falsa* utilizando a regra de Soltura, e a suposição de que *M é falsa* implica que (iv) *"M é falsa" é verdadeira* pela regra de Captura.

Além desses dois princípios, o argumento do mentiroso assume que:

$$\vdash A \lor \neg A \quad \text{(PTE)}$$
$$A \land \neg A \vdash B \quad \text{(PE)}$$
$$\text{Se } A \vdash B, A \vdash C, \text{ então } A \vdash B \land C \quad \text{(PA)}$$
$$\text{Se } A \vdash C, B \vdash C, \text{ então } A \lor B \vdash C. \quad \text{(PD)}$$

PTE é o princípio do terceiro excluído da lógica clássica, segundo o qual a disjunção de uma sentença e sua negação é um teorema dessa lógica (ele é verdadeiro em qualquer caso). Se entendemos que a negação de uma sentença A é equivalente à falsidade dessa sentença, obteremos a bivalência empregada no argumento do mentiroso apresentado anteriormente.

PE é o Princípio de Explosão da lógica clássica, segundo o qual derivamos qualquer sentença de uma contradição, incluindo outra contradição. PE tornaria qualquer teoria inconsistente trivial, uma vez que por meio desse princípio podemos derivar qualquer coisa de uma teoria que admite contradições. Assim, o argumento do mentiroso tornaria trivial qualquer teoria da verdade na qual possamos formular a sentença do mentiroso e derivar a partir dela uma contradição.

PA é o princípio de adjunção, segundo o qual derivamos a conjunção de sentenças que podemos derivar de uma ou mais sentenças. No argumento do mentiroso, utilizamos esse princípio quando derivamos (iii) da suposição de que M é verdadeira e (vi) da suposição de que M é falsa.

Finalmente, PD é o princípio de disjunção, segundo o qual podemos derivar uma sentença qualquer da disjunção das duas disjuntas que independentemente acarretam essa sentença. Essa regra é introduzida no último passo do argumento no qual concluímos que M é verdadeira e falsa em qualquer caso.

Vimos até agora os ingredientes do Paradoxo do Mentiroso: a construção da sentença do mentiroso M, os princípios de Captura e Soltura relativos à verdade e os princípios PTE, PE, PA e PD. Soluções para o paradoxo podem ser buscadas na consideração desses ingredientes. Pode-se, por exemplo, buscar restringir o alcance das regras de Captura e Soltura, como acontece com a abordagem hierárquica proposta por Tarski, ou recusar o PTE ou o PE, como é sugerido pelas soluções que incorporam lógicas não clássicas paracompletas ou paraconsistentes. As propostas de solução para o Paradoxo do Mentiroso Divino mais populares não diferem substancialmente das propostas de solução do paradoxo tradicional do mentiroso. Discutiremos na seção 3 uma solução dialeteísta dos paradoxos e na seção 4 uma alternativa não dialeteísta baseada em LIT.

2. O Paradoxo do Mentiroso Divino

A onisciência é vista como um dos atributos essenciais de Deus. Mas o que vem a ser a onisciência? Parece evidente que um indivíduo é onisciente se, e somente se, ele sabe de tudo, quer dizer, se ele tem o conhecimento de todas as verdades. Essa intuição parece-nos correta e deve ser preservada em uma definição adequada da onisciência. Mas note o seguinte: embora ter o conhecimento de todas as verdades é necessário para a onisciência, não se trata de uma condição suficiente. Não parece que um indivíduo que tem um monte de falsidades entre as suas crenças é um ser onisciente, mesmo que ele também acredite em todas as verdades. E o mesmo diremos de um ser que poderia facilmente estar enganado em suas crenças ou que chega ao conhecimento de todas as verdades por mero acaso e sorte. Desse modo, não acreditar em falsidades, não estar sujeito ao erro e não chegar a acreditar em verdades por sorte são também condições necessárias para a onisciência.

Uma definição adequada que incorpora todas as condições necessárias da onisciência pode então ser colocada nestes termos:

Onisciência $=_{def}$ Um ser S é onisciente se, e somente se, para toda sentença A, (i) A é verdadeira se, e somente se, S acredita que A, (ii) A é falsa se, e somente se, S desacredita que A, (iii) A seria verdadeira se, e somente se, S acreditasse que A e (iv) A seria falsa se, e somente se, S desacreditasse que A.

Dada a compreensão usual da onisciência, a condição (i) parece-nos bastante óbvia, porque ter o conhecimento de todas as verdades implica acreditar em toda e qualquer sentença verdadeira. A condição (ii) é necessária porque exclui o erro de atribuir a onisciência a um ser que forma crenças sobre todas as verdades, mas também incorpora crenças falsas entre as suas crenças. As condições (iii) e (iv) são também necessárias. Elas exprimem a ideia de que o ser onisciente não sucumbe facilmente ao erro e nem as suas crenças verdadeiras são produtos do mero acaso e da sorte. As condições (i)-(iv) são individualmente necessárias e conjuntamente suficientes da onisciência.

Quando introduzimos o predicado O de onisciência na teoria do teísmo, introduzimos, ao mesmo tempo, dois princípios análogos aos princípios que governam o predicado de verdade. Vamos chamá-los de Captura* e Soltura*:

$$A \vdash O(\ulcorner A \urcorner) \quad (\text{Captura}^*)$$
$$O(\ulcorner A \urcorner) \vdash A \quad (\text{Soltura}^*)$$

Assumindo para a teoria do teísmo os princípios da lógica clássica mencionados na seção anterior e ainda que podemos construir nessa teoria uma sentença atribuindo a si mesma o predicado de não ser acreditada por Deus, podemos derivar uma contradição do seguinte modo. Seja MD a sentença do mentiroso divino:

Deus acredita que MD é falsa   (MD)

MD é verdadeira ou MD é falsa. Suponha que seja verdadeira. Nesse caso, visto que MD é verdadeira, é verdadeiro que Deus acredita que MD é falsa. Contudo, dada a suposição da verdade de MD, Deus acredita em uma falsidade. Segue-se então, pela condição (ii) da onisciência, que Deus, acreditando em uma falsidade, não é um ser onisciente. Suponha agora que MD é falsa. Assim, sendo MD falsa, não é o caso que Deus acredita que MD é falsa. Dada a suposição de que MD é falsa, há uma verdade – a de que MD é falsa – que não é acreditada por

Deus. Dada a condição (i) da onisciência, por não acreditar em todas as verdades, segue-se que Deus não é um ser onisciente. A conclusão do argumento é que em qualquer um dos casos inicialmente cogitados, ou seja, da verdade ou falsidade de MD, Deus não é um ser onisciente.

O leitor deve notar que não há aqui um problema genérico a respeito das crenças em sentenças autorreferenciais. O problema surge quando atribuímos a onisciência a um indivíduo. Para ver o porquê disso, suponha que na verdade a sentença autorreferencial diga respeito a Zeus, um ser menos do que onisciente:

$$\text{Zeus acredita que MZ é falsa} \qquad (MZ)$$

Se MZ for verdadeira, Zeus acredita em uma falsidade, o que não é um grande problema, visto que Zeus é um ser sujeito ao erro. Da mesma forma, se MZ for falsa, não há problema algum em Zeus, um ser com limitações cognitivas, não ter a crença de que MZ é falsa. Contudo, atribuindo onisciência a um indivíduo, somos levados pelo argumento acima à conclusão de que esse indivíduo é onisciente e não é onisciente.

O desafio do teísta é mostrar como podemos manter que Deus é onisciente sem ter de admitir a contradição e a trivialidade. Esse desafio se torna ainda maior se considerarmos que a onisciência dá origem não só a um paradoxo que se apoia em certas similaridades da noção de onisciência com a noção de verdade, mas também a um paradoxo que explora uma conexão entre o conjunto de todas as verdades que seriam acreditadas por um Deus onisciente e a existência de um conjunto universal que conteria todos os conjuntos. Encontraremos aqui também uma impossibilidade.

3. O Argumento Cantoriano

Assim como o Paradoxo do Mentiroso Divino, o Argumento Cantoriano contra a possibilidade da onisciência foi desenvolvido pelo filósofo norte-americano Patrick Grim em *The Incomplete Universe*[2]. Esse argumento de Grim é qualificado como um Argumento Cantoriano porque é largamente baseado em uma prova desenvolvida por Cantor sobre a cardinalidade de conjuntos. Eis o teorema provado por Cantor:

$$|Pow(A)| > |A| \qquad (TC)$$

---

2. Uma versão simplificada do Argumento Cantoriano está publicada na coletânea *Um Mundo sem Deus*, organizada por M. Martin (Edições 70 [2010], cap. 12). Um tratamento mais amplo aparece em artigos do próprio Grim na coletânea *The Impossibility of God*, organizada por Martin e Monnier (Prometheus Books [2003]), como também no citado *The Incomplete Universe* (MIT Press [1991]).

O teorema afirma que a cardinalidade (*grosso modo*, o tamanho) do conjunto potência de um conjunto qualquer A, *i. e.*, o Pow(A) formado pelos subconjuntos de A, é maior do que a cardinalidade desse conjunto. Uma consequência imediata do Teorema de Cantor é que não pode haver um conjunto universal U que contenha todos os conjuntos, uma vez que, nesse caso, $U \equiv Pow\,(U)$, o que de acordo com TC é impossível. Esse resultado é importante para a prova de Grim.

Como vimos, um ser é onisciente se, e somente se, acredita em todas as sentenças verdadeiras e não tem crenças falsas. O argumento desenvolvido por Grim tenta mostrar que essa condição é impossível de ser satisfeita, porque não pode existir algo como o conjunto de todas as sentenças verdadeiras. Ele é um Argumento Cantoriano porque espelha o argumento original de Cantor para estabelecer TC. Eis o argumento de Grim:

> Suponha o conjunto de todas as verdades T= $\{t_1, t_2, t_3 \ldots\}$ e Pow(T) o conjunto potência de T, ou seja, Pow(T) = $\{\{t_1\}, \{t_2\}, \{t_3\}, \ldots \{t_1, t_2\}, \{t_1, t_3\} \ldots \{t_1, t_2, t_3\} \ldots\}$. Visto que T contém todas as verdades, T conterá a resposta verdadeira para cada pergunta se uma determinada t_n é elemento ou não de um dos subconjuntos do Pow(T). Assim, deve haver, ao menos, tantas verdades em T quanto há subconjuntos no Pow(T), ou seja, $|T| \geq |Pow(T)|$. Ora, visto que para cada t_n em T haveria um conjunto unitário $\{t_n\}$ no Pow(T), a cardinalidade de T não pode ser maior do que a cardinalidade do Pow(T). Logo, $|Pow(T)| \equiv |T|$. Contudo, tal conclusão contradiz o teorema provado por Cantor e o ponto de partida do raciocínio deve ser, portanto, recusado: não há um conjunto de todas as verdades T.

A lição do argumento é que haveria mais sentenças verdadeiras do que aquelas que são elementos de T, porque, havendo mais elementos no Pow(T) do que em T, haverá mais respostas verdadeiras para as perguntas se uma verdade t_n é elemento de um subconjunto do Pow(T) do que a quantidade de verdades em T. Ora, T era supostamente o conjunto de todas as verdades, que, agora, sabemos não ser possível. Portanto, se a afirmação do teísta de que há um ser que conhece todas as verdades pressupõe haver um conjunto T de todas as verdades, dado que T não é possível, segue-se que não há um ser que conhece todas as verdades. Finalmente, se, como parece ser o caso, a onisciência é um dos atributos essenciais de Deus, segue-se que ele não existe.

4. O dialeteísmo

A resposta dialeteísta ao Paradoxo do Mentiroso consiste em admitir a conclusão do argumento como verdadeira, ou seja, admitir como verdadeiro que a sentença do mentiroso é ao mesmo tempo verdadeira e falsa. Essa resposta pode ser estendida ao Paradoxo do Mentiroso Divino neste sentido: é verdadeiro que

Deus é um ser onisciente que tem conhecimento de todas as verdades e não forma crenças falsas e ao mesmo tempo não é um ser onisciente porque tem uma crença falsa (caso a sentença do mentiroso divino seja verdadeira) ou deixa de acreditar em alguma verdade (caso a sentença do mentiroso divino seja falsa). Da mesma forma, o dialeteísta diria em relação ao Argumento Cantoriano que é verdadeiro que Deus tem o conhecimento de todas as verdades que estão no conjunto de todas as verdades e não há um conjunto de todas as verdades. O leitor certamente pode pensar que essa solução dialeteísta é muito apressada e terminaria por conduzir-nos à irracionalidade. E ele teria razão se o dialeteísmo não fosse apoiado em um sistema de lógica que isola o poder destruidor das contradições.

A Lógica do Paradoxo (LP) desenvolvida por G. Priest cumpre esse papel. Trata-se de uma lógica trivalente que assume, além dos dois valores da lógica clássica, o verdadeiro e o falso, a aglutinação do verdadeiro e do falso como valor atribuível às sentenças de LP. Note ainda que há diferenças substanciais entre LP e a lógica clássica a respeito dos conectivos lógicos. Considere a negação. A negação de uma sentença na lógica clássica inverte os valores do verdadeiro e do falso. Em LP, essa inversão só ocorre parcialmente: a negação de uma sentença verdadeira será falsa e a negação de uma sentença falsa será verdadeira, porém uma sentença que recebe o valor aglutinado permanece com esse valor quando é negada. Considere agora a conjunção. Na lógica clássica, se uma sentença é falsa, a sua conjunção com outra é também falsa. Em LP, contudo, se uma das conjuntas tem o valor aglutinado, então a sua conjunção com outra sentença é falsa, caso essa sentença seja falsa, ou aglutinada, caso essa sentença seja verdadeira. Quanto à disjunção, sabemos que na lógica clássica a disjunção só é falsa caso as duas disjuntas forem também falsas. Similarmente, em LP a disjunção recebe o valor verdadeiro, caso uma das disjuntas seja verdadeira, ou será falsa, caso as duas disjuntas sejam falsas, mas também recebe o valor aglutinado, caso uma das disjuntas receba esse valor. Finalmente, temos o caso complexo da condicional material. Na lógica clássica, uma condicional é considerada falsa se, e somente se, a sua antecedente é verdadeira e a consequente falsa; em todos os outros casos a condicional é verdadeira. Em LP, se a antecedente da condicional é verdadeira, ela será verdadeira se, e somente se, a sua consequente for também verdadeira; se a antecedente for falsa, ela será verdadeira em todos os casos; finalmente, se a antecedente receber o valor aglutinado, a condicional é verdadeira caso a consequente seja verdadeira e recebe o valor aglutinado nos outros casos.

Tomando v como sendo o verdadeiro, f como o falso, e b como sendo a aglutinação do verdadeiro e do falso, podemos visualizar o comportamento dos conectivos de LP nas seguintes tabelas de verdade:

¬	
v	f
b	b
f	v

Negação

∧	v	b	f
v	v	b	f
b	b	b	f
f	f	f	f

Conjunção

∨	v	b	f
v	v	v	v
b	v	b	b
f	v	b	f

Disjunção

⊃	v	b	f
v	v	b	f
b	v	b	b
f	v	v	v

Condicional Material

É relevante notar que a noção de consequência lógica em LP é a mesma da lógica clássica, ou seja, uma inferência é válida se, e somente se, preserva a verdade das premissas para a conclusão. Porém, visto que algumas sentenças recebem os valores verdadeiro e falso ao mesmo tempo, o conjunto de valores designados é {v, b}. Esse caráter de LP tem consequências importantes tanto para a discussão do Paradoxos do Mentiroso e do Paradoxo do Mentiroso Divino quanto para o Argumento Cantoriano de Grim.

Considere a acusação de que o teísmo é uma doutrina inaceitável porque envolve contradição e trivialidade. A base dessa acusação é o Princípio de Explosão (PE), validado pelo seguinte raciocínio:

1) $A \wedge \neg A$ (Sup)
2) A (1, $\wedge^-$)
3) $\neg A$ (1, $\wedge^-$)
4) $A \vee B$ (2, $\vee^+$)
5) B (3, 4, SD)
6) $\therefore (A \wedge \neg A) \supset B$ (1-5, $\supset^+$)

Neste raciocínio, partimos da suposição da contradição ($A \wedge \neg A$) e avançamos por meio de eliminações da conjunção (passos 2 e 3), introdução da disjunção (passo 4) e Silogismo Disjuntivo (passo 5) para obtermos a conclusão de que uma contradição implica qualquer sentença aleatória B por meio da introdução da condicional. A situação é realmente grave, visto que B pode ser igualmente uma contradição, a partir da qual podemos inferir alguma outra, e mais outra, e mais outra, gerando ao final um sem-número de contradições. Porque permite estabelecer e provar qualquer coisa, incluindo outras contradições, diremos que uma teoria que permite contradições é trivial.

Embora válida classicamente, a demonstração não procede na Lógica do Paradoxo, uma vez que o passo do Silogismo Disjuntivo não seria válido nessa lógica. O contraexemplo é justamente a situação na qual uma das disjuntas do silogismo tem o valor aglutinado, enquanto a outra é falsa. Assim, supondo que a sentença A tenha o valor designado b e a sentença B receba o valor f, a disjunção ($A \vee B$) será designada, como também $\neg A$, porém o valor designado não será preservado na conclusão, que, conforme a nossa suposição, é falsa.

O leitor deve estar aqui atento ao seguinte fato: a condicional material ($A \supset B$) é definida classicamente e também em LP como a disjunção ($\neg A \vee B$). Deve ser claro, pois, que a forma do *Modus Ponens*, ou seja, a inferência de A e ($A \supset B$) para a conclusão B, não é outra senão um Silogismo Disjuntivo. Visto que o Silogismo Disjuntivo não é validado em LP, o *Modus Ponens* terá o mesmo destino. Deve ser claro que LP deve incorporar algum outro condicional destacável, ou seja, uma condicional para o qual valha a regra, bastante atrativa, do *Modus Ponens*.

O fato de LP não validar o PE permite ao dialeteísta aceitar a contradição envolvida no Paradoxo do Mentiroso e no Paradoxo do Mentiroso Divino sem que as suas teorias sobre a verdade ou sobre Deus e os atributos divinos sejam levadas à trivialidade. Da mesma forma, a base fornecida por LP permite bloquear o raciocínio que leva à trivialidade no Argumento Cantoriano de Grim. Isso, por sua vez, permite ao dialeteísta bloquear a conclusão de que o Deus teísta não existe.

Essa estratégia é bem aplicada por Cotnoir (2017) em sua resposta ao Argumento Cantoriano contra a existência do Deus onisciente. Cotnoir resume o argumento de Grim na seguinte inferência:

1) $\exists x \forall y (T(y) \leftrightarrow K(x,y)) \rightarrow \exists z (z = \{S: T(\ulcorner S \urcorner)\})$ (Premissa)
2) $\neg \exists z (z = \{S: T(\ulcorner S \urcorner)\})$ (Prova de Grim)
3) $\therefore \neg \exists x \forall y (T(y) \leftrightarrow K(x,y))$ (1, 2, MT)

Note que o argumento apresenta na primeira premissa uma condicional que não deve ser entendida como a condicional material. Enquanto a condicional material é aqui representada pela ferradura ⊃, onde (A ⊃ B) é equivalente à disjunção (¬A ∨ B), utilizamos a seta → para representar uma condicional cuja verdade é relativizada a casos ou mundos possíveis. Assim, (A → B) é verdadeira em um certo caso, mais especificamente verdadeira em um mundo possível w, se, e somente se, em casos similares a w, ou seja, nos mundos possíveis w' relacionados a w, se A for verdadeira em w', B será verdadeira em w'. Além disso, (A → B) é falsa em certo caso, mais especificamente falsa no mundo possível w, se, e somente se, em algum caso similar a w, ou seja, em um mundo w' relacionado a w, A é verdadeira em w' e B falsa em w'. Claramente, a condicional → é destacável, ou seja, vale para ela a regra do *Modus Ponens*, uma vez que não haverá contraexemplos nos quais (A → B) e A sejam verdadeiras ao mesmo tempo que B é falsa. Veremos que a condicional na primeira premissa do argumento pode diferir de um modo importante dessa condicional que acabamos de definir.

Voltemos então ao argumento apresentado por Cotnoir. A antecedente da condicional na primeira premissa desse argumento afirma a existência de um ser que tem conhecimento de todas as sentenças verdadeiras, e a consequente afirma a existência do conjunto de todas as sentenças verdadeiras. A segunda premissa apresenta o resultado estabelecido por Grim de que não pode haver o conjunto de todas as sentenças verdadeiras. Seguir-se-ia por *Modus Tollens* que não pode haver um ser que tem conhecimento de todas as sentenças verdadeiras. Como responder ao argumento?

Cotnoir considera que tal raciocínio é válido na lógica clássica, porém, esse é o ponto central da sua resposta, o *Modus Tollens* não é validado em qualquer sistema de lógica paraconsistente. Por exemplo, podemos estipular uma condicional em LP que diferencie a condição de verdade da condição de falsidade de → a fim de obtermos uma condicional destacável ⇒ para a qual não vale a regra de contraposição:

$(A \Rightarrow B) \nvdash (\neg B \Rightarrow \neg A)$ (Contraposição)

Admitindo-se uma condicional não contrapositiva como ⇒, o contraexemplo é o caso em que a condicional (A ⇒ B) é verdadeira em w (note que a condição de verdade dessa condicional é a mesma de →, ou seja, (A ⇒ B) é verdadeiro se, se somente se, para todo w', A sendo verdadeiro em w', B é verdadeiro em w'), porém a contraposição ($\neg B \Rightarrow \neg A$) não precisa ser verdadeira em w (visto que a condição de falsidade para $\Rightarrow$ seria diferente de $\rightarrow$, pode haver um w' tal que $\neg B$ é verdadeiro em w' e A é verdadeiro em w', sem comprometimento para a verdade da condicional ($A \Rightarrow B$)). Esse resultado bloqueia a passagem de $\neg B$ para $\neg A$ em w. O raciocínio de Grim, portanto, seria inválido em LP contendo a condicional $\Rightarrow$.

O incômodo associado à aceitação de contradições verdadeiras (chamadas de dialeteias) é certamente aliviado quando essa aceitação vem acompanhada de uma lógica flexível o bastante para isolar o poder destruidor de contradições. Contudo, a situação ainda contém algum incômodo para o teísta dialeteísta, particularmente porque ele terá de admitir a crença divina em contradições. Parece que se Deus acreditar em contradições, os seus comandos, conselhos e promessas serão ambíguos, porque seria possível que os comandos, conselhos e promessas que tomamos por verdadeiros sejam tanto verdadeiros como falsos. A relação do ser humano com Deus ficaria prejudicada, pois a confiança irrestrita que se deposita na revelação divina seria enfraquecida. De modo geral, essa é apenas uma exemplificação clara do caso mais geral de perda da factividade da onisciência divina: se Deus acredita que A, disso não seguirá que A é verdadeira e somente verdadeira, porque A pode também ser falsa, caso A seja uma dialeteia. Mesmo que se afirme que o número de dialeteias acreditadas pela divindade seria restrito, restaria o problema de determinar quais contradições entrariam no conjunto das crenças divinas. Para complicar: não parece haver uma motivação legítima para o teísta dialeteísta excluir desse conjunto qualquer crença de que A ou a sua contrária, porque, afinal, não seria irracional para Deus acreditar que A e $\neg A$.

5. A lógica das verdades impossíveis

Em artigo recente, apresentamos uma solução alternativa aos paradoxos da onisciência baseada em uma teoria semântica que chamamos de *Logic of Impossible Truths* (LIT)[3]. Trata-se de uma lógica paraconsistente e paracompleta (ou seja, PE e PTE não valem irrestritamente) caracterizada a partir de uma semântica de situações e uma interpretação modal da negação e da condicional. A vantagem das estruturas oferecidas por essa lógica (os LIT-modelos) é que eles preservam as regras de Captura e Soltura dos predicados de verdade e onisciência sem nos comprometer com a existência de contradições atuais (dialeteísmo) ou com a trivialidade. No que segue, vamos esboçar muito brevemente os LIT-modelos e a nossa proposta acerca dos paradoxos de onisciência. Para uma exposição mais detalhada, referimos o artigo acima indicado.

---

3. Cf. CARDOSO; MIRANDA, 2021.

Grosso modo, nossa posição consiste em uma mediação do confronto entre o ateísmo antiuniversalista e o teísmo dialeteísta. O ateísmo antiuniversalista está fundamentado nos argumentos de Grim. Vimos que o Paradoxo do Mentiroso Divino acusa a inconsistência da alegada onisciência divina, e o Paradoxo Cantoriano acusa diretamente a inexistência de um ser onisciente pela inexistência do conjunto (ou classe) de todas as verdades. O ateísmo antiuniversalista então abre mão da existência de Deus e de tudo mais que envolva a pressuposição de totalidades inconsistentes. Contrariamente, o teísmo dialeteísta aceita o desafio de defender uma acomodação não trivial das contradições, pelo benefício da onisciência divina e de outras totalidades relacionadas a conceitos muito caros aos filósofos, como o conceito de verdade.

Concedemos que os argumentos de Grim levam a algum tipo de restrição de universalidades, que não pode haver tal coisa como um conjunto consistente e completo de todas as verdades. No entanto, tentaremos argumentar que esta limitação não acarreta o ateísmo, que ainda podemos acomodar a existência de um ser onisciente e que satisfaça todos os requisitos da definição de onisciência da primeira seção deste capítulo. Além disso, a nossa versão de onisciência não perde, como no caso dialeteísta, a confiabilidade (factividade) das crenças divinas, ainda que se beneficie das mesmas vantagens de um tratamento paraconsistente.

Em LIT, as sentenças são avaliadas em situações. Uma situação é um modo como a realidade poderia ou não poderia ser. Por exemplo, a situação na qual o leitor se encontra ao ler este capítulo inclui um texto visível pela tela de um *laptop*, um latido de cachorro ao longe, a chuva entrando por uma janela aberta etc. As coisas poderiam ser assim como descrevemos, mas também poderiam ser distintas, a janela poderia estar fechada, poderia não estar chovendo e o latido do cachorro poderia ser o miado de um gato. Uma situação atual é determinada pela inserção de um agente informacional em determinada localização espaçotemporal, ela consiste nas informações disponibilizadas por sua inserção no ambiente. Situações não atuais seriam meras alternativas. Tais alternativas são requisitadas para a avaliação de sentenças negativas e condicionais que, como vamos defender a seguir, possuem uma natureza essencialmente modal e hiperintensional.

Podemos representar as situações como conjuntos de sentenças, aquelas que são informadas (verificadas) pela situação. Desse modo, situações podem ser identificadas como partes de mundos, porque mundos são conjuntos completos de sentenças. Se w é um mundo e A é uma sentença, então A é verdadeira em w (escrevemos assim: $w \Vdash A$) ou A é falsa em w (escrevemos assim: $w \Vdash \neg A$), mas situações podem não conter informação suficiente para decidir a verdade ou falsidade de uma sentença A.

Outra diferença importante entre situações e mundos é que uma situação não atual consiste em uma alternativa (possível ou não) ao modo como as coisas são. Isso inclui modos como as coisas poderiam ser, mas também modos como as coisas não poderiam ser. Por exemplo, uma situação não atual inclui a janela simultaneamente aberta e fechada com a chuva do lado de dentro da casa.

O conceito de mundo é normalmente representado por conjuntos completos e consistentes de sentenças. Como dissemos, concordamos com Grim em recusar a existência de mundos como conjuntos completos e consistentes de verdades. Aliás, demonstraremos em LIT que todos os mundos são inconsistentes (portanto, impossíveis). Contra o dialeteísmo, diremos que nenhuma situação atual é um mundo (nenhuma situação é um conjunto completo de sentenças), admitindo, portanto, parte da conclusão antiuniversalista.

Dentre as situações que figuram em um modelo podemos distinguir ainda as situações normais, as situações anormais, as situações possíveis e as situações impossíveis. Uma situação S é normal se, e somente se, S é fechada sob consequência lógica, ou seja, inclui todas as consequências lógicas de suas sentenças, obedece à lógica (claro, a lógica em questão é LIT, e não a lógica clássica). Uma caracterização das situações possíveis deveria incluir vários tipos de possibilidade (lógica, metafísica, natural etc.), mas vamos simplificar um pouco as coisas dizendo o seguinte: o conjunto das situações possíveis P é um subconjunto das situações normais e consistentes (compatíveis que não se autocontradizem). Escrevemos $P \subseteq \{s \in N \mid sCs\}$, onde N é o conjunto das situações normais, e diremos que sCs_1 se, e somente se, a situação s não contradiz a situação s_1 (ou seja, não é o caso que $s \perp s_1$).

Repare que uma situação normal pode ser impossível, mas nenhuma situação anormal é possível. Como veremos, LIT é uma lógica paraconsistente e paracompleta; assim, situações inconsistentes não serão necessariamente triviais. Uma situação na qual a janela está simultaneamente aberta e fechada é uma alternativa impossível, mas não precisa ser uma alternativa absolutamente ininteligível.

Finalmente, repare que uma situação pode ser inconsistente consigo mesma e ainda consistente com outras situações ou consistente consigo mesma e inconsistente com outras. Por exemplo, considere as situações $s_1 = \{A, \neg A, B\}$, $s_2 = \{B, \neg C\}$ e $s_3 = \{\neg A, B\}$. Assim, $s_1 \perp s_1$, $s_2 C s_2$, $s_3 C s_3$, $s_1 C s_2$, $s_2 C s_3$ e $s_1 \perp s_3$. Uma situação que se contradiz a respeito de algum tópico é incompatível com todas as situações que dizem algo sobre tal tópico, mas pode ser compatível com aquelas que se silenciam a respeito. As situações atuais (estipuladas de início por cada LIT-modelo) são situações possíveis e consistentes entre si. Assim, cada LIT-modelo inclui um conjunto @ de situações atuais tal que ∪@ é maximal-consistente, @ é fechado sob união (ou seja, a união de quaisquer dois conjuntos em @ é também um conjunto pertencente a @) e @⊆N.

Acerca da negação, é importante dizer que oferecemos uma interpretação modal da negação em termos da relação de compatibilidade. *Grosso modo*, a ideia é que s⊩¬A se, e somente se, A não é verdadeira em nenhuma situação compatível com s. A negação decorre da exclusão de A em todas as situações compatíveis. Por exemplo, a situação em que o leitor atualmente se encontra muito provavelmente não exclui (por incompatibilidade) a existência de vida inteligente em outros planetas; portanto, a sua situação não informa a negação da existência de vida em outros planetas. Contudo, na medida em que esta mesma situação informa a existência de vida inteligente na Terra, ela exclui como incompatíveis todas as situações nas quais não existe vida inteligente na Terra.

Adicionamos ainda o Operador Estrela: a toda situação s corresponde uma situação s★ que inclui todas as situações compatíveis com s. Ou seja, para todo s_1, se sCs_1, então $s_1 \subseteq s\star$. Finalmente, com o acréscimo da Dupla Estrela, que s★★ = s, a negação de compatibilidade é convertida em uma negação De Morgan, pois teremos que s ⊩ ¬A sse s★ ⊮ A e s ⊩ A sse s★ ⊮ ¬A. Uma negação De Morgan é reconhecida por validar a Dupla Negação (A sse ¬¬A) e as seguintes equivalências: (i) ¬(A ∧ B) sse (¬A ∨ ¬B) e (ii) ¬(A ∨ B) sse (¬A ∧ ¬B).

Acerca da condicional, oferecemos uma interpretação *ceteris paribus* baseada na ideia de que, para avaliar uma condicional na situação s_1, temos de considerar todas as situações s_n nas quais a antecedente seja verdadeira e tudo o mais (relevante para a questão) seja mantido. A relação *ceteris paribus* R_A relaciona uma situação s_1 com todas as situações nas quais A é verdadeira e tudo mais é mantido. Se $s_1R_As_2$ e $s_1R_As_3$, então A é verdadeira em ambas (s_2 e s_3). Além disso, as três diferem entre si no máximo acerca de A ou daquilo que seja irrelevante para a avaliação da condicional em tela. Por exemplo, se queremos avaliar a condicional "Se existe vida inteligente em outros planetas, então ela é biológica" na situação s_1, temos de considerar situações alternativas nas quais existe vida inteligente em outros planetas. Eventualmente, em s_1 você está vestindo uma camisa amarela, em s_2 uma camisa azul e em s_3 uma camisa vermelha. Tais diferenças não são relevantes para a avaliação da condicional.

Assim, cada LIT-modelo fornece, para cada sentença A da linguagem, uma relação R_A definida sobre o conjunto de situações s do modelo. Para facilitar a expressão de certas restrições, vamos caracterizar esses itens dos LIT-modelos como sendo funções $f_A: S \longrightarrow Pow(S)$, ou seja, funções que levam de situações em S a conjuntos de situações no $Pow(S)$. Se s é uma situação (ou seja, s ∈ S), então $f_A(s)$ = $\{s_1 \in S \mid sR_A s_1\}$. A interpretação das condicionais nos LIT-modelos pode ser finalmente expressa da seguinte maneira: sejam A e B sentenças e s uma situação normal (ou seja, $s \in N$). Assim, $s \Vdash A \to B$ se, e somente se, $f_A(s) \subseteq [B]$, onde $[B]$ é o conjunto de todas as situações em que B é verdadeira.

Repare que restringimos a interpretação das sentenças condicionais às situações normais N. A ideia é que em situações anormais a condicional pode se comportar de modo divergente. Uma condicional quantifica sobre outras situações e depende delas para a sua verdade, mas isto não significa que ela se comporte de modo uniforme em todas as situações. Os LIT-modelos incluem situações impossíveis (inconsistentes) e também situações anormais. Estamos admitindo a existência de contradições (embora não atuais) como parte do que a lógica pode relacionar (essa é a razão por que LIT é uma lógica paraconsistente), mas uma situação inconsistente pode ou não preservar a consequência lógica como definida por LIT. Não preservando a consequência lógica, temos uma situação anormal. Aliás, mesmo sem a presença de contradições, uma situação pode ser anormal, desde que, por exemplo, interprete a condicional de modo alternativo.

Podemos falar aqui de uma dupla graduação da impossibilidade. Em primeiro lugar, em um nível mais básico, temos as situações normais impossíveis, aquelas nas quais ocorrem contradições, mas LIT é preservada. Isto inclui as situações inconsistentes e uma situação absolutamente trivial, aquela na qual tudo é verdadeiro (vamos denominá-la s_E ou Situação Explosiva). Em um nível superior, existem aquelas situações em que a lógica falha, são as situações anormais e contralógicas. Entretanto, estamos especialmente interessados em algum tipo de falha lógica, aquelas relacionadas às condicionais, por isto vamos restringir apenas as condicionais às situações normais e permitir que os demais símbolos lógicos se comportem uniformemente em toda situação.

Duas últimas restrições precisam ser acrescentadas aos LIT-modelos a respeito das condicionais. Em primeiro lugar, diremos que $f_A(s) \subseteq [A]$ para toda situação normal s. Isso parece óbvio, mas precisa ser acrescentado formalmente, se queremos que as situações normais dos LIT-modelos preservem tal obviedade. Basicamente, estamos dizendo que A é verdadeira em toda situação *ceteris paribus* A com s. Esta restrição garante que $s \Vdash A \to A$ (para toda sentença A e toda situação normal s), ou seja, preserva a tautologia proposicional clássica conhecida como Identidade. Além disso, diremos que se $s \in N$ e $s \Vdash A$, então $s \in f_A(s)$, ou seja, se A é verdadeira em s, então s está entre as situações *ceteris paribus* A com s. A restrição (conhecida como Centramento Fraco) é óbvia, mas ela precisa ser acrescentada, e seu acréscimo resulta na validação do *Modus Ponens* (MP).

Note ainda que a condicional em LIT também não valida a contraposição nem o *Modus Tollens*. Considere um modelo com $s \in N$, tal que $f_A(s) \subseteq [B]$, $s \Vdash \neg B$ (donde inferimos que $s^\star \nVdash B$), mas $s \nVdash \neg A$ (donde inferimos que $s^\star \Vdash A$). Assim, $s \Vdash A \to B$, mas nada garante que $s \Vdash \neg B \to \neg A$. Isso dependeria de $f_{\neg B}(s) \subseteq$

[¬A]. De fato, $s \in f_{\neg B}(s)$ e $s \Vdash \neg A$, mas pode existir $s_1 \in f_{\neg B}(s) \not\subseteq$ [¬A]. Este seria, portanto, um contramodelo à contraposição e também ao *Modus Tollens*.

Os demais símbolos lógicos recebem interpretação semelhante à interpretação de LP, mas exprimida em termos de situações e com as condições alargadas para as situações incompletas, além das situações inconsistentes. Assim, diremos que a conjunção de duas sentenças A, B é verdadeira em s (para qualquer situação s) se, e somente se, ambas são verdadeiras em s. Ou seja, $s \Vdash A \wedge B$ sse $s \Vdash A$ e $s \Vdash B$. Quanto à disjunção de A com B, diremos que é verdadeira em s se, e somente se, ao menos uma das disjuntas for verdadeira em s. Ou seja, $s \Vdash A \vee B$ sse $s \Vdash A$ ou $s \Vdash B$. Os quantificadores podem ser interpretados de modo substitucional com os ajustes usualmente necessários (veja os detalhes em nosso artigo supracitado). Assim, $s \Vdash \forall x A(x)$ sse $s \Vdash A(t/x)$, para todo termo fechado t (onde $A(t/x)$ é o resultado de substituir todas as ocorrências livres de x por t). Analogamente, $s \Vdash \exists x A(x)$ sse $s \Vdash A(t/x)$, para algum termo fechado t.

Note que a interpretação da conjunção, da disjunção e dos quantificadores (e também a da negação) não exclui situações incompletas nem situações inconsistentes. Aliás, como já esclarecemos, muitas situações incompletas e muitas situações inconsistentes serão consideradas normais. Por exemplo, s_E é inconsistente, porém normal. E, como veremos, toda situação completa e normal é inconsistente; portanto, toda situação atual é também incompleta.

A relação de consequência lógica em LIT é definida como preservação de verdade em todas as situações normais de todos os modelos. Suponha que Γ é um conjunto de sentenças e A é uma sentença. Assim, $\Gamma \vDash A$ (ou seja, A é consequência lógica de Γ) sse não existe um modelo M e uma situação $s \in N$ deste modelo, tal que $s \Vdash \Gamma$ (ou seja, $s \Vdash B$, para todo $B \in \Gamma$) e $s \nVdash A$.

Quanto aos predicados de verdade e onisciência, podemos restringir os LIT-modelos de tal modo que eles preservem as propriedades de transparência anteriormente ilustradas pelas regras de Captura e Soltura. Note que estamos construindo modelos compatíveis com uma interpretação não-dialeteísta da verdade e da onisciência e adequada para preservar as suas propriedades mais importantes. Nosso ponto consiste em mostrar que há uma solução alternativa para os paradoxos que resista ao dialeteísmo sem perder o teísmo.

Considere primeiramente o predicado de verdade T. Podemos adicionar a restrição aos LIT-modelos segundo a qual $s \Vdash (...A...)$ sse $s \Vdash (...T(\ulcorner A \urcorner)...)$, para toda situação normal s e toda sentença A. Ou seja, A e $T(\ulcorner A \urcorner)$ são intersubstituíveis em todos os contextos, em todas as situações normais. Assim como fizemos em relação à condicional, estamos admitindo que algumas situações anormais podem desrespeitar o comportamento lógico das atribuições transparentes de verdade.

O resultado relevante é que as situações normais, incluindo tanto as situações normais possíveis quanto as impossíveis (inconsistentes), preservam a transparência da verdade (Captura e Soltura) sem levar à inconsistência e à trivialidade de todas as situações normais. Afinal, decorre do que dissemos que $A \vDash T(\ulcorner A \urcorner)$ e $T(\ulcorner A \urcorner) \vDash A$ (para qualquer sentença A). Pela autorreferência, temos uma sentença M, tal que M sse $\neg T(\ulcorner M \urcorner)$. Assim, se s é uma situação normal (quer dizer, $s \in N$) e completa (quer dizer, $s \Vdash M$ ou $s \Vdash \neg M$), teremos que $s \perp s$. Se $s \Vdash M$, então $s \Vdash \neg T(\ulcorner M \urcorner)$ (pela autorreferência) e $s \Vdash T(\ulcorner M \urcorner)$ (pela transparência). Se, por outro lado, $s \Vdash \neg M$, então $s \Vdash \neg T(\ulcorner M \urcorner)$ (pela transparência), mas então $s \Vdash M$ (pela autorreferência). Concluímos que, se $s \in N$, então s é inconsistente ou incompleta.

Quanto ao conceito de onisciência, a restrição dos LIT-modelos ocorre com o acréscimo das seguintes condições: (i) Se $s \in N$ é uma situação na qual Deus existe, então $s \Vdash (...A...)$ se $s \Vdash (...O(\ulcorner A \urcorner)...)$ (onde $O(\ulcorner A \urcorner)$ expressa a afirmação "Deus acredita que A"); e (ii) existe ao menos uma situação atual s tal que s informa que Deus existe. Assim, a condição (ii) expressa propriamente o Teísmo, enquanto (i) expressa a onisciência divina.

Note que (ii) não é uma versão enfraquecida da existência de Deus, algo como uma versão contingente da divindade; o ponto aqui não é que Deus não existe em algumas situações, mas, sim, que algumas situações (mesmo atuais) podem não informar a existência de Deus. Esta interpretação está em acordo com o que dissemos antes acerca da semântica de situações. Ao mesmo tempo, situações não atuais (mesmo situações impossíveis e anormais) podem também informar acerca de Deus. Ademais, toda situação normal que informa a existência de Deus deve preservar a transparência da onisciência divina, nos mesmos termos da verdade.

Pela autorreferência, existe uma sentença MD, tal que $s \Vdash MD$ se, e somente se, $s \Vdash \neg O(\ulcorner MD \urcorner)$, para qualquer $s \in N$. Fica então estabelecido que, para toda situação atual s, $s \nVdash MD$ e $s \nVdash \neg MD$. Em conformidade com o Teísmo, existe uma situação $s_1 \in @$ tal que Deus existe nessa situação. Suponha que $s \Vdash MD$ e $s \in @$. Assim, existe $s_2 = s \cup s_1$ tal que $s_2 \in @$ (pois @ é fechado sob união) e $s_2 \perp s_2$, contradizendo o não-dialeteísmo, porque $s_2 \Vdash O(\ulcorner MD \urcorner)$ (pela transparência) e também $s_2 \Vdash \neg O(\ulcorner MD \urcorner)$ (pela autorreferência). Suponha, por outro lado, que $s \Vdash \neg MD$. Novamente, existe $s_2 = s \cup s_1$, tal que $s_2 \in @$ e $s_2 \perp s_2$, porque $s \Vdash \neg O(\ulcorner MD \urcorner)$ (pela transparência) e, portanto, $s \Vdash MD$ (pela autorreferência).

Assim, MD não é verdadeira nem falsa em todas as situações atuais e em todas as situações possíveis que informam a existência de Deus, assim como M não é verdadeira nem falsa em todas as situações possíveis. Note que a nossa solução não colapsa pela ocorrência de *truth value gaps*. A negação acomoda tais casos, mesmo nas sentenças autorreferenciais paradoxais com predicados transparentes. Certamente, se $s \in P$, então $s \not\Vdash M$ e $s \not\Vdash \neg M$. As cláusulas da Negação Estrela acarretam que $s^* \Vdash \neg M$ e $s^* \Vdash M$, mas disso nada pode ser extraído, já que, quando s é uma situação normal, s^* é anormal. As situações maximamente compatíveis desempenham um papel inverso em relação à incompletude das situações possíveis e à inconsistência das situações completas: se s é incompleta, então s^* é inconsistente, se s é inconsistente, s^* é incompleta. Estamos fazendo um uso especial desse recurso contra o dialeteísmo para as situações possíveis e atuais. Assim, como toda situação atual s é tal que $s \not\Vdash MD$ e $s \not\Vdash \neg MD$, $s^* \notin P$.

Note ainda que todas as situações completas (ou seja, todos os mundos) serão inconsistentes, mas daí não se segue que sejam triviais. Nesse sentido, podemos dizer que os mundos são ficções inconsistentes, porém inteligíveis (já que nem toda situação inconsistente é trivial) e eventualmente úteis. Mundos são situações não atuais produzidas por generalizações irrestritas.

Como estamos supondo que todas as situações atuais são possíveis (consistentes), todas as situações atuais são incompletas e não existem mundos possíveis. Esse resultado espelha nosso acordo com a posição antiuniversalista de Grim acerca da inconsistência de totalidades completas. Como veremos, entretanto, isso não impede de recuperar uma versão adequada para a onisciência divina e para o teísmo. Podemos mesmo ir um pouco além e definir noções correlatas de verdade e onisciência em modelos:

Verdade e Onisciência em um modelo
Seja A uma sentença e M um LIT-modelo. Assim:
1. A é verdadeira em M se, e somente se, existe uma situação $s \in @$ do modelo, tal que $s \Vdash A$.
2. A é falsa em M se, e somente se, $\neg A$ é verdadeira em M.
3. Deus acredita em A (no modelo M) se, e somente se, $s \Vdash O(\ulcorner A \urcorner)$, para algum $s \in @$.
4. Deus desacredita A (no modelo M) se, e somente se, $s \Vdash \neg O(\ulcorner A \urcorner)$, para algum $s \in @$.

As definições acima nos permitem extrair importantes consequências acerca da Transparência da Verdade e da Onisciência Divina, as quais serão expostas a seguir.

Em primeiro lugar, podemos dizer que M e MD não são verdadeiras nem falsas em todos os modelos. Ora, já vimos que M não é verdadeira nem falsa em todas as situações possíveis de qualquer modelo e MD não é verdadeira nem falsa em todas as situações atuais de qualquer modelo. Pelas definições 1 e 2 acima, temos o bastante para o fato sobre o valor de verdade de M e MD em todos os modelos.

Em segundo lugar, podemos dizer que, para qualquer modelo M, Deus acredita em todas (e somente) as verdades de M e que Deus desacredita todas as falsidades de M. Isso decorre diretamente dos itens 3 e 4 da definição anterior e do fato de que $s \Vdash \neg O(\ulcorner A \urcorner)$ sse $s \Vdash O(\ulcorner \neg A \urcorner)$ (para qualquer sentença A e qualquer situação normal s na qual Deus existe), o que por sua vez decorre diretamente da transparência da onisciência divina.

Estes dois resultados são definitivos para o nosso ponto principal, pois expressam de modo sucinto a nossa posição entre a ameaça ateísta do antiuniversalismo e o teísmo dialeteísta. Reconhecemos que não pode haver tal coisa como um mundo consistente ou o conjunto consistente e completo de todas as verdades. O Argumento Cantoriano é espelhado em LIT pela consequência segundo a qual não existem mundos possíveis. Entretanto, em LIT este mesmo resultado não impede que se possa obter o conjunto de todas as verdades (e também o conjunto de todas as falsidades) do modelo. Isto pode ser adaptado para uma expressão paracompleta da transparência e da onisciência.

A este ponto, o antiuniversalista poderia resistir à tentação da nossa proposta sugerindo que onisciência parcial não é onisciência e que nenhum modelo efetivamente fornece algo que possa ser adequadamente tomado como o conjunto de todas as verdades. Não pretendemos responder a tal desafio em definitivo no momento, mas gostaríamos de sugerir algumas observações em tom de resposta.

Em primeiro lugar, note que, tal como formulado, o Argumento Cantoriano não pode ser dirigido a qualquer teoria formal conhecida, pois pressuporia uma linguagem na qual pudéssemos expressar todas as verdades sobre todas as coisas existentes (sem qualquer restrição de domínio). Este ponto está de algum modo refletido nos comentários de Kripke acerca da distinção entre fechamento semântico de uma linguagem e linguagem universal[4]. Não estamos recusando o Argumento Cantoriano, mas apenas dimensionando melhor os seus pressupostos.

Em segundo lugar, devemos insistir no significado intuitivo da paracompletude de LIT. Se A é uma sentença nem verdadeira nem falsa em alguma situação de algum LIT-modelo, isto significa apenas que a situação em questão não informa A nem $\neg A$, ou seja, trata-se de parcialidade informacional. Analogamente, a caracterização parcial de onisciência diz respeito ao que as situações atuais nos informam acerca das crenças divinas. Portanto, a paracompletude da onisciência divina não implica qualquer tipo de limitação ao conhecimento de Deus, trata-se de uma limitação representacional, dos próprios modelos. A nossa proposta partilha de algumas das intuições antiuniversalistas, mas, contra o ateísmo, sustenta uma versão de onisciência conciliável com a incompletude.

---

4. Cf. KRIPKE, 1975, p. 715.

Note ainda que, na medida em que a contraposição e o *Modus Tollens* não sejam irrestritamente válidas em LIT, o argumento de Grim apresentado por Cotnoir também é bloqueado por LIT. De todo modo, não precisamos bloquear o argumento. Podemos admitir que a existência de um Deus onisciente implica a existência do conjunto de todas as verdades. Aliás, também podemos admitir que existe tal coisa como o conjunto de todas as verdades do modelo. Obviamente, não se trata de um conjunto completo, mas, mesmo assim, trata-se do conjunto de todas as verdades.

Finalmente, devemos insistir que, de acordo com a nossa versão do Teísmo e da Onisciência Divina, as crenças divinas preservam integralmente a sua confiabilidade e factividade. Como vimos, o teísmo dialeteísta precisa conceder que Deus acredita em algumas falsidades, na medida em que todas as dialetais são contradições verdadeiras, portanto sentenças verdadeiras que também são falsas, o que, a nosso ver, enfraquece a posição.

Parece óbvio que pela nossa proposta a onisciência divina não perde a sua confiabilidade e factividade. Como vimos, Deus acredita em todas (e somente) as verdades do modelo. Aqui um dialeteísta poderia alegar: as crenças do Deus Paracompleto são confiáveis, mas seu conhecimento não basta, ele sabe menos do que tudo. A rigor, este desafio não parece bem formulado. Como dissemos, Deus sabe todas as verdades, ou, mais precisamente, os modelos nos informam sobre Deus acreditar em todas as verdades, muito embora os modelos sejam limitados pela incompletude.

Conclusão

Vimos ao longo deste capítulo a tensão entre ter de admitir que não existe um ser onisciente, visto que a própria ideia de um conjunto de todas as sentenças verdadeiras conhecidas ou acreditadas por esse ser parece inadequada, ou ter de assumir a existência de contradições verdadeiras, com a consequência inevitável de que Deus conheceria ou acreditaria em contradições. Os dois lados da disputa captam intuições interessantes e importantes: de um lado, a preservação da ideia de que sempre é possível acrescentar um novo objeto ao conjunto de verdades conhecido por alguém, mesmo que esse alguém seja a divindade; de outro, a ideia de que deve ser possível falar com absoluta generalidade de todo o conjunto de verdades, o que fazemos lançando mão do conceito de onisciência. Haveria alguma via entre essas posições extremas? Sugerimos neste capítulo a lógica de LIT como um caminho alternativo viável entre Cila e Caríbdis, entre a ameaça ateísta do antiuniversalismo e o teísmo dialeteísta.

Referências

BEALL, J. C.; GLANZBERG, M.; RIPLEY, D. Liar Paradox. *The Stanford Encyclopedia of Philosophy* (Fall 2020 Edition). Edward N. Zalta (ed.). URL = <https://plato.stanford.edu/archives/fall2020/entries/liar-paradox/> [tradução para o português no volume *Paradoxos I* da *Série Investigação Filosófica* (no prelo)].

CARDOSO, G.; MIRANDA, S. Should God believe the Liars? A non-dialetheist paraconsistent approach to God's Omniscience. *Manuscrito*, vol. 44, 2021, p. 518-563.

CARDOSO, G. *O Paradoxo do Mentiroso: uma introdução*. Campinas: CLE, vol. 83, 2018.

COTNOIR, A. Theism and Dialethism. *Australasian Journal of Philosophy*, 2017, p. 1-18.

GRIM, P. *The Incomplete Universe*. Cambridge: MIT Press, 1991.

KRIPKE, S. Outline of a Theory of Truth. *The Journal of Philosophy*, 1975, p. 690-716.

MARTIN, M. *The Impossibility of God*. Buffalo: Prometheus Books, 2003.

_____. *Um Mundo sem Deus*. Lisboa: Edições 70, 2010.

PRIEST, G. *An Introduction to non-classical logic*. Cambridge: Cambridge University Press, 2008.

_____. *In Contradiction*. Oxford: Oxford University Press, 2006.

Crer e confiar em alguém é o mesmo?

João A. Mac Dowell, SJ

Fé e confiança são realidades humanas fundamentais. Não pode haver comunhão na família humana se um não confiar de algum modo no outro e acreditar nas suas palavras. Mas qual a relação entre fé e confiança, seja entre seres humanos, seja para com Deus no âmbito religioso, especialmente no cristianismo? Existe uma íntima relação entre fé e confiança, tanto que alguns teólogos cristãos ou filósofos da religião, sem razão, a nosso ver, consideram a confiança uma parte integrante da fé, propriamente dita, especialmente da fé em Deus como fé pessoal. Nossa reflexão de caráter filosófico levará às seguintes conclusões: (1) Embora os seus objetos (*fides quae creditur*) sejam claramente distintos, a estrutura do ato de fé (*fides qua creditur*)[1] e de confiança em Deus é basicamente a mesma no caso das religiões e na relação entre seres humanos; (2) Apesar de sua íntima relação, há uma diferença clara entre fé e confiança; a confiança se funda na fé. O tema de nossa exposição é propriamente o que se encontra na nossa segunda conclusão. Entretanto, para determinar a relação entre fé e confiança teremos de definir cada uma destas atitudes e assim mostraremos indiretamente que sua estrutura em si é a mesma na relação para com Deus e no plano meramente humano. No entanto, essa demonstração tem um pressuposto, que não será aqui desenvolvido, a saber, que o referente de toda a atitude religiosa autêntica é implicitamente o único Deus verdadeiro, embora sejam distintas as representações que dele fazem as diversas religiões e mesmo

---

1. Usamos no sentido dado usualmente pelos teólogos a distinção que é atribuída ordinariamente a S. Agostinho (*De Trinitate* XIII 2, 5). Segundo Olivier Riaudel, esta é, porém, em toda a obra do doutor da Igreja a única passagem em que os dois termos são empregados conjuntamente, mas a interpretação atual do texto em questão não é a dele nem a de Tomás de Aquino, que usa uma vez a expressão *fides qua* noutro sentido. O significado atual vem do século XVII e a expressão conforme a distinção hoje amplamente assumida encontra-se pela primeira vez no autor luterano Johann Gerhard (RIAUDEL, p. 169-194).

os indivíduos[2]. Por outro lado, ao responder indiretamente à primeira questão, teremos como paradigma a fé e esperança cristãs, na suposição de que a representação de Deus própria do cristianismo é a mais adequada.

À primeira vista, dizer "N crê que sua esposa é fiel" ou "N crê na fidelidade de sua esposa" parece ser o mesmo que dizer "N confia em sua esposa". Na verdade, porém, as duas primeiras frases exprimem um conhecimento, que pode ser verdadeiro ou falso, ao passo que "confiar em" não é uma atitude cognitiva, mas afetiva, nem verdadeira, nem falsa. A frase mencionada "N confia em sua esposa" pode ser verdadeira/falsa enquanto exprime a opinião de um terceiro sobre N, enquanto N ao afirmar que confia em sua esposa está mentindo ou não. Em outras palavras, a frase formulada na primeira pessoa, "Confio em alguém", pode ser uma afirmação verídica ou não, relativamente à atitude de quem a expressa. Mas o que ele expressa, sua confiança, não é um conhecimento e, portanto, como tal, não é nem verdadeiro, nem falso. Pode-se perguntar apenas sobre a qualificação moral de tal atitude, se e quando é moralmente boa ou má. Essa distinção entre fé e confiança é a tese que pretendemos defender no presente artigo. Para tanto, supomos, como já dito, que fé e confiança são atitudes humanas fundamentais e que a análise geral dessas atitudes vale também da fé em Deus.

1. Debate atual sobre a natureza de confiança

Fé e sobretudo confiança são temas ultimamente muito debatidos entre filósofos[3]. As mais das vezes esta discussão não se dá propriamente no campo da filosofia da religião, mas antes no âmbito da filosofia social em função do problema da cooperação entre pessoas ou mais extensamente da própria existência da sociedade humana. Fundados na convicção, a ser apenas indiretamente esclarecida, de que os atos de fé e de confiança em Deus têm basicamente a mesma estrutura que no plano meramente humano, começamos por apresentar um resumo da discussão atual, sobretudo dos filósofos e filósofas de língua inglesa, sobre a confiança.

1.1. Negativamente: o que não se considera como confiança

Em primeiro lugar, trataremos do que não consideramos confiança no significado estrito aqui proposto. É o caso da *confiança em coisas*. P. ex., confiar no funcionamento ou efeito previsto de um despertador ou remédio. A pessoa não confia

---

2. Cf. meu artigo "A fé em Deus enquanto forma específica de racionalidade", in: ROCHA, 2015, p. 52-57.
3. Cf., p. ex., FAULKNER, Paul e SIMPSON, Thomas (eds.), 2016; SIMON, Judith (ed.), 2020.

propriamente no despertador; julga apenas que ele tocará na hora certa (pela experiência anterior etc.) e, por isso, dorme sossegada. A grande maioria dos filósofos considera que a confiança propriamente dita é sempre entre pessoas. Também não nos referimos à *confiança institucional*, como confiar no bom desempenho de um governo, dos correios, do sistema judiciário[4]. Finalmente, não identificamos confiança com contar com a mera *competência* ou capacidade de alguém de desempenhar determinada função, p. ex., do vizinho, que aceitou cuidar do meu jardim por uma certa remuneração durante minha ausência por uma semana[5].

Nesses casos, embora se possam usar os termos "confiar" e "confiança", a atitude em questão não se funda propriamente em um conhecimento pessoal, mas em *razões objetivas*, mais ou menos seguras. O termo "confiança" é usado, enquanto a atitude em questão implica certo *risco* de erro, mais ou menos calculado, já que se refere a algo futuro, que pode falhar. A maioria, embora julgue que este "contar com" pertença à confiança, não o considera suficiente para que haja tal atitude. Mais do que em *"confiança"*, conviria falar então em *"expectativa"* mais ou menos fundada, resultante de um cálculo objetivo[6]. A não realização da expectativa não é experimentada como *decepção ou traição*, como na confiança propriamente dita, mas provoca um *desapontamento* ou desengano.

A confiança, enquanto se exerce entre pessoas, exige necessariamente o *outro* em quem se confia. Exclui-se, portanto, do âmbito estudado a *autoconfiança*, como convicção da própria capacidade de realizar bem certa atividade, p. ex., o bom êxito de um negócio, ou, em geral, dos próprios empreendimentos e projetos. Por outro lado, os autores que tratam do assunto julgam que a confiança verdadeiramente humana deve ser de algum modo *fundada na confiabilidade* daquele/a em quem se confia. Evidentemente, enquanto a confiança, como foi dito há pouco, implica um risco, a confiabilidade de alguém pode ou não ser confirmada pelos fatos. Mas, se se define o ser humano como vivente dotado de razão, para que seja humana, a confiança e a confiabilidade devem ser *racionais* em um sentido a ser explicitado a seguir. Exclui-se, portanto, como não-confiança no sentido próprio o que na linguagem ordinária é tido como *confiança cega*, frívola ou leviana, ou seja, sem fundamento.

---

4. Caso semelhante é a confiança em grupos organizados, p. ex., que os jogadores de um time chegarão na hora prevista para um treino. Isto é tido por confiança por LAHNO, 2016, p. 129-148, mas não pela maioria dos que tratam do assunto, p. ex., HAWLEY, 2016, p. 230-250.

5. O fato de não distinguirem a confiança como relação interpessoal da confiança meramente funcional, relativa à competência da pessoa em quem se confia, impede muitos autores, como se verá, de identificarem o significado peculiar da confiança propriamente dita e, portanto, a natureza da fé em Deus e de sua racionalidade.

6. Em inglês *"reliance"*, que pode ser traduzido neste caso como "contar com" (*rely*) o cumprimento do prometido por parte do outro.

1.2. Positivamente: *posições sobre a natureza da confiança*[7]

Os filósofos, que estimam que a confiança deve de algum modo ser fundada, podem ser classificados em *cognitivistas* e *não-cognitivistas*. Os primeiros exigem em quem confia o conhecimento, entendido de várias maneiras, da confiabilidade daquele em quem se confia (a respeito de alguma coisa)[8]. Os *não-cognitivistas* não requerem tal conhecimento, que seria, segundo eles, contrário à confiança, enquanto esta implica necessariamente certa incerteza em relação à confiabilidade daquele em quem se confia, ou seja, se ele/a fará ou não o que a ele/a se confia, p. ex., a devolução de uma quantia emprestada dentro do prazo previsto[9]. Entendem a confiabilidade, que funda a confiança, como uma atitude, p. ex., de otimismo, em relação ao cumprimento da tarefa confiada a alguém[10]. No fundo, não distinguem claramente confiabilidade de confiança.

Outra distinção importante é entre a confiança como *relação binária ou ternária*[11]. Os adeptos da primeira posição entendem a confiança essencialmente como uma relação entre duas pessoas: quem confia (C) e em quem se confia (D). Não negam que a confiança possa ter um objetivo específico (E), mas não consideram esse terceiro elemento essencial à confiança[12]. Os defensores desta noção de confiança são, em geral, não-cognitivistas, enquanto fundam a confiança na relação interpessoal, de amor, amizade, consideração e respeito, entre C e D, de modo que a confiança significa no caso que C se confia a D, em geral, vice-versa, pelo menos se D experimenta a confiança de C. A concepção tradicional de confiança é, porém, ternária[13], enquanto C confia que D lhe proporcionará determinado bem (E)[14].

---

7. Cf. CARTER e SIMION, op. cit.
8. P. ex., ADLER, 1994, p. 264-275; HIERONYMI, 2008, p. 213-236; KEREN, 2014, p. 2.593-2.615; MCMYLER, 2011.
9. P. ex., JONES, 1996, p. 4-25; FAULKNER, 2007, p. 876-913.
10. A atitude otimista de quem confia em relação ao comportamento daquele/a em quem se confia, ou seja, a presunção de que ele/a agirá corretamente nesta circunstância, é essencial para que haja confiança. Neste caso, é a própria confiança que dá a razão para confiar. Cf. FAULKNER, 2011, p. 109-138.
11. Thomas W. Simpson propõe uma terceira compreensão de confiança, intermédia entre a concepção binária e a ternária. Segundo ele, elas funcionam também em vista de uma teoria cognitivista da confiança, na qual a confiança é ou pode basear-se em um conhecimento (*belief*), contanto que as razões para justificar tal conhecimento (cognitivismo) dependam da relação interpessoal (invocada pelo não-cognitivismo). Voltaremos a tratar desta posição (Cf. SIMPSON, 2018, p. 447-459).
12. Cf. JONES, 2016, p. 90-198; DARWALL, 2016, p. 35-50; DOMENICUCCI e HOLTON, 2016, p. 149-160.
13. Defendem esta posição, p. ex., BAIER, 1986, p. 231-260; HOLTON, 1994, p. 63-76; JONES, 1996, p. 4-25; HIERONYMI, 2008, p. 213-236.
14. Daqui por diante, nesta parte do artigo, designaremos por C aquele/a que confia, por D, aquele/a em quem C confia, e por F aquilo que C confia que D fará.

Os autores *cognitivistas* se dividem ulteriormente quanto ao tipo de conhecimento próprio da confiabilidade. Para a maioria trata-se de um *conhecimento puramente teórico* das razões que C tem para confiar em D, em geral ou quanto à prestação específica que espera de D[15]. Outros, porém, julgam que reconhecer a confiabilidade consiste em um *conhecimento pessoal ou afetivo*, que depende da qualidade da relação entre C e D[16].

Outro problema refere-se aos *requisitos* para que haja confiança. Em geral, todos admitem que D é confiável para C, se este/a lhe atribui dois predicados. Primeiramente, D deve ter, segundo C, a *capacidade* de cumprir o que dele/a é esperado. Esta condição é necessária, mas não suficiente para a confiabilidade. Para confiar em D, C deve também atribuir a D a *vontade de realizar o bem* que C tem em vista ao confiar[17], embora D possa *não preencher de fato* esses requisitos. Isto pode acontecer porque D se compromete a realizar aquilo que lhe é pedido, sabendo ou não que não tem condições de fazê-lo, ou porque D, mesmo tendo competência para tal, não tem boa vontade em relação a C e, assim, não pretende realizar aquilo que prometeu. A confiança envolve, portanto, o *compromisso* explícito ou implícito de D em relação àquilo que é esperado dele por C.

O compromisso manifestado explicitamente por palavras orais ou escritas equivale a um *testemunho*. Sendo assim, a relação entre confiança e testemunho também é discutida. Conforme foi exposto, a confiança acontece entre seres humanos. Não se confia propriamente no testemunho de alguém. Pode-se *acreditar* nesse pela confiança que se tem na *testemunha* ou por outro motivo. De fato, no caso da confiança, as palavras de D afirmam o seu compromisso de fazer de sua parte o que C dele espera. Mas para que a confiança não seja cega, porém racional, C deve ter motivos para acreditar em D, e assim confiar nele. De fato, o *interesse* de quem fala e de quem ouve não é necessariamente conflitante, como pretende Faulkner[18], para o qual o interesse do primeiro é a aceitação de suas palavras, quer diga ou não a verdade, como espera o outro. Na nossa opinião ambos não só podem, mas também devem ter a *verdade* como objetivo da comunicação. Caso contrário, não há verdadeiro compromisso.

Com isso a prática da confiança levanta questões não só *epistêmicas*, mas também éticas. A moralidade da confiança é vista de dois pontos de vista: do *ato*

---

15. P. ex., ADLER, 2007, p. 876-913; HIERONYMI, 2008, p. 213-236.
16. Cf. Thomas W. SIMPSON, op. cit., nota 11, e, embora com outro fundamento, também Paul FAULKNER, op. cit., nota 10.
17. O reconhecimento por C da boa vontade de D é a condição fundamental exigida para a confiança, p. ex., por Annette Baier em seu importante artigo *Trust and Antitrust* de 1986 (cf. nota 13), que iniciou toda a discussão atual sobre a confiança. Esta posição é contestada por Katherine Hawley, para a qual o distintivo entre o mero "contar com" (*reliance*) e a confiança é o compromisso de D. (2014, p. 1-20).
18. FAULKNER, 2011.

de quem confia, e do *comportamento daquele/a em quem se confia*. Sob este segundo aspecto, há quem julgue moralmente viável da parte de D cumprir por *interesse próprio*, e não por *benevolência* para com C, o compromisso assumido. Nesse sentido, segundo alguns, todos procuram antes de tudo o próprio interesse. Sendo assim, a explicação da confiança pela *teoria do contrato social* estabelece que o motivo que alguém tem para cumprir o que espera de quem nele confia é a *boa imagem* de si mesmo que constrói por observar as normas vigentes na sua sociedade ou, pelo contrário, o *prejuízo* para a sua reputação advindo do rompimento dos compromissos assumidos[19]. Para muitos é *imoral*, da parte de D, não só levar C a atribuir-lhe falsamente disposições que ele/a não tem. Deve também não se comprometer com C em relação ao objetivo que C tem em vista, se sabe que *não é capaz* ou *não quer* realizar o que C dele espera. Em todo caso, não agir voluntariamente *de acordo com a confiança* nele depositada é sempre uma falta moral mais ou menos grave. Outros, porém, certamente uma minoria, pensam que a relação de confiança *nada tem a ver com moralidade*. Segundo eles, D não só pode não ter a boa vontade que C lhe credita, mas também induzir C a confiar nele para tirar alguma *vantagem da situação*. O caso extremo dá-se quando os fins de D na busca da confiança de C são considerados *desonestos*, quando, p. ex., um chefe por esse meio pretende aproveitar-se de sua secretária.

Quanto ao aspecto ético do *comportamento de C*, não confiar por orgulho, para não *depender de D*, quando a sua confiabilidade e a necessidade de sua ajuda são claras, é uma *falha moral*. O mesmo vale do contrário, ou seja, a *confiança cega ou leviana*. Confiar em alguém que se sabe não ser confiável é moralmente mau, diretamente quando a pessoa tem condições de agir reflexiva e livremente, ou indiretamente quando é movida por uma paixão irresistível. Nesse caso, como foi dito, nem se pode falar em confiança no sentido próprio.

1.3. *Discernimento das posições apresentadas*

Traçado o quadro das principais posições dos filósofos que tratam atualmente da confiança, vejamos primeiramente como nos situamos em relação a elas. Embora a confiança como tal não seja um conhecimento, mas uma atitude, ela exige para ser humana, *i. e.*, própria de um ente dotado de razão, o *conhecimento da confiabilidade* daquele/a em quem se confia. Ela não pode fundar-se num *mero sentimento (emotion)*. Aderimos, portanto, a uma *posição cognitivista* a esse respeito. Este conhecimento não é, porém, impessoal, acessível a qualquer um, mas, como será ainda explicado, depende de uma *relação interpessoal*, que permite expe-

---

19. Cf. HARDIN, 2002.

rimentar a sinceridade do compromisso do outro. Dentre todas as concepções apresentadas, a única que se aproxima da nossa sob este aspecto fundamental é a de Simpson[20], embora ele não explique claramente em que consiste este conhecimento, que se funda também para ele, como para nós, em relações interpessoais. Aparentemente, as suas dificuldades vêm da noção de conhecimento enquanto *"belief"*, vigente no meio filosófico anglo-saxônico, ou seja, algo meramente teórico, fundado em razões objetivas, enquanto universalmente acessíveis.

Julgamos também que a confiança é uma *relação ternária*, que sempre procura satisfazer a um *objetivo* de quem confia em outro, embora esse objetivo não seja necessariamente *específico*, mas possa ser a *pessoa toda*, a sua realização e felicidade. Nesse sentido, o elemento decisivo da confiança é justamente a boa vontade daquele em quem se confia para com aquele que confia, que pode chegar a amor e benevolência recíprocos, a uma relação interpessoal, que permitirá então a quem confia constatar essa benevolência da outra parte. Os aspectos propriamente morais da confiança não serão abordados aqui, pois o que nos interessa é a relação entre fé e confiança que se dá no plano epistémico.

2. Análise fenomenológica da confiança

A análise da confiança aponta neste fenômeno *dois elementos constitutivos*: a *atitude de confiança* e o seu *fundamento*, que é a confiabilidade da pessoa em quem se confia. Os não-cognitivistas, como foi dito, não fazem claramente esta distinção, justamente porque para eles o fundamento da confiança é também uma atitude como a própria confiança.

2.1. Noção de confiança

Confiança é a atitude de quem se coloca *livremente na dependência de outro* enquanto *espera dele um bem* que não pode obter simplesmente *por si mesmo*. É uma atitude fundamental nas relações humanas, sem a qual não pode haver vida em sociedade. A busca de *cooperação* por parte de uns e a disposição de cooperar por parte de outros são atitudes próprias dos seres humanos, enquanto limitados na sua *capacidade* e ilimitados nos seus *desejos*. Para conviver com outros, é necessário acreditar em princípio que não estão mentindo e só duvidar de sua informação, na medida em que se tem motivos para tanto. Nesses casos a confiança é sempre *na pessoa*, não apenas no *acerto* de sua orientação ou informação. A confiança é fundada quando se *tem consciência* não só da *capacidade*, mas também

---

20. Ver nota 11 neste capítulo.

da *vontade* do outro de fazer aquilo que dele se espera. Muitos não distinguem claramente entre a posse desses requisitos por parte de D e o *conhecimento* disso por parte de C, que é fundamental para que confie em D. Para tanto quem confia deve contar com o compromisso implícito ou explícito daquele em quem confia. Não se trata, porém, de uma prestação imediata. A *confiança dura* enquanto não se recebeu ainda plenamente aquilo que se espera do outro. Ela se refere a algo *futuro*, p. ex., à vinda de um convidado para um almoço. Como a condição humana é finita e a liberdade de escolha instável, o outro pode perder a capacidade ou revogar a vontade de cumprir o prometido. Nesse sentido a confiança entre seres humanos implica um *risco*. Em função de seus graus e modos esse risco pode ser maior ou menor. A confiança entre pessoas humanas é sempre *relativa*. Essa relatividade pode ser atribuída a dois fatores. Por um lado, o grau de confiança pode variar em função de sua *intensidade*: uma confiança dificilmente abalada ou a que se dá a uma pessoa humana, nem sempre apta a cumprir o que prometeu ou mesmo capaz de revogar a sua promessa. A intensidade da confiança depende sobretudo da consciência da confiabilidade daquele a quem se recorre.

Por outro lado, a sua *abrangência* pode variar. Ela pode abranger a pessoa de certo modo na sua *integralidade*, ou pode referir-se apenas a um *aspecto menor* mesmo banal ou passageiro dela, como a confiança que se dá a uma pessoa desconhecida a quem se pede uma informação na rua. Pode-se perguntar se nesse exemplo trata-se realmente de confiança: posso confiar num desconhecido, sem ter conhecimento de sua competência no caso e de sua vontade de ajudar? A resposta a tal pergunta é afirmativa. Posso acreditar na informação dada, se não há motivo para desconfiar desta pessoa em particular e ela me informa com boa vontade e clareza, p. ex., como chegar a um lugar próximo. Essa confiança funda-se na *presunção legítima* de que os seres humanos são *inclinados a cooperar* uns com os outros, desde que isso não implique sacrifício significativo de seus interesses próprios. Aliás, a *experiência* mostra que é o que acontece com frequência. Certamente, a intensidade dessa confiança é relativamente fraca.

Ao contrário, a *plena confiança*, que envolve de modo mais ou menos fundamental toda a vida de quem confia, implica uma *relação interpessoal* em sentido estrito, que se estabelece entre pais/filhos, esposo/esposa e amigos em geral. Ela se exerce, p. ex., na autêntica união matrimonial, fundada no amor mútuo. O noivo crê na promessa da noiva, confiando por isso nela, como capaz de ajudá-lo a ser feliz, e vice-versa. Ambos entregam de certo modo nas mãos do outro o próprio destino, a realização da própria vida. Trata-se de uma *dependência relativa* no âmbito das relações humanas, mas *absoluta*, quando se trata da fé (cristã) em Deus. Nesse caso, não só a abrangência daquilo que se confia ao outro é mais ampla, mas também a intensidade da confiança é maior. De fato, alguém pode ter *evidência plena* em certo momento da confiabilidade de outro, como se mostrará, mas não pode saber se ele permanecerá *para sempre confiável*, porque a liberdade humana é falível.

A dependência, própria da confiança, não equivale, porém, a mera *passividade ou irresponsabilidade*, já que acolher o dom do outro, i. e., aceitar ser amado ou ajudado com todas as suas consequências, constitui a expressão mais profunda da *liberdade*. A confiança implica assim um *descentramento*, enquanto alguém aceita que a realização de sua existência não depende só dele/a, mas também de outro/a em quem confia. Esta entrega não equivale, porém, a uma renúncia à própria responsabilidade; antes, consiste num *ato de lucidez e de coragem*, em vista da própria realização. Deixar de confiar é que pode representar *timidez ou autossuficiência fátua* diante dos desafios da vida. A dialética entre liberdade humana e confiança em Deus foi expressa admiravelmente na sentença atribuída a Inácio de Loyola: "Confia em Deus como se o sucesso dos teus empreendimentos dependesse totalmente de ti e em nada de Deus; mas ao mesmo tempo empenha-te de tal modo como se tu nada, mas Deus sozinho tudo há de realizar"[21]. A confiança é, portanto, uma atitude fundamental nas relações humanas, que se baseia na *convicção da sinceridade* e lealdade do outro, da sua confiabilidade. A decisão de confiar tem, portanto, sua *racionalidade própria* e, enquanto tal, é plenamente justificada e responsável[22], como se verá. Isso implica, ao mesmo tempo, a disposição de escutar e responder a eventuais dúvidas de outros sobre a sua atitude de confiança.

Fica claro, portanto, que a confiança é uma espécie de *esperança*. A esperança em geral consiste no desejo de um bem ausente e possível, que, entretanto, não pode ser alcançado facilmente. Esta é a definição que dá Tomás de Aquino[23]. Toda esperança pressupõe o conhecimento da possibilidade de alcançar algo

---

21. "Sic Deo fide, quasi rerum successus omnis a te, nihil a Deo penderet; ita tamen iis operam admove, quasi tu nihil, Deus omnia solus sit facturus." Veja-se a esse respeito os profundos comentários de FESSARD, 1956, p. 305-363. A frase encontra-se originalmente como a sentença n. 2 do livro do jesuíta húngaro G. Hevenesi, *Scintillae Ignatianae*, Viena, 1705. Embora a redação seja do autor, a autenticidade do conteúdo inaciano é comprovada.

22. Vale de modo geral o que afirma Tomás de Aquino, falando da fé cristã (sobrenatural): "*Ille qui credit habet sufficiens inductivum ad credendum* [...] *Unde non leviter credit*" [Quem crê tem motivo suficiente para crer [...] Por isso, não crê levianamente] (*Summa Theologiae*, II-II q.2 a.9 ad 3).

23. Tomás de Aquino oferece uma fina análise fenomenológica da esperança, tanto como afeto (paixão) quanto como virtude, atitude moral livre, no caso virtude teologal. Por um lado, ele a define como "[O] impulso da afetividade resultante de algo apreendido como bom, ausente, difícil, mas possível de ser alcançado" ["Motus appetitivae virtutis consequens apprehensionem boni futuri ardui possibilis adipisci"] (*Summa Theologiae* I-II q.40 a.2; cf. também o artigo 1). Por outro lado, vê nesta atitude dois elementos essenciais: "o bem que se pretende alcançar e o auxílio pelo qual esse bem é alcançado" ["bonum quod obtinere intendet, et auxilium per quod illud bonum obtinetur"] (Ib. II-II q.17 a.4).

considerado como um bem próprio. Implica, portanto, o *risco* de que o bem esperado, enquanto só possível, não seja alcançado[24]. Por sua vez, a *confiança*, no sentido estrito aqui proposto, como espécie do gênero esperança, distingue-se por dois fatores. Por uma parte, enquanto pressupõe não qualquer conhecimento, mesmo que de caráter pessoal, mas a fé noutra pessoa, ou seja, enquanto se crê poder receber dela o bem desejado. A esperança, porém, pode referir-se também a coisas, p. ex., espero que não chova durante a minha excursão numa montanha. Em segundo lugar, enquanto implica uma convicção da obtenção da ajuda desejada mais forte do que a da esperança em geral[25].

2.2. *Confiabilidade como fundamento da confiança*

Uma vez estabelecido o que é a confiança, vejamos em que se funda. O seu fundamento é a *confiabilidade* daquele em quem se confia. A confiança de um tem como correlativo a confiabilidade do outro. Quem confia julga que aquele em quem confia seja confiável, fidedigno. Certamente, para ser racional, a confiança deve basear-se no conhecimento da confiabilidade da pessoa em quem alguém confia. Esse conhecimento, que constitui o fundamento da confiança, é, como veremos, um conhecimento pessoal, que se identifica com um ato de fé. Nem por isso deixa de ser racional, embora sua racionalidade seja especial. Ainda que intimamente ligado à atitude de confiança, não se confunde com ela, que não é um conhecimento mais um afeto ou sentimento.

Vimos como os requisitos da confiança são a competência e a boa vontade daquele em quem se confia. Mas possuir esses requisitos não basta para que o outro seja confiável a quem nele confia. É necessário que eles lhe sejam *acessíveis*. Na nossa posição cognitivista a acessibilidade dos motivos que levam a confiar corresponde a um conhecimento. A confiabilidade, embora seja um *atributo* daquele em quem se confia, supõe um *juízo* de quem confia sobre a presença desses elementos no outro. O conhecimento da competência daquele em quem se confia, p. ex., do cirurgião numa operação, pode ser praticamente certo, desde que quem

---

[24]. Cf. MCLEOD, 2006. A autora insiste no risco como próprio da confiança, que a distingue de qualquer simples dependência de outro (*reliance*).

[25]. Também a respeito da confiança, S. Tomás tece considerações interessantes, que resume assim: "A confiança consiste no vigor da esperança resultante de uma consideração que gera uma forte convicção acerca da obtenção do bem" [Fiducia importat quoddam robur spei proveniens ex aliqua consideratione quae facit vehementem opinionem de bono assequendi.] (*Summa Theologiae* II-II q.129 a.7). Ele não entende, porém, a confiança apenas como atitude interpessoal, fundada no conhecimento pessoal, como fazemos; antes, refere a confiança a qualquer tipo de convicção e inclui também na sua noção a autoconfiança e a confiança em valores impessoais (p. ex., alguém, considerando a sua boa saúde, confia que viverá ainda muitos anos).

confie seja suficientemente informado. Este elemento, embora seja um pressuposto necessário, não é suficiente, como vimos, para caracterizar a confiança em sentido próprio, pois nesse caso não se espera um desfecho apenas possível de ser alcançado, como requer a ideia de confiança. É verdade que se pode esperar um resultado além da competência conhecida daquele em quem se confia. Mas, nesse caso, não se espera propriamente tal resultado dessa pessoa, porém de outros fatores, em última análise de algo como uma intervenção divina, um milagre.

Por outro lado, se a pessoa em quem se confia é realmente competente, o benefício esperado só se torna apenas possível, porque ela pode ou não usar de sua competência. Este é o segundo elemento em questão. A confiabilidade depende, portanto, da *convicção de que o outro está comprometido* a prestar sua ajuda a quem confia, numa atitude de *benevolência, i. e.*, quer o seu bem e quer ajudá-lo no que for preciso e possível. Nos casos em que o objeto da confiança abrange mais ou menos integralmente a pessoa que confia, para que o outro seja confiável, o fundamental é este seu compromisso de apoio e ajuda, fundado na fidelidade do seu amor, amizade, interesse para com a pessoa que nele confia, não tanto a sua capacidade ou competência para ajudas concretas. Esta disposição é por si mesma a ajuda que espera basicamente quem confia. Por outro lado, a confiabilidade de quem está comprometido com o outro, em termos de uma *opção fundamental*, não exclui *imperfeições e incoerências* na expressão do compromisso, desde que elas não equivalham a retratar o próprio compromisso de fidelidade. Evidentemente a repetição dessas falhas pode diminuir a intensidade da confiança e chegar à anulação da confiança do outro na medida de sua capacidade de perdão. Na verdade, o compromisso de fidelidade depende da abrangência e duração do objeto da confiança. Em casos mais simples requer-se apenas a vontade daquele em quem se confia de dar àquele que confia a prestação solicitada. Mas a relação interpessoal pode ser tão profunda e entrelaçar de tal modo duas vidas que a felicidade de cada um dependa da fidelidade do outro em quem confia e ao qual se confia.

Portanto, a sintonia afetiva pressuposta pela relação do confiança implica uma atitude compreensiva de *abertura e envolvimento recíprocos*. De um lado, a abertura *de quem se revela* amigo através de seu interesse, sua promessa, sua declaração de amor e seus gestos, palavras e comportamentos quotidianos, como expressão (imperfeita e falível) do mistério insondável da própria pessoa. De outro lado, a abertura *de quem acolhe a revelação* do outro, *i. e.*, acredita nele, o que implica um querer compreendê-lo e deixar-se envolver por sua proposta. Só a partir de uma atitude acolhedora e simpática em relação à manifestação do outro é possível ver o que se dá a ver e penetrar o seu sentido. Esta abertura *compromete a ambos*, tanto o que revela o seu segredo mais íntimo como aquele que acolhe tal revelação e assim passa a depender do outro e da verdade de sua manifestação. Quem penetra o interior de outros e percebe sua prontidão em ajudá-lo não constata algo que lhe é existencialmente indiferente, antes se sente afetado por aquilo que lhe é manifestado, enquanto a sua aceitação ou rejeição compromete em maior ou menor grau a sua vida e destino.

Dito com outras palavras, a confiança resulta da *interseção de duas liberdades*. *Quem confia* em alguém, o faz livremente. Compromete-se existencialmente, enquanto se coloca na dependência de receber algo do outro. Mesmo que tenha motivos para fiar-se do outro, pode confiar-se ou não a ele. Neste sentido, a evidência da confiabilidade do outro, crer nele (fiar-se dele), é condição necessária, mas não suficiente para a confiança (confiar-se a ele). Por outro lado, a pessoa *em quem se confia* compromete-se livremente com o bem de outro. Trata-se de um compromisso positivo, ativo. Mas esse compromisso pode ser sempre retratado no futuro. Por isso, não tem sentido uma *confiança verdadeiramente absoluta* entre seres humanos. A confiança implica sempre um *risco*, pode ser traída. Alguém pode comprometer-se com outro, sem reservas, para toda a vida. E quem confia pode perceber o caráter incondicional do compromisso do outro. Entretanto, ninguém pode garantir a permanência do seu compromisso por toda a vida, por mais sincero que seja o seu desejo. O verdadeiro limite da confiança na pessoa humana reside, portanto, no fato de que, sendo livre, pode mudar futuramente suas disposições atuais. É possível, porém, acreditar na *disposição atual* do outro e esperar que ele se mantenha fiel até o fim. Para quem vive desta esperança a experiência da confiabilidade do outro vai atenuando o risco de infidelidade, de modo que a confiança, longe de gerar ansiedade, torna-se serena.

Embora a confiança implique um risco na medida em que a liberdade humana é falível e, portanto, seu compromisso não tenha um caráter absoluto, não tem sentido sublinhar o temor ou a suspeita da falta ao compromisso por parte do outro na própria compreensão da confiança. Daí o caráter estranho da definição de confiança de R. Swinburne:

> Confiar em uma pessoa é agir no pressuposto de que ela fará por você o que sabe que você quer ou precisa, embora os fatos forneçam algum motivo para supor que ela poderá não o fazer e que haverá consequências negativas se sua suposição for falsa. Assim, posso confiar num amigo emprestando-lhe um objeto valioso, embora ele tenha se mostrado anteriormente pouco cuidadoso com objetos valiosos[26].

---

26. "To trust someone is to act on the assumption that she will do for you what she knows that you want or need, when the evidence gives some reason for supposing that she may not and where there

Neste sentido tem razão Carolyn McLeod, quando comenta:

> As pessoas não confiam ou não podem confiar uma na outra se suspeitam facilmente uma da outra. Se alguém espera o pior do outro [...], antes desconfia do que confia nesta pessoa. Confiar envolve ser otimista, mais do que pessimista, a respeito do que aquele em que se confia fará por nós[27].

3. A confiabilidade como conhecimento pessoal

Para confiar em alguém é necessário estar convencido de que tal pessoa é digna de confiança. Como se viu, a confiança pode chegar a envolver a vida de quem confia, sua realização, sua felicidade (p. ex., no casamento). Mas que *garantia* possui quem confia no outro de que ele será fiel? A noção dada de confiança e confiabilidade leva, portanto, à seguinte problemática: *Como se justifica esta atitude?* Como chegar à *convicção da confiabilidade* da pessoa em quem se confia, que foi apresentada como fundamento da racionalidade da confiança? Ou seja: Qual o tipo de conhecimento que leva aquele que confia a esperar daquele em quem confia o objeto de sua confiança? Trata-se de saber, portanto, se e como esta confiança é *razoável*. Caso não haja uma evidência proporcional da confiabilidade da pessoa em quem se confia, a confiança será irracional. É algo fundamental na concepção de confiança, que a nosso ver Thomas Simpson, como vimos, e outros autores não descrevem claramente. Nossa tese aqui é dupla, este *conhecimento tem um caráter afetivo e pessoal* e é isto que devemos entender por fé.

Há duas modalidades de compreensão da realidade, de acordo com a perspectiva hermenêutica adotada pelo conhecente: compreensão *existencial ou pessoal* e compreensão *objetiva ou impessoal*. Na verdade, esta *distinção*, embora tenha sentido e seja muito elucidativa, *não é absoluta*. Não há conhecimento humano absolutamente impessoal. De fato, sobretudo no campo do conhecimento, como sabia muito bem a tradição filosófica: "tudo o que se oferece é recebido de acordo com a maneira própria do que recebe"[28]. O modo de ser do conhecente

---

will be bad consequences if the assumption is false. Thus, I may trust a friend by lending a valuable to her when she has previously proved careless with valuables" (SWINBURNE, 2005, p. 143).

27. "People also do not, or cannot, trust one another if they are easily suspicious of one another. If one assumes the worst about someone [...] then one distrusts, rather than trusts the person. Trusting involves being optimistic, rather than pessimistic, that the trustee will do something for us" (MCLEOD, 2006, p. 3). Esta citação corresponde ao verbete original da autora editado em 2006. Não se encontra literalmente, mas, sim, quanto ao sentido, na revisão substancial do verbete por ela feita em 2020.

28. Trata-se do adágio escolástico: *Quidquid recipitur ad modum recipientis recipitur*. Tomás de Aquino formula-o de modo ligeiramente diferente: *Omne quod recipitur in aliquo, recipitur in eo per modum recipientis* (*Summa Theologiae* I q.75 a.5). E aplica-o expressamente ao conhecimento

condiciona todo e qualquer conhecimento, mesmo o conhecimento considerado objetivo. Isso se dá seja por causa da estrutura da razão humana em geral, seja por causa das características e situação de cada indivíduo. Contudo, isso não impede necessariamente que diferentes conhecentes assumam basicamente a mesma atitude (impessoal) na percepção de uma coisa. É o que acontece, p. ex., no caso do cientista, que procura observar os fenômenos de modo neutro, não se deixando levar por sua situação particular. Reprime por assim dizer os seus sentimentos, de modo que sua percepção seja semelhante à dos que fazem a mesma pesquisa[29]. Mas essa própria busca de objetividade é em si mesma uma disposição que o afeta na sua atividade[30].

Embora a compreensão *objetiva e impessoal* constitua apenas um tipo de compreensão da realidade, é dessa maneira que a tradição filosófica considerou o conhecimento e nós mesmos o *entendemos normalmente*, pelo menos o conhecimento válido, tanto ordinário como científico. Trata-se de um conhecimento neutro, por assim dizer, de caráter puramente intelectual, um olhar objetivo para a realidade, no sentido de que não depende das *disposições singulares* da pessoa, nem a afeta existencialmente, como tal. Entretanto, o que nos interessa no momento é o *conhecimento pessoal*. Trata-se de um fenômeno *universalmente presente* nas relações humanas e facilmente constatável na experiência quotidiana. Fala-se, p. ex., do "coração de mãe", capaz de perceber os pensamentos secretos do filho, impérvios a um terceiro, ou ainda de pessoas insensíveis, que não captam o sentido de determinados acontecimentos e situações existenciais, da lucidez ou da cegueira diante dos mesmos fatos e dados da experiência.

3.1. Características do conhecimento intuitivo pessoal

No conhecimento pessoal a compreensão da realidade *envolve o conhecente na sua singularidade*, ao contrário do conhecimento objetivo, que tem como ideal prescindir quanto possível das disposições individuais. Não se trata de uma abordagem teórica, na qual o sentido apreendido resulta da *análise* das diversas propriedades das coisas, mas de uma *compreensão global*. Essa compreensão capta a realidade em questão como um todo, justamente enquanto envolve a pessoa que compreende *no seu todo*, seu modo de ser, suas experiências anteriores, suas disposições afetivas. O sentido da realidade é captado na medida em que há

---

em muitas passagens, p. ex.: "O conhecido está no conhecente segundo o modo [de ser] do conhecente" [*Cognitum est in cognoscente secundum modum cognoscentis*] (ib. q.12 a.4).

29. Não nos referimos aqui aos interesses pessoais que podem ter os diversos pesquisadores e enquanto tais são capazes de arruinar a objetividade e, portanto, a cientificidade da pesquisa.

30. HEIDEGGER, 1977, p. 184.

na pessoa *uma predisposição para acolhê-lo. Sem esta abertura,* o que se manifesta não pode ser compreendido em seu pleno sentido e valor.

Este conhecimento vigora sobretudo nas relações interpessoais. Supõe como dito uma predisposição que resulta de certa *sintonia* entre quem conhece e o que é conhecido. Isto *não* significa que a intuição existencial seja *subjetiva,* no sentido de que a pessoa projete sobre a realidade suas ideias, preconceitos, desejos, não permitindo que ela se manifeste como é em si mesma. Tal deformação subjetiva da realidade pode ocorrer. É o caso bem conhecido do *wishful thinking.* Mas esta abordagem seria justamente o contrário da compreensão pessoal aqui descrita. Nela, determinadas predisposições pessoais são requeridas precisamente para que certos *aspectos da realidade do outro,* inacessíveis ao conhecimento objetivo, possam *manifestar-se.* Quem não possui tais requisitos não é capaz de captá-los. Por outro lado, a pessoa que conhece sente-se *diretamente afetada* por tal conhecimento. Ele modifica seu modo de ser e sua relação com o mundo. Não se trata de mero acúmulo de novas informações, mas de uma compreensão que se reflete na própria vida, tem um impacto sobre ela. Torna a *pessoa mais vivida,* mais rica e experimentada, não só mais informada.

3.2. *Conhecimento intuitivo pessoal do outro*

São basicamente *três os âmbitos da realidade* em que se pode dar o conhecimento pessoal ou afetivo: a compreensão de valores humanos noéticos, éticos e estéticos, a compreensão do outro na sua singularidade e a compreensão da realidade no seu todo. No último caso trata-se da compreensão implícita ou explícita daquilo que dá *sentido à existência* de cada um, *i. e.,* do valor que orienta e unifica em última análise os projetos, atitudes e decisões da pessoa. Abordamos aqui apenas a compreensão do *outro na sua singularidade.* No caso trata-se do conhecimento da *boa vontade* do outro que leva à confiança. O conhecimento de sua capacidade de realizar aquilo a que se compromete não exige uma compreensão pessoal, exceto nos casos em que a prestação prevista não é de caráter técnico, mas envolve a pessoa toda.

Para definir o conhecimento pessoal do outro na sua singularidade, perguntamos em primeiro lugar em que consiste a singularidade de uma pessoa. *Cada pessoa* é essencialmente *como ela se entende e se projeta,* implícita ou explicitamente, a partir de seu passado e em função daquilo que dá sentido à sua vida. *Compreender o outro,* como pessoa, significa basicamente *perceber* de algum modo o *sentido* que ele mesmo dá à sua *existência.* Não é necessário conhecer em detalhe a sua história, suas características e potencialidades. Trata-se de compreender como ele se acha, *se sente,* enquanto inserido no seu mundo, o que *pensa* de si e de outros, o que *pretende* e projeta. É verdade que ninguém se conhece plenamente. Alguém pode *iludir-se* a respeito de sua situação e de suas possibilidades reais. Mas conhecer o outro é, antes de tudo, compreender a imagem que ele faz de si mesmo, o que pode levar a perceber o seu *engano* a partir do conhecimento de outros dados a seu respeito.

Cada pessoa é *estritamente singular*, ela mesma, na sua autocompreensão e projeto de vida. Não é possível entendê-la como tal numa *perspectiva meramente funcional*, classificando-a de acordo com esquemas gerais (p. ex., gênero, idade, nacionalidade, estado civil, tipo físico e psicológico, educação, profissão etc.). Não dispomos, porém, de outro acesso à sua autocompreensão, senão enquanto se *exterioriza* através de suas *palavras e gestos, atitudes e comportamentos*. É pela experiência destas manifestações da pessoa que se pode chegar a conhecê-la na sua singularidade. Entretanto, esta compreensão existencial não resulta simplesmente da percepção e análise dos dados empíricos, acessíveis a todos, como fatos objetivos. Nenhum destes indícios, nem o seu conjunto, é o suficiente para fundamentar a autêntica compreensão do outro.

Tudo indica, portanto, que a compreensão do outro se funda numa espécie de *intuição vivencial*, que vai além dos dados colhidos, revelando, através de tais *sinais externos*, a verdadeira identidade do outro na sua autocompreensão. Esses sinais são interpretados à luz da *experiência global* que uma pessoa tem da outra. Trata-se de uma intuição no sentido de que uma *série de dados é sintetizada* na compreensão das disposições íntimas do outro. Mas esta síntese não é o resultado de uma *reflexão explícita* em busca de resposta a uma pergunta. Tal reflexão, embora possa acontecer, não é essencial ao fenômeno. Trata-se antes de uma *captação espontânea* da verdade do outro. Ela não consiste em uma inferência lógica do sinal para o significado, mas de uma percepção direta do sentido de cada manifestação à luz da compreensão do todo. Uma palavra ou o silêncio, as lágrimas ou um sorriso, são capazes de tornar-se *símbolos reais* que exprimem por si mesmos para quem tem com ele sintonia afetiva a realidade do estado atual de alguém. A intuição *integra numa compreensão superior* os dados da observação empírica, que deste modo revelam mais do que significam em si mesmos. Evidentemente não é possível desvendar todo o *mistério de uma pessoa*, inacessível de certo modo a ela mesma. Mas pode-se chegar a certa compreensão da pessoa toda, conhecendo-a por dentro, na sua verdade essencial, no sentido que ela imprime à sua existência. Aliás, a *distinção interior/exterior da pessoa é relativa* a uma abordagem específica de sua realidade, como um ente ao lado de outros no espaçotempo natural. Numa perspectiva mais profunda, a pessoa é como ela se compreende como ser-no-mundo, integrando de certo modo toda a realidade na sua autocompreensão. Ela não é um corpo animado no meio do mundo, nem um sujeito pensante contraposto ao mundo. A sua externalização corporal não se distingue de um mundo interior, mas, como símbolo real, dá a conhecer o que cada qual é como ser-no-mundo, ou seja, muito mais do que um organismo biológico com suas funções[31].

Qual será, porém, a *condição* para a compreensão existencial do outro, que ultrapassa os dados meramente empíricos e objetivos, acessíveis a todos? Ela implica uma *predisposição peculiar*, que consiste numa *relação pessoal de caráter afetivo*. Para compreender o outro como ele é, torna-se indispensável estabelecer livremente com ele uma relação pessoal de amor ou benevolência, que permite interpretar os sinais exteriores no seu significado pleno, "adivinhar os pensamentos" do outro. Só o desejo do verdadeiro bem do outro é capaz de acolhê-lo na sua verdade e de respeitá-lo na sua originalidade. Esta abertura leva a compreender e valorizar o outro como ele é, não como se desejaria que fosse, numa mostra de apreço e confiança que o ajuda a ser mais. Portanto, o caráter livre e afetivo deste conhecimento pessoal, longe de prejudicar a lucidez da visão, permite precisamente *constatar* não só as *potencialidades* do outro, mas também os seus *limites*; inclusive, se for o caso, que ele não é digno de confiança.

Esta visão se *deturpa* apenas à medida que na relação com ele prevalece o *interesse próprio*, em vez do amor gratuito e a abertura para o bem universal. A deturpação da compreensão do outro pode levar tanto à confiança cega como à desconfiança infundada. Limite dessa compreensão pessoal é a *incapacidade* de *transmitir* adequadamente a terceiros a própria experiência. A pessoa pode até dar argumentos convincentes a um terceiro. Mas estas provas não estão à altura da própria evidência. Com efeito, diante dos mesmos fatos, nem todos enxergam o mesmo. Assim não são capazes de perceber aquilo que para quem ama é evidente. Concluindo, podemos dizer que o *conhecimento pessoal* do outro consiste em uma *compreensão intuitiva* que permite, através das suas *expressões acessíveis* a qualquer observador, captar o seu *modo de ser singular* em virtude de uma *disposição afetiva peculiar* de amor ou benevolência para com ele, que produz no conhecente, assim disposto, uma *abertura* para acolher a sua verdade.

3.3. *Conhecimento da confiabilidade como intuição pessoal*

A confiabilidade de alguém é um tipo de intuição pessoal. A confiança autêntica, entendida como relação interpessoal, não pode fundamentar-se num puro sentimento subjetivo. Confiar não é uma atitude arbitrária ou opção cega.

---

31. Resumimos aqui o que foi tratado longamente no artigo: MAC DOWELL, 2013, p. 427-456.

Alguém pode "confiar" cegamente no outro, levado por um impulso passional que obscurece a sua razão e tolhe a sua liberdade. Não se trataria então de uma atitude verdadeiramente humana, como é a confiança bem entendida. A confiança será racional à medida que a convicção na confiabilidade do outro não for cega ou arbitrária, mas se fundar na *evidência do seu compromisso de fidelidade*.

O fundamento da confiança deve ser, portanto, um *ato cognitivo*. Baseia-se numa evidência racional da confiabilidade do outro. Ela pressupõe um *julgamento*. Quem confia, de maneira sensata, deve conhecer o outro e suas disposições, de modo que compreenda que ele é *confiável*, digno de fé ou não. Entretanto, o conhecimento, pressuposto pela confiança, não se reduz a um *mero cálculo*, ou seja, ao resultado de uma apreciação objetiva dos motivos pró e contra confiar em alguém sobre uma questão determinada. Certamente, a pessoa se objetiva em palavras, gestos e ações corporais. Esta objetivação oferece elementos para conhecê-la na sua realidade mais profunda. É normal que num encontro entre pessoas elas percebam e levem em consideração diferentes *indícios* da fidedignidade do outro. Entretanto, a confiança no outro não resulta simplesmente da análise das suas *manifestações*, constatáveis por qualquer um, de suas características e externações, qualidades e defeitos. Quem se abre para a realidade do outro como um todo compreende mais do que o que revela a simples análise do seu comportamento. Trata-se de uma compreensão intuitiva pessoal. Este conhecimento pessoal implica um discernimento mais original. Não prescinde da apreensão dos indícios. É, contudo, mais do que a soma de todos eles. *Nenhum desses indícios* nem o seu mero conjunto são plenamente convincentes para quem não goza de uma relação pessoal com o outro, podendo levar à *convicção da confiabilidade* de alguém.

Este *processo cognitivo* é regulado pela realidade através da *experiência*. A atitude de abertura ao outro, que permite compreendê-lo, *i. e.*, que é pressuposto da compreensão, pode crescer na *relação interpessoal*, através da experiência de suas manifestações. A *confiabilidade* de pessoas humanas e, portanto, a confiança são sempre relativas, como já dito, e *admitem graus*. A compreensão, resultante desta experiência, vai, por sua vez, consolidando ou desmentindo a confiança. Em outras palavras: a intuição própria do conhecimento pessoal se dá à luz de uma *pré-compreensão* do outro, que, no entanto, não é rígida, mas evolui em função da realidade da relação interpessoal. Ela supõe uma *sintonia afetiva* que se estabelece entre ambos. Exclui a distância e a neutralidade fria e indiferente. Não se confia em alguém de quem não se gosta ou de quem se sabe que não gosta de si.

Mas a *atitude pessoal* de quem confia modifica a natureza do próprio *elemento cognitivo*, de modo que ele encara a realidade da outra pessoa de maneira diferente daquele que não faz a mesma experiência, mesmo que esteja diante dos mesmos dados. Para desconfiar do outro, com ou sem razão, não se faz mister nenhuma predisposição especial. Os indícios acessíveis a todos podem justificar esta atitude. Mas para *confiar* racionalmente em alguém, reconhecê-lo como confiável, a pessoa precisa penetrar de certo modo no íntimo do outro para *identificar suas intenções e disposições* mais profundas, ou seja, sua *benevolência* para com ela e a autenticidade de seu *compromisso*. Este reconhecimento implica, por sua vez, uma atitude de abertura em relação às manifestações de benevolência do outro. Para confiar é preciso deixar-se tocar pelas "provas" do compromisso da pessoa em quem se confia. Só assim é possível estimar e valorizar o outro como digno de confiança, apesar das limitações próprias de todo ser humano. A confiança funda-se, portanto, numa espécie de "intuição" ou *compreensão global e vivencial* do outro através de suas expressões, que assegura se ele é ou não confiável e, portanto, se suas externações são dignas de fé. Esta compreensão intuitiva peculiar de caráter existencial ultrapassa os dados empíricos e atinge a pessoa do outro nas suas disposições fundamentais. Esses dados tornam-se sinais de outra realidade, que não é acessível senão para quem está aberto à sua manifestação. Trata-se de uma *evidência* de caráter existencial, que não decorre de uma constatação meramente objetiva e neutra dos fatos, nem se funda em razões objetivas, mas depende da atitude e da *disposição pessoal daquele que confia*. Nem por isso se trata de uma *atitude arbitrária e irresponsável*, ou seja, sem fundamento racional. Com efeito, a disposição pessoal de abertura de quem confia para com aquele no qual confia *não deforma a sua visão da realidade* do outro, mas, ao contrário, permite compreendê-lo na sua *verdade*. Uma pessoa sensata não confiaria no outro se não visse que esta *decisão é válida e conveniente*, *i. e.*, contribui para seu bem e realização pessoal[32]. Ela tem toda razão e direito de acreditar no ou-

---

32. É o que mostra ainda Tomás de Aquino: "*Ea quae subsunt fidei dupliciter considerari possunt. Uno modo in speciali: et sic non possunt esse simul visa et credita, sicut dictum est. Alio modo, in generali, scilicet sub communi ratione credibilis. Et sic sunt visa ab eo qui credit: non enim crederet nisi videret ea esse credenda*" [As coisas que são objeto da fé podem ser consideradas sob dois aspectos. Por um lado, no seu conteúdo específico; neste caso, não podem ser ao mesmo tempo evidentes e objeto de fé, como já se disse. Por outro lado, em geral, *i. e.*, quanto à razão comum de crer; e, sob este aspecto, são evidentes para quem crê. De fato, não creria se não lhe fosse evidente que tais coisas devem ser cridas] (*Summa Theologiae* II-II q.1 a.4 ad 2). Em outras palavras: Se o que o amigo me diz é evidente por si mesmo, não preciso aceitá-lo por causa de seu testemunho, *i. e.*, por fé. A fé supõe que aquilo em que creio não é evidente por si mesmo. Mas só posso crer racionalmente se a credibilidade da testemunha seja evidente para mim. Julgamos, porém, que nossa concepção da fé pessoal, enquanto dispensa o elemento testemunhal e se refere simplesmente a Deus e não a conteúdos de uma revelação histórica, pode conciliar-se com a posição de S. Tomás, mesmo se admite em princípio a evidência intrínseca de seu conteúdo (Deus como sentido último da existência), fundada não em uma demonstração discursiva, mas em uma intuição pessoal. De fato, é o testemunho de Deus no fundo de espírito humano que é crível por evidência, não propriamente o conteúdo particular ou representação dessa evidência.

tro na medida em que percebe intuitivamente a *sinceridade* de suas *externações* e a conveniência de confiar nele. Esta evidência é possível justamente em virtude da *sintonia afetiva* que se estabelece entre as duas pessoas, como foi explicado, e que permite a quem confia captar as disposições do outro, que não são acessíveis senão a quem está *predisposto* a entendê-lo. Quando um amigo compreende o amigo, sua situação interior, algo que não se dá com outros que podem dispor dos mesmos dados objetivos a seu respeito, será que está destorcendo a realidade do outro? Quem tem razão, ele ou os que não acreditam nas suas afirmações a respeito de seu amigo e julgam insensata a confiança que demonstra nele? Na verdade, de certo modo, ambos têm razão, porque os descrentes de fato não veem o que o outro manifesta, já que não estão predispostos a tanto. Mas é quem confia que detém a verdade a respeito do amigo, já que, aberto afetivamente a ele, é capaz de compreender melhor a sua realidade.

A confiabilidade do outro como conhecimento pessoal, conforme foi explicado, não corresponde a uma *mera opinião* sobre a presença dos requisitos necessários para quem confia depositar nele a sua confiança. Para que seja racional, a confiança no outro supõe a *certeza suficiente* da sua confiabilidade. A exigência dessa certeza é proporcional àquilo que se espera daquele em quem se confia. Quando a *vida da pessoa* e o seu destino entram em jogo, requer-se dela uma evidência mais profunda dessa confiabilidade do que quando se trata da prestação de um *serviço corriqueiro*. Por outro lado, a certeza pode ser *alcançada em graus diversos* na medida da evidência da confiabilidade do outro de que se dispõe em cada caso. Na *confiança em Deus* essa certeza pode ser de certo modo absoluta, seja porque a capacidade e a vontade de Deus de tornar feliz todo ser humano são absolutas, pelo menos segundo a tradição cristã, seja porque, segundo a mesma tradição, a pessoa pela graça divina pode chegar a um grau absoluto do conhecimento dessa disposição divina, enquanto se pode falar de absoluto no conhecimento ou em outras realidades humanas. Mas a certeza da confiabilidade do outro nas *relações humanas*, como já dito, é sempre relativa. Em cada momento, a relação interpessoal pode fornecer uma convicção desta confiabilidade que torne mínimo para quem confia no outro o risco da ausência de seu compromisso no futuro. Em outras situações a certeza é menor, mas sempre deve ser suficiente, para que a confiança seja verdadeiramente humana. Em todo caso, como já dito, a confiabilidade do outro é um juízo próprio da pessoa que confia, implicando seu conhecimento mais ou menos evidente das propriedades requeridas em quem se confia. Ora, o conhecimento da confiabilidade do outro não é senão uma fé pessoal numa pessoa.

Enquanto tem o caráter intuitivo de uma experiência pessoal, esta evidência não pode, como tal, *ser comunicada* a quem não faz uma experiência semelhante. Ela pode, porém, ser de certo modo *explicitada por razões objetivas* que, entretanto, não são capazes de exprimir toda a força da evidência. Evidentemente, quem confia pode *enganar-se*, tanto a respeito das disposições atuais daquele no qual confia como da sua fidelidade no futuro. Mas falhas semelhantes acontecem também no campo do conhecimento objetivo. Trata-se, em ambos os casos, de um *juízo precipitado*, que ultrapassa a evidência que se oferece. Mas a possibilidade de erros em todas as esferas do conhecimento humano não justifica o ceticismo. Também o fato de que, sendo livre, a pessoa pode *mudar futuramente sua atitude* não é motivo para julgar a confiança irracional. Pelo contrário, *não confiar* em ninguém por princípio é que seria uma *atitude desumana e absurda*. A autêntica convivência humana, a realização da própria personalidade implica a confiança no amor de outro. Sem esta experiência não é possível *amar e realizar-se* como pessoa humana.

3.4. O conhecimento pessoal através da história

Aristóteles (384-324 a.C.) já admitiu essa intuição pessoal, dependente das disposições daquele que conhece, no caso do conhecimento dos valores morais. Alguém só pode conhecer o que *moralmente* deve ser feito em determinada situação na medida em que possui as disposições adequadas, *i. e.*, possui a virtude em questão e assim é inclinado para aquela ação enquanto corresponde a tal virtude ou a rejeita enquanto se opõe a ela. Trata-se do hábito intelectual que chama de *phronesis*, cuja tradução mais feliz é, a nosso ver, a capacidade de discernir bem o bem de uma ação[33].

Destaque ainda maior foi dado ao papel das disposições afetivas no conhecimento por autores cristãos da época patrística e medieval, como Clemente de Alexandria, Orígenes, S. Agostinho[34], S. Gregório Magno[35], e o Pseudo-Dionísio Areopagita[36]. Entretanto, a explicação deste conhecimento afetivo nem sempre

---

33. Cf. *Ética a Nicômaco*, III, 6: 111 3a 29-34; cf. X, 5 117 6a 17-18.

34. "Nenhum bem é conhecido perfeitamente a não ser que seja perfeitamente amado" [nullum bonum perfecte noscitur, quod non perfecte amatur] (De diversis quaestionibus, XXXV, 2; Migne P.L. v. XL col. 24); "Ninguém é conhecido senão pela amizade" [Nemo nisi per amicitiam cognoscitur] (ib. LXXI, 5; Migne P.L. v. XL col. 82); "Não se penetra na verdade a não ser pela caridade" [Non intratur in veritatem nisi per charitatem] (Contra Faustum manichaeum, XXXII, 18; Migne P.L. v. XLII col.).

35. "O próprio amor é conhecimento" [amor ipse notitia est] (Homil. 28 in Evang.; Migne P. L. v. LXXVI col. 1207).

36. Relata que o místico Hieroteu (figura simbólica) adquiriu a verdadeira sabedoria, pelo estudo dos teólogos e pela própria investigação, "mas também ensinado por uma inspiração divina superior, não pela reflexão [*discens*], mas pela experiência [*patiens*] das realidades divinas, baseada numa simpatia por elas, por assim dizer [...]" [(...) sed etiam ex quadam doctus est diviniore inspira-

foi clara, havendo a tendência a atribuir uma dimensão cognitiva à própria afetividade e ao amor[37]. S. *Boaventura* (1221-1274) na Idade Média manifesta tal tendência, ao tentar *explicar filosoficamente* a relação entre conhecimento e amor na *experiência mística*, considerando o próprio gosto de Deus, propiciado pelo dom da sabedoria, um conhecimento experimental do bem. Portanto, o ato da contemplação sapiencial (mística), enquanto corresponde a um deleite na beleza de Deus, tem seu início no conhecimento, mas sua consumação no afeto[38]. *Tomás de Aquino* (1225-1274), seu contemporâneo, discorda desta explicação[39]. Inspirando-se sobretudo em Aristóteles e no Pseudo-Dionísio, estende o conhecimento afetivo ao conhecimento místico de Deus; portanto, de uma pessoa, não simplesmente de um valor. Trata-se de uma compreensão intuitiva existencial, que revela a confiabilidade do outro por *conaturalidade*, ou seja, pela semelhança das disposições de um para com o outro. Implica, portanto, uma evidência, ainda que de caráter pessoal, não um salto no escuro. A sintonia, própria do conhecimento por conaturalidade, aproxima quem confia e aquele no qual confia na *comunhão dos mesmos critérios e desejos*, visões e atitudes diante da vida. Sem esta relativa coincidência de disposições existenciais e afetivas não pode haver confiança de um no outro[40].

---

tione, non solum discens, sed patiens divina [ou mónon máthwn, allà kai páthwn theia] et ex compassione ad ipsa, si ita oportet discere (...)]" (PSEUDO-DIONYSIUS, *De divinis nominibus*, c.II, § 9,60; Migne P.G. v. III col.647). A contraposição mathwn/pathwn se inspira provavelmente em Aristóteles, do qual é conhecido a seguinte frase de uma obra perdida: "Quem passa pela iniciação [nos mistérios] não deve aprender nada racionalmente (mathein), mas viver uma experiência interior (pathein) e assim entrar numa certa disposição de ânimo, desde que seja capaz de tal disposição" (ARISTOTELES, 1958, p. 84).

37. Cf. D'AVENIA, 1992, p. 41-55.

38. "[...] sapientia [...] nominat cognitionem Dei experimentalem [...] cuius actus consistit in degustando divinam suavitatem. [...] actus doni sapientiae partim est cognitivus, et partim est affectivus: ita quod in cognitione inchoatur et in affection consumatur, secundum quod ipse gustus vel saporatio est experimentalis boni et dulcis cognition" (*In III Sententiarum*, dist.35 a.1 q.1).

39. A respeito do conhecimento afetivo e por conaturalidade em Tomás de Aquino, cf. MARITAIN: 1990b, p. 980-1.001; Paulo G. MENESES: *Conhecimento afetivo em Santo Tomás*. Col. CES, São Paulo: Loyola, 2000, e sobretudo Marco D'AVENIA (*La conoscenza per connaturalità in S. Tommaso D'Aquino*. Bologna: Ed. Studio Domenicano, 1992), com extensa bibliografia. Mais recentemente o tema tem sido retomado, em nova perspectiva, p. ex., por SNELL, R. J.: Connaturality in Aquinas: The Ground of Wisdom, in: *Quodlibet Journal*, v. 5 n. 4, 2003 (www.quodlibet.net), e RYAN, Thomas: Revisiting Affective Knowledge and Connaturality in Aquinas, in: *Theological Studies*, v. 66 n. 1, 2005, p. 49-68.

40. "A retidão do julgamento pode acontecer de dois modos: primeiramente, pelo uso perfeito da razão; em segundo lugar, por certa conaturalidade com aquilo sobre que se vai julgar. [...] Portanto, a respeito das realidades divinas fazer julgamentos corretos por meio da investigação racional pertence à sabedoria que é uma virtude intelectual. Mas o julgamento correto a respeito delas por certa conaturalidade com elas pertence à sabedoria enquanto é um dom do Espírito Santo. [...] Esta simpatia e conaturalidade com as realidades divinas acontecem pela caridade que nos une a Deus" [Rectitudo autem judicii potest contingere dupliciter: uno modo, secundum perfectum usum ratio-

Blaise Pascal (1623-1662), na modernidade, foi um dos pensadores que mais chamaram a atenção sobre o conhecimento pessoal. Ele resume seu pensamento a respeito da relação entre os dois tipos de compreensão da realidade na frase famosa: "O coração tem razões que a razão não conhece"[41]. O "coração" pascaliano corresponde aproximadamente à razão intuitiva, embora não necessariamente existencial ou pessoal. Com efeito, trata-se, em particular, do conhecimento dos princípios, p. ex.: espaço, tempo, movimento, número[42]. Pelo contrário, "razão" para ele é sempre a razão discursiva demonstrativa[43]. *Max Scheler* (1874-1928), influenciado por Pascal, considera que os sentimentos, especialmente o amor, têm a própria lógica, diferente da lógica da razão. Os sentimentos estão relacionados com experiências de valores. A percepção dos valores é semelhante à das cores, no sentido de que tanto os valores como as cores são independentes das coisas nas quais são percebidos (p. ex., o verde pode ser tanto da planta como da roupa). A percepção de cada tipo de valor corresponde a um tipo de sentimento. Scheler dá especial importância ao sentimento de simpatia, como uma determinação essencial do ser humano. Não se trata de um fenômeno empírico, mas da estrutura fundamental e originária do "sentir-com" (*Mitgefühl*), anterior

---

nis; alio modo, propter connaturalitatem quandam ad ea de quibus iam est iudicandum. [...] Sic igitur circa res divinas ex rationis inquisitione rectum iudicium habere pertinet ad sapientiam quae est virtus intellectualis: sed rectum iudicium de eis secundum quandam connaturalitatem ad ipsa pertinet ad sapientiam secundum quod est donum Spiritus Sancti. [...] Huiusmodi autem compassio sive connaturalitas ad res divinas fit per charitatem, quae quidem unit nos Deo.] (*Summa Theologiae* II-II q.45 a.2; cf. I q.1. a.6 ad 3; II-II q.97 a.2 ad 2). Cf. D'AVENIA, 1992, p. 69-120.

41. "Le coeur a ses raisons, que la raison ne connaît point" (*Pensées* La 423), ou ainda: "Nous connaissons la vérité, non seulement par la raison, mais encore par le coeur. C'est de cette dernière sorte que nous connaissons les premiers principes" [Conhecemos a verdade não só pela razão, mas também pelo coração. É desta última maneira que conhecemos os primeiros princípios] (id. La 110).

42. "Les principes se sentent, les propositions se concluent, et le tout avec certitude, quoique par différentes voies. Et il est aussi inutile et aussi ridicule que la raison demande au coeur des preuves de ses premiers principes, pour vouloir y consentir, qu'il serait ridicule que le coeur demandât à la raison un sentiment de toutes les propositions qu'elle démontre, pour vouloir les recevoir." [Os princípios se sentem, as proposições se concluem, e tudo com certeza, embora por diferentes vias. E é tão inútil e tão ridículo que a razão peça ao coração provas de seus primeiros princípios, para querer dar-lhes seu assentimento, como seria ridículo que o coração pedisse à razão um sentimento de todas as proposições que ela demonstra, para querer aceitá-las.] (ib.). Os termos "sentir", "sentimento" não designam aqui um mero estado afetivo, mas um tipo de conhecimento, *i. e.*, o conhecimento pelo "coração": "Car le jugement est celui à qui appartient le sentiment, comme les sciences appartiennent à l'esprit. La finesse est la part du jugement, la géométrie est celle de l'esprit" [Pois ao julgamento corresponde o sentimento, como às ciências corresponde o espírito. A fineza é própria do julgamento, a geometria o é do espírito] (id. La 513).

43. À distinção entre "coração" e "razão" corresponde em Pascal uma outra distinção entre "esprit de finesse" [espírito de fineza: capacidade intuitiva de discernimento] e "esprit de géométrie" [espírito de geometria: capacidade discursiva de análise] (cf. id. La 511-512). Para mais explicações, cf. PASQUA, 1997, p. 379-394.

a qualquer aprendizagem e imitação, que fundamenta a compreensão do outro e capacita para a sociabilidade[44].

Martin Heidegger (1889-1976) com sua Analítica existencial abre em "Ser e Tempo" uma nova perspectiva para a compreensão do fenômeno. Inteligência e vontade, no sentido de afetividade, reinterpretadas como "compreender" (*Verstehen*) e "disposição afetiva" (*Befindlichkeit*), não são entendidas como duas faculdades claramente distintas, ainda que inter-relacionadas, como na metafísica, mas como duas dimensões ou estruturas ontológicas, cada uma das quais caracteriza o *"Dasein"* como um todo. Neste sentido, toda "compreensão" é afetiva ou afetada e todo "afeto" revela algo do *"Dasein"* como ser-no-mundo[45]. *Ultimamente* há grande interesse pela questão do conhecimento afetivo, interpretado, frequentemente, como uma propriedade dos afetos ou emoções, que implicam uma atitude, uma abertura específica para o mundo. Entre os estudiosos do assunto nesta perspectiva podem citar-se: Ronald de Sousa[46], Robert C. Solomon[47], Antonio Damasio[48], Martha Nussbaum[49], Hilge Landweer[50].

O problema aqui não é se o amor move ao conhecimento, como causa eficiente, *i. e.*, o ser humano deseja conhecer e cada vez mais. Isso é admitido geralmente. Trata-se antes de como se explica que o *conhecimento pessoal ou afetivo*, como foi descrito, dê a conhecer *mais* do que o simples *conhecimento objetivo*. Em outras palavras: Qual é a estrutura do conhecimento afetivo, que revela ao conhecente aspectos da realidade que outros não alcançam? A essa questão são dadas *diferentes respostas*.

A posição que atribui um *caráter cognitivo à própria afetividade* é defendida, como vimos, tanto por representantes do pensamento patrístico e medieval como por autores contemporâneos, embora em termos bem distintos. Uma formulação precisa desta posição no *período medieval* encontra-se, p. ex., em S. Boaventura. Para ele, trata-se, porém, da *afetividade espiritual, própria da vontade*, enquanto ama o bem proposto pelo intelecto e neste amor contemplativo conhece-o mais profundamente que o simples intelecto. Vários *autores contemporâneos*, a partir de diferentes perspectivas, atribuem uma *capacidade cognitiva às emoções* ou paixões sensíveis (medo, raiva, desejo, esperança), enquanto seriam a sede de juízos de valor a respeito de situações humanas. Embora possam ter-se inspirado

---

44. SCHELER, 1931. Sobre M. Scheler, cf. FRINGS, 1997 (www.maxscheler.com).
45. Cf. HEIDEGGER, 1977, p. 190 [Trad. CASTILHO, 2012, p. 407]. Ver o comentário de SLABY, 2007, p. 93-112.
46. SOUSA, 1987.
47. SOLOMON, 1993.
48. DAMASIO, 1994; DAMASIO, 1999.
49. NUSSBAUM, 2001.
50. DEMMERLING e LANDWEER, 2007.

em M. Heidegger, divergem claramente dele enquanto interpretam o fenômeno nos quadros da tradição metafísica (sensível x racional, representação, juízo etc.), ainda que com posições em certo sentido contrárias a tal tradição. É o caso, particularmente, de *Martha Nussbaum*, quando afirma:

> As emoções, procurarei demonstrar, envolvem julgamentos acerca de coisas importantes, nos quais, ao avaliar um objeto externo como relevante para nosso bem-estar, reconhecemos nossa própria carência e incompletude diante de partes do mundo que não controlamos plenamente[51].

Sobre o *papel da afetividade* (*emotions*), especificamente nos juízos de valor moral, a autora resume assim seu pensamento:

> Se as emoções são impregnadas de inteligência e discernimento, e se elas contêm em si mesmas uma consciência de valor ou importância, não podem, por exemplo, ser facilmente postas de lado na explicação do julgamento ético, como com tanta frequência o foram na história da filosofia. Em vez de considerar a moralidade como um sistema de princípios a serem captados por um intelecto desligado delas, e as emoções como motivações que ou apoiam ou subvertem nossa escolha de agir de acordo com tais princípios, deveremos considerar as emoções como parte integrante do sistema de raciocínio ético. Não podemos razoavelmente omiti-las, uma vez que reconheçamos que as emoções incluem no seu conteúdo juízos que podem ser bons ou maus guias para a escolha ética. Teremos de nos haver com esse material confuso de tristeza e amor, raiva e medo, e com o papel que essas experiências tumultuosas desempenham no pensamento sobre o bem e o justo[52].

Ao contrário, *Tomás de Aquino* concebe o conhecimento afetivo como um *juízo de valor do intelecto*, que inclui três movimentos: (1) conhecimento do objeto pelo intelecto; (2) inclinação da vontade, daí resultante, para o objeto conhecido, que se apresenta como bom, conveniente, amável, porque coincide com os valores vividos pelo conhecente, que está assim predisposto e aberto para tal realidade, afinado com ela; (3) conhecimento do objeto associado à experiência da inclinação afetiva para ele e da sintonia e comunhão com ele, que permite captar aspectos novos de seu modo de ser[53]. A *afetividade* torna-se fonte de conhecimento não porque conheça algo por si mesma, mas enquanto oferece um âmbito novo ao conhecimento, ou seja, a amabilidade dessa realidade concreta assim conhecida. Ela tem assim uma *função mediadora* no conhecimento afetivo, enquanto a experiência da amabilidade de tal realidade redunda (*redundantia*)[54]

---

51. NUSSBAUM, 2001, p. 19.
52. NUSSBAUM, 2001, p. 1.
53. Cf. textos citados acima, nota 8.
54. Os termos "*redundare*" e "*redundantia*" são usados com frequência por S. TOMÁS para exprimir a relação entre as várias potências sensitivas e intelectivas, cognitivas e volitivas. P. ex.: "Do

sobre ela revelando o que a torna amável. O conhecimento por *conaturalidade* se caracteriza, portanto, como uma visão intelectual (intuição) experiencial e afetuosa[55]. Ele explica deste modo dois fenômenos específicos: o conhecimento moral e a experiência mística[56]. No caso do discernimento da *moralidade da ação concreta*, levando adiante a intuição de Aristóteles, Tomás mostra como a conaturalidade com os valores morais se funda na aquisição das virtudes morais, *i. e.*, de hábitos que modelam as tendências afetivas, como uma *segunda natureza*, inclinando-as para os valores correspondentes à integração de tais tendências no processo de realização da pessoa[57]. O caso da *contemplação mística* é particularmente importante, porque não se trata da conaturalidade com um valor, como no conhecimento moral, mas com a *pessoa amada*. Baseado, sobretudo, no Pseudo-Dionísio, S. Tomás já entende, como se disse, tal contemplação de Deus como um conhecimento por conaturalidade. Seu comentador do século XVII, João de Santo Tomás, detalhando o processo, explica que o amor que a pessoa sente por Deus torna-se o meio objetivo do conhecimento, substituindo, como instrumento intencional, o conceito, próprio do conhecimento ordinário[58]. Na medida, portanto, em que o intelecto, por esse meio, se une experiencialmente,

---

mesmo modo as potências superiores influem nas inferiores [*fit redundantia in*], quando uma emoção de caráter sensível resulta de um desejo intenso da vontade e quando o funcionamento dos órgãos corporais é restringido ou inibido por causa da intensa concentração do espírito. Pelo contrário, as potências inferiores influem nas superiores, p. ex. quando pela veemência das paixões, que atuam no nível da afetividade sensível, a razão se obscurece a ponto de julgar como o bem verdadeiro aquilo para o qual a pessoa é atraída pelas paixões". [Similiter ex viribus superioribus fit rẽdundantia in inferioribus; cum ad motum voluntatis intensum sequitur passio in sensuali appetitu, et ex intensa contemplatione retrahuntur vel impediuntur vires animales a suis actibus. Et e converso ex viribus inferioribus fit redundantia in superiores; ut cum ex vehementia passionum in sensuali appetitu existentium obtenebratur ratio ut iudicet quasi simpliciter bonum id circa quod homo per passionem afficitur.] (*Quaestiones Disputatae De Veritate* q.26 a.10).

55. Cf. D'AVENIA, 1002, p. 165-204.

56. Jacques Maritain utiliza a ideia do conhecimento por naturalidade também para a compreensão do fenômeno artístico em *L'intuition créatrice dans l'art et la poésie*, 1953 (MARITAIN, 1990a).

57. É o que mostra Tomás de Aquino no seu Comentário à Ética a Nicômaco: "A pessoa virtuosa julga corretamente sobre as coisas que se referem às ações humanas, pois em cada situação lhe parece bom o que realmente é bom [...] sendo como que a regra e medida de toda a práxis" [Virtuosus singula quae pertinent ad operationes humanas recte diiudicat et in singulis enim videtur ei esse bonum id quod vere est bonum [...]; quasi regula et mensura omnium operabilium.] (*In III Eth.* lect. 10, lin. 77-79.89-90; cf. *Summa Theologiae* I q.1 a.6 ad 3).

58. "[O amor] liga-se ao objeto e o une a si, introjetando-o por um gozo, conaturalidade e consonância com tal objeto e como que o experienciando por uma experiência afetiva [...]. Desse modo o afeto passa a adquirir o caráter de objeto [do conhecimento] enquanto em virtude de tal experiência afetiva o objeto se torna mais conforme, proporcionado e unido à pessoa e mais conveniente para ela. Desse modo o intelecto se volta para ela como para algo experienciado e em contato consigo. [[Amor] applicat sibi obiectum et illud unit et inviscerat sibi per quandam fruitionem et connaturalitatem et proportionem cum tali obiecto et quasi experitur illud experientia affectiva [...] Et sic affectus transit in conditionem obiecti, quatenus ex tali experientia affectiva redditur obiectum magis

de certo modo, com o próprio Deus, a pessoa não experiencia apenas o seu amor a Deus[59]. Mas, enquanto esse amor é uma participação do próprio amor de Deus e a põe em sintonia com ele, *experiencia nesse amor algo mais de Deus*, que a enche de gozo (*delectatio*)[60], mas não pode ser expresso em termos humanos, porque ultrapassa infinitamente nossa capacidade de conhecer.

Também segundo *Heidegger*, "*compreender*" e "*afetividade*" são dimensões ontológicas *originárias, mas distintas*, do *Dasein*. Para ele, toda compreensão é afetada e toda disposição afetiva é compreensiva. É verdade que, segundo ele, os afetos (*Stimmungen*) dão a conhecer ao *Dasein* o seu ser-no-mundo. Contudo, compreender e afetividade não são entendidos como duas *faculdades contrapostas*, ainda que interligadas, como para Tomás de Aquino, mas como duas dimensões ontológicas ou modos de ser do *Dasein*, cada uma das quais o caracteriza como um todo. Assim concebidos, se situam num plano anterior à distinção metafísica entre sensível e inteligível. Não se trata de atos distintos de compreender e sentir, mas da relação global do Dasein com o seu mundo que implica os dois aspectos[61].

Podemos concluir que a explicação do conhecimento pessoal por *Tomás de Aquino* e seus comentadores, a partir da ideia de *conaturalidade*, parece a mais penetrante e fiel aos fenômenos, no contexto da distinção *metafísica tradicional* tanto entre sensível e inteligível como entre conhecimento e afeto ou desejo. Mas talvez um prolongamento da *análise existencial heideggeriana*, nesta direção, possa dar azo a uma interpretação ainda *mais adequada* do conhecimento afetivo. A tentativa tomasiana de restabelecer a unidade do ser humano, supe-

---

conforme et proportionatum et unitum personae eique magis conveniens; et sic fertur intellectus in illud ut expertum et contactum sibi."] (JOÃO DE SANTO TOMÁS: 1948, a. 4 n. 11).

59. É o que ensina S. Tomás de qualquer ato de amor: "Pois o intelecto em função da apreensão do bem gera o amor, o amor, porém, une ao amado e, ao possuí-lo, torna-o, de certo modo, seu. Desta comunhão resulta o prazer, que completa a natureza da fruição" [Intellectus enim secundum apprehensionem boni gignit amorem, amor autem unit amato, et quodammodo illud suum facit possidendo. Et ex hac conjunctione sequitur delectatio quae perficit rationem frutionis.] (*Super Sent.*, lib. 1 d.45 q.1 a.1).

60. "Por isso Gregório diz que a vida contemplativa consiste no amor de Deus, enquanto alguém inflamado pelo amor de Deus deseja ardentemente enxergar a sua beleza. E já que cada um sente prazer quando alcança aquilo que ama, por isso a vida contemplativa se consuma no prazer [delectatio] que reside na afetividade" [Et propter hoc Gregorius constituit vitam contemplativam in charitate Dei: inquantum scilicet aliquis ex dilectione Dei inardescit ad eius pulchritudinem conspiciendam . Et quia unusquisque delectatur cum adeptus fuerit id quod amat, ideo vita contemplativa terminatur ad delectationem, quae est in affectu.] (*Summa Theologiae* II-II q.180 a.1).

61. Convém notar também que Heidegger em *Ser e tempo*, já que não se trata de uma Antropologia Filosófica, mas de um primeiro passo na investigação sobre o sentido de ser, não aprofunda a questão do conhecimento pessoal nem como conhecimento do outro (além de indicar a estrutura fundamental do "ser-com" [*Mit-sein*], condição de possibilidade de tal conhecimento), nem como conhecimento dos valores éticos e estéticos, já que rejeita de partida a ideia de "valores", embora em escritos posteriores a "Ser e tempo" reflita profundamente sobre a obra de arte noutra perspectiva.

rando os obstáculos resultantes da assunção básica de distinções entre suas faculdades, mostra-se exitosa no que toca o conhecimento dos valores morais. Mas o *conhecimento pessoal do outro* continua de certo modo inexplicado, especialmente no caso em que aparentemente não pode fundar-se numa conaturalidade, como o conhecimento do filho pela mãe.

4. Fé, confiança e confiabilidade

A confiabilidade é o fundamento da confiança. Foi mostrado que para que alguém seja confiável não basta que possua alguns requisitos, sua competência para cumprir aquilo que dele espera quem nele confia e a vontade de fazê-lo. É preciso que este saiba que o outro possui tais requisitos. Para tanto, foi demonstrado que o conhecimento de um desses requisitos, a boa vontade do outro, é um conhecimento é pessoal. Trata-se de mostrar que esse conhecimento pessoal da boa vontade do outro é uma fé.

4.1. Confiabilidade como fé

A fé como realidade humana fundamental tem várias dimensões. Ao substantivo "fé" corresponde em geral o verbo "crer". Esse verbo em português e seus equivalentes nas línguas neolatinas, mas também a sua tradução *"believe"* em inglês e *"glauben"* em alemão, podem ter o significado fraco de "opinar", no sentido de algo que é mais ou menos provável, mas não certo. Pelo contrário, "crer" no significado de fé exige uma certeza suficiente da confiabilidade do outro. Essa certeza admite, portanto, graus proporcionais à evidência de que goza no caso em questão aquele que confia. Ora, o conhecimento da confiabilidade do outro não é senão uma fé pessoal numa pessoa.

A fé consiste sempre em julgar verdadeiro aquilo que não se conhece senão por meio de outro. Trata-se de um conhecimento por testemunho. A credibilidade da testemunha pode decorrer de fatores puramente objetivos. P. ex., mesmo sem conhecer o locutor, posso racionalmente acreditar naquilo que ele diz, se informa que está chovendo em São Paulo. Dou crédito à informação, presumindo que não há motivo para não crer, uma vez que a emissora perderia audiência ao divulgar falsas notícias sobre o clina. Mas posso crer no testemunho de outro pela relação pessoal que tenho com ele. Esta fé não é senão uma forma de conhecimento pessoal, o conhecimento pessoal de outro, como foi explanado acima. Acredita-se que ele é verdadeiro no que diz não por motivos por assim dizer impessoais, mas porque o conhecendo, sei que não quer enganar-me. Esta fé se estende também ao caso da confiança. Acredito que o outro é confiável por causa de minha relação pessoal com ele, que revela a sua boa vontade para comigo, que pode se manifestar tanto em palavras como em atitudes. Assim a confiabilidade é um tipo de fé pessoal. De fato, a fé pessoal, seja entre pessoas humanas, seja em Deus, como forma peculiar, mais plena, de crer, não é senão o conhecimento do outro por uma compreensão intuitiva de caráter existencial que reconhece a sua confiabilidade. Portanto, a confiança tem como *condição de possibilidade* a fé, como conhecimento pessoal, mas não se identifica com ela. Trata-se de uma integração peculiar entre fé (acreditar na disposição do outro para prestar a ajuda necessária) e *esperança* (esperar do outro a ajuda de que precisa para sua realização). A fé se refere ao que a pessoa já é, ou seja, confiável, portanto, ao passado, ao passo que a confiança, como espécie de esperança, refere-se ao futuro, ou seja, que a pessoa cumprirá o compromisso que já tem. Nesse sentido, a caridade ou amor corresponde ao presente, como cumprimento do compromisso já assumido enquanto ele dura. O presente consiste assim em uma interseção do passado e do futuro.

4.2. Concepções inadequadas da fé religiosa

As tentativas de explicar a racionalidade da fé, sem levar em conta o conhecimento pessoal por conaturalidade, são levadas a distinguir entre a fé religiosa e o ato cognitivo, baseado em razões, e a exigir, por conseguinte, um ato suplementar da vontade para passar dessas razões, ainda insuficientes, para a confiança, identificada com o elemento primordial da fé. Por exemplo, o filósofo Franz von Kutschera dá a seguinte explicação:

> Falamos de "confiança" ["*Vertrauen*"] em geral apenas nos casos em que se espera [*erwartet*] algo positivo de outro, embora haja razões que contam contra esta expectativa. Portanto, a dimensão cognitiva do crer [*der doxastishe Glaube*] não se apoia ou não se apoia somente nas razões objetivas [*sachliche*], antes ultrapassa a expectativa, que resultaria simplesmente de tais razões. Este excedente é sustentado pelo [sentimento de] segurança [*Zutrauen*], e quando esta segurança [na confiabilidade do outro] é suficientemente forte, ela pode basear a convicção mesmo diante de razões poderosas contra esta posição[62].

É o caso também de R. Swinburne para o qual o ato de vontade simplesmente confere à fé a segurança que o ato cognitivo (*belief*) não tem nem pode ter. De acordo com esta concepção (*The evidencial deficiency view of trust*) a confiança identificada com o ato da vontade que supre a deficiência do conhecimento será inversamente proporcional à confiabilidade da pessoa em quem se confia, de modo que, p. ex., quanto mais certeza tem o marido da fidelidade da esposa, tanto menos confia nela[63].

---

62. KUTSCHERA, 1991, p. 122.
63. Cf. SWINBURNE, 2005, p. 137-158.

Criticando o absurdo desta posição, Paul Helm defende que a confiança é proporcional à força das razões que alguém tem para confiar (*the evidential proportion view of faith*), com o que concordamos em princípio. Entretanto, Helm não parece coerente neste ponto, já que confere à vontade o poder de superar a insuficiência da evidência racional no ato de confiar, atribuindo a essa circunstância o risco próprio da fé, como decorre das seguintes afirmações:

> Assim, em base à concepção proporcional de fé e das razões em que se baseia, certo grau de evidência é suficiente para o mesmo grau de fé, mas outros fatores não-epistêmicos são também necessários, e um desses fatores é o propósito do agente de conseguir o que ele acredita ser verdadeiro, em base à evidência de que dispõe. [...] Seu desejo pode ser tão grande a ponto de justificar a ação, a ação de confiar em Deus, ainda que as razões para acreditar (*believe*) sejam fracas. Por causa do desnível cognitivo entre as razões nas quais a fé (*faith*) se baseia e a verdade daquilo que se crê (*believed*), toda fé envolve algum risco. [...] Na fé, no longo prazo, a convicção [*belief*] deve ser proporcional às razões [*evidence*], e o desejo à convicção. Mas no curto prazo, e no caso em que o desejo é mais forte do que a convicção, pode ser racional ter uma convicção cuja firmeza é maior do que a garantida pelas razões disponíveis[64].

Destarte, Helm, apesar de sua intenção, não salvaguarda a racionalidade da fé. Porque desconhece a compreensão intuitiva pessoal, deve conferir à vontade o poder de superar a insuficiência da evidência racional do conhecimento puramente teórico. A nosso ver, como se mostrará a seguir, o risco da confiança numa pessoa humana resulta não da falta de evidência sobre sua confiabilidade, mas da limitação de sua liberdade e de sua atitude de benevolência e fidelidade, que pode mudar com o tempo. A fé em Deus, porém, não implica esse risco, mas está sujeita a obscuridades e dúvidas, enquanto sua evidência se funda na sintonia, jamais absolutamente perfeita, entre as disposições de quem crê e o bem divino.

Todas estas posições supõem, como nós, que a estrutura do ato de fé é a mesma na fé humana e na fé em Deus. Com efeito, atribuem à fé em Deus o caráter definido na análise da fé humana.

---

64. "So on the proportional view of faith and evidence, evidence to a degree is what is sufficient for faith to that degree, but other non-epistemic factors are also necessary, and one of those factors is the agent's purpose to attain what he believes upon evidence to be true. [...] His [believer] desire may be so great as to justify action, the action of trusting God, even when the grounds for the belief are weak. Because the evidential gap between the evidence on which faith is based, and the truth on what is believed, all faith involves some risk. [...] In faith, over the long term, belief ought to be proportioned to evidence, and desire to belief. But in the short term, and where desire is stronger than belief, it may nevertheless be rational to have a belief whose strength is greater than present evidence warrants" (HELM, 2005, p. 155-157).

4.3. Distinção entre a fé pessoal e a confiança

Exegetas e teólogos cristãos afirmam com frequência que ter fé em Deus, pelo menos no Antigo Testamento[65], significa justamente confiar nele e na revelação de seu desígnio. Nesse sentido não distinguem entre confiança e confiabilidade, que interpretamos como fé pessoal, conhecimento afetivo[66]. Nesse sentido a fé como confiança, não pressupondo um juízo de confiabilidade como seu fundamento, não seria racional. Para confirmarem sua posição recorrem entre outras passagens da Bíblia ao exemplo de Abraão, pai e modelo de todos os que na sua esteira creram em um só Deus, que é também o Deus de Jesus Cristo. Abraão justamente creu na promessa a respeito de que teria uma descendência, que, aliás perduraria até o fim dos tempos. Ora, sendo sua esposa Sara já idosa, a realização da promessa seria humanamente impossível. Isso mostra a irracionalidade da fé de Abraão, enquanto crê no impossível. Sem querer entrar em uma discussão a respeito, que ultrapassaria os limites não só desses textos, mas também de minha capacidade, observo apenas o seguinte. A fé de Abraão não consistiria em crer que o que é impossível para os homens é possível para Deus? Embora o autor bíblico não tivesse consciência explícita da racionalidade como mais tarde foi concebida pelos gregos e preside a discussão desde então recorrente entre fé e razão, a fé atribuída a Abrão não poderia ser resultante da compreensão pessoal como aqui descrita, que pela sua sintonia ou conaturalidade com Deus permitia-lhe descobrir que ele possui uma capacidade superior a toda a capacidade humana? De fato, a expressão "isto é impossível para os homens, mas para Deus tudo é possível" é atribuída a Jesus nos Evangelhos[67], e cobre de certo modo todo o conteúdo da revelação cristã, que para a fé da Igreja Católica e para a maioria dos teólogos cristãos não é irracional. De fato, como mostramos, há uma relação íntima entre fé e confiança, de modo que toda fé verdadeira implica confiança, tanto no caso de Deus, como analogamente a fé entre pessoas humanas[68]. Nem por isso elas deixam de ser duas realidades distintas, a fé um conhecimento, embora afetivo, e a confiança um afeto ou atitude. Entretanto, a afetividade da fé como conhecimento não é ainda confiança, mas a sintonia que tem o conhecente com

---

65. Cf. HEALEY, 1992, p. 744b-749b.
66. A conclusão do autor é: "Faith and fidelity [do ser humano no AT] are interwined inextricably. [...] Faith is primarily not an intellectual act but an attitude" (HEALEY, 1992, p. 756b-746a).
67. Mateus 19,25; Marcos 10,27; Lucas 1,37; 18,27.
68. Os termos "fé" e "crer" são referidos aos demônios (Ti 2,19) de maneira equívoca, porque sua definição não é a mesma neste caso que a fé em sentido próprio (cf. AQUINO, Tomás. *Summa Theologiae* II-II q.5 a.2). Nesse sentido não se pode dizer que o mero conhecimento teórico, sem amor e boa vontade para com o conhecido (Deus), seja fé. Quanto à frase da carta de Tiago, o comentário de Thomas Leahy é: "mere knowledge of religious trusts is of no avail, when the will is alienated from God". Cf. LEAHY, 1990, p. 912b-913a.

o conhecido, que permite ver nele a sinceridade de seu compromisso e por isso confiar. A confiança é consequência deste conhecimento afetivo próprio da fé.

Em todo caso, a distinção entre fé e confiança decorre do que foi exposto não só no plano humano, mas também na relação do ser humano com Deus. Conforme se mostrou, a *fé* pessoal é um *conhecimento* da verdade do testemunho do outro, que supõe uma relação afetiva ou conaturalidade com ele. No caso da confiança essa fé refere-se à verdade do compromisso daquele em quem se confia, de sua confiabilidade. Não se trata, porém, de um juízo apenas provável, que supõe para ser firme um ato da vontade que supra a sua deficiência. A *confiança*, por sua vez, é uma *atitude* de entrega de quem confia àquele em quem confia, que se funda no conhecimento de sua confiabilidade. Para alcançar o predicado da racionalidade, que a torna plenamente humana, ela pressupõe a *certeza* de que aquele em quem se confia é confiável. Uma vez que implica um risco, a confiança entre seres humanos diz-se apenas relativa, mas nem por isso deixa de ser certa, quando quem confia tem razões, provindas da sua experiência da relação interpessoal, para acreditar que aquele em quem confia, embora dotado de uma liberdade falível, nunca retratará o seu compromisso. O rompimento do compromisso é uma possibilidade apenas abstrata. Por outro lado, para o que crê, Deus é absolutamente confiável.

A *confiança* implica *decisão*. Alguém pode crer na fidelidade de outra pessoa e, no entanto, não se confiar a ela. Não basta a evidência da benevolência e interesse do outro para confiar nele. A confiança implica ainda, além do reconhecimento da confiabilidade do outro, um ato da vontade. Confiar é o resultado de uma decisão livre. Trata-se de entrar numa relação de dependência para com o outro, de esperar dele algo importante para a própria vida. Um reconhece a benevolência do outro para com ele, sua capacidade e desejo de ajudá-lo em algo que dificilmente pode alcançar por si mesmo. Entretanto, pode não se confiar a ele, não querer depender dele, não aceitar sua ajuda, preferir resolver sozinho seu problema, mesmo que duvide se o conseguirá sem ajuda. É verdade que a decisão de confiar, *i. e.*, o passo da convicção a respeito da benevolência do outro, para a entrega livre e confiante a ele dá-se muitas vezes de modo *espontâneo*. Esta decisão não vem, contudo, suprir uma falta de qualquer evidência na confiabilidade do outro. Ela apenas supera a atitude de *autossuficiência* da pessoa, que tende espontaneamente a afirmar-se por si mesma, recusando depender de qualquer modo de outro na sua realização. Portanto, embora distintas, fé pessoal e confiança, assim como fé e esperança, estão normalmente associadas.

A fé pessoal como compreensão intuitiva existencial da confiabilidade de outro *envolve a vontade*, enquanto inclinação para o bem e, portanto, sede da *afetividade espiritual*, não, porém, enquanto *decisão entre alternativas*, *i. e.*, como livre-arbítrio. A sintonia afetiva própria de quem crê na benevolência do outro, enquanto conhecimento evidente, não implica liberdade de escolha, ao contrário do ato de confiar, que consiste numa decisão livre. Essa sintonia do conhecente com o conhecido, própria do conhecimento por conaturalidade, permite-lhe divisar no outro com maior ou menor evidência mais do que aquilo que observadores neutros conseguem ver, *i. e.*, a benevolência do outro e sua disposição de ajudá-lo. Portanto, a decisão, própria do confiar, não é constitutiva do ato de crer, mesmo da fé pessoal, mas o pressupõe e o segue.

A *fé pessoal inclui liberdade, mas não decisão*. O ato de crer, no caso da fé pessoal, enquanto cognitivo e racional, terá a *firmeza* que lhe proporcionar a *respectiva evidência*. Não se trata de uma opinião meramente provável a respeito da confiabilidade do outro, de caráter puramente objetivo e impessoal, que é reforçada por um *ato de vontade* ou um sentimento específico que levam o sujeito a confiar-se efetivamente a ele. Não se requer uma intervenção específica da vontade para mover a inteligência a crer ou não crer. Quem confia simplesmente afirma o que vê, a benevolência do outro para consigo. É verdade que diante da evidência a inteligência não é livre, não pode deixar de afirmar o que vê. Entretanto, esta fé pessoal pode ser considerada *livre*, como exige a teologia católica, não em termos de uma decisão da vontade extrínseca ao próprio crer como atitude cognitiva, mas de uma escolha em sentido radical. Trata-se da *abertura*, de quem crê, à realidade, e assim ao outro, própria da compreensão pessoal, que o liberta da autossuficiência e lhe dá acesso ao âmago da pessoa e ao bem que pode dela receber. Abertura à realidade significa aqui deixar que as coisas se manifestem como são, não projetando nelas suas representações e anseios. Essa abertura corresponde a uma liberdade mais radical que a escolha entre alternativas, enquanto atitude básica, não de centramento em si mesmo, mas de consciência da própria limitação e *acolhida da realidade*, como ela é e se mostra, e, portanto, do outro no seu valor singular como pessoa e na sua benevolência que funda a confiança.

Concluindo, podemos dizer que a peculiaridade de nossa explanação em relação a outras que se dizem também cognitivistas e distinguem de algum modo entre fé e confiança situa-se nos seguintes pontos:

(1) A distinção clara entre confiança, que é uma atitude afetiva, e confiabilidade, que é o seu fundamento, enquanto reconhecimento afetivo ou pessoal dos requisitos que tornam alguém confiável.

(2) A exposição clara de como se dá o conhecimento afetivo ou pessoal distinto do conhecimento objetivo, teórico ou impessoal.

(3) A identificação do conhecimento afetivo, enquanto fundamento da confiança, quando esta se refere de algum modo à pessoa toda, com a própria fé religiosa e cristã.

(4) A liberdade do ato de fé, que implica a vontade, não como livre-arbítrio, para superar a falta de evidência, mas em sentido radical como renúncia de quem confia à própria autossuficiência que permite por conaturalidade perceber a boa vontade do outro.
(5) A estrutura comum entre o ato de fé nas relações humanas e a fé em Deus, que pode ser absoluta, à medida que a pessoa se abrir inteiramente à realidade do amor de Deus.

Referências

ADLER, Jonathan. Testimony, Trust and Knowing. *The Journal of Philosophy*, May 1994, p. 264-275.

AGOSTINHO, Santo. *Opera omnia*. Paris: Migne, Patrologia Latina, vol. XL, 1841.

AQUINO, Tomás de. *Quaestiones Disputatae De Veritate*. Taurini: Marietti, 1953.

_____. *Scriptum super libros Sententiarum Magistri Petri Lombardi*. 4 vol. Paris: Lethielleux, 1927-1947.

_____. *Sententia libri ethicorum: praefatio – libri I-III*. Editio Leonina. Roma: Ad Sanctae Sabinae, 1969.

_____. *Summa Theologiae*. 4 vol. Taurini: Marietti, 1948.

ARISTÓTELES. *A Ética a Nicômaco*. Trad. Richard Kraut. Porto Alegre: Artmed, 2009.

_____. *Aristotelis Fragmenta Selecta*. W. D. Ross (ed.). Oxford: Univ. Press, 1958.

BAIER, Annette. Trust and Antitrust. *Ethics*, vol. 96, n. 2, 1986, p. 231-260.

BROWN, Raymond E. et al. (eds.). *The New Jerome Biblical Commentary*. London: Geoffrey Chapman, 1990.

DAMASIO, Antonio. *Descartes' error: emotion, reason, and human brain*. New York: G. P. Putnam's Sons, 1994.

_____. *The Feeling of What Happens: Body, Emotion and the Making of Consciousness*. London: Heinemann, 1999.

DARWALL, Stephen. Trust as a Second-Personal Attitude (of the Heart). In: FAULKNER; SIMPSON (eds.), op. cit., 2016, p. 35-50.

D'AVENIA. Marco. *La conoscenza per connaturalità in S. Tommaso D'Aquino*. Bologna: Ed. Studio Domenicano, 1992.

DEMMERLING, Christoph; LANDWEER, Hilge. *Philosophie der Gefühle: Von Achtung bis Zorn*. Stuttgart, 2007.

DOMENICUCCI, Jacopo; HOLTON, Richard. Trust as Two-Place-Relation. In: FAULKNER; SIMPSON (eds.), op. cit., 2007, p. 149-160.

FAULKNER, Paul. *Knowledge on Trust*. Oxford: Oxford University Press, 2011.

_____. On Telling and Trusting. *Mind*, vol. 116, n. 464, October 2007, p. 876-913.

FAULKNER, Paul; SIMPSON, Thomas (eds.). *The Philosophy of Trust*. Oxford: Oxford University Press, 2016.

FESSARD, Gaston. *La dialectique des exercices spirituels de Saint Ignace de Loyola*, vol. 1: temps, liberté, grâce. Coll. Théologie v. 36. Paris: Aubier, 1956, p. 305-363.

FREEDMAN, David Noel (ed.). *The Anchor Bible Dictionary*, vol. 2. New York: Doubleday, 1992.

FRINGS, Manfred. *The Mind of Max Scheler: The first comprehensive guide based on the complete works*. Milwaukee, Wisconsin: Marquette University Press, 1997.

GREGORIO MAGNO. *Homilia 28 in Evangelium*, Migne, Patrologia Latina, vol. LXXVI.

HARDIN, Russell. *Trust and Trustworthiness*. Russell Sage Foundation, 2002.

HAWLEY, Katherine. Trust, Distrust and Commitment. *Noûs*, vol. 48, March 2014, p. 1-20.

_____. Trustworthy Groups and Organization. In: FAULKNER; SIMPSON (eds.), op. cit., 2017, p. 230-250.

HEALEY, Joseph P. *Faith. Old Testament*. In: Freedman, op. cit., p. 744b-749b.

HEIDEGGER, Martin. *Sein und Zeit* (1927); GA 2, Frankfurt am Mein: Vittorio Klostermann, 1977, p. 184. [*Ser e tempo*. Trad. Fausto. Castilho. Petrópolis: Vozes, 2012, p. 392-395.]

HELM, Paul. *Faith with reason*. Oxford: Clarendon Press, 2005.

HEVENESI, G. *Scintillae Ignatianae*. Viena, 1705.

HIERONYMI, Pamela. The Reasons of Trust, *Australasian Journal of Philosophy*, vol. 96, May 2008, p. 213-236.

HOLTON, Richard. Deciding to Trust, Coming to Believe, *Australasian Journal of Philosophy*, vol. 72, n. 1, 1994, p. 63-76.

JOÃO DE SANTO TOMÁS. *Cursus Theologicus. De donis Spiritus Sancti*, ed. Mathieu-Gagné, Quebec, 1948.

JONES, Karen. But I Was Counting on You. In: FAULKNER; SIMPSON (eds.), op. cit., 2016, p. 90-198.

_____. Trust as an Affective Attitude. *Ethics*, vol. 109, n. 1, October 1996, p. 4-25.

KEREN, Arnon. Trust and Belief: A Preemptive Reasons Account. In: *Synthese*, August 2014, p. 2.593-2.615.

KUTSCHERA, Franz von. *Vernunft und Glaube*. Berlin/New York: Walter de Gruyter, 1991.

LAHNO, Bernd. Trust and Collective Agency. In: FAULKNER; SIMPSON (eds.), op. cit., 2016, p. 129-148.

LANDWEER, Hilge (hsg): *Gefühle: Struktur und Funktion*. Deutsche Zeitschrift für Philosophie: Sonderband 14. Berlin: Akademie Verlag, 2007.

LEAHY, Thomas W. *Epistle of James*. In: Brown et al., op. cit., p. 912b-913a.

MAC DOWELL, João A. A Fé como compreensão intuitiva pessoal do sentido da realidade. In: *Síntese – Revista de Filosofia*, v. 40, n. 128 (2013), p. 427-456.

_____. A fé em Deus como forma de racionalidade. In: ROCHA, op. cit., 2015, p. 25-68.

MARITAIN, Jacques. *L'intuition créatrice dans l'art et la poésie*, 1953, Oeuvres completes, vol. X. Fribourg/Paris: Éd. Universitaires/Éd. S. Paul, 1990a.

MARITAIN, Jacques. *De la connaissance par connaturalité*. Oeuvres complètes, vol. IX. Fribourg/Paris: Éd. Universitaires/Éd. S. Paul, 1990b [O original inglês foi publicado em: The Review of Metaphysics, IV, 4, n. 16, 1951, p. 473-481], reproduzido em "The Range of Reason" c. 3; trad. francesa em Nova et Vetera, n. 3, 1980, p. 181-187.

MCMYLER, Benjamin. *Testimony, Trust, and Authority*. Oxford: Oxford University Press, September, 2011.

MENESES, Paulo G. *Conhecimento afetivo em Santo Tomás*. Col. CES, São Paulo: Loyola, 2000.

NUSSBAUM, Martha. *Upheavals of Thought: The Intelligence of Emotions*. Cambridge: Cambridge University Press, 2001.

PASCAL, Blaise. *Pensées sur la religion et sur quelques autres sujets: Avant-propos et notes de Louis Lafuma*, 1952.

PASQUA, Hervé. Le coeur et la raison selon Pascal. *Revue Philosophique de Louvain*, v. 95, n. 3, 1997.

PSEUDO-DIONYSIUS. *De divinis nominibus*. Migne: Patrologia Graeca, vol. III, 1857.

RIAUDEL, Olivier. Fides qua creditur and Fides quae creditur: Back on a distinction that is not in Augustine. *Revue Théologique de Louvain*, avril 2012, p. 169-194.

ROCHA, Antonio Glauton Varela et al. (orgs.). *Fé e Razão: Filosofia e Teologia em Diálogo*. São Paulo: Reflexão, 2015, p. 25-68.

RYAN, Thomas. Revisiting Affective Knowledge and Connaturality in Aquinas, *Theological Studies*, v. 66, n. 1, 2005.

SCHELER, Max. *Wesen und Formen der Sympathie* (1923). Bonn: Friedrich Cohen, 1931.

SIMPSON, Thomas. Trust, Belief, and the Second-Personal. In: *Australasian Journal of Philosophy*, v. 96, 2018, n. 3, p. 447-459.

SLABY, Jan: Emotionaler Weltbezug: Ein Strukturschema in Anschluss an Heidegger, in: LANDWEER (hsg), op. cit., 2007, p. 93-112.

SNELL, R. J. Connaturality in Aquinas: The Ground of Wisdom. In: *Quodlibet Journal*, v. 5, n. 4, 2003.

SOLOMON, Robert C. *The Passions: Emotions and the Meaning of Life*. Indianapolis: Hackett, 1993.

SOUSA, Ronald de. *The Rationality of Emotion*. Cambridge, Mass: The MIT Press, 1987.

SWINBURNE, Richard. *Faith and Reason*. Oxford: Clarendon Press, 2005.

Religião, cognição e cultura:
um modelo epidemiológico para a propagação e aderência de representações religiosas

José Carlos Sant'Anna
Daniel De Luca-Noronha

1. Introdução

Vivemos cercados por manifestações religiosas, seja pela televisão, seja pela internet ou por pessoas próximas a nós. Para muitas pessoas, não há nada mais importante do que a religião. A religião possui um lugar de destaque especialmente em nosso país, tanto em decisões políticas e econômicas, quanto no direcionamento da vida de milhares de pessoas. Isso indica que o fenômeno religioso deve ser estudado com seriedade, por diferentes domínios de pesquisa. No entanto, a ubiquidade do fenômeno religioso é revestida de uma áurea de mistério. Daí a dificuldade de categorizar a religião e traçar suas propriedades essenciais para realizar uma pesquisa de caráter exaustivo. Ela é, antes, um fenômeno frouxo, não possuindo limites muito claros. Para muitos, esse fato marca a impossibilidade de se compreender a religião de forma natural, consequentemente, de forma científica.

Entretanto, este texto assume uma perspectiva diferente. Nosso objetivo é analisar os mecanismos naturais envolvidos na crença religiosa. Veremos que a explicação científica da crença depara-se com a seguinte tensão: ela não parece ter valor adaptativo evidente, mas, ao mesmo tempo, possui um caráter altamente aderente. Diante da falta de valor adaptativo, seria de se esperar que a crença religiosa fosse algo marginal. No entanto, ela é fortemente disseminada na população humana[1]. Como poderíamos explicar a propagação da crença reli-

---

1. Em 2010, soube-se que quase 85% da população mundial professava alguma afiliação religiosa (http://www.pewforum.org/2012/12/18/global-religious-landscape-exec).

giosa diante da aparente falta de valor adaptativo? Para responder a isso, lançaremos mão do conceito de *Epidemiologia de representações* do antropólogo e filósofo Dan Sperber. A intenção inicial de Sperber é fornecer uma abordagem naturalista da cultura para que ela possa ser tratável cientificamente, estendendo-se, assim, para a religião enquanto parte do fenômeno cultural.

Nesse sentido, o pano de fundo deste capítulo será a concepção de que a cultura pode ser mais bem entendida através de uma exposição do funcionamento da mente humana. Esse vínculo entre cognição e cultura é, de resto, importante para que o fenômeno da propagação e pervasividade das crenças religiosas, apesar da aparente falta de valor adaptativo, seja mais bem entendido. Nosso primeiro passo consiste em expor as tentativas mais comuns de se compreender a origem e a distribuição das crenças religiosas na cultura.

2. As explicações comuns

Há várias tentativas de se explicar a origem da religião e a propagação de crenças religiosas. A crença religiosa geralmente é compreendida e explicada através de suas funções benéficas, tanto em âmbito individual quanto em âmbito coletivo. Essas tentativas de explicar o motivo pelo qual a crença religiosa existe perpassa por aspectos sociais, econômicos, políticos, emocionais e intelectuais[2]. Embora amplamente conhecidas, essas explicações possuem pouco poder explicativo sobre o fenômeno religioso.

Como Boyer destaca, pode-se dividir essas explicações em cenários intelectuais, emocionais e sociais, sendo que todos eles realizam uma generalização a partir de uma característica atualmente presente na religião[3]. É muito comum, por exemplo, pensar que as crenças religiosas foram criadas para explicar os enigmas dos fenômenos do mundo natural (trovões, furacões, eclipses etc.), do mundo mental (premonição, sonhos, sensação de proximidade com pessoas mortas etc.) ou para explicar a origem das coisas. Nessa perspectiva, a crença religiosa surgiu em função de demandas explicativas que certos fenômenos do mundo natural apresentavam ao homem. Ou seja, à medida que tais eventos causavam admiração e surpresa por não possuírem uma explicação clara, mais eram relegados a um reino misterioso da religião.

Também é muito comum pensar que a crença religiosa foi criada por razões emocionais, como para fazer a mortalidade menos indesejável, ou para aliviar a ansiedade e fazer o mundo mais confortável de alguma maneira. Nessa perspec-

---

2. BOYER, 2001, p. 4-34; JENSINE, 2001, p. 7-16; ATRAN, 2002, p. 4-7; DENNETT, 2006, p. 97-104.
3. BOYER, 2001.

tiva, as ideias religiosas existem para suprir certas demandas emocionais que os homens naturalmente apresentam diante de episódios imprevisíveis ou inevitáveis de dor e angústia. Um exemplo dessa perspectiva é a ideia popular de que a crença religiosa surgiu por medo da morte, ou seja, para trazer conforto emocional.

Há ainda outra via muito comum de se pensar sobre a origem das crenças religiosas, a via social. Normalmente, acredita-se que a religião (juntamente com suas noções de sagrado, profano, pecado etc.) existe para manter a sociedade minimamente coesa, de modo a perpetuar uma ordem social, uma ordem política ou ainda para justificar prescrições morais. Nesse sentido, a crença religiosa teria tido sua origem nas demandas advindas juntamente com o surgimento da sociedade, podendo estar relacionada com questões econômicas, políticas e sociais.

Todas as explicações apresentadas anteriormente sobre a origem e perpetuação da crença religiosa são compreensíveis porque estão relacionadas com questões facilmente percebidas atualmente. Porém, todas elas falham em um nível mais básico: o nível cognitivo. Nenhuma delas consegue explicar efetivamente a razão de a mente humana ser tão suscetível a crenças religiosas ou quais os mecanismos cognitivos que possibilitam tais crenças, apenas fazem generalizações a partir de um aspecto que é observado presentemente nas religiões. Isto é, essas explicações consideram a religião como meio explicativo para outros aspectos (*explanans*), ao invés de dar um passo atrás e tomar a religião como algo a ser explicado (*explanandum*). Nesse sentido, a própria religião, que é o que se pretende explicar, permanece na sombra.

Note-se que as explicações popularizadas de que a religião é o resultado de sentimentos reprimidos de culpa (Freud) ou de que ela era uma expressão simbólica de uma ordem social (Durkheim) ou ainda que a religião surgiu como uma superestrutura da infraestrutura econômica (Marx) também falham sob o mesmo ponto. Nossa abordagem seguirá uma linha diferente, a saber, uma linha cognitiva pela qual poderemos explicar como a religião é aderente e pervasiva em nível cognitivo.

3. A teoria da modularidade da mente

Na década de 1950, as ciências sociais e a psicologia foram fortemente influenciadas pelo behaviorismo. A ideia norteadora do "behaviorismo radical", em resumo, era que o comportamento dos organismos poderia ser explicado apenas por meio de leis de condicionamento estímulo/resposta, sem a necessidade de referência a eventos mentais ou processos psicológicos internos. Por consequência, a causa de qualquer comportamento de um determinado organismo estaria sempre em seu ambiente[4].

---

4. GRAHAM, 2019; PINKER, 1994.

Porém, essa tese, que foi dominante na psicologia por muitas décadas, recebeu fortes críticas de outras áreas. Um dos ataques mais fortes que o behaviorismo de Skinner recebeu foi pelo linguista Noam Chomsky. Em 1957, Chomsky publicou seu livro chamado *Syntactic Structures*, em que elabora uma teoria que explica o motivo pelo qual nossas línguas possuem as estruturas que possuem, apesar de parecerem ser tão diferentes umas das outras. Parte de sua conclusão, que mais tarde foi se tornando ainda mais clara em outros textos, é que possuímos uma espécie de órgão mental específico para o desenvolvimento da linguagem[5]. Pode-se dizer, sucintamente, que a tese de Chomsky é que possuímos um rico aparato inato para o desenvolvimento da linguagem, ou seja, ela não é um mero produto cultural gerado por um estímulo externo, como sugerido pelo behaviorismo de Skinner ou por uma posição empirista mais ingênua[6].

Dizer que possuímos um mecanismo psicológico inato para a aprendizagem da linguagem possui implicações filosóficas consideráveis para antigos debates entre empiristas e inatistas. Significa dizer que não somos uma tábula rasa na qual a cultura "escreve" à vontade, ou que somos totalmente moldados pelo ambiente em que nos desenvolvemos[7]. Nesse aspecto, as descobertas de Chomsky abriram caminho para novas perspectivas para o estudo da mente humana e desafiaram uma concepção profundamente arraigada nas ciências humanas e sociais: a separação radical entre natureza e cultura[8].

Houve ainda várias pesquisas que concluíram que a mente humana não é um mecanismo totalmente moldado pelo ambiente, tal como as de Elizabeth Spelke, que demonstra como a percepção em recém-nascidos já é estruturada tridimensionalmente, de tal modo que podemos relacioná-la a uma ontologia intuitiva[9]. Tal ontologia diz respeito não apenas aos modos pelos quais o mundo se nos apresenta na percepção, mas também ao tipo de expectativa que criamos acerca do comportamento dos objetos[10]. Porém, privilegiamos a pesquisa de Chomsky dentre várias outras de mesma natureza porque, como notam Hirschfeld e Gelman, "pratica-

---

5. CHOMSKY, 1975, 1980.
6. O termo "inato" é utilizado como um mecanismo cognitivamente primitivo. As propriedades inatas da mente emergem espontaneamente do desenvolvimento típico do nosso genótipo e que não são adquiridas por aprendizagem (CARRUTHERS, 2006a, p. 10).
7. PINKER, 2002.
8. É comum os pesquisadores de uma área compartilharem certos pressupostos básicos que guiam suas pesquisas através de um pano de fundo comum (KUHN, 1962). Uma das teses compartilhadas pelos pesquisadores em ciências sociais é a de que fenômenos sociais são radicalmente distintos dos fenômenos culturais, de modo que o método das ciências naturais não é adequado para as ciências sociais. Essa perspectiva é denominada por John Tooby e Leda Cosmides (1992) de *Standard Social Science Model* (Modelo Padrão de Ciências Sociais).
9. SPELKE, 1998.
10. BOYER, 2000.

mente todas as descrições subsequentes de domínio específico carregam a marca dos argumentos de Chomsky sobre a arquitetura cognitiva [...]. Chomsky elaborou a primeira descrição moderna e geral da especificidade de domínio"[11].

Na esteira dessa nova compreensão da mente que desafiou o behaviorismo e o empirismo ingênuo, que formavam o pano de fundo das ciências humanas e sociais, está o filósofo Jerry Fodor. Ele realizou uma análise conceitual das conclusões de Chomsky acerca do "órgão" mental específico para o processamento da linguagem para propor uma perspectiva ainda mais comprometida com o inatismo: a tese da modularidade da mente[12]. Segundo Fodor, a mente é composta de vários mecanismos inatos de processamento específico de informações. Esses mecanismos foram filogeneticamente determinados e especificados em estruturas neurais. Fodor entende, para além de Chomsky, que não possuímos apenas um módulo inato para o desenvolvimento da linguagem, mas diversos módulos cognitivos, como percepção de cor, análise de relações espaciais tridimensionais, reconhecimento facial, compreensão gramatical de frases, detecção de ritmos melódicos etc.[13].

Com isso, queremos evidenciar que a mente, através da psicologia evolucionista e ciências cognitivas em geral, não pode ser considerada como uma "caixa preta", mas antes possui vários mecanismos internos que foram gerados ao longo da nossa história evolutiva. De tal modo que não é possível pensar a cultura humana sem considerar o funcionamento da mente. Isso significa que deve haver uma continuidade entre o objeto das ciências naturais e das ciências sociais no seguinte sentido: a cultura é formada basicamente por compartilhamento de informações entre humanos que possuem uma estrutura cognitiva determinada filogeneticamente. Como afirma Boyer, "não há teoria sobre o que acontece na interação cultural sem algumas hipóteses fortes sobre o que está acontecendo nas mentes dos indivíduos"[14].

Portanto, uma das principais evidências que justificam a continuidade entre natureza e cultura é a de que o período de desenvolvimento dos mecanismos mentais e a maneira como os seres humanos processam informações estenderam-se por centenas de milhares de anos, juntamente com todo o nosso organismo, e que a cultura como a conhecemos hoje tem pouco mais de 10 mil anos[15]. Logo, não é possível assumir uma ruptura entre cognição e cultura. Os processos evolutivos são extremamente lentos e a nossa cultura ocupa apenas um brevíssimo

---

11. HIRSCHFELD e GELMAN, 1994, p. 5.
12. FODOR, 1983, p. 37.
13. FODOR, 1983, p. 47; BERMÚDEZ, 2014, p. 289.
14. BOYER, 1990, p. VIII.
15. TOOBY e COSMIDES, 1992.

período de nossa história evolutiva. Como consequência, a mente é composta de vários dispositivos cognitivos geneticamente especificados para resolução de problemas adaptativos[16]. Ao que tudo indica, os humanos possuem uma mente adaptada ao período do Pleistoceno, enquanto caçadores-coletores, há centenas de milhares de anos, e não à cultura moderna que o rodeia[17].

Mas por que pesquisadores geralmente assumem que cultura e natureza são radicalmente distintas? O principal motivo é porque os objetos sociais ou fenômenos culturais não parecem se "encaixar" adequadamente no mundo natural. Objetos sociais como política, religião, arte etc. parecem ser constituídos de uma complexidade causal que dificilmente pode ser rastreada através de mecanismos naturais e, consequentemente, extrapolam os fenômenos da natureza de modo que pareça existir uma descontinuidade entre natureza e cultura. Porém, há na base dessa descontinuidade uma pressuposição ontológica acerca dos objetos culturais que necessita ser mais bem esclarecida. Esse passo é importante para que se possa superar essa divisão e justificar a possibilidade de realizar uma integração conceitual entre psicologia e antropologia.

4. Uma ontologia materialista para as ciências sociais

A pergunta sobre o que são objetos culturais direciona-se à natureza dos objetos culturais, ou ao seu estatuto ontológico. A ontologia (subdisciplina da metafísica que estuda que tipo de coisas existem) possui implicações diretas para a ciência como um todo e, relevantemente para a nossa pesquisa, para a antropologia. Sabe-se que as ciências naturais possuem grande consistência e interação porque assentam-se sobre os mesmos pressupostos ontológicos, a saber, o materialismo. Não no sentido de que tudo o que existe pode ser reduzido ao vocabulário da física, mas que tudo que existe no mundo que possui capacidade de entrar em relação causal com outros objetos que possuem propriedades físicas. Nesse conjunto pode-se incluir átomos, moléculas, células, bactérias, plantas, animais, cérebros etc. Em contrapartida, o mundo das ciências sociais não parece ter uma ontologia bem definida.

Sperber defende que há basicamente dois tipos de comprometimentos ontológicos que são assumidos pelos antropólogos: um materialismo vazio e um

---

16. O termo "adaptação" é utilizado neste texto em seu sentido biológico: "uma adaptação é uma propriedade de um organismo, seja uma estrutura, uma característica fisiológica, um comportamento ou qualquer outro atributo, cuja posse favorece o indivíduo na luta pela existência" (MAYR, 2001, p. 165).

17. CZACHESZ, 2018, p. 264.

dualismo[18]. O primeiro presume que tudo o que há é material, inclusive objetos sociais e culturais, mas é "vazio" porque não esclarece o que isso realmente significa. Geralmente, nessa perspectiva, utilizam-se metáforas que supostamente invocam o caráter material desses objetos culturais, como "força", "revolução", "estratificação" etc. Mas em nenhum momento é esclarecido o caráter material das relações de causa e efeito através dessas metáforas. Recorre-se a esse tipo de materialismo apenas para não cair em posições dualistas, porém não há esclarecimento de como as relações dos objetos culturais são realizáveis materialmente.

A posição dualista acredita que a cultura possui completa autonomia em relação aos outros domínios. Isso é expresso pelas ciências sociais, e especialmente pela antropologia, através de várias negações: os fatos culturais não são fatos físicos, não são fatos biológicos, não são fatos psicológicos e nem a soma de todos os fatos desses domínios. Isso conduz obviamente a uma descontinuidade entre biologia (natureza) e antropologia (cultura), de modo que não é possível responder sobre quais leis os fatos culturais estão submetidos, ou como esses objetos são localizados no tempo e no espaço, ou ainda como eles se relacionam com outros tipos de objetos.

Na maior parte das vezes, os antropólogos estudam certos tipos culturais, como clãs, casamentos, rituais religiosos, sistemas de governo, hierarquias, tradições, mitos etc. Esses tipos culturais não são reduzíveis ao vocabulário de nenhuma das ciências naturais, no sentido de que nenhum dos objetos citados poderia ser expresso apenas através de propriedades biológicas ou psicológicas, por exemplo. Isso justifica, em parte, a atitude dos antropólogos em garantir a autonomia da cultura. Contudo, segundo a abordagem proposta por Sperber, é possível adotar uma postura materialista e não ser um reducionista, isto é, pode-se assumir a perspectiva de um materialismo mínimo que garanta a autonomia dos fenômenos culturais sem ser dualista:

> O antirreducionismo dos antropólogos, e seus compromissos com a autonomia da cultura, não precisam, contudo, ser interpretados como um verdadeiro dualismo. O antirreducionismo é bastante compatível com uma modesta forma de materialismo que reconhece diferentes níveis ontológicos em um mundo totalmente material, como mostram os desenvolvimentos recentes na filosofia da psicologia[19].

Como indicado no fim desse trecho, Sperber procura espelhar os progressos da psicologia na antropologia com o fim de trazer clareza acerca da natureza dos objetos culturais. A psicologia, a partir da década de 1960, juntamente com os desenvolvimentos de Alan Turing, veio compreender a mente humana como um

---
18. SPERBER, 1996, p. 10.
19. SPERBER, 1996, p. 12.

dispositivo de processamento de informações. A descoberta de Turing "forneceu um modo de compreender como a matéria pode pensar"[20]. Isso lançou luz sobre questões acerca da natureza da mente e a retirou de um reino misterioso através de uma abordagem materialista dos processos cognitivos.

O ponto mais importante para Sperber é que mesmo em uma perspectiva materialista da mente humana os *tipos* psicológicos não são necessariamente *tipos* neurológicos, ou seja, tipos psicológicos não são reduzidos ou eliminados em favor de tipos neurológicos. Ao contrário de um materialismo forte, a psicologia pode optar por um materialismo modesto que presume apenas que *instâncias* psicológicas são *instâncias* neurológicas. Dessa forma, se estabelece uma ontologia claramente materialista e não reducionista (conferindo autonomia à psicologia), que possui implicações práticas ao restringir os modelos psicológicos aceitáveis para a pesquisa científica. Segundo Sperber, o mesmo processo que ocorre na psicologia deveria ocorrer com a antropologia: estabelecer um modelo materialista modesto que não implique reducionismo, ou seja, assumir que *instâncias* culturais são *instâncias* materiais sem inferir que *tipos* culturais são *tipos* materiais[21].

Segundo Sperber, aqueles que tentarem aplicar a divisão entre *tipos* e *instâncias* aos fenômenos culturais, assim como feito na psicologia com os fenômenos mentais, poderão se confrontar com duas dificuldades básicas. Primeiro, a ontologia dos fenômenos mentais parece ser muito mais homogênea do que a ontologia implicada pelos fenômenos culturais. Nos fenômenos culturais, há uma teia de ocorrências de processos psicológicos, biológicos e ambientais, enquanto na psicologia supõe-se que ocorrências mentais são ocorrências de processos neurológicos. Segundo, não há uma descoberta como a de Turing para fornecer uma perspectiva claramente material para os fenômenos culturais, o que torna o caráter material dos tipos culturais vago.

Ainda resta uma questão que talvez seja a mais difícil e que, de certo modo, engloba as outras duas apresentadas. Há um consenso entre a maior parte dos psicólogos acerca de quais tipos psicológicos existem (memória, desejo, imaginação, crença etc.) e de que tais termos possuem uma referência no mundo, isto é, representam um estado de coisas no mundo. Justamente por terem uma referência, esses tipos psicológicos não podem ser reduzidos a tipos neurológicos, o que resultaria em um reducionismo injustificado. Porém, quais seriam os tipos culturais que não podem ser reduzidos a tipos materiais por causa de sua referência? Sperber sugere que as ferramentas conceituais utilizadas pelos antropólogos são *conceitos interpretativos* e que, por isso, não é possível extrair conclusões ontológicas acerca deles. Ou seja, tais tipos culturais não possuem referência no

---

20. SPERBER, 1996, p. 13.
21. Para uma diferenciação mais precisa entre *type* e *tokens*, cf. Fodor (1974).

mesmo sentido que o vocabulário da psicologia possui. Isso é o que diferencia o processo de delimitação de uma ontologia materialista para a antropologia a partir da psicologia.

A distinção básica que Sperber faz é entre vocabulário *interpretativo* e *descritivo*[22]. Os termos da antropologia, ainda que por vezes utilizados como termos teóricos, são interpretativos, não possuindo referência. "Casamento", por exemplo, não faz referência a um tipo cultural com respeito ao qual todos os antropólogos concordam acerca de suas características definitivas. Este é, antes, vago e formado a partir de uma semelhança de família entre várias referências possíveis. Há essa vagueza nos termos da antropologia porque quando um antropólogo realiza um trabalho etnográfico, ele procura interpretar as crenças que os nativos possuem para, a partir disso, construir um conceito específico para aquele tipo cultural. Mais do que ser um conjunto de propriedades bem definidas, os termos antropológicos são inevitavelmente interpretativos, o que está alinhado com a perspectiva de Geertz:

> Os escritos antropológicos são eles mesmos interpretações e, na verdade, de segunda e terceira ordem. (Por definição, somente um "nativo" faz a interpretação em primeira ordem: é a sua cultura.) Trata-se, portanto, de ficções; ficções no sentido de que são "algo construído", "algo modelado" – o sentido original de *fictio*[23].

Presumir que a antropologia possui um vocabulário interpretativo, ao invés de um descritivo, leva-nos a comprometimentos ontológicos muito diferentes. Termos teóricos denotam um estado de coisas no mundo, mas nenhum antropólogo está se comprometendo com a realidade fixa dos tipos culturais, sejam eles quais forem (tribo, clã, ritual, religião, mito etc.). Ao utilizar termos interpretativos, ele fundamentalmente se compromete apenas com a existência de uma determinada população e com as representações mentais que essa população possui. Em outras palavras, um antropólogo, ao descrever um tipo cultural como "casamento" em uma tribo indígena, por exemplo, não se compromete com a existência de um tipo de entidade, mas, antes, compromete-se apenas com uma semelhança de família que os antropólogos utilizam para se referir ao que os nativos acreditam e compartilham entre si. Portanto, os tipos culturais são termos interpretativos de que os antropólogos lançam mão, mas, para um desenvolvimento de um materialismo mínimo, eles comprometem-se ontologicamente apenas com as representações mentais que determinada população compartilha. Em suma, o antropólogo não realiza uma descrição de um estado de coisas no

---

22. SPERBER, 1996, p. 16-18.
23. GEERTZ, 1973, p. 15.

mundo, mas interpreta os estados mentais dos povos que estuda. Ele não se compromete com a ontologia descrita pelos nativos, mas apenas realiza uma interpretação de como eles agem naquele contexto.

Retomando os pontos apresentados: os antropólogos tradicionalmente possuem duas possibilidades de comprometimento ontológico. Uma postura assumidamente materialista, mas que não esclarece o verdadeiro caráter material das relações de causa e efeito entre os fenômenos culturais; e uma postura dualista, que reivindica a autonomia de tais fenômenos no sentido de serem autônomos com relação ao domínio das ciências naturais. A proposta de Sperber se insere como uma via média, uma visão alternativa às tradicionais. Ele procura assegurar a autonomia dos objetos culturais adotando a diferenciação entre *tipos* e *instâncias* para que, por um lado, os fenômenos culturais não sejam reduzidos simploriamente a outros domínios e, por outro, não sejam descolados do mundo material. No entanto, os tipos culturais, diferentemente dos tipos psicológicos, envolvem termos interpretativos. Isso permite que o antropólogo não se comprometa ontologicamente com a sua interpretação de outras culturas. Seu compromisso ontológico é com a existência de um povo que possui representações mentais de um determinado tipo.

Com a ontologia dos objetos culturais esclarecida, como efetuar a conexão entre o papel da antropologia (com a explicação de fatos culturais) e o papel da psicologia (com a explicação de fenômenos mentais) para realizar uma integração conceitual entre as ciências da natureza e sociais/humanas? Como vimos anteriormente, esses dois âmbitos são historicamente insulados, mas a partir de qual modelo teórico pode isso ser realmente realizado? Isso é o que apresentaremos agora, considerando um materialismo mínimo em que tanto os fenômenos culturais quanto os mentais poderão ser tratados através do conceito de representação.

5. Epidemiologia de representações

A cultura, com todas as suas manifestações, é um fenômeno heterogêneo e, por isso, torna-se bastante dispendiosa para um empreendimento explicativo. Mas podemos compreendê-la inicialmente a partir da noção de que seus fenômenos surgem primariamente através de ações individuais e de mudanças ambientais resultantes dessas ações. Por exemplo, um indígena que corta árvores para adquirir madeira e faz trançados de palha para erguer uma maloca para sua família. Se apurarmos essa descrição, poderemos considerar as ações desse indígena como um fenômeno cultural, que é tanto *causa* quanto *efeito* de *representações*, os quais, por sua vez, podem ser individuais ou coletivas.

As representações desempenham um papel fundamental para a compreensão da cultura. Uma representação envolve pelo menos três termos: *algo* representa *algo* para *alguém*. E pode ser dividida em dois tipos, representações *mentais* e *públicas*. Uma manifestação cultural qualquer, como a do exemplo anterior, envolve os dois tipos de representação: uma representação mental que guia a ação do indivíduo e uma representação pública que é a modificação ambiental, resultado dessa ação. As representações mentais são estados mentais como crenças, intenções, desejos etc.; e as representações públicas são afirmações verbais e não verbais, pinturas, escritos, construções etc.[24].

As representações públicas possuem um caráter claramente material. E, como visto no item 3, as representações mentais, após a Revolução Cognitiva, são cada vez mais compreendidas a partir de sua natureza material. As representações, sejam internas (mentais), sejam externas (públicas), são objetos físicos localizados no tempo e no espaço (isto é, são eventos que ocorrem no cérebro e/ou no ambiente), ainda que sejam representações culturais *simples*, como no exemplo do indígena, ou *complexas* (uma ideologia, uma religião etc.); e também podem ser descritivas ou normativas. Nesse sentido, a conexão entre psicologia e antropologia torna-se mais clara porque as duas podem ser abordadas em seus papéis fundamentais sob o conceito de representação, de modo que são assegurados um materialismo mínimo e um modelo naturalista para se entender a cultura.

Uma cultura, portanto, é formada por uma cadeia causal em que estão em jogo sucessões de representações mentais e públicas: representações mentais que se transformam em públicas através da comunicação e/ou imitação, e estas, por sua vez, que se transformam em representações mentais. Um estado mental de crença (ou desejo) de um indígena construir uma maloca para acomodação da sua família, adquirido através da observação e comunicação com seus pais, torna-se, após finalizado, uma representação pública através da comunicação e/ou imitação para outros indígenas fazerem o mesmo. A mesma coisa ocorre com outras manifestações culturais mais complexas. Os princípios de uma ideologia política, por exemplo, são transmitidos através de símbolos, gestos e expressões verbais para um grupo de indivíduos específicos, que, por fim, passam a replicar os mesmos princípios, gerando novas representações públicas. Assim, a propagação de uma ideologia (representação complexa) segue o mesmo mecanismo do indígena que constrói uma maloca (representação simples).

A transmissão e a circulação de algumas representações são tão bem-sucedidas que podem chegar ao ponto de serem retransmitidas por várias gerações. Nesse sentido, torna-se necessário entender a razão pela qual algumas represen-

---

24. SPERBER, 1996, p. 62.

tações são tão bem-sucedidas culturalmente enquanto outras não perduram por mais de um dia, ou nem ao menos chegam a se tornar públicas. Essa questão é o que motiva a proposta de Sperber: um modelo epidemiológico para explicar a circulação de representações que possibilitam a cultura.

Uma cultura é formada essencialmente por um contínuo fluxo de informações. As ideias que formam uma cultura específica e lhe dão identidade, desde representações simples até complexas (como religião, política etc.), dependem da contínua circulação dessas ideias entre os indivíduos. Para explicar isso, Sperber desenvolve um modelo conceitual denominado *Epidemiologia de representações*. Segundo esse modelo, as representações culturais são bem-sucedidas porque nossa mente é suscetível a representações do mesmo modo que nosso organismo é suscetível a doenças.

A metáfora utilizada por Sperber, epidemiologia, possui algumas limitações[25]. A primeira é que representações de qualquer tipo obviamente não são patológicas. A segunda, e não menos importante, é que os agentes patológicos em uma epidemiologia de doenças se replicam e raramente sofrem mutações, enquanto as representações são transformadas sempre que transmitidas, e somente algumas tornam-se estáveis apesar das modificações. Exatamente essas representações mais estáveis são aquelas que formam uma determinada cultura. Assim, uma representação cultural é composta de várias versões de representações mentais e públicas que permanecem mais ou menos inalteradas com o passar do tempo.

Ainda valendo-se da metáfora, a patologia está para uma epidemiologia de doenças do mesmo modo que a psicologia está para uma epidemiologia de representações. Isto é, a patologia é o fator causal para uma epidemiologia de doenças, como também a psicologia é o fator causal de uma epidemiologia de representações, de modo que psicologia e cultura tornam-se mutuamente relevantes. Com esse modelo em mãos, pretende-se explicar macrofenômenos culturais como o efeito cumulativo de micromecanismos individuais (representações mentais) e ecológicos (representações públicas). Porém, apesar da relação de dependência que os fatos sociais mantêm dos fatos psicológicos, não há uma redução das ciências sociais às ciências naturais:

> Uma epidemiologia das representações estabeleceria uma relação de mútua relevância entre as ciências cognitivas e as sociais, semelhante à relação entre patologia e epidemiologia. Essa relação não seria de modo algum de redução do social ao psicológico. Fenômenos socioculturais são, nessa abordagem, padrões ecológicos de fenômenos psicológicos. Os fatos sociológicos são definidos em termos de fatos psicológicos, mas não se reduzem a eles[26].

---

25. SPERBER, 1996, p. 25.
26. SPERBER, 1996, p. 31.

Independentemente da definição de *cultura* presumida pelo pesquisador, um ponto essencial é que ela é construída por um fluxo de informações que permanecem parcialmente estáveis e que são realizadas materialmente, tanto em mentes individuais (representações mentais) quanto no ambiente (representações públicas).

Por fim, constata-se que a cultura pode ser compreendida de um modo naturalista através do modelo epidemiológico, em que estão em jogo sucessivos ciclos de representações, mentais e públicas, que competem por sobrevivência em uma população, isto é, tais ciclos de informação competem por atenção, armazenamento na memória, transmissão etc. As representações que conseguem alcançar tal nível de distribuição e estabilidade cultural formam as tradições que caracterizam uma cultura. Veremos agora que as representações culturais são bem-sucedidas em suas propagações porque ocorrem a partir de uma habilidade específica da espécie humana, a capacidade metarrepresentacional.

6. Crenças intuitivas e reflexivas

Quando pensamos em um indivíduo com determinado comportamento diante de variações do ambiente, realizando ajustes bem-sucedidos, percebemos que ele possui crenças com um determinado conteúdo proposicional em uma direção de ajuste mente-mundo. Isso evidencia que o mundo compele o indivíduo a ter crenças confiáveis através de sua percepção. Vamos tomar como exemplo a minha crença de que nesse momento eu estou sentado em uma cadeira com vários objetos dispostos sobre a mesa. Isso é representado em meu sistema de crenças de forma espontânea, de modo que a partir dessa representação eu procuro ajustar meu comportamento ao mundo ao meu redor. Isso é um tipo de crença. Vamos tomar agora como exemplo a minha crença de que meu computador está realizando execuções inesperadas e que, segundo o técnico de informática, isso se deve a um *malware*. Será que essa crença é um tipo de estado mental idêntico à minha crença de que estou sentado e de que há vários objetos dispostos sobre a mesa?

Geralmente, em situações similares a essas, denominamos esse estado mental apenas de *crença*. Um antropólogo, ao descrever a peculiaridade de uma cultura isolada, geralmente usará o termo *crença* indistintamente, dizendo que "O povo X crê que...". Porém, segundo Sperber, esses exemplos assinalam que há dois tipos de estados mentais distintos, duas categorias psicológicas diferentes[27]. Sperber denomina o primeiro exemplo de *crença intuitiva*, isto é, aquela que os indivíduos

---

27. SPERBER, 2000, p. 43.

possuem acerca do mundo empírico. Elas são intuitivas no sentido de que para mantê-las armazenadas não é necessário *refletir* sobre elas, sendo que em grande parte são obtidas pela percepção e, por isso, são espontâneas e involuntárias.

Crenças intuitivas podem ser muito bem observadas em animais, mas em seres humanos isso não representa toda a história de seu repertório mental[28]. Primeiro, porque a maior parte das nossas crenças não advém da percepção, mas da comunicação e, segundo, porque nós possuímos uma capacidade de ter representações de representações, isto é, possuímos uma habilidade metarrepresentacional[29]. Sperber denomina essa habilidade tipicamente humana de *crença reflexiva*, que é a crença citada no exemplo do *malware* no computador. Esse tipo de crença não provém da percepção, mas de representações de alto nível, ou seja, são de alto nível porque podem possuir várias outras crenças acopladas. Alguns exemplos de crença reflexiva em diferentes níveis representacionais:

> Maria acredita que a Terra gira em torno do Sol.
> Maria acredita que João pensa que a Terra é plana.
> Maria acredita que João pensa que a mãe dele não acredita no heliocentrismo.

Além desse tipo de metarrepresentação, há também algumas proposições científicas com as quais estamos bastante acostumados. Várias pessoas acreditam na Teoria da Relatividade, que é expressa geralmente através da fórmula $e = mc^2$. Esse é um tipo de crença reflexiva porque não possuímos nenhuma experiência direta do mundo que comprove sua veracidade, sendo proveniente de uma atitude reflexiva.

As crenças reflexivas têm uma peculiaridade. Tanto o exemplo da crença de que meu computador realmente possui um *malware* quanto a minha crença de que a Teoria da Relatividade é verdadeira caracterizam o caráter *semiproposicional* da crença reflexiva[30]. No caso, as duas crenças não são completamente compreendidas por mim porque os conceitos envolvidos são por mim desconhecidos. Por isso, eu não julgo que elas são verdadeiras a partir de uma análise interna e minuciosa de cada crença; antes, eu *confio* na autoridade do profissional qualificado em cada área. Acredito que as proposições são verdadeiras não em função de seu conteúdo, mas de sua fonte. Sperber afirma que as crenças reflexivas são consideradas verdadeiras por causa de seu *contexto de validação*. Exemplo:

> O que o professor de Física diz é verdadeiro.
> O professor de Física disse que a Teoria da Relatividade é verdadeira.

---

28. MILLIKAN, 2006.
29. SPERBER, 1996, p. 87.
30. SPERBER, 1996, p. 88.

A crença de que "a Teoria da Relatividade é verdadeira" está embutida na crença de que "o que o professor de Física diz é verdadeiro", de modo que esta oferece um contexto de validação para aquela em função da confiança em sua fonte. As crenças são reflexivas no sentido de que são críveis em virtude de crenças de segunda ordem sobre elas. Portanto, os dois estados mentais, crença intuitiva e crença reflexiva, são representados internamente de modos distintos.

O ponto-chave é que, apesar de as crenças intuitivas serem a categoria mais fundamental da cognição, já que representar corretamente o mundo possui um claro valor adaptativo, as crenças reflexivas desempenham o principal papel no desenvolvimento e na transmissão das representações culturais. Isso ocorre principalmente pelo fato de as crenças reflexivas serem, na maior parte das vezes, semiproposicionais (ou meio-compreendidas), isto é, tais crenças são adquiridas e transmitidas mais facilmente porque não necessitam ser completamente compreendidas. Portanto, a maior parte das ideias definidoras de uma cultura específica são crenças e conceitos reflexivos.

7. Crenças religiosas

Apresentamos no item anterior a distinção que Sperber realiza entre crenças intuitivas e reflexivas. Crenças intuitivas são crenças ligadas diretamente à percepção além de um processo inferencial. A crença de que hoje vai chover, por exemplo, pode ser o resultado da percepção de que o tempo está fechado acrescida da inferência baseada na memória. Tais crenças figuram em nosso sistema cognitivo de modo espontâneo e não necessitam de esforço cognitivo para serem mantidas. Esse tipo de crença não é o que subjaz à crença religiosa, já que no caso da crença religiosa não há um mundo que impacta nossos sentidos de modo coercitivo.

A crença religiosa, tal como "Deus é Uno e Trino", é de outra ordem: ela se encaixa a um tipo de crença reflexiva. Ela é de caráter reflexivo justamente porque não está baseada na percepção do mundo e, aparentemente, é necessário um esforço cognitivo para entretê-la com crenças mais básicas. Uma questão que se pode levantar é: por que uma crença que exige esforço cognitivo seria tão facilmente propagada na cultura? A resposta foi dada no item anterior. A eficiência da sua propagação não ocorre em função de uma compreensão exaustiva da proposição religiosa: ela ocorre mais em função de sua fonte do que de seu conteúdo. Por exemplo, a professora de catequese de João diz "Deus é Uno e Trino". João, então, passa a carregar consigo tal crença, mas ele armazena essa crença em função da confiança que ele possui na professora, não porque compreende completamente o sentido da proposição[31].

---

31. KETZER, 2016.

Como vimos no item anterior, Sperber denomina esse estado mental de *crença semiproposicional*, no sentido de que ela nunca apresenta uma interpretação final, seu conteúdo semântico é bastante flexível e pode variar em diferentes contextos. Apesar de o exemplo dado ser de uma criança, ele também se aplica perfeitamente a um adulto que mantém crenças semiproposicionais em função da confiança em sua fonte. Isso vale tanto para crenças científicas quanto para crenças religiosas[32]. Segundo o exemplo citado sobre a compreensão do dogma da Trindade, é bem conhecida a lenda medieval de que Agostinho de Hipona, ao repreender um garoto que tentava transportar toda a água do mar para um buraco de areia, recebe a seguinte resposta do menino: "Pois eu digo-te, Agostinho: é mais fácil para mim pôr toda a água do mar nesta cova, do que tu esgotares, só com os recursos da tua razão, as profundezas do mistério da Trindade!"[33]. Ao contrário do que se espera de uma crença cognitivamente dispendiosa, o fato de ela ser semiproposicional facilita sua propagação, já que uma interpretação definitiva e final não é possível.

A característica de vagueza da crença religiosa vai ao encontro da tendência própria do ser humano ao "mistério", ou melhor, a proposições *contraintuitivas*. Segundo o psicólogo cognitivo Pascal Boyer, nossa mente possui uma ontologia intuitiva: um catálogo de tipos de objetos que existem no mundo e um conjunto de expectativas e de suposições quase-teóricas sobre suas propriedades[34]. Quando a representação de algum objeto quebra as expectativas de sua ontologia intuitiva, Boyer a denomina de ideia contraintuitiva (p. ex., um ser senciente, mas incorpóreo).

O que é importante destacar é que as ideias contraintuitivas foram testadas em relação às ideias comuns no quesito memorabilidade e eficiência de transmissão[35]. Em quatro experimentos, as ideias contraintuitivas foram mais bem-sucedidas tanto para serem relembradas quanto transmitidas oralmente ou por escrito. Mesmo após três meses, os participantes ainda mantinham as ideias contraintuitivas armazenadas em sua memória. A conclusão dos experimentos foi que a violação de expectativa da ontologia intuitiva facilita a aquisição e a transmissão das representações. Ou seja, as crenças religiosas, que são basicamente ideias contraintuitivas, são mais memoráveis e atrativas, contribuindo para sua aderência e propagação na cultura.

Desvendar o modo pelo qual tais representações se tornam relevantes é importante porque nosso objetivo neste capítulo é examinar os mecanismos cogni-

---

32. Sobre a diferença entre crenças religiosas e científicas no seu aspecto semiproposicional, ver SPERBER, 1996, p. 90-91.
33. ROSA, 2008.
34. BOYER, 1999, p. 878.
35. BARRETT e NYHOF, 2001.

tivos por trás da distribuição bem-sucedida de algumas representações culturais e como essas representações dependem da organização cognitiva que os humanos possuem. Portanto, dada a abordagem epidemiológica de Sperber e o que ele denomina de conceitos semiproposicionais, o caráter relevante e saliente de uma representação contraintuitiva é essencial para sua ampla propagação na cultura.

Em resumo: o caráter semiproposicional da crença religiosa se apresenta como saliente à cognição, de modo que ela se torna mais fácil de ser memorizada e transmitida. Essa roupagem misteriosa é tratada por Boyer como representações que apresentam uma opacidade semântica que nunca admitem uma interpretação final porque violam nossa ontologia intuitiva. Portanto, os conceitos semiproposicionais e contraintuitivos são as razões cognitivas da aderência da crença religiosa (sua aquisição e transmissão), *apesar* de sua reflexividade[36]. No entanto, sabe-se que há ainda outros fatores em jogo para a aderência e propagação da crença religiosa, como fatores emocionais e contextuais, mas limitamos nossa abordagem apenas aos aspectos cognitivos.

Por fim, cabe esclarecer que a naturalização do domínio social e a abordagem cognitiva de Sperber não implicam reducionismo. A antropologia e as ciências sociais como um todo não são reduzidas à psicologia e muito menos tal abordagem esvazia a crença e a experiência religiosa de suas peculiaridades. Em outras palavras: a abordagem da religião fornecida pelo modelo epidemiológico não esvazia o ponto de vista de primeira pessoa sobre a experiência religiosa.

Apesar de haver propostas teóricas que procuram utilizar pesquisas das ciências cognitivas e da psicologia evolutiva para inviabilizar a crença religiosa[37], não é esta a perspectiva que pauta este trabalho. Aqui, adota-se apenas um naturalismo de cunho *metodológico*, aquém de um naturalismo *ontológico*[38]. De fato, pesquisadores como Barrett, Legare e Näreaho, entre outros, defendem que uma visão científica sobre a crença e a experiência religiosa é inteiramente compatível, tanto filosófica quanto evidencialmente, com uma visão religiosa de mundo[39].

8. Conclusão

Existe um mundo que impacta nosso aparato sensorial e, consequentemente, gera constrangimento em nosso sistema de crenças. Tal constrangimento possui valor adaptativo e está relacionado com a filogênese dos nossos mecanismos mentais e perceptivos. Porém, a crença religiosa parece possuir uma natureza distinta

---

36. DE LUCA-NORONHA e SANT'ANNA, 2018.
37. BERING, 2011; DAWKINS, 2006.
38. PAPINEAU, 2016.
39. BARRETT, 2011; LEGARE, 2012; NÄREAHO, 2014.

das crenças empíricas, ela não coage nosso sistema de crenças e apresenta uma grande vagueza conceitual. No entanto, em que pese sua vagueza, falta de coerção e de valor adaptativo, a crença religiosa é altamente pervasiva e aderente. Em uma perspectiva naturalista, a propagação altamente eficaz da crença religiosa se apresenta como uma tensão que carece de uma explicação mais adequada.

Sperber aponta para uma questão importante através de seu modelo naturalista da cultura: o papel que os micromecanismos psicológicos possuem na formação de macrofenômenos culturais. Assim, "fenômenos socioculturais são, nessa abordagem, padrões ecológicos de fenômenos psicológicos. Os fatos sociológicos são definidos em termos de fatos psicológicos, mas não se reduzem a eles"[40]. As abordagens dos fenômenos culturais geralmente utilizam conceitos sociológicos vagos e não destacam como nosso mecanismo mental direciona, em certa medida, os fatos culturais. O ganho explicativo desse modelo está em fornecer uma abordagem naturalista da cultura que explicita os nexos causais entre cognição e cultura, localizando a crença religiosa em um cenário evolutivo e mais amplo.

Assim, a teoria epidemiológica argumenta que a proliferação de ideias e práticas religiosas é o resultado de uma sucessão de representações (mentais e públicas) que são relevantes à cognição em função das violações de expectativas que elas cometem, facilitando a contínua transmissão cultural. Isto é, o caráter contraintuitivo e semiproposicional que as representações religiosas possuem garantem sua pervasividade e aderência porque são atrativas à cognição.

Referências

ATRAN, Scott. *In Gods We Trust: The Evolutionary Landscape of Religion*. Oxford, UK: Oxford University Press, 2002.

BARRETT, Justin. Cognitive science of religion: What is it and why is it? *Religion Compass*, 1(6), 768-786, 2007.

_____. Cognitive science and natural theology. In: *Cognitive Science, Religion, and Theology: From Human Minds to Divine Minds*. Templeton Science and Religion Series. West Conshohocken, PA: Templeton Press, 2011.

BARRETT, Justin L.; NYHOF, Melanie A. Spreading Non-natural Concepts: The Role of Intuitive Conceptual Structures in Memory and Transmission of Cultural Materials. *Journal of Cognition and Culture* 1(1), 69-100, 2001.

BERING, Jesse. *The belief instinct: The psychology of souls, destiny, and the meaning of life*. New York: W. W. Norton & Company, 2011.

BERMÚDEZ, J. L. *Cognitive Science: An Introduction to the Science of the Mind*. Cambridge: Cambridge University Press, 2014.

---

40. SPERBER, 1996, p. 31.

BOYER, Pascal. *Tradition as Truth and Communication: A Cognitive Description of Traditional Discourse*. Cambridge: Cambridge University Press, 1990.

_____. Functional origins of religious concepts: Conceptual and strategic selection in evolved minds. *Journal of the Royal Anthropological Institute* 6, 195-214, 2000.

_____. *Religion Explained: The Evolutionary Origins of Religious Thought*. Universidade de Virginia: Basic Books, 2001.

CARRUTHERS, Peter. *The Architecture of the Mind: Massive Modularity and the Flexibility of Thought*. Oxford: Oxford University Press UK, 2006a.

CZACHESZ. Evolutionary theory on the move: New perspectives on evolution in the cognitive science of religion. *Unisinos Journal of Philosophy*, 19(3), 263-271, 2018.

CHOMSKY, Noam. *Reflections on Language*. New York: Random House, 1975.

_____. Rules and representations. *Behavioral and Brain Sciences* 3 (127), 1-61, 1980.

DE LUCA-NORONHA, Daniel; SANT'ANNA, José Carlos. Crença Teísta: Reflexividade e Aderência. *Interações*, 13 (24), p. 503-525, 2018.

DENNETT, Daniel. *Breaking the Spell: Religion as a Natural Phenomenon*. New York: Viking, 2006.

FODOR, Jerry. Special Sciences. *Synthese*, 28, 77-115, 1974.

_____. *The modularity of mind*. MIT Press, 1983.

GEERTZ, Clifford. *The Interpretation of Cultures*. New York: Basic Books, 1973.

GERVAIS, W. M. et al. The cultural transmission of faith: Why innate intuitions are necessary, but insufficient, to explain religious belief. *Religion* 41 (3), 389-410, 2011.

GRAHAM, George. "Behaviorism", *The Stanford Encyclopedia of Philosophy* (Spring 2019 Edition), Edward N. Zalta (ed.), <https://plato.stanford.edu/archives/spr2019/entries/behaviorism/>, 2019.

HIRSCHFELD, Lawrence; GELMAN, Susan. *Mapping the mind: Domain specificity in cognition and culture*. New York, NY: Cambridge University Press, 1994.

JENSINE, Andresen. *Religion in Mind: Cognitive Perspectives on Religious Belief, Ritual, and Experience*. Cambridge: Cambridge University Press, 2001.

KETZER, Patrícia. A irredutibilidade do conceito de confiança na epistemologia do testemunho. *Conjectura: Filosofia e Educação*, v. 21, n. 3, 2016.

KUHN, Thomas. *The structure of scientific revolutions*. Chicago: University of Chicago Press, 1962.

LAWSON, E. Thomas; McCAULEY, Robert. *Rethinking religion: connecting cognition and culture*. New York: Cambridge University Press, 1990.

LEGARE, Cristine et al. The coexistence of natural and supernatural explanations across cultures and development. *Child Development* 83, 779-793, 2012.

MAYR, Ernst. *What Evolution is*. New York: Basic Books, 2001.

McCAULEY, Robert. Explanatory Pluralism and the Cognitive Science of Religion: Or Why Scholars in Religious Studies Should Stop Worrying about Reductionism. In: *Mental Culture: Classical Social Theory and the Cognitive Science of Religion*. D. Xygalatas and W. W. McCorkle, Jr. (eds.). London: Routledge, p. 11-32, 2014.

MILLIKAN, Ruth Garrett. Styles of Rationality. In: HURLEY, Susan; NUDDS, Matthew (eds.). *Rational Animals?* Oxford: Oxford University Press, 2006.

NÄREAHO, Leo. Cognitive science of religion and theism: How can they be compatible? *Religious Studies* 50, 51-66, 2014.

PAPINEAU, David. "Naturalism", *The Stanford Encyclopedia of Philosophy* (Winter 2016 Edition), Edward N. Zalta (ed.), URL = <https://plato.stanford.edu/archives/win2016/entries/naturalism/>, 2016.

PINKER, Steven. *The instinct of language*. New York, NY, US: William Morrow & Co., 1994.

PYYSIAINEN, Ilkka. Cognition, Emotion, and Religious Experience. In: *Religion in Mind: Cognitive Perspectives on Religious Belief, Ritual and Experience* edited by Jensine Andresen (Cambridge: Cambridge University Press, 2001), 70-93, 2001.

_____. *The Blank Slate: The Modern Denial of Human Nature*. New York: Viking, 2002.

SEARLE, John. *Intentionality*. Cambridge: Cambridge University Press, 1983.

SPELKE, Elizabeth. Nativism, empiricism, and the origins of knowledge. *Infant Behavior and Development*, 21 (2), 181-200. 1998.

SPERBER, Dan. *Explaining culture, a naturalistic approach*. Oxford: Basil Blackwell, 1996.

_____. Intuitive and reflective beliefs. *Engel Believing and Accepting*, 2000, 243-264.

TOOBY, John; COSMIDES, Leda. "The Psychological Foundations of Culture". In: *The Adapted Mind: Evolutionary Psychology and the Generation of Culture*, edited by Jerome H. Barkow, Leda Cosmides, and John Tooby, 19-136. New York, NY: Oxford University Press, 1992.

A ciência da religião em face da filosofia da religião:
entre continuidades e rupturas

Fabiano Victor Campos

Há muito que o estudo racional das religiões é praticado. Ainda que se o compreenda sob o signo de um estudo comparado das religiões[1], suas raízes deitam-se em solos longínquos, temporalmente distantes, remontando às civilizações da Grécia e Roma antigas. De fato, durante muitos séculos o estudo de religiões distintas do cristianismo (e da religião do povo de Israel) foi realizado, tal como se constata nas cartas e nos relatos de missionários ou exploradores, ou ainda, como um apêndice às ciências filológicas, de modo que se estudava a mitologia para melhor compreender os autores antigos, gregos e romanos, por exemplo. Quando uma parte do mundo cristão entrou em contato íntimo e prolongado com povos que praticavam essas religiões, também ocorreu um movimento de curiosidade em relação a elas, permeado por pensamentos e ações de cariz apologético e proselitista. Assim, os cristãos da Espanha e do Oriente estudaram a religião maometana, a Europa medieval estudou o judaísmo. Mas esses estudos, por vezes consideráveis, foram fragmentários e obedeceram a propósitos distintos, se comparados com a proposta de investigação levada a termo pela Ciência da Religião[2] enquanto disciplina acadêmico-científica institucionalmente emergente no século XIX.

---

1. Não é o caso de retraçar o longo itinerário desta história aqui, haja vista a brevidade requerida pelas páginas deste capítulo. No primeiro volume de sua monumental trilogia intitulada *L'étude comparée des religions*, de 1922, o jesuíta Henri Pinard de la Bollaye (1874-1958) arrolou os diversos usos da expressão "Ciência da Religião" mesmo no período que antecedeu a definição estabelecida por Max Müller e inventariou, com zelo e de maneira bem documentada, toda a literatura disponível das sucessivas fases dos estudos comparativos de religião até o início do séc. XX.

2. A denominação desta disciplina acadêmica não é uniforme, variando conforme os lugares e os respectivos consensos epistemológicos compartilhados por cada comunidade científica. Geral-

Com base na história do próprio saber racional sobre o religioso é que alguns autores, tecendo a historiografia da Ciência da Religião, apresentam-na como o resultado de um longo processo de objetivação sobre a realidade dita religiosa, à maneira de um *phylum* linear e contínuo, porém insistindo tão somente nos traços de continuidade e de similaridade com os saberes que historicamente a antecederam. É o caso, por exemplo, de um Albert Réville, com o seu livro *As fases sucessivas da História das Religiões* [*Les phases succesives de l'Histoire des Religions*][3], e de um Michel Meslin, com a sua obra *A favor de uma ciência das religiões* [*Pour une science des religions*][4]. Este último delimita a emergência de uma nova denominação discursivo-científica no ano de 1870, mas seus trabalhos se esforçam sobretudo por retraçar o itinerário das contribuições sucessivas de cada época para a constituição de uma "Ciência das Religiões".

Para Pulman, esse tipo de "visão evolutiva de um saber que progride por sedimentação mascara o fato de a Ciência das Religiões não reivindicar qualquer continuidade com os discursos anteriores sobre a religião; pelo contrário, seus objetos são recortados diferentemente e seu regime discursivo é singular"[5]. Insistindo no aspecto da ruptura epistemológica que a emergência da Ciência da Religião instaura no vasto conjunto dos saberes sobre o religioso, ele afirma que "o aparecimento formal de uma Ciência das Religiões corresponde a uma reorganização decisiva na ordem dos saberes" sobre o religioso e assinala, assim, um "limiar epistemológico"[6].

---

mente, é nomeada de *Religionswissenschaft* em alemão; *godsdienstwetenschap* em holandês; *sciences religieuses, histoire des religions* ou *science(s) des religions* em francês; *scienza delle religioni* em italiano; *ciências de las religiones* em espanhol; *religionsvidenskab* em dinamarquês. Nas Américas, temos *religious studies* em inglês; *ciência(s) da(s) religião(ões)* no português do Brasil, dentre outros usos. De nossa parte, usaremos a expressão Ciência da Religião com ambos os termos no singular, assinalando, ao modo do realismo antigo, uma unidade *formal*, mas não *real*, entre os modos de abordagem e o objeto estudado. Por se tratar de uma distinção *formal*, mas *não real*, o que se tem em vista é que todas as diferentes realidades compreendidas sob o mesmo signo, o da religião, constituam realidades pluriformes e multifacetadas, que permanecem irredutíveis nas suas diferenças *reais*, mas que para efeito de conhecimento, que é sempre limitado e precário, podem ser apreendidas e estudadas de modo que sejam aproximadas entre si, sem que tal gesto implique afirmar que sejam idênticas. O mesmo vale para os modos de abordagem. Por outro lado, em respeito às várias formas de denominação empregadas em cada país e por cada autor, manteremos, no caso de citações, as nomenclaturas empregadas no original.

3. Ver RÉVILLE, 1909.
4. Ver MESLIN, 1973.
5. PULMAN (1985, p. 9). De fato, os discursos de alguns dos seus principais corifeus alegam a emergência, no século XIX, de uma "nova" ciência a abordar as religiões históricas, reivindicando independência e autonomia em face tanto da Filosofia da Religião quanto da Teologia. A propósito, ver, por exemplo, Chantepie de la Saussaye (1904, p. 1).
6. PULMAN (1985, p. 9). Para esse autor, três grandes transformações na economia interna dos discursos de conhecimento sobre o religioso podem ser notadas: a explícita afirmação de uma pre-

Com efeito, uma das principais questões levantadas no âmbito da discussão metateórica em Ciência da Religião consiste na pergunta acerca do modo como deve ser entendida a sua relação com a Filosofia da Religião, haja vista a prerrogativa de autonomia epistemológica com que aquela geralmente é apresentada em relação a esta última. Na literatura especializada disponível, não é raro encontrar afirmações que propalam a ideia de uma independência epistemológica da Ciência da Religião em relação aos pressupostos teológicos ou filosóficos[7]. Cabe questionar, entretanto, se a autonomia que a Ciência da Religião reivindica em face da Filosofia da Religião é mesmo absoluta e se essa afirmação não necessita ser mais bem matizada. Ao nosso ver, o problema reside na unilateralidade das alternativas explicativas, seja a que a enfatiza tão apenas a continuidade, seja a que insiste em sublinhar somente o aspecto da descontinuidade ou da ruptura. E é contra o gesto de absolutização dos pontos de vista, em que cada qual é apresentado de modo unilateral e único, que nos insurgimos neste texto.

Neste texto, defendemos a ideia de que a Ciência da Religião, na própria dinâmica da sua episteme, mantém um nexo interno e histórico com a Filosofia da Religião, de modo que ambas se apresentam, a um só tempo, no âmbito da investigação racional sobre o religioso, como não separadas, mas também como não misturadas, sob a preservação das suas respectivas integridades e identidades epistemológicas, num movimento de beneficiamento mútuo. De fato, no que diz respeito ao processo histórico de emergência da Ciência da Religião e à prerrogativa de instauração de um novo regime discursivo que ela avoca a si, há certa fratura epistemológica, mas não "ruptura epistemológica total"[8], coexistindo também uma ambígua relação com os saberes de outrora, sobretudo com a Filosofia da Religião.

Cumpre-nos mostrar, portanto, neste texto, que a Ciência da Religião, enquanto um conhecimento que avoca a si pretensões de nobreza científica, se insere numa dinâmica de racionalidade cujas raízes não são encontradas na própria episteme, mas que gradativamente a engendra, sem que tal gesto implique negar a sua identidade epistemológica ante a Filosofia da Religião. Embora não nos esquivemos de atribuir certa especificidade epistêmica à Ciência da Religião, defendemos que ela guarda elementos de proximidade e de contato com a Filosofia da Religião. Buscamos evidenciar que, embora a Ciência da Religião se distinga epistemologicamente da Filosofia da Religião, ela mantém uma complexa relação com esse outro saber, de modo que questões de natureza filosó-

---

tensão científica, a inscrição da Ciência das Religiões no espaço das Ciências Humanas e a requerida utilização de uma metodologia histórica.

7. Ver, por exemplo, Rudolf (1978).
8. A expressão é de Greisch (1999, p. 8).

fica se impõem aos estudos cientificamente modernos e contemporâneos do religioso. Entendemos, pois, que a Ciência da Religião, na sua diferença para com a Filosofia da Religião, é inexoravelmente confrontada com o saber filosófico sobre o religioso e, neste sentido, a autonomia epistêmica que lhe é outorgada deve ser compreendida não sob o signo de uma relação de exclusão ante a Filosofia, mas de complementaridade. Valendo-nos ainda de uma terminologia auferida da dialética de feição hegeliana, defendemos a ideia de que se a Ciência da Religião se erige, no seu regime discursivo, reclamando diferenciação de estatuto epistemológico com relação à própria Filosofia e, mais propriamente, em relação à Filosofia da Religião, ela o faz, todavia, suprassumindo elementos filosóficos, ou seja, traz consigo alguns traços daquilo mesmo que pretende superar. E esse movimento, por sua vez, conduz a Ciência da Religião a uma ambígua relação – de rupturas e distanciamentos, certamente, mas também de aproximações e proximidades – com o saber de caráter filosófico. É por essa razão que buscamos integrar o próprio saber constituído pela Ciência da Religião num cenário mais amplo e complexo, que deita raízes em longínquos espaços de tempo, mas sem recusar, contudo, o caráter peculiar da sua abordagem, ainda que esta peculiaridade concirna muito mais ao que se entende por "científico" do que propriamente a uma novidade absoluta, sem precedentes quanto à sua forma e ao seu conteúdo, em relação aos estudos sobre a realidade religiosa.

Com este gesto, julgamos dirimir aquela aporia ante a qual, por um lado, enfileiram-se os estudos que se esforçam por pensar, de modo unilateral, a constituição de uma Ciência da Religião numa linha de continuidade com as épocas e com os saberes anteriores sobre a realidade religiosa, retraçando as contribuições sucessivas de cada época para a sua emergência e, por outro, aqueles que insistem na ideia de uma ruptura com relação aos estudos comparativos das religiões realizados em épocas distintas e anteriores ao século XIX, também abordando só um lado da questão, como se a moderna Ciência da Religião fosse o indício de um marco zero na história dos estudos sobre religião, como se ela tivesse tido uma origem *ex nihilo* ou um começo a partir do nada.

1. O processo histórico de objetivação do vivido religioso e a Ciência da Religião

A Ciência da Religião é comumente entendida como uma disciplina[9] acadêmico-científica recente na história do saber humano. Embora tenha sido progres-

---

9. Para uma adequada caracterização do conceito de disciplina acadêmica, ver Engler e Stausberg (2011, p. 130-131).

sivamente preparada por acontecimentos mais longínquos no tempo, é no século XIX que a Ciência da Religião faz a sua emergência institucional definitiva. A brevidade requerida pelas páginas deste capítulo torna inexequível qualquer tentativa de retraçar aqui, em toda a sua envergadura, o arco dos acontecimentos históricos nos quais a Ciência da Religião deita as suas raízes. Com efeito, para tal empreitada, conviria remontar pelo menos até o século XVII, ao espírito crítico do humanismo europeu e à corrente de erudição, sobretudo filológica, que esse humanismo suscitou. Deste modo, cabe-nos sublinhar apenas que o seu nascimento foi gestado paulatinamente pelo criticismo bíblico do século XVIII, pela crítica filosófica, pelo deísmo inglês e pelos estudos de mitologia comparada ou exegese laicizada, de modo que essa disciplina acadêmico-científica emerge como o fruto amadurecido da longa sedimentação de um amplo e complexo processo de investigação das religiões nutrido por todos esses fatores históricos. A episteme[10] própria à Ciência da Religião, tecida na modernidade, se nutre de diferentes formas de saber, e não de uma apenas, e se apresenta como o fruto amadurecido de um longo itinerário da racionalidade humana, do qual, para falar com Hegel, se ela nega alguns aspectos e elementos, ela o faz integrando-os em certa medida.

Um fato decisivo, que adquire capital relevância para o objetivo de definir os contornos epistemológicos dos modernos estudos que pretensamente reservam a si a prerrogativa de serem considerados como "científicos", é o desenvolvimento, no século XIX, das chamadas "Ciências da Cultura" (*Geisteswissenschaften*, em alemão), "Ciências do Homem" ou "Ciências Humanas" e, dentre elas, a Ciência da Religião[11]. Em *As palavras e as coisas* (*Les mots et les choses*), o filósofo Michel Foucault mostrou como, no final do século XVIII, quando se desfaz a episteme da época clássica, uma nova disposição dos saberes se desenvolve, marcando o liminar de nossa modernidade[12]. O que se observa é a presença de um implícito epistemológico a agir nas Ciências Humanas no sentido de alterar o estatuto simbólico dos conceitos que até então ocupavam o centro do universo da

---

10. Por episteme compreendemos, com tradição filosófica antiga, o sistema de conhecimentos racionais assentado na razão demonstrativa (*logos aphophantikos*), incluindo tanto a ciência empírico-formal moderna quanto outras formas de saber racional, tais como a Filosofia e a Teologia, e não uma espécie de inconsciente do saber ou de *a priori* histórico, como em Foucault (1969). Daí o nosso intento de pensar o surgimento da Ciência da Religião na sua intrínseca e ambígua relação (de continuidade e ruptura) com esses saberes que a antecederam.

11. Um dos objetivos maiores da obra *Religionswissenschaft* de Joachim Wach é demonstrar que essa disciplina científica pertence ao horizonte das chamadas Ciências Humanas. Ver, a propósito, a tradução inglesa desta obra, traduzida por *Introduction to the History of Religions* (WACH, 1988). Tiele (1897, v. 1, p. 15) também insiste nessa ideia, excluindo a Ciência da Religião do âmbito das Ciências da Natureza e afirmando que "a religião certamente está enraizada na natureza do homem – ou seja, ela brota do íntimo de sua alma".

12. Ver FOUCAULT, 1966.

cultura do homem ocidental, alcançando inclusive as noções religiosas. As Ciências Humanas passam, pois, a operar uma *"redução objetivante* (no sentido da *objetividade científica*, que é, essencialmente, uma construção empírico-formal ou hermenêutica da razão científica) do homem e das suas obras de cultura"[13].

A dimensão religiosa do universo da cultura humana também sofre a ação desse mesmo movimento de objetivação, que, esclarece ainda Lima Vaz, "passa a ser uma componente fundamental da ideologia do 'humanismo secular'" [...], e isso à medida que a esfera religiosa deixa de ser concebida – ao menos exclusivamente, diríamos nós –, como uma fonte normativa de valores e se torna "objeto de um saber inteiramente 'secularizado' ou 'laicisado' como é o saber científico"[14]. Trata-se de uma redução objetivante na medida em que as obras humanas e, por conseguinte, os variados modos próprios de ser humano são abordados no que eles têm de empírico e historicamente constatável, observável, palpável.

E é neste contexto que emerge a figura de uma "nova" ciência a se debruçar sobre a realidade dita religiosa e a discursar sobre ela. Considerada no seu domínio epistêmico peculiar, a Ciência da Religião logra, pois, aprimorar e consumar aquele processo de objetivação do fenômeno religioso outrora iniciado pelas modernas figuras ou formas de Filosofia da Religião que se apresentaram, por sua vez, historicamente falando, como herdeiras críticas da antiga Teologia. Ela apresenta, assim, certa relação com o processo de objetivação do vivido religioso cujo início remonta aos séculos precedentes e se impõe como uma das faces do inexorável movimento de cientificização (*Verwissenschaftlichung*)[15] do mundo e que estende os seus braços às diversas dimensões da cultura, engendrando uma Ciência Política, uma Ciência Social, uma Ciência da(s) Religião(ões) e assim por diante.

Em última instância, é o estudo do *homo religiosus* que é trazido à baila, e isso à luz da História humana, não só a das religiões, mas a das culturas, dos povos, das línguas, das sociedades e comunidades, das mais antigas às atuais. E, neste sentido, o que a Ciência da Religião estuda, acima de tudo, é o ser humano, ou seja, mulheres e homens considerados desde o ponto de vista das suas crenças e dos seus comportamentos tidos por religiosos, mas que nem sempre são definidos como tais pelos próprios "nativos" ou protagonistas observados, embora possam ser conceituados dessa maneira pelo pesquisador ou pela pesquisadora.

Emergindo do interior das Ciências Humanas, a Ciência da Religião ergue-se, assim, como um produto típico da modernidade[16] ou, numa terminologia mais habituada à pena dos filósofos, da modernidade filosófica pós-carte-

---

13. LIMA VAZ, 1988, p. 35.
14. LIMA VAZ, 1988, p. 35-36.
15. A expressão é do filósofo Jürgen Habermas (2011, p. 467-506).
16. Ver, a propósito, Kippenberg (1999).

siana, mas seu regime discursivo acaba por constituir-se, definitiva e institucionalmente, apenas no século XIX, ou seja, na época pós-hegeliana[17]. Como um substrato da modernidade, seus pressupostos epistemológicos encontram-se assentados sobre a ideia moderna de ciência, na qual se pressupõe, ao menos metodologicamente, a distinção entre fato e valor.

Ora, na ideia moderna de ciência, a todo conhecimento normativo, baseado em juízos de valor, é oposta a ideia de um conhecimento objetivo, neutro e imparcial, que se considera direcionado exclusivamente para a ordem dos fatos. Cingir-se aos fatos impõe-se como uma lei a ser adotada logo no início do ato de conhecimento. Mas o que é exatamente um fato? É o objeto do conhecimento enquanto pretensamente destituído de ter sido envolto por quaisquer juízos de valor[18]. Esta prerrogativa, por sua vez, impõe-se como fundamental para as ideias de objetividade, imparcialidade e neutralidade científica, presente não apenas nas Ciências da Natureza, mas também nas chamadas Ciências Humanas, pelo menos desde os tempos de Max Weber.

Rechaçado o realismo antigo[19], o objeto inteligível passa a ser *construído* pela própria atividade científica e a verdade desse mesmo objeto torna-se uma verdade verificável segundo os procedimentos experimentais e hipotético-dedutivos que constituem a estrutura empírico-formal da ciência moderna. A razão é que passa a determinar o que é a coisa, a realidade. Neste sentido, o objeto entendido como "fato" não é senão a realidade pensada, uma *representação* da coisa, e, como tal, submetida às leis da própria razão, tal como preconizado por Kant na sua *Crí-*

---

17. Para Lima Vaz (1991, p. 162), o fato de a Ciência da Religião ter completado o ciclo da sua gestação, vindo a emergir definitivamente no século XIX, não é mero fruto do acaso. Segundo esse filósofo, "com os passos dados por Hegel, o caminho aberto pela instauração da metafísica da subjetividade chega ao seu fim. A 'modernidade moderna' vê afinal, elevado bem alto o seu horizonte histórico, o sol de sistema de razões que a ilumina e é na sua órbita que a religião passa a girar, submetida às leis da sua atração e à organização do seu espaço epistemológico".

18. A concepção de que entre fato e valor há não apenas uma distinção, mas também uma dicotomia, originou-se no século XVII, especialmente nos escritos de Galileu, Bacon e Descartes (MARICONDA; LACEY, 2001; MARICONDA, 2006). Sobre o conceito de ciência moderna e sua diferença com relação à ideia antiga de ciência, ver Lima Vaz (1993, p. 194-202). Em relação ao ideal amplamente sustentado pela tradição científica moderna segundo o qual a ciência é livre de valores, ver Lacey (1998; 2010).

19. No realismo antigo e medieval, o que era inteligido era *a própria coisa*, isto é, a própria realidade que o pensamento captava como tendo uma existência própria e independente, extramental, e não as *species* das coisas, as quais só seriam conhecidas como objetos por um ato de reflexão sobre o ato exercido de inteligir algo. Na época moderna, o pensamento encontra-se dirigido para o que ele pensa, isto é, para as ideias como objetos do pensamento; trata-se do pensar enquanto voltado às próprias representações, e não às coisas. Essa centralidade do conceito de representação ocorre quando a tarefa precípua da filosofia passar a ser a de elaborar uma teoria sobre os limites do conhecimento humano. A partir dela e através dela, ganharam nova relevância as questões relativas às linhas demarcatórias do conhecimento, tanto no que diz respeito aos seus alcances quanto no que concerne às restrições de sua condição de possibilidade.

tica da Razão Pura. Um dado ou um fato, enquanto pensado, corresponde, na verdade, à face da consciência já voltada para "algo" que, como tal, já foi identificado como sendo algo, ou seja, já reteve a atenção da consciência, que lhe atribuiu um juízo de existência: "algo existe". Neste sentido, não há propriamente fato puro, assim como não há dado bruto. Quando se fala em fatos, bem como em um método dirigido aos fatos, não se pode esquecer de que se trata sempre de fatos observados, pensados, identificados e registrados, ou seja, trata-se de uma relação da própria consciência com aquilo que retém a sua atenção[20].

Na perspectiva da Ciência da Religião enquanto pertencente ao horizonte epistemológico próprio das Ciências Humanas, a religião passa, assim, a ser abordada como um "fenômeno objetivo", o que equivale a "estudar a natureza e as formas de religião como uma estrutura objetiva"[21]. A criação de cadeiras de História das Religiões implica, neste contexto, uma verdadeira reviravolta epistemológica, pois significa "tratar o conjunto dos fatos religiosos", qualquer que seja a sua forma, "como um domínio único" e "também reconhecer ao fenômeno religioso o estatuto de um objeto ordinário de conhecimento, acessível, como qualquer outro, à investigação científica"[22].

Em termos históricos, o que se observa é que a racionalidade ocidental é arrastada num movimento em que as antigas Teologias Racionais, também conhecidas como Teologias Filosóficas clássicas, paulatinamente cedem o passo à crítica religiosa ou às Filosofias da Religião modernas e contemporâneas[23]. Mas o pensamento *sobre* a religião, segundo os cânones conceituais e científicos modernos, é levado a uma revolução ainda mais profunda e que visa consumar aquele mesmo processo de inteligibilidade do fenômeno religioso, objetivando de forma cada vez mais crítica o *vivido* religioso assentado no chão da vida e partindo da pressuposição de que é necessário um certo distanciamento com relação às pró-

---

20. A mesma ideia, enunciada de modos diferentes, pode ser encontrada em Illingworth (1902, p. 96), Fouillée (1911, p. 219), Grandmaison (1913, p. 38) e Engler (2019, p. 572-575).
21. Joachim Wach (1988, p. 176-177).
22. VERNANT, 1979, p. 5.
23. A propósito, ver Lima Vaz (1991), Greisch (2002, p. 26-30) e Dubarle (1985, p. 21-36). De forma sumária, por "Teologia Filosófica" compreende-se aquele tipo de investigação racional sobre o divino, quer seja num sentido entitativo, quer seja num sentido impessoal. A obra de referência para uma investigação histórica da Teologia Filosófica, também conhecida por Teologia Racional, é a de Weischedel (2014). Já o conceito de "Filosofia da Religião" é mais recente e resulta dos diversos projetos de constituir uma Teologia Natural, tendo por centro de gravidade a ambígua noção de "religião natural". Sua origem remonta ao jesuíta e filósofo wolffiano Sigismund von Storchenau (1731-1797), nascido em Hollenburg, perto de Klagenfurt, na Caríntia, adversário implacável do deísmo e que ensinava lógica e metafísica em Viena. Ver, a respeito, Greisch (2002, p. 30-34) e Jaeschke (1992). Konrad Feiereis (1965) traçou a lenta gênese da Filosofia da Religião, relacionando-a com as sucessivas metamorfoses sofridas pela Teologia Filosófica no seu itinerário que se estendeu da alta Idade Média à época de Francis Wolff.

prias crenças religiosas manifestadas pelos sujeitos. Assume-se, assim, uma espécie de *epoché* apologético-confessional[24], de "colocação entre parênteses" da fé vivida – para usar uma terminologia husserliana –, e considera-se estudar o vivido religioso na sua forma e no seu conteúdo de fé, porém se abstendo de lançar sobre esse mesmo conteúdo um juízo de valor. Haja vista a relação necessária entre a forma e o conteúdo, não se procura exatamente negar *a priori* o conteúdo, mas "colocá-lo entre parênteses", abstendo-se de se pronunciar acerca do valor de verdade do conteúdo da experiência vivida. Procura-se elucidar não que aquilo em que se crê seja verdadeiro, ou seja, em que *se deve* acreditar, nem por que *se deve* e como *se deve* crer, mas por que homens e mulheres creem no que afirmam crer e de que modos manifestam essas crenças. Neste sentido é que a Ciência da Religião visa se distinguir tanto da Filosofia quanto da Teologia, erigindo-se com a pretensão de ser uma disciplina não normativa[25].

A Ciência da Religião desenvolve-se, pois, numa conjuntura epistemológico-cultural na qual se começa a experimentar o caráter efêmero da religião enquanto forma de vida. Esse movimento, por sua vez, afeta os discursos *sobre* a religião, os quais mudam de estatuto. Em primeiro lugar, não mais se trata de discursos *da* religião, no sentido de uma apologia de determinada forma de religião, à maneira de algumas modernas feições da Filosofia da Religião reativas à *Aufklärung*[26], mas *sobre* as religiões historicamente dadas, empiricamente observadas e analisadas[27].

Neste contexto, constata-se todo um esgarçamento do próprio conceito de religião, um novo enfoque de sentido ou uma nova "focalização semântica"[28], passando a condensar todos os significados possíveis dos fenômenos religiosos na pluralidade das suas formas históricas e sem a qual a própria filosofia da religião, tal como a conhecemos hoje na sua face crítica em relação ao objeto que estuda, provavelmente sequer teria sido possível. De fato, como bem mostrou Ernst Feil

---

24. Conferir, a este respeito, as importantes reflexões críticas de Dubarle (1985, p. 2-9).
25. Ver, a propósito, Wach (1988, p. 159-161), Grätzel e Kreiner (1999, p. 2) e Tillich (1971, p. 12-13).
26. Cabe lembrar o nome de Søren Kierkegaard, que, no séc. XIX, abordou a questão da relação da fé com a história cristã e a intervenção das ciências críticas tanto quanto das filosofias modernas da história. Obras como o *Pós-escrito às Migalhas Filosóficas* e *Prática do Cristianismo* apresentam uma significação epistemológica capital do ponto de vista religioso e crente, mesmo se é relativamente raro que sejam percebidas na sua especificidade (KIERKEGAARD, 2013; 2009). No capítulo 1 da primeira parte do Pós-escrito, bem como nos capítulos 1 e 2 da seção 1 da segunda parte dessa mesma obra, o autor apresenta um encadeamento da questão religiosa cristã com a problemática de Lessing e, ao mesmo tempo, um sentido profundamente crente do que foram as filosofias idealistas alemãs até Hegel, concluindo pela necessidade intelectual de não se deixar eivar por elas.
27. Essa demarcação foi levada a termo sobretudo por Joachim Wach (1988, p. 173-176), que distingue uma "filosofia religiosa orientada para a fé revelada" e uma "filosofia da religião autônoma".
28. A expressão é de Greisch (2002, p. 16).

na sua volumosa investigação sobre a história do termo *religio*[29], foi apenas no início da modernidade que o vocábulo "religião" progressivamente adquiriu essa envergadura ou espessura de maior alcance semântico. Prógono da Ciência da Religião, o próprio Max Müller, por exemplo, já havia sublinhado o fato de não existir, em sânscrito, um equivalente semântico estrito para o termo "religião" e que era necessário, por essa razão, recorrer a uma pluralidade de expressões, cada qual enfocando um aspecto, fosse o cultual-ritual (*Dharma*, no sentido de lei, ordem ou costume), fosse o da escuta (*Sruti*) ou o da confiança e da veneração (*bhakti*), fosse o da crença ou fé (*Sraddha*). Observações análogas podem ser feitas à língua grega, em que as significações possíveis de serem aproximadas do conceito ocidental de religião[30] se repartem entre as expressões *nomos*, *eusebeia* (piedade), *aidos* (respeito, pudor), *latreia* (culto) etc.

De fato, a acuidade geral que espontaneamente se atribui hoje a este conceito se deu sobretudo por causa do próprio contato do cristianismo com outros povos e culturas. A se concordar com Michel Despland, um dos episódios a possibilitar a progressiva e lenta gestação dessa "nova ciência", e que se lhe apresenta como fundamental, foi a "descoberta" das religiões orientais[31], mortas ou ainda vivas, as do antigo Irã, da Índia e do budismo, com os filólogos-historiadores encabeçados, na França, pelo indologista e orientalista Eugène Burnouf[32]. Este decifrou os manuscritos do Avesta levados ao território francês por Abraham Hyacinthe Anquetil-Duperron (1731-1805), um ex-aluno da *École spéciale des langues orientales* de Paris e um dos primeiros orientalistas franceses[33], oito anos depois de ter se alistado como soldado, em 2 de novembro de 1754, nas tropas da *East*

---

29. Num minucioso estudo de quatro volumes, Feil (1986-2012) retraçou a trajetória histórica deste termo.

30. Para Dubuisson (1998), o conceito religião, porquanto ocidental e forjado num contexto cristão, é intrinsecamente etnocêntrico. De fato, a contextualização de toda noção abstrata utilizada para fins de conhecimento é um princípio de base incontornável; é o que nos mostra, por exemplo, o historiador Reinhart Koselleck (1992; 1997a; 1997b). Todavia, afirmar que "religião" só existe no Ocidente porque a palavra é de origem latina equivale, como bem entendeu Vecoli (2019, p. 88), a uma simplificação abusiva, já que tradução conceitual alguma seria possível, caso fosse verdade que estamos encerrados em sistemas de pensamento e de linguagem herméticos. Embora subscrevamos a essa afirmação, não esposamos o outro argumento usado pelo crítico, a saber, a de que o conceito de religião seja, evidentemente, uma categoria culturalmente condicionada. Ora, se assim o fosse, qual a necessidade do trabalho de contextualização histórica sugerida por Koselleck, a não ser para que tomemos consciência de tais condicionamentos sociais em relação às noções?

31. Cf. DESPLAND, 1999, p. 459.

32. Émile-Louis Burnouf (1864, p. 521), primo do indólogo alemão Friedrich Max Müller, além de historiador, arqueólogo e filólogo, avocou a si a prerrogativa de ter sido o primeiro a empregar a expressão "Ciência da Religião". Seus estudos, originalmente publicados sob a forma de artigos na parisiense *Revue des Deux Mondes* nos anos de 1864 a 1869, foram enfeixados posteriormente na obra *La Science des Religions*, com a adição de um novo texto como um de seus capítulos; a propósito, conferir Burnouf (1870).

33. Sobre esse pioneirismo, ver notícia em Goblet d'Alviella (1911, p. 11-12).

India Company, a fim de descobrir as velhas obras de Zaratustra, e partido numa expedição que saíra do porto de *L'Orient*, em Marselha, rumo à Índia.

É sabido, a este respeito, que o universo romano-cristão se erguera como um mundo culturalmente hermético, cujas fronteiras permaneceram fechadas pelo perímetro muçulmano, que lhe formou um cerco só então rompido pelas grandes navegações atlânticas e índicas do século XV rumo aos mercados e produtos asiáticos. Se é verdade que o Islã influenciara profundamente a literatura dos europeus, bem como o seu pensamento e a sua filosofia, foram sobretudo as conquistas europeias sobre a Índia e a China que trouxeram ao conhecimento do mundo ocidental novos textos de inspiração profética, filosófica e poética, e cuja antiguidade viria, enfim, desafiar a verdade comunicada pelos textos bíblicos, considerados o fundamento da espiritualidade europeia.

No auge da era moderna, o encontro do cristianismo com esses textos e fenômenos religiosos de origem ainda desconhecida, impensáveis segundo as categorias tradicionais herdadas da antiga Teologia medieval, permitiu a transformação da própria ideia de religião. Requerido por esse encontro com a alteridade religiosa, o esgarçamento do próprio conceito de religião apresentou-se como uma das exigências teóricas a que a Ciência da Religião coube realizar[34]. Com efeito, ao termo da análise e da hermenêutica do *vivido* religioso desenvolvidas pela Ciência da Religião emerge a figura do fato religioso como fato de cultura e, por inferência dedutiva, é do mundo das coisas e produções humanas que se está a falar, porquanto a cultura é obra dos seres humanos apenas. Trata-se, pois, de compreender que os fenômenos religiosos são constituídos como "fatos" históricos, sociais, antropológicos, psicológicos, o que equivale a compreendê-los nos seus aspectos materiais, coletivos, simbólicos, experienciais etc., e isso por meio das diversas aproximações disciplinares: a da história, a da sociologia, antropologia, psicologia, e assim por diante[35].

O próprio Max Müller já advertira que não foi por acaso que o estudo comparado das religiões emergiu num ambiente cristão, pois o cristianismo assumiu desde o início uma posição de comparação constante em relação ao judaísmo[36]. Mas tal afirmação, como bem sublinhou Stroumsa, é apenas parcialmente ver-

---

34. Essa transformação foi constatada e explicada por Smith (1963). A propósito, ver, também, Stroumsa (2009; 2010). No que diz respeito à mudança de se viver a religião no contexto francês do século XIX, ver Despland (1992). Sobre a religião considerada como um objeto de ciência sob a perspectiva dos primeiros congressos de História das Religiões, ver Molendijk (2010).

35. A propósito do conceito de fato religioso, ver WILLAIME (2010, p. 363-367). Para uma outra definição, ver igualmente o dossiê relativo ao seminário *L'enseignement du fait religieux, les 5, 6 et 7 novembre 2002* (L'ENSEIGNEMENT..., 2002) e, sobretudo, a definição de Régis Debray (p. 8-12) no mesmo endereço eletrônico indicado nas referências.

36. Max MÜLLER, 1872, p. 23; 2020, p. 75.

dadeira[37]. E isso por duas razões: a princípio, porque o dramático encontro com as religiões dos lugares recém-descobertos do mundo ocorreu apenas no meio católico, e não entre os protestantes, e, em segundo lugar, se é verdade que a experiência do cristianismo antigo havia preparado os espíritos para o exercício comparativo das religiões, tal gesto não se deu somente por causa do trato com o judaísmo, mas também sob a polêmica face de acusação de "idolatria", por parte dos cristãos, do universo religioso greco-romano.

Se, por um lado, os textos do remoto Oriente foram trazidos para o solo europeu no decorrer dos séculos XVIII e XIX para serem estudados com o intuito de fortalecer as crenças coloniais na superioridade ocidental, deve-se observar, por outro lado, que essa história acabou por tomar caminhos até então insuspeitados, que conduziram, por sua vez, ao questionamento da identidade religiosa e cultural da Europa dominante e das crenças religiosas dos conquistadores. Ante os olhos estupefatos dos bem-pensantes europeus, um mundo "antigo" emerge em sua irredutível novidade e alteridade, interpelando-os a uma revolução cultural não menos importante que a provocada pelo renascimento da cultura greco-latina na Itália do *Quattrocento* e a "descoberta" de novos continentes e populações nos séculos XV e XVI. De fato, os então considerados "textos sagrados orientais" chineses e indianos mobilizou praticamente todas as nações ocidentais num afã só assemelhável ao do renascimento do mundo antigo, iniciado na Florença de quatrocentos com o resgate dos textos herméticos, dos Oráculos Caldaicos e do *corpus philosophicum* platônico, de modo que o "novo renascimento oriental" espraiou-se pelas várias camadas da cultura, estendendo-se das artes às letras, da política às ciências, da teoria à arquitetura.

As consequências dessa revolução filológica se fizeram sentir sobretudo no universo teórico da Teologia e da Filosofia, mas não deixaram de engendrar, a seu modo, o nascimento de uma Ciência Comparada das Religiões. Desta sorte, cumpre notar que foi por causa da relação com a alteridade religiosa e das transformações provocadas por esse encontro que a Ciência da Religião veio a se erigir no meio acadêmico, bem como pôde chegar, uma vez que toda ciência pressupõe uma comunidade política a estabelecer deliberações, acordos, consensos e convenções[38] acerca de seus métodos e de sua epistemologia, a uma maturidade com relação à compreensão de si própria, isto é, estabelecer o caráter de novidade e originalidade de sua *episteme* em face dos demais saberes que se debruçam sobre o multifacetado e pluriforme universo religioso. Aqui, deve-se dar ouvidos a Hegel. Uma de suas lições incontornáveis é de que a consciência de si se constitui fundamentalmente no reconhecimento do outro[39]. Assim, lá onde o

---

37. STROUMSA, 2009, p. 74.
38. Eis aí uma das lições presentes na Filosofia da Ciência proposta por Fourez (1995).
39. A propósito, ver HEGEL, 2003, p. 350.

Ocidente cristão uma vez mais pretendeu estender hegemonicamente o domínio de seu saber, encontrou-se ele próprio questionado e conduzido a refletir sobre si: ironia da História, que não se concretizou, entretanto, senão mediante um processo de reelaboração das próprias formas de conhecimento até então dominantes sobre a realidade dita religiosa, a Filosofia e a Teologia.

2. Pensar o vivido religioso: a Ciência da Religião na sua ambígua relação com a Filosofia da Religião

O historiador das religiões Hans Gerhard Kippenberg traçou um itinerário histórico das razões que presidiram ao surgimento da Ciência da Religião como disciplina acadêmica[40]. Transpondo a tese de White para o âmbito da história da religião, ele nos conduz a entender que todo gesto intelectual que pretenda estabelecer uma historiografia dos estudos de religião acaba por instaurar, a um só tempo, uma espécie de "filosofia da história" acerca da relação entre a Ciência da Religião e a Filosofia da Religião[41]. Neste sentido, o autor propõe uma determinação menos conflituosa e menos opositiva das complexas relações de implicação mútua que se estabelecem entre as interpretações de natureza propriamente filosófica e as explicações pretensamente mais científicas do fato religioso, já que em ambos os domínios trata-se de *pensar* a religião, só mudando a forma de se fazê-lo. E se é assim, a interrogação filosófica sobre a religião revela, por sua vez, um certo número de questões e problemas fundamentais que se impõem igualmente à Ciência da Religião. É preciso, pois, como bem entendeu Greisch, resistir à tentação de identificar o aparecimento definitivo da Ciência da Religião no século XIX com a morte da Filosofia[42].

De fato, a Filosofia da Religião dos séculos precedentes trouxe à tona questões sobre o estatuto moderno da religião que, segundo Greisch[43], permanecem incontornáveis a qualquer reflexão, seja a filosófica, seja aquela que apresenta pretensões científicas, entendendo-se esse adjetivo no sentido moderno do termo: a distinção do culto natural e privado enquanto oposto ao culto arbitrário (público), tal como se lê em Hobbes; a possibilidade de escrever uma "história natural da religião", como encontramos em Hume; a defesa em favor de um re-

---

40. Conferir KIPPENBERG, 1999.
41. Ver KIPPENBERG, 1999, p. 25. A tese defendida por White (1992, p. 14) é de que "não pode haver 'história propriamente dita' que não seja ao mesmo tempo 'filosofia da história'". Em verdade, tal afirmação não teve a sua origem sob a pena do historiador estadunidense. A erudição do francês Michel de Certeau (1969, p. 246) já havia formulado a mesma ideia nos seguintes termos: "não há historiografia sem filosofia da história – explícita ou oculta".
42. GREISCH, 1999, p. 8.
43. GREISCH, 1999, p. 9.

conhecimento público de uma "religião civil", como se vê em Rousseau; a fundação racional da religião sobre a moral, ou seja, a tentativa de se compreender a religião à luz da relação entre a questão "o que devo fazer?" e a questão "o que me é permitido esperar?" (Kant); o estabelecimento da religião como "província particular da alma humana", irredutível à moral e à metafísica (Schleiermacher); o reconhecimento de que as "representações" religiosas levam a reflexões, implicando a necessidade de determinar a relação entre pensamento figurativo e pensamento conceitual (Hegel) e à invocação da história das religiões para superar um racionalismo estreito.

Mas certamente cabem não poucos acréscimos a esta lista. Restringir-nos-emos a arrolar apenas dois. Sensível à novidade do pensamento de um Richard Simon[44], a pena de Renan não hesitou em escrever, à luz das então recentes ciências comparadas indo-europeias, uma "cristianizada" história do povo de Israel[45]. Inegável é também a influência da *Filosofia da Mitologia* de Schelling[46] para a teoria mitológica de Max Müller, que, transpondo o método da "Ciência da Linguagem" para o domínio da Mitologia, incorporou à sua Ciência da Religião a sublime tarefa de demonstrar que a História humana, à maneira de Schelling, também é, enquanto estirada no tempo, uma face da revelação divina[47]. Como

---

44. Richard Simon buscou depurar o povo judeu de seu cariz de "testemunhas" teológicas, apresentando-o como um povo que tão somente permaneceu vivo no decorrer histórico, bem como organizado em comunidades e formando uma civilização. Desta sorte, "sem abandonar o sentido da Escritura sagrada prescrito pela Igreja, ele contribuiu para a invenção de ligações inéditas entre fé e erudição, religião e ciência de seu tempo, verdade revelada e observação histórica de comunidades religiosas" (OLENDER, 2012, p. 109). Sobre este autor, mas também outros como Spinoza e Lessing, e suas influências exercidas no domínio epistemológico das futuras ciências humanas da religião, ver Dubarle (1985, p. 51-55). Sobre R. Simon e sua exegese bíblica baseada em pesquisas etnográficas pretensamente destituídas de juízos de valor, ver Le Brun (1978, v. 2, p. 1-13; 1989) e Steinmann (1959). Para a influência desse autor sobre Renan, ver Olender (2012, p. 107-109).
45. Ver RENAN, 1947-1961.
46. Cf. SCHELLING, 1998.
47. Este gesto de desconfessionalização da *Offenbarung*, em que ela passa a ser naturalizada e imanentizada na existência histórica, teve o seu ponto de partida em Friedrich Heinrich Jacobi. Entendendo a revelação como experiência, não necessariamente sensível e imediata, que é opaca e áfona, mas o que se apresenta, isto é, a própria existência na sua relação com um indizível pré-conceitual, simples e indissolúvel, ou seja, uma experiência interior do divino, ele aplica, assim, a *Offenbarung* a toda sorte de hecceidade. Mas, nesta empreitada, Jacobi não é cavaleiro solitário: ele conta com a quintessência da estética de Winckelmann, com a metafísica da luz de Herder e com a inspiração de Lavater. Em seu livro *Das coisas divinas e sua revelação*, de 1811, Jacobi (2008) atacou o pensamento schellinguiano, acusando-o de restringir a liberdade humana, extinguindo as diferenças entre o bem e o mal. Schelling, contudo, se pôs a refutar as críticas recebidas, evidenciando a compatibilidade entre liberdade e necessidade, o infinito e o finito. Daí que, para ele, toda a realidade, tanto a natureza quanto o espírito humano, seja automanifestação do divino. Em última análise, o pensamento do Absoluto é o Absoluto do pensamento: o Absoluto e o saber do Absoluto identificam-se, são uma só e mesma realidade. A intuição intelectual mostra-se idêntica ao seu objeto, de modo que o Absoluto não está na intuição intelectual, mas esta é

um sequaz fiel de Agostinho[48], Müller entende que o desenrolar pluriforme e multifacetado da linguagem humana encontra-se intrinsecamente articulado às manifestações de uma *original* e *natural* ideia intuitiva do Infinito que habita o interior do homem.

Com efeito, sabe-se que o próprio Max Müller, recusando pensar a Ciência da Religião sob o signo de uma "nova invenção", chegou a estender o seu alcance ao contexto da Filosofia antiga[49]. Outra, entretanto, é a justificativa que ele encontra para tal gesto, se comparada com a razão que aqui apresentamos: para ele, a religião, concebida como um fato humano, nasce de uma afecção do Infinito, noção de cuja suposta "neutralidade" conceitual ele se vale para estabelecer uma certa similaridade entre o *Brahman* védico e o *Verbum* (*Logos*) cristão[50]. Aficionado pelo Infinito, o homem torna-se religioso e, enquanto tal, ele é conduzido, segundo Müller, às primeiras indagações da razão ou aos questionamentos aos quais nomeamos como filosóficos. Buscando mostrar, pois, que em todas as religiões é a mesma intuição[51], a mesma revelação "natural", que não há nenhuma delas que não contenha alguns grãos da mesma – e única! – verdade, e que, quanto mais conhecemos o cristianismo, nos é possível apreciar "os tesouros da verdade escondidos nas religiões" esquecidas e desprezadas[52], o estudioso de Oxford, com o seu método comparativo, suprassume a historicidade do tempo humano das religiões na eternidade de um Infinito, "cientificamente" postulado como o senhor da história religiosa humana.

Cabe sublinhar ainda que não apenas a Filosofia da Religião enquanto modo particular de expressão da reflexão filosófica contribuiu para o desenvolvimento histórico da Ciência da Religião, mas também a Filosofia de modo geral[53]. De fato, não se pode eludir a influência das chamadas "filosofias da vida", seja a de um Nietzsche, seja a de um Bergson, sobre a redescoberta da religião grega arcaica. Convém notar, portanto, a contribuição que a obra nietzschiana *O nascimento da tragédia* exerceu sobre a *Psyche* de Erwin Rohde[54], assim

---

que se encontra alojada nele. Para a relação entre Schelling e Müller, ver nossa nota explicativa em Müller (2020, p. 151, nota 134).

48. Ver MÜLLER, 1867, p. XI, XXIX, XXX, 55.

49. Ver MÜLLER, 1879, p. 5-8.

50. Essa equiparação, que animou toda a pesquisa etimológica de Max Müller durante longos anos até a sua morte, foi desenvolvida sobretudo na obra *Theosophy or Psychological Religion* (MÜLLER, 1892). Um estudo crítico da equivalência estabelecida por Müller foi levado a bom termo por Ducoeur (2009).

51. Ver, a propósito, Müller (1879, p. 1-47), bem como as críticas de Guyau (1879) e Olender (2012, p. 111-123) dirigidas à teoria mülleriana.

52. Ver MÜLLER, 2020, p. 230-231.

53. Essa ideia é sublinhada por Greisch (1999, p. 9-10), a partir da sua leitura da obra de Kippenberg (1999).

54. Rohde será determinante na querela que se travou em 1872 e 1873 acerca do valor da supracitada obra de Nietzsche, a qual foi duramente criticada pelo filólogo Wilamowitz-Möllendorff

como a importância de *A evolução criadora*, livro bergsoniano, para as investigações de Jane Harrison[55].

Por outro lado, não se pode deixar de notar que, ao menos no seu início, a Ciência da Religião apresentou pretensões de ordem filosófica, à medida que procurou dar uma resposta definitiva ao problema da origem das religiões – fosse a noção de uma doença da linguagem como fonte da concepção naturista de religião de um Max Müller, fosse a ideia da alma humana como fonte originária das religiões como encontramos em um Tiele, fosse a concepção de um animismo de um Tylor como forma elementar da vida religiosa[56], fosse esse elemento religioso fundamental, enfim, identificado com a magia (J. G. Frazer), o totem (W. Robertson Smith), a aliança pelo sangue (Guyau), o instinto social (Durkheim) ou o sagrado (Henri Hubert) – e mesmo estabelecer um saber de caráter absoluto, propondo responder à questão acerca da totalidade da história das religiões. Não faltaram antropólogos ingleses nem sociólogos franceses para os quais o problema da origem dos fatos religiosos e o da genealogia das formas religiosas não fossem a pedra angular a ser encontrada e sobre cujo assento caberia alinhar todo o imenso edifício da história religiosa da humanidade. Cabe notar, a esse respeito, que a possibilidade de escrever uma "história natural da religião", ou seja, a hipótese segundo a qual se pode estudar a gênese e a evolução das religiões tal como se estuda a gênese de qualquer espécie natural já havia sido apresentada por um David Hume[57].

O que se presenciou nos palcos da História foi uma extensa procissão de causas, obtidas a partir de um uso inadequado do método comparativo. Sem o devido cuidado com relação às dissemelhanças ou com as divergências profundas existentes entre os fenômenos históricos analisados, isolaram-se arbitrariamente certos elementos, partes ou aspectos que, em estado isolado, facilmente poderiam ser e foram aproximados de outras características análogas. Despojados de sua significação no todo da realidade religiosa estudada, ou ainda, desarraigados da experiência considerada na sua integralidade ou totalidade sistêmica[58], esses

---

como uma obra sem valor científico quanto à interpretação da tragédia grega. Rohde (1894), por sua vez, não chegará a refutar tal afirmação. Seu gesto consistirá, antes, em defender a obra como uma excelente interpretação filosófica e especificamente estética da tragédia grega, sem que isso tenha implicado propriamente um comprometimento com os fatos históricos. Em relação a essa querela, ver as cartas e os escritos reunidos na obra editada por Monique Dixsaut (1995). Para a tradução francesa da obra *Psyche*, ver Rohde (1928).

55. A propósito, ver Harrison (1903) e os comentários de Kippenberg (1999, p. 195-207). A própria Jane E. Harrison fez um depoimento acerca da sua leitura de Bergson; ver, a respeito, Harrison (1912, p. 12).

56. Sobre o animismo, ver Durkheim (1912, p. 67-99) e sobre o naturismo, ver Durkheim (1912, p. 100-122).

57. Cf. HUME, 1992; 2005.

58. Ver, a propósito, as justas críticas de Joseph Huby (1913, p. X) e de Grandmaison (1913, p. 35-36).

elementos compuseram um verdadeiro mosaico nos quais os fatos, por sua vez, foram, a torto e a direito, assentados, ajustados. Os aspectos resistentes às elaborações hipotéticas, porém inconciliáveis, ora eram relegados ao abandono, reduzidos ao estado de quantidade negligenciável, ora eram extenuados ou mesmo contestados. Tal gesto conduziu, pois, a generalizações apressadas, a arbitrárias uniformizações e aproximações por identidade. Julgávamo-nos, assim, muito próximos de explicar toda a questão religiosa ao reduzirmos os fenômenos religiosos a um mesmo elemento comum, diluindo-os em noções pariformes, fosse aquela do "mana", pescada nos mares do Sul, fosse a de sagrado, na sua necessária dialeticidade com a de profano. Toda uma geração de estudiosos dedicou-se a estabelecer essas uniformidades.

Estudiosos não tardaram a endereçar críticas severas e contundentes a esta insistência em relação ao problema da origem da religião, mostrando que se tratava de uma questão sem solução e, por essa razão, vã[59]. Mas, como bem viu Dumézil[60], se em face das críticas que lhe foram endereçadas a Ciência da Religião julgou dever abandonar definitivamente as questões de origem e de genealogia, deixando-as para o trabalho de pensamento dos filósofos, elas não deixaram, todavia, de retornar ao discurso, porém de modo mais modesto e adequado, ao serem tratadas nas descrições de cada realidade religiosa observada e considerada na própria individualidade, geográfica e historicamente circunscrita a um espaço e a uma época particulares.

A respeito do segundo aspecto salientado, devemos nos lembrar aqui da dupla ênfase do programa desenvolvido pela Escola de Chicago (*Chicago School*), a saber, a sua insistência na totalidade e, por outro lado, o seu enfoque na questão do significado (sentido religioso)[61]. Fundada por Joachim Wach, essa escola ganha força no final das décadas de 1950 e 1960 sob a tutela especial de Mircea Eliade e acaba por exercer certa hegemonia na História das Religiões dos últimos quarenta anos. Ela promove uma abordagem hermenêutica da religião que insiste em referenciar a particularidade das manifestações religiosas singulares a um horizonte de totalidade. Em outras palavras, ela tenta abordar ou situar o particular num âmbito mais amplo e geral, supostamente capaz de abranger e desvelar o sentido presente nas formas particulares de expressão religiosa.

De fato, quando se fala aqui que a Ciência da Religião apresentou, no plano da história humana, algumas pretensões de cariz filosófico, deve-se ter em mente,

---

59. Quanto às críticas dirigidas a essa análise de tipo genealógico com vistas ao alcance do começo absoluto das religiões, ver Pallis (1959, p. 164-165), Dumézil (1975, p. 6-7) e Peisson (1984, p. 226).
60. DUMÉZIL, 1975, p. 8.
61. Sobre a Escola de Chicago, conferir os textos reunidos em Wedemeyer; Doniger (2010). Para uma crítica dessa escola e de seus pressupostos, ver o artigo de Alles (1988).

por outro lado, que ela recusou, ao menos em termos explícitos, em situar numa fonte transcendente, numa Revelação, a origem das religiões. Explicações de natureza metafísica foram evitadas, negando-se qualquer aproximação da Ciência da Religião com uma Teologia Filosófica[62], não obstante o fato de a própria identificação da esfera religiosa com a dimensão do Sagrado ter se mostrado como uma prova *ex contrario* desse tipo de afirmação, num conluio da Ciência da Religião com a Fenomenologia da Religião por muitas vezes censurado[63]. E não se deve cair na ilusão de que esse gesto de pensamento tenha sido uma prerrogativa da escola eliadiana. Bem cedo ele já havia feito a sua primeira aparição. Considerem-se, por exemplo, os pressupostos e as motivações implícitas do conde Goblet D'Alviella, ao declarar que a "hierologia", uma das partes constitutivas da História das Religiões, deveria "conservar o caráter objetivo das ciências que se inspiram exclusivamente nos fatos", não se perguntando "por que é razoável crer, mas como os homens vieram a crer e a praticar certas coisas"[64]. Ele mesmo, porém, sequer pestanejou em nomear as três partes constitutivas da ciência então emergente sob o signo, pretensamente paridáceo a todas as manifestações religiosas, do Sagrado (*hieros*)[65]. De fato, foi sob a camuflagem de um estudo científico das religiões que esse tipo de criptoteologia, uma espécie de Teologia Filosófica de

---

62. É o caso, por exemplo, de Cornelis Petrus Tiele, o qual entende que a Ciência da Religião, no seu dinamismo investigativo, não se dirige propriamente à questão de Deus ou do sobre-humano, mas "àquelas manifestações da mente humana em palavras, atos, costumes e instituições que testemunham a crença do homem no sobre-humano, e servem para colocá-lo em relação com ele" (TIELE, 1897, v. 1, p. 5). E conclui o autor: "o objeto da nossa ciência não é o sobre-humano em si, mas a religião baseada na crença no sobre-humano; e a tarefa de investigar a religião como um fenômeno histórico-psicológico, social e totalmente humano, sem dúvida, pertence ao domínio da ciência" (TIELE, 1897, v. 1, p. 6). Ele define, pois, o caráter da Ciência da Religião nos seguintes termos: "É uma ciência especial ou ramo de estudo, e que não pertence à filosofia geral; mas é a parte filosófica da investigação dos fenômenos religiosos – um estudo que procura penetrar em seus fundamentos. Não é um credo filosófico, ou um sistema dogmático do que tem sido comumente chamado de teologia natural, ou uma filosofia com uma tonalidade religiosa, e menos ainda uma filosofia relativa ao próprio Deus. Tudo isso está além de seu domínio. Ela deixa estes assuntos para os teólogos e metafísicos. Na verdade, é literalmente a filosofia da religião, de acordo com o uso atual desse termo, que ganha merecidamente terreno: uma filosofia que devemos ter a coragem de reformar, de acordo com as exigências da ciência em seu atual estado de desenvolvimento" (TIELE, 1897, v. 1, p. 15).
63. Para uma bibliografia crítica a essa identificação do Sagrado e do religioso, ver Clavier (1968, p. 97-99) e Usarski (2004). Às referências citadas por esses autores, acrescemos: Kippenberg; Stuckrad (2003).
64. GOBLET D'ALVIELLA, 1908, p. 366.
65. Concebendo a História das Religiões como um ramo da Ciência das Religiões, o conde Goblet D'Alviella (1908, p. 365-366) propôs distinguir três momentos constitutivos da investigação em Religião Comparada: hierografia, hierologia e hierosofia. O primeiro, de acordo com ele, descreve os fatos; o segundo extrai, a partir do estudo dos fatos, as leis gerais dos fenômenos religiosos; e o terceiro, enfim, trata das conclusões. Assim, ao primeiro cabe o papel de observação e de registro; ao segundo, a tarefa classificação e coordenação; e ao terceiro, o trabalho de interpretação e especulação.

cariz fenomenológico disfarçada sob o véu de uma investigação histórico-empírica das religiões, fez o seu trabalho.

Para Cornelis Petrus Tiele, um dos principais representantes dos modernos estudos científicos da religião, o advento definitivo da Ciência da Religião foi preparado por alguns precursores, tais como John Selden (1584-1654) e seu *De Dis Syris Syntagmata II*, Charles de Brosses (1709-1777) com o seu livro *Du culte des dieux fetiches ou parallèle de l'ancienne religion de l'Égypte avec la religion actuelle de Nigritie*, e Johann Gottfried von Herder (1744-1803) e seu "bom gosto", que incluía, aos olhos de Tiele, a sua sensibilidade para o específico e o poder criativo do espírito humano que, nas suas diversas formas de expressão, tem em comum apenas o fato de instaurar diferenças[66]. No final do século XVIII, o polígrafo francês Charles-François Dupuis (1742-1809) compilou um volumoso inventário como resultado de quinze anos de estudos, *Origine de tous les cultes, ou la Réligion Universelle*, em que foram arroladas as religiões até então conhecidas e identificado o culto dos astros como a sua origem comum. Mas, segundo o juízo de Tiele, essa obra não passava de um "panfleto gigantesco, não uma pesquisa histórica imparcial"[67]. De qualquer modo, é em Benjamin Constant e no seu escrito *La religion considérée dans sa source, ses formes et ses développements* que Tiele vê despontar, nos seus contornos mais nitidamente bem definidos, o limiar da aurora em que a Ciência da Religião fará a sua tímida aparição[68]. Para o estudioso arminiano, pela primeira vez uma distinção entre a essência e as formas de religião foi efetuada. Além disso, a partir dessa época é que, a seus olhos, os estudos comparados começaram a ser efetuados em escala cada vez maior e de modo mais imparcial, isto é, sem que houvesse a intenção de combater o cristianismo por parte de seus adversários e, por outro lado, sem que os apologistas cristãos tivessem a intenção de defender a sua religião contra os ataques recebidos e provar a sua excelência em relação às demais. Não obstante o fato de essa última afirmação ser passível de questionamento, e mesmo de refutação, o que nos cabe sublinhar é a ênfase que o autor atribui a dois acontecimentos, ao considerá-los como fundamentais para a definitiva emergência dos estudos pretensamente mais científicos sobre as religiões.

Tiele admite, por um lado, a contribuição por parte da Filosofia que, segundo ele, durante séculos havia especulado sobre a religião, mas apenas no início do século XIX se deu conta do papel fundamental da análise histórica para a com-

---

66. Cf. TIELE, 1885, p. 583.
67. TIELE, 1893, p. 583.
68. Albert Réville (1880, p. 25) não subscreve à afirmação de Tiele e afirma que F. R. de Chateaubriand escreveu apenas uma "obra literária e sem valor científico". O fundamento da controvérsia, entretanto, é a ideia de ciência que subjaz a esses pensamentos.

preensão do problema relativo à religião, ou seja, que, "para definir a natureza e a origem da religião, é preciso antes de tudo conhecer o seu desenvolvimento"[69]. Neste contexto, os nomes de Hegel e de Schelling é que são evocados. Tiele não hesita, pois, em reconhecer a importância das ideias desses filósofos para o surgimento da Ciência da Religião, pensamentos esses que historicamente antecederam a Benjamin Constant e seus contributos. De fato, ao passo que Hegel havia colocado o tema da História no centro da reflexão filosófica, Schelling havia definido, aos olhos de Tiele, o método correto para a investigação filosófica da religião[70]. Ambos, cada qual à sua maneira, procuraram estabelecer "os meios para rastrear a religião no curso de seu desenvolvimento"[71]. Mas se importante passava a ser a própria ideia de um desenrolar histórico das religiões, ou de uma história do ser humano religioso, os meios para determinar essa história ainda eram insuficientes e imprecisos[72]. E é exatamente esse aspecto que assinala, para Tiele, a novidade que circunscreve os contornos epistemológicos da "nova ciência, a pesquisa comparativa das religiões", que se não era incipiente quanto ao método usado, aplicava-o, todavia, de modo até então incorreto, haja vista não ter erguido ainda o procedimento metódico sob a égide de um mesmo itinerário histórico, isto é, de uma história da religião de toda a humanidade[73]. Esse gesto, que insere no discurso a ideia de um movimento interno, inerente à própria caminhada histórica do espírito humano manifestando-se nas diversas formas de expressão religiosa, é o que constitui o sentido da própria noção de desenvolvimento, tão cara a Tiele. Daí a afirmação do autor de que "a maioria das religiões da antiguidade, especialmente as do Oriente, eram naquela época conhecidas, mas superficialmente, e a pesquisa crítica sobre as novas formas de religião ainda mal havia sido

---

69. TIELE, 1893, p. 584. Em Tiele, o conceito de desenvolvimento é sinônimo de um processo gradual e, sobretudo, natural. Ver, a propósito, Molendijk (2004, p. 335-346).

70. A propósito do gesto hegeliano de pensamento que desloca o vetor da reflexão filosófica do plano da natureza para o da história, ver Lima Vaz (2001, p. 231-232). Sobre Schelling e Hegel e suas respectivas ideias acerca da natureza e da história, ver Collingwood (1952, p. 115-125). Sobre o pensamento hegeliano da história, ver também White (1992, p. 95-144).

71. TIELE, 1893, p. 584.

72. Nos termos do autor, "[...] sabia-se que apenas o método comparativo poderia conduzir ao fim desejado, mas os meios de comparação, embora não totalmente faltosos, eram inadequados" (TIELE, 1893, p. 584).

73. Não obstante o fato de a questão do primeiro emprego da expressão ser de ordem secundária, ela nos conduz ao problema de um mito fundador da Ciência da Religião, ideia que não esposamos. A esse respeito, o arminiano Cornelis Petrus Tiele (1893, p. 586), um de seus corifeus, já havia se expressado com exatidão, afirmando que "dificilmente se pode dizer que um novo ramo de estudo foi fundado. Como outros, este foi criado por uma necessidade geral sentida em diferentes países ao mesmo tempo e como uma coisa natural". De fato, a emergência histórica da Ciência da Religião foi percebida pelos proponentes da época como um assunto internacional, que se ergueu em diferentes lugares e, a um só tempo, por motivos diversos.

iniciada"⁷⁴. O fato de elas não serem ainda conhecidas profundamente, em contraste com a "superficialidade" ou o fragmentarismo dos estudos até então desenvolvidos, era devido à própria perspectiva de análise, que não as colocava no plano de uma única história religiosa da humanidade, não obstante as particularidades das diferenças que as religiões manifestavam quando consideradas nas suas individualidades ou singularidades históricas. Corroborando essa ideia, o autor não hesitou em afirmar que se ocupava não em "expor *a história das religiões*", mas "*a história da religião*", alegando que o "historiador *das religiões* se preocupa pouco com o laço que reúne seus diferentes horizontes de análise, o historiador *da religião* propõe mostrar, ao contrário, como o grande fato psicológico ao qual damos o nome de religião desenvolveu-se e se manifestou sob formas variadas nos diferentes povos e nas diferentes raças que ocupam o universo"⁷⁵.

Deste modo, não coube propriamente à Filosofia, mas à Linguística, de mãos dadas com a História, o árduo trabalho de recolher o material a servir de objeto de comparação. Nos termos de Tiele, "a ciência filológica e histórica, cultivada segundo métodos rigorosos, arqueologia, antropologia, etnologia, já não mais uma presa apenas de teóricos superficiais e diletantes da moda, mas também sujeita às leis da investigação crítica, começou a produzir uma rica colheita"⁷⁶. A moderna Ciência da Religião, aos olhos tieleanos, nutre-se, assim, tanto de um contributo legado pela Filosofia da Religião, que ressente a ausência de "uma base empírica mais firme de operações", quanto das "grandes descobertas no domínio da história, da arqueologia e da antropologia"⁷⁷. Se se considera, a partir daí, que cabe a uma face ontológica da Ciência da Religião o trabalho de confrontação dos dados históricos recolhidos pela parte morfológica, identificando "os elementos permanentes no que está mudando, o elemento inalterável em formas transitórias e sempre alteradas"⁷⁸ e, por conseguinte, a determinação da própria natureza e essência da religião, bem como de sua origem, vê-se desenrolar todo um trabalho de síntese racional e, com justa razão, se pode afirmar que a Ciência da Religião se assenta claramente nos moldes kantianos de ciência, que, destituída de pretensões metafísicas, deverá partir dos dados da sensibilidade enfeixando-os nas categorias do Entendimento.

Considerações finais

Ao saber legado pela Ciência da Religião impõem-se também, como julgamos ter mostrado, ainda que de modo sumário, questões de natureza propria-

---

74. TIELE, 1893, p. 584.
75. TIELE, 1885, p. XIX, grifos do autor.
76. TIELE, 1893, p. 585.
77. TIELE, 1893, p. 586.
78. TIELE, 1897, v. 1, p. 27.

mente filosófica. Como a socióloga francesa Danièle Hervieu-Léger sublinhou, o tempo em que vivemos não é mais aquele em que os sociólogos da religião podiam estimar estar quites com a questão da essência da religião, relegando-a ao domínio da Filosofia para melhor acusar aos filósofos de se entregarem a um suspeito trabalho interpretativo de cariz essencialista[79].

Afirmar a relação entre estes saberes não equivale, por outro lado, a afirmar uma identidade epistêmica entre a Ciência da Religião e a Filosofia da Religião. Se é verdade, pois, que mais adiante a linha divisória que separa as duas epistemes foi se definindo e se aprofundando, forçoso nos é admitir também que a Ciência da Religião, que veio tomando corpo e fez sua aparição definitiva no século XIX, e a Filosofia, e sobretudo a Filosofia da Religião, andam juntas, mais ou menos em confronto, mas também sempre e até certo ponto imbricadas. Negar isso é corrigir a história ou esconder aquilo mesmo que permitiu a sua definitiva institucionalização e o seu distanciamento vagaroso e gradual com relação aos saberes de outrora.

A questão da autonomia epistemológica da Ciência da Religião deve ser entendida, portanto, na sua intrínseca relação – de distanciamentos, certamente, mas também de aproximações, explícitas e implícitas – com os outros tipos de saber sobre o religioso que a antecederam, tais como a Filosofia da Religião e a Teologia[80]. De fato, é no momento em que o conhecimento que se pretende científico e racional procura não apenas engendrar um saber explicativo, mas, como nos diz Max Weber, busca elevar-se como uma ciência causal e compreensiva, que ele naturalmente recebe uma posição a um só tempo concreta e ambígua, encontrando atos de compreensão e de interpretação da realidade religiosa que são habitados por outros pontos de vista e que fazem referência a outras perspectivas de análise, diferentes daquelas pertencentes ao domínio da ciência e ao espírito propriamente científico.

Encontramo-nos ante à paradoxal situação a que o filósofo Paul Ricoeur nomeou de o conflito das interpretações[81], que alcança domínios distintos ao da própria religião e demanda, por sua vez, um trabalho dialogal. Toma forma a necessidade, bem como a dificuldade que lhe é inerente, de um diálogo triangular inédito entre a Ciência da Religião e a Filosofia, mas também a Teologia, e que Greisch compreende como um sinal distintivo da situação epistemológica contemporânea, compreendendo-a sob o signo de uma "era hermenêutica da

---

79. Sejam consultados, a respeito, os seguintes textos de Hervieu-Léger (1987; 1993).
80. Pela brevidade requerida por este capítulo, reservamos para um outro momento a questão da ambígua relação que a Ciência da Religião, nos seus primórdios, estabelece com a Teologia.
81. RICOEUR, 1969.

razão"[82]. Ora, o fato de uma grande parte dos partidários desta conversa ainda se encontrar um estado de maior organização e clarificação epistemológica e metodológica em face dos outros tipos de ciência não depõe, aos olhos do estudioso, contra a necessidade do diálogo. Esse diálogo, por sua vez, só terá chances de se realizar, de modo pleno e efetivo, se subscrever à máxima da hermenêutica ricoeuriana segundo a qual "explicar mais é compreender melhor"[83]. E não há como "explicar mais" sem a escuta atenta do outro. Tal é a sorte a que está lançada a possibilidade de um futuro ainda por ser escrito no que tange à interpretação dos variados modos de crer que ainda teimam em se fazer presentes no mundo humano.

Referências

ALLES, Gregory D. Wach, Eliade, and the critique from totality. *Numen*, Leiden, v. 35, n. 1, p. 108-138, jul. 1988.

BURNOUF, Émile. *La science des religions*. Paris: Maisonneuve, 1870.

BURNOUF, Émile. La science des religions: sa méthode et ses limites. I. Conditions et principes de la science. *Revue des Deux Mondes*, Paris, v. 54, n. 3, p. 521-549, déc. 1864.

CERTEAU, Michel de. L'histoire religieuse du XVIIe siècle. Problèmes de méthodes. *Recherches de Science Religieuse*, Paris, v. 57, n. 2, p. 231-250, avril-juin 1969.

CHANTEPIE DE LA SAUSSAYE, P.-D. *Manuel d'Histoire des Religions*. Paris: Librairie Armand Colin, 1904.

CLAVIER, H. Résurgences d'un problème de méthode en Histoire des Religions. *Numen*, Leiden, v. 15, n. 2, p. 94-118, may 1968.

COLLINGWOOD, R. G. *Idea de la historia*. México: Fondo de Cultura Económica, 1952.

DESPLAND, Michel. *L'émergence des sciences de la religion*. La monarchie de Juillet: un moment fondateur. Paris: L'Harmattan, 1999.

DESPLAND, Michel. La religion au XIXe siècle: quelques particularités françaises. In: DESPLAND, Michel; VALLÉE, Gérard (ed.). *Religion in History: the word, the idea, the reality. La religion dans l'histoire: le mot, l'idée, la réalité*. Canada: Canadian Corporation for Studies in Religion/Corporation Canadienne des Sciences Religieuses: Wilfrid Laurier University Press, 1992, p. 57-69 (Editions SR, v. 13).

DIXSAUT, Monique (éd.). *Querelle autour de "La naissance de la tragédie": écrits et lettres de Friedrich Nietzsche, Friedrich Ritschl, Erwin Rohde, Ulrich von Wilamowitz-Möllendorff, Richard et Cosima Wagner*. Paris: J. Vrin, 1995.

DUBARLE, Dominique. *Épistémologie des sciences humaines de la religion*, 2. ed. Paris: Association André Robert: Institut Catholique de Paris, 1985.

---

82. A propósito dessa "conversa triangular" proposta por este autor francês, um dos maiores nomes atuais na área da Hermenêutica Filosófica, ver Greisch (1977; 2002, p. 53-55). Sobre o sentido da expressão "a era hermenêutica da razão", conferir Greisch (1985).

83. RICOEUR, 1986, p. 25.

DUCOEUR, Guillaume. Comparatisme orienté et étymologie comparée chez Max Müller: l'équation Bráhman = Verbum. *Revue de l'Histoire des Religions*, Paris, v. 226, n. 2, p. 163-180, 2009.

DUMÉZIL, Georges. Preface de Georges Dumézil. In: ELIADE, Mircea. *Traité d'Histoire des Religions*. Paris: Payot, 1975, p. 5-9.

DURKHEIM, Émile. *Les formes élémentaires de la vie religieuse: le système totémique en Australie*. Paris: Alcan, 1912.

ENGLER, Steven. Theory-building: working the theory-data spectrum. *Horizonte*, Belo Horizonte, v. 17, n. 53, p. 569-588, maio-ago. 2019.

ENGLER, Steven; STAUSBERG, Michael. Introductory essay. Crisis and creativity: opportunities and threats in the global study of religion/s. *Religion*, London, v. 41, n. 2, p. 127-143, 2011.

FEIEREIS, Konrad. *Die Umprägung der natürlichen Theologie in Religionsphilosophie*. Ein Beitrag zur deutschen Geistesgeschichte des 18. Jahrhunderts. Leipzig: St. Brenno-Verlag, 1965.

FEIL, Ernst. *Religio*. Göttingen: Vandenhoeck & Ruprecht, 1986-2012, 4 v.

FOUCAULT, Michel. *L'archéologie du savoir*. Paris: Gallimard, 1969.

_____. *Les mots et les choses: une archéologie des sciences humaines*. Paris: Éditions Gallimard, 1966.

FOUILLÉE, Alfred. *La pensée et les nouvelles écoles anti-intellectualistes*, 2. ed. Paris: Librairie Félix Alcan, 1911.

FOUREZ, Gérard. *A construção das ciências: introdução à filosofia e à ética das ciências*. São Paulo: Unesp, 1995.

GOBLET D'ALVIELLA, Eugène. *Histoire de la science des religions*. Paris: Émile-Bertrand, 1911.

_____. Les sciences auxiliares de l'Histoire Comparée des Religions. President's address. In: ALLEN, P. S.; JOHNSON, J. de M. *Transactions of the Third International Congress for the History of Religions*. Oxford: Clarendon Press, 1908, v. 2, p. 365-379.

GRANDMAISON, Léonce de. L'étude des religions. In: HUBY, Joseph (org.). *Christus: manuel d'Histoire des Religions*. Paris: Gabriel Beauchesne, 1913, p. 1-47.

GRÄTZEL, Stephan; KREINER, Armin. *Religionsphilosophie*. Stuttgart: Verlag J. B. Metzler, 1999.

GREISCH, Jean. *L'âge herméneutique de la raison*. Paris: Éditions du Cerf, 1985.

_____. *Le buisson ardent et les lumières de la raison: l'invention de la philosophie de la religion*. Paris: Les Éditions du Cerf, 2002, v. 1.

_____. Phénoménologie de la religion et sciences religieuses. Plaidoyer pour une "conversation triangulare". In: JONCHERAY, Jean (dir.). *Approches scientifiques des faits religieux*. Paris: Beauchesne, 1997, p. 189-218.

_____. Préface. In: KIPPENBERG, Hans Gerhard. *À la découverte de l'Histoire des Religions*. Paris: Editions Salvator, 1999, p. 7-19.

GUYAU. De l'origine des religions. *Revue Philosophique de la France et de l'Étranger*, Paris, v. 8, p. 561-584, juil.-déc. 1879.

HABERMAS, Jürgen. *Teoria e práxis: estudos de filosofia social*. São Paulo: Unesp, 2011.

HARRISON, Jane Ellen. *Prolegomena to the Study of Greek religion*. London: C. J. Clay and Sons; Cambridge University Press Warehouse: Ave Maria Lane, 1903.

_____. *Themis: A study of the social origins of Greek religion.* Cambridge: University Press, 1912.

HEGEL, G. W. F. *Fenomenologia do espírito*, 2. ed. rev. Petrópolis: Vozes; Bragança Paulista: Universidade São Francisco, 2003.

HERVIEU-LÉGER, Danièle. Faut-il definir la religion? Questions préalables à la construction d'une sociologie de la modernité religieuse. *Archives des Sciences Sociales des Religions*, Paris, v. 1, n. 63, 1987, p. 11-30.

_____. *La religion pour mémoire.* Paris: Éditions du Cerf, 1993.

HOCK, Klaus. *Introdução à Ciência da Religião.* São Paulo: Loyola, 2010.

HUBY, Joseph (org.). *Christus: manuel d'Histoire des Religions.* Paris: Gabriel Beauchesne, 1913.

HUME, David. *Diálogos sobre a religião natural.* São Paulo: Martins Fontes, 1992.

_____. *História natural da religião.* São Paulo: Unesp, 2005.

ILLINGWORTH, J. R. *Reason and revelation.* London: Macmillan and Co., 1902.

JACOBI, Friedrich Heinrich. *Des choses divines et de leur révélation.* Paris: J. Vrin, 2008.

JAESCHKE, Walter. Religionsphilosophie. In: RITTER, Joachim; GRÜNDER, Karlfried; GABRIEL, Gottfried. *Historisches Wörterbuch der Philosophie.* Darmstadt: Wissenchaftliche Buchgesellschaft, 1992, v. 8, p. 748-763.

KIERKEGAARD, Søren. *Ejercitación del cristianismo.* Madrid: Trotta, 2009.

_____. *Pós-escrito às Migalhas Filosóficas.* Petrópolis: Vozes/Bragança Paulista, Editora Universitária São Francisco, 2013, v. 1.

KIPPENBERG, Hans Gerhard. *À la découverte de l'Histoire des Religions.* Paris: Editions Salvator, 1999.

KIPPENBERG; Hans G.; STUCKRAD, Kocku von. *Einführung in die Religionswissenschaft.* München: C. H. Beck Verlag, 2003.

KOSELLECK, Reinhart. Histoire sociale et histoire des concepts. In: KOSELLECK, Reinhart. *L'expérience de l'histoire.* Paris: Gallimard, 1997a, p. 101-119.

_____. The temporalisation of concepts. *Redescriptions: Political Thought, Conceptual History and Feminist Theory*, v. 1, n. 1, p. 16-24, 1997b.

_____. Uma história dos conceitos: problemas teóricos e práticos. *Estudos Históricos*, Rio de Janeiro, v. 5, n. 10, p. 134-146, 1992.

L'ENSEIGNEMENT DU FAIT RELIGIEUX. Actes du séminaire organizé les 5, 6 et 7 novembre 2002. Direction de l'enseignement scolaire, 2002. Disponível em: <https://cache.media.eduscol.education.fr/file/actes/12/5/Enseignement_du_fait_religieux_Seminaire_2002_1111125.pdf>. Acesso em: 9 out. 2021.

LACEY, Hugh. *Valores e atividade científica.* São Paulo: Discurso, 1998, v. 1.

_____. *Valores e atividade científica.* São Paulo: Editora 34, 2010, v. 2.

LE BRUN, Jacques. Critique biblique et esprit moderne à la fin de XVIIe siècle. *In*: L'HISTOIRE AUJOURD'HUI: *nouveaux objets*, nouvelles méthodes. Liège: Faculté de Philosophie et Lettres de l'Université de Liège, 1989.

_____. Entre la *Perpétuité* et la *Demonstratio evangélica*. In: HEINEKAMP; ALBERT; DIETER METTLER (red.). *Leibniz à Paris*: 1672-1676. Symposion de la G. W. Leibniz Gesellschaft, Hannover, et du Centre national de la recherche scientifique, Paris, à Chantilly, France, du 14 au 18 november [sic] 1976. Wiesbaden: F. Steiner, 1978, v. 2, p. 1-13.

LIMA VAZ, Henrique C. de. *Escritos de filosofia II: ética e cultura*. São Paulo: Loyola, 1993.

_____. Religião e modernidade filosófica. *Síntese*, Belo Horizonte, v. 18, n. 53, p. 147-165, 1991.

_____. Religião e sociedade nos últimos vinte anos (1965-1985). *Síntese*, Belo Horizonte, n. 42, p. 27-47, 1988.

MARICONDA, Pablo Rubén. O controle da natureza e as origens da dicotomia entre fato e valor. *Scientiae Studia*, São Paulo, v. 4, n. 3, p. 453-472, 2006.

MARICONDA, Pablo; LACEY, Hugh. A águia e os estorninhos: Galileu e a autonomia da ciência. *Tempo Social*, São Paulo, v. 13, n. 1, p. 49-65, maio 2001.

MESLIN, Michel. *Pour une science des religions*. Paris: Éditions du Seuil, 1973.

MOLENDIJK, Arie L. C. P. Tiele's paradigm of Science of Religion. *Numen*, Leiden, v. 51, n. 3, p. 321-335, 2004.

_____. Les premiers congrès d'histoire des religions, ou comment faire de la religion un objet de science? *Revue Germanique Internationale*, Paris, n. 12, p. 91-103, 2010.

MÜLLER, Max. *Chips from a German Workshop: essays on the Science of Religion*. London: Longmans, Green, and Co., 1867, v. 1.

_____. *Introdução à Ciência da Religião*. Belo Horizonte: Senso, 2020 (Coleção clássicos em ciência da religião).

_____. *Lectures on the Science of Religion; white a paper on Buddhist nihilism, and a translation of the Dammapada or "Path of Virtue"*. New York: Charles Scribner and Company, 1872.

_____. *Origine et dévelloppement de la religion étudiés à la lumière des religions de l'Inde*. Paris: C. Reinwald et Cᵉ, Libraires-Editeurs, 1879.

_____. *Theosophy or Psychological Religion. The Gifford Lectures delivered before the University of Glasgow in 1892*. London: Longmans, Green, and Co., 1892.

OLENDER, Maurice. *As línguas do paraíso. Arianos e semitas: um casamento providencial*. São Paulo: Phoebus, 2012.

PALLIS, Svend Aage. Idées fondamentales de l'étude des religions. *Numen*, Leiden, v. 6, n. 3, p. 157-174, dec. 1959.

PEISSON, Z. La Science des Religions (1ᵉʳ article). *Revue des Religions*, Paris, v. 6, p. 219-248, mai-juin 1984.

PINARD DE LA BOULLAYE, Henri. *L'étude comparée des religions: ses méthodes*, 4. ed. revue et augmentée. Paris: Gabriel Beauchesne, 1922, v. 2.

_____. *L'étude comparée des religions: son histoire dans le monde occidental*, 5. ed. revue et augmentée. Paris: Gabriel Beauchesne, 1922, v. 1.

PULMAN, Bertrand. Aux origines de la Science des Religions. *Confrontation*, Paris, n. 14, p. 7-24, automne 1985.

RENAN, Ernest. *Oeuvres complètes*. Édition définitive établie par Henriette Psichari. Paris: Calmann-Lévy, 1947-1961, 10 v.

RÉVILLE, Albert. *Leçon d'ouverture du cours d'Histoire des Religions au Collège de France*. Paris: Ed. Fischbacher, 1880.

_____. *Les phases successives de l'histoire des religions*. Paris: E. Leroux, 1909.

RICOEUR, Paul. *Du texte à l'action: essais d'herméneutique II*. Paris: Seuil, 1986.

_____. *Le conflit des interprétations: essais d'herméneutique I*. Paris: Seuil, 1969.

ROHDE, Erwin. *Psyché: le culte de l'âme chez les Grecs et leur croyance à l'immortalité*. Paris: Payot, 1928.

ROHDE, Erwin. *Psyche: Seelencult und Unsterblichkeitsglaube der Griechen*. Freiburg i. B. und Leipzig: Akademische Verlagsbuchhandlung von J. C. B. Mohr, 1894.

RUDOLPH, Kurt. Die 'Ideologiekritische' Funktion Der Religionswissenschaft. *Numen*, Leiden, v. 25, n. 1, p. 17-39, 1978.

SCHELLING, Friedrich Wilhelm Joseph von. *Introduction à la philosophie de la mythologie*. Paris: Gallimard, 1998.

SMITH, Wilfred Cantwell. *The meaning and end of religion: a new approach to the religious traditions of mankind*. New York: The Macmillan Company, 1963.

STEINMANN, Jean. *Richard Simon et les origines de l'exégèse biblique*. Paris: Desclée de Brouwer, 1959.

STROUMSA, Guy G. *A new science: the discovery of religion in the age of reason*. Cambridge: Harvard University Press, 2010.

_____. La religion impensable et la naissance de l'histoire des religions. *Le Genre Humain*, Paris, v. 1, n. 48, p. 65-79, 2009.

TIELE, C. P. *Elements of the Science of Religion*. Part I. Morphological. Edinburgh: William Blackwood and Sons, 1897, v. 1.

_____. *Manuel de l'histoire des religions: esquisse d'une histoire de la religion jusqu'au triomphe des religions universalistes*. Nouvelle édition remaniée et augmentée d'une bibliographie critique. Paris: Ernst Leroux, 1885.

_____. The study of Comparative Theology. In: BARROWS, John Henry (ed.). *The World's Parliament of Religions: an illustrated and popular story of the World's First Parliament of Religions*, held in Chicago in connection with The Columbian Exposition of 1893. London: "Review of Reviews" Office, 1893, v. 1, p. 583-590.

TILLICH, Paul. *Philosophie de la religion*. Genève: Éditions Labor et Fides, 1971.

USARSKI, Frank. Os enganos sobre o Sagrado – uma síntese da crítica ao ramo "clássico" da fenomenologia da religião e seus conceitos-chave. *Rever*, São Paulo, n. 4, p. 73-95, 2004.

VECOLI, Fabrizio. Histoire des religions: comparaison et complexité. *Théologiques*, Montreal, v. 27, n. 1, p. 85-108, 2019.

VERNANT, Jean-Pierre. *Religions, histoires, raisons*. Paris: F. Maspero, 1979.

WACH, Joachim. *Introduction to the History of Religions*. New York: Macmillan Publishing Company; London: Collier Macmillan Pulishers, 1988.

WEDEMEYER, Christian K.; DONIGER, Wendy (ed.). *Hermeneutics, politics and History of Religions*. New York: Oxford University Press, 2010.

WEISCHEDEL, Wilhelm. *Gott der Philosophen: Grundlegung einer Philosophischen Theologie im Zeitalter des Nihilismus*, 5. ed. Darmstadt: Wissenschaftliche Buchegesellschaft, 2014.

WHITE, Hayden. *Meta-história: a imaginação histórica do século XIX*. São Paulo: Editora da Universidade de São Paulo, 1992 (Coleção Ponta, v. 4).

WILLAIME, Jean-Paul. Faits religieux. In: AZRIA, Régine; HERVIEU-LÉGER, Danièle; IOGNA-PRAT, Dominique (dir.). *Dictionnaire des faits religieux*. Paris: Presses Universitaires de France, 2010, p. 363-367.

Fenomenologia do que pratica a prece

Paul Gilbert, SJ
Universidade Gregoriana, Roma

1. Problemática

Consideramos que a "prece" constitui o centro da experiência religiosa e, portanto, de toda a reflexão filosófica sobre a religião. O termo religião é, no entanto, equívoco. Conhecemos duas possíveis origens para ele. De acordo com a primeira, ontológica, a religião é feita de laços, de relações, primeiramente entre o transcendente e a humanidade como um todo, e depois entre os homens e mulheres que se reúnem sob a ideia desta transcendência reconhecida comumente. De acordo com a segunda origem, ética, a palavra "religião" evoca o enraizamento de um povo em tradições a serem relidas, interpretadas e cumpridas com o devido engajamento. Essas duas significações possíveis não são sinônimas. A primeira remete a um "estado" com nuanças políticas; as ações são predeterminadas por códigos facilmente reconhecíveis e aplicáveis. A segunda inscreve o religioso em uma história feita de engajamento ou de ações. É possível que uma dessas significações se imponha a outra, que a forma ética conteste o imobilismo da forma ontológica, ou que a forma ontológica lembre à forma ética que a releitura de suas fontes não se trata de reinventá-las de forma aventurosa. Detendo-nos na questão da prece, encontramo-nos no centro dessa disputa, a religião ontológica insistindo sobre a permanência dos gestos litúrgicos, colocando à parte a história dos povos; a religião ética, por sua vez, mais atenta à sua inserção no modo e contextualização de suas expressões.

Nossa intenção é a de dar relevo à essência do elemento comum a todas as formas de religião, ontológica e ética, ou seja, a essência da prece que, antes de tudo, é um engajamento pessoal que exige uma comunhão com outras pessoas, sem se submeter às normas de vida comum criadas ou ao Estado[1], nem mesmo aos cos-

---

1. Ver AUGUSTIN, 1959, p. 71-99.

tumes sociais. De fato, a prece é primeiramente algo privado, em que a pessoa age com o todo de seu ser livre. Portanto, a prece solitária não é a única característica de uma vida religiosa. Não deveríamos falar de "liturgia" também? A origem do termo "liturgia", no entanto, não tem nada a ver com a religião. A palavra "liturgia" vem do grego λειτουργία e significa "função ou serviço público". À palavra λειτουργία podemos associar o verbo θεωρεῖν, que traduzimos por "ação de observar" uma sequência lógica de argumentação ou um desfile bem-organizado, como durante algumas festas nacionais em todos os países do mundo.

Temos então todos os ingredientes de uma "liturgia" no sentido corrente do termo, ainda hoje, sem a interferência da palavra "prece", mas somente o "espetáculo" de um desfile bem-organizado que se torna mecânico (um desfile militar) e toma todo o espaço. Assim, o termo "religião" pode nada integrar do que entendemos por "prece", por um engajamento pessoal rumo a uma "transcendência". Uma liturgia pode ignorar toda a importância do ato pessoal e livre do ser que realiza a prece.

A prece está em referência a uma transcendência. O termo "transcendência" é também polimorfo. Em geral, ele evoca um poder oposto a um não-poder, logo uma relação de dependência. É assim que Schleiermacher designa a essência da religião em termos, primeiramente, de poder político, e não de liberdade. Por outro lado, a ideia de "Deus" se representa frequentemente em termos de poder, de legislador, diria Kant, de grande organizador do mundo, ou de grande relojoeiro, segundo Leibniz. A ideia sustentada pelo marxismo, em que a religião é alienante, vem de uma longa tradição. Que a pureza do conceito de prece seja compreendida na prece de pedido parece uma evidência adquirida, mas questionável. Sem dúvidas, ela não é a origem. As ciências humanas distinguem um bom número de tipos de preces diferentes, algumas de pedido, mas também de louvor, ou diferentes atitudes mentais como a repetição (o "ôm" da prece na Índia, as várias formas da prece "a Jesus" nas Igrejas orientais), a meditação sobre grandes temas humanos (em que a prece tem algo em comum com o ato de filosofar), a contemplação dos mistérios do Cristo segundo a mística moderna de Inácio de Loyola. A prece pode ser uma atividade realizada por várias pessoas ao mesmo tempo, mas, antes de tudo, se ela não é uma escolha pessoal, ela pode ser sem o dom de liberdade. Assim, por que a prece solitária seria o elemento comum principal, mais do que outros, no centro da vida religiosa? Com efeito, do ponto de vista da fenomenologia, que será o nosso, as palavras não têm importância em primeira linha, nem mesmo a palavra "Deus", ao contrário das ações. Então quais são as ações que a palavra "Deus" supõe? Somente a de nossa adaptação a seu poder? René Girard disse que o cristianismo é a religião da saída da religião, contestando que todo sacrifício, especialmente os que sacrificam a humanidade da maneira mais desprezível à mentira dos políticos, seja digno de Deus[2]. Isso poderia ser dito também de muitas outras religiões em que pode surgir o espírito profético. Inclusive os filósofos: sabemos que Platão escreveu algumas linhas misteriosas sobre o justo martirizado[3].

Por outro lado, há uma evidente contradição entre a ideia de "religião" e sua prática. Dissemos que a palavra "religião" significaria, em sua origem, laços, relações, mas a prática religiosa do sagrado e da liturgia criada paradoxalmente de estratificações entre graus de poder e de não-poder no interior de cada sociedade religiosa e entre as sociedades, por conseguinte dinâmicas de exclusão. Mas será que vida religiosa une, ou deveríamos dizer que ela divide e separa? Sem dúvida alguma, teremos que purificar nosso conceito de "religião" para libertá-lo das disseminações de ordens diversas que perturbam a compreensão de sua essência. Chegamos a pensar que o coração da religião é o "nada", um vazio de mundo, uma pura abertura espiritual. Mas esse vazio pode se tornar insuportável. Se aceitarmos dizer que a religião representa uma dimensão social importante, e se este papel permanecer sob a guarda de uma transcendência desconhecida segundo as normas de nosso mundo, não haverá risco de retrocesso, já que o não saber segundo o mundo de um fundamento poderá sugerir em alguns a pretensão de deter seguramente o verdadeiro, o que destruirá a unidade e enviará os outros humanos a caminhos errantes. Se, em vez de oferecer uma via de acesso ao divino que é sempre maior, uma estratificação social constrói um poder de "conhecimento" que a vida religiosa corretamente compreendida não pode dar, a religião se revelará fonte de divisão, de ruptura na vida social no lugar de ser fecunda em "relações", como ela deveria ser segundo a etimologia do termo.

A experiência espiritual não é a de um "*summum*", mas de um "*maius*"[4], de um distanciamento radical, de um abandono do mundo imediatamente dado, de uma vontade forte de se separar dele para voltar o olhar além, para deixar-se levar por uma atitude de atenção e de espera. Não haveria, então, mais "nada" nessa experiência? De fato, existe um momento negativo na experiência espiritual, um momento durante o qual o espírito humano se coloca a distância de tudo, inclusive de si, afastando-se de todas suas expressões e recusando a fechar-se, mas sem se impedir de poder dizer essa experiência, mas então sob o modo do paradoxo, da metáfora que convida a um deslocamento cognitivo.

A experiência espiritual resplandece nas religiões purgadas das representações do mundo e de suas vontades de poder. O Espírito sopra onde quer. Mas se a

---

2. Cf. GIRARD, 1982.
3. PLATÃO, *República*, II, 361e-362a.
4. Anselmo de Cantuária fala de um "*summum*" em suas "provas" de Deus no início de seu *Monologion*, então provavelmente pensa sobre isso e então fala, no *Proslogion*, de um *maius*.

experiência espiritual é assim purgada, não seria uma experiência bem interior e livre muito nítida, ideal, de modo que ela não possa mais ter seu início, sem cortar seus laços com o mundo e se tornar estéril? A qual direção ela nos conduz? Poderemos reconstruir laços que alimentam o mundo? Quais são os objetivos de um pensamento tão negativo? Os fenômenos aos quais interessa a fenomenologia não são palavras ou estruturas lógicas, mas ações ou atitudes. A prece é uma ação, pouco importa a religião na qual ela surgiu anunciando então sua verdade mais firme. O método fenomenológico poderia assim explorar o mundo dos que praticam a prece nas diferentes religiões do mundo. Ainda seria necessário determinar o mundo dos que praticam as preces, suas características comuns. As obras de fenomenologia da religião são muito numerosas, mas não muitas se consagram à ação interior dos que fazem a prece como atitude espiritual que revela uma forma de intencionalidade específica, mas também radical. Nosso projeto é tentar uma fenomenologia do que pratica a prece.

Edmund Husserl, o fundador da fenomenologia que renovou os métodos da filosofia durante as primeiras décadas do século XX, não costuma falar de religião[5]. Vincent Holzer aponta que, já no primeiro volume de *Ideias*, de 1913, no § 58, "Husserl especifica que a transcendência de Deus é, como a do eu, interior à imanência do *cogito*, sem ser um com ele, assim como o *ego* da *cogitatio*. A transcendência é então anunciada 'mediatamente' por ocasião do "problema teleológico colocado pela ordem de fato do mundo constituído na consciência"[6]. Algumas linhas de um dos últimos textos de Husserl, *A crise das ciências europeias*, de 1935, são, no entanto, bastante reveladoras. "A atitude fenomenológica total, e a *epochè* que dela faz parte, são chamadas essencialmente a produzir antes de tudo uma mudança pessoal completa que seria comparada à primeira vista com uma conversão religiosa, mas que traz, ainda mais, em si o significado metamorfose existencial confiada à humanidade como humanidade."[7] A essência do método fenomenológico, a "redução" ou a *epochè*, consiste em trazer nosso conhecimento de volta a suas condições elementares dadas à consciência, ou mais exatamente de acordo com a intenção da consciência. A intenção é, sem dúvida, subjetiva, mas o que interessa à fenomenologia é que essa intenção seja estrutural, que ela pertença intrinsecamente ao ato de conhecer. A fenomenologia não se preocupa tanto com a forma como as coisas nos aparecem, ela não é primeiramente descritiva do fenômeno (isso pode ser feito no nível de um discurso literário, em uma obra de teatro, por exemplo, e Sartre, por exemplo, não se privou disso), mas interessa-se pelo ato por qual nos permitimos ser tocados do que o que

---

5. Cf. HOUSSET, 2010.
6. HOLZER, 2020, p. 432.
7. HUSSERL, 1976, p. 156.

nos acontece. A "redução" consiste em retornar do que aparece à consciência em ação pela qual a acolhemos. Trata-se de uma redução no sentido de reduzir a experiência ao que são suas primeiras condições, ou seja, um engajamento da subjetividade que se dispõe a acolher o que é. Nisso, segundo Husserl, há um possível paralelismo entre o método fenomenológico e a conversão religiosa. O título do nosso artigo, *Fenomenologia do que pratica a prece*, visa indicar esse significado[8].

Não escondo o fato de que me coloco em uma corrente espiritual inaciana bem definida. Tomo nos *Exercícios Espirituais* de Inácio de Loyola um ponto de partida para uma fenomenologia do que pratica a prece. Nesta obra lemos: "A prece preparatória consiste em pedir a graça de Deus nosso Senhor, para que todas as minhas intenções, minhas ações e minhas operações sejam puramente ordenadas ao serviço e louvor de Sua Divina Majestade"[9]. Este texto convida o que pratica a prece a se colocar diante de qualquer prece formal, já em uma atitude do que pratica a prece como se nenhuma outra atitude fundamental pudesse se impor depois. Essa atitude, que na espiritualidade como na filosofia tem sido chamada de *Gelassenheit*, a atitude espiritual que "deixa ser", que "se entrega", que se põe entre parênteses, e que põe entre parênteses toda "prevenção e pressa", como diria Descartes[10], é se deixar guiar para um grande vazio mental, ou melhor, para uma disponibilidade ilimitada, na tensão de uma grande atenção interior ao acontecimento que se espera e que acontecerá, ao desejo de servir e louvar a Deus, diz Inácio em sua linguagem, ou seja, no desejo de ouvir a Deus. Mas Deus não é falador. A escuta também é silêncio. Os Exercícios continuam contemplando a vida e as ações de Cristo, fazendo surgir no retirante o desejo de receber da contemplação a forma de vida crística, obviamente na fé.

No limiar da prece, da disponibilidade e, portanto, do silêncio. Quando Jesus orava, seus discípulos o viam agir de uma maneira que não os deixava nenhuma dúvida: "Ocorreu que ele estava em algum lugar para orar. Quando ele havia cessado sua prece, um de seus discípulos lhe disse: 'Senhor, ensina-nos a orar'. [...] Disse-lhes: 'Quando orarem, digam: Pai, santificado seja o seu nome'"[11]. Poucas palavras. Os discípulos certamente ficaram fascinados com o rosto de Jesus em prece, na presença do Pai, por exemplo, no monte da Galileia, chamado de Tabor[12]. Durante o discurso das bem-aventuranças, Jesus dizia: "Quando orar, retire-se em seu quarto, feche a porta e ore em secreto ao seu Pai, que está lá. [...] Em suas preces, não use repetições, como os pagãos"[13]. A prece é silêncio e aten-

---

8. Cf. DEPRAZ, 2003, p. 503-519.
9. LOYOLA, 1962, p. 43.
10. DESCARTES, [s.d.], p. 18.
11. Lucas 11,1-2.
12. Lucas 9,28-36.
13. Mateus 6,6-7.

ção, uma experiência completamente interior de reflexão divina. Às vezes, até se afastando dos discípulos, como Jesus, no Monte das Oliveiras, para um diálogo ultrassecreto da alma, por assim dizer[14].

2. Deus, de uma maneira diferente

A filosofia da religião está preocupada com a essência da religião. A primeira parte do meu trabalho se concentrou nesta questão. Alguns o combinam com o exame das "provas" da "existência de Deus". Este dossiê, porém, pertence à teologia filosófica ou natural. A filosofia da religião contemporânea considera assim a palavra "Deus", na medida em que esse "nome" é uma "palavra" que aparece na linguagem, desempenhando um papel sensato. A pergunta "o que estou dizendo quando digo Deus?", na verdade, visa ao significado que a palavra "Deus" pode ter em um determinado sistema filosófico. A reflexão neste caso não vai além da afirmação de uma essência inteligível de Deus, sem arriscar uma resposta quanto à questão de sua "existência". Por outro lado, pode ser que se trate de uma "prova" de sua existência, mas destacando uma dimensão espiritual da afirmação de Deus, como é o caso do *Proslogion* de Anselmo du Bec[15], que aproxima esse esforço filosófico da fenomenologia contemporânea, mas o distancia dos processos mentais implementados, por exemplo, por Tomás de Aquino, muito ligado à cosmologia física de Aristóteles[16]. As palestras de Karl Rahner intituladas *O Ouvinte da Palavra*[17] concordam com a abordagem anselmiana: seu método acaba sendo transcendental, com nuanças de fenomenologia; de fato, Rahner pôde fazer alguns cursos de Heidegger durante sua formação[18]. A fenomenologia da religião identifica mais precisamente os fenômenos que são habitualmente atribuídos em religião e a partir dos quais se tenta identificar as essências, compreender as implicações colocando-se do ponto de vista dos modos de ser ou de viver essas essências. A obra de Rudolf Otto, *O Sagrado*, publicada em 1917, foi lida por Husserl, que, no entanto, ficou desapontado, embora a intenção do autor fosse seguir as

---

14. Lucas 22,41.
15. ANSELMO, 1986, p. 101-104. Anselmo evita cuidadosamente dizer dessas páginas que elas administram uma "prova" da existência de Deus; a afirmação de que vem de Gaunilon, um monge que de fato não havia entendido o alcance da obra de Anselmo.
16. Ver THOMAS AQUIN, 1984, *Summa Theologica*, Ia p., q. 2, a. 3, em que o autor diz que vai dar cinco maneiras de "provar" que Deus existe; ele trabalhará de fato ao nível do significado da palavra "Deus" dentro do sistema aristotélico da causalidade, um sistema que, portanto, sustenta *a posteriori* a afirmação de Deus, que dela depende.
17. RAHNER, 2013, p. 46: "Uma vez que uma determinação, mesmo teórica, do homem implica necessariamente uma decisão preliminar sobre o modo como o homem deve agir existencialmente, uma questão epistemológica não é uma curiosidade inócua sobre nada, mas uma questão existencial do mesmo homem".
18. Ver BONSOR, 1987.

indicações metodológicas do mestre, articulando o *fascinans* e o *tremendeum* que corresponderiam a atitudes específicas de vida religiosa. O olhar sobre essas atitudes de fato parecia insuficiente para Husserl. Na verdade, Otto concentrou-se sobretudo em noções que ele supunha que provavelmente determinariam antecipadamente a essência da vida religiosa. "Toda concepção teísta, e excepcionalmente e predominantemente a ideia cristã de Deus, tem como caráter essencial a apreensão da divindade com clara precisão e defini-la por meio de predicados como os de espírito, razão, vontade teleológica, boa vontade, onipotência, unidade de essência, autoconsciência e outros termos semelhantes. [...] Mas se os predicados racionais estão geralmente em primeiro plano, eles não podem esgotar a ideia de divindade, porque se referem precisamente a um elemento que não é racional. São predicados essenciais, mas sintéticos."[19] Em seu livro escrito em 1956, *O Sagrado e o Profano*, Mircea Eliade queria continuar e completar a pesquisa de Otto. Este estava interessado no estritamente sagrado. Eliade apresenta "o fenômeno do sagrado em toda a sua complexidade, e não apenas no que há de irracional. Não é a relação entre os elementos não racionais e racionais da religião que nos interessa, mas o sagrado em sua totalidade"[20]. Segue-se então o estudo do sagrado no espaço, no tempo, na natureza, na existência. Da mesma forma, Gérard Van Der Leeuw, em *A religião em sua essência e sua manifestação*, livro de 1970 que amplia uma pesquisa iniciada em 1925, equipara a prece às fórmulas mágicas, que são todas "palavras de homem"[21]. A fenomenologia, portanto, reflete sobre as práticas humanas, seus objetivos e condições, e não sobre seus conteúdos "objetivos".

A liturgia constitui uma prática óbvia de religião, com suas características de ritual, bem como as ambiguidades que carregam consigo, especialmente do ponto de vista dos graus de poder e não-poder. Pode ser vista como uma forma de praticar o sagrado, de encenar sua essência do intocável, da realidade separada. Dá testemunho de uma transcendência. A liturgia exprime assim um sentimento de dependência, que deveria, no entanto, ser precedido pelo ato de graças por ser, por receber, de viver. Tem os próprios tempos e espaços. Requer uma conversão de olhares, para que seus jogos ambíguos possam ser lidos e vivenciados de acordo com suas verdadeiras intenções. Em seu livro *Experiência e absoluto*, Jean-Yves Lacoste escreve que, se a presença visível de um lugar de culto "faz memória das reivindicações que o Absoluto exerce sobre nós, só o habitamos de tempos em tempos, quando aceitamos que nosso tempo é o *kairos* do confronto com Deus e não mais o *cronos* que mede nossa presença no mundo"[22]. Os tempos e

---

19. OTTO, 1949, p. 16-17.
20. ELIADE, 1975, p. 14.
21. VAN DER LEEUW, 1970, título do § 62. M 300 F 158.
22. J. Y. LACOSTE, 1994, p. 45.

os espaços da liturgia são de Deus, do "outro". Eles exigem rendição atrás de nós do mundo com tudo o que é inútil e nos atrapalha enfim de reconhecer o que é mais essencial para nós, o dom recebido de ser e de viver. Como uma reação, se não é estorvada pelos acontecimentos sociais, a liturgia ilumina a nossa vida quotidiana. A igreja no meio da aldeia é uma metáfora no sentido literal da palavra, que de fato nos convida a entrar em um combate espiritual que o mundo não conhece, ainda que o sagrado, que permanece separado dele, sinalize o centro. Sublinhamos que esta forma de viver o sagrado na liturgia é de todas as religiões que, ainda que não considerem necessário construir outros templos que não seja o corpo dos religiosos que vivem apartados da sociedade em seus lugares, com seus alimentos, têm tudo como característica de despertar para o sentido de uma vida original que dá vida.

Antes de o mundo ser estruturado por uma liturgia, predominava a exigência de alteridade, de saída do quotidiano mundano. É assim que chegamos a questionar palavras que insistem na "diferença" significada através da palavra "Deus": sua divindade, o divino, a "divindade". A palavra "divindade", em particular, refere-se a uma realidade que é radicalmente diferente da vida cotidiana disponível para nós, tão diferente que sabemos que não podemos expressá-la adequadamente. Enquanto a palavra "Deus" tem um tom quase pessoal que aproxima o referente de nossa prece, a "divindade" está indisponível, além dos horizontes de nossas capacidades intelectuais e voluntárias. Tecnicamente, a palavra "divindade" indica unidade divina, para um cristão o fundamento divino da Trindade, a origem absoluta, de certa forma mais original que o Pai – o que causou importantes disputas teológicas no século XIII. Muitos teólogos estão cientes da dificuldade desta nomeação e, particularmente, Mestre Eckhart. "Deus" recebe assim o significado de um não-sendo, de "nada", no sentido de que tudo desaparece diante dele, onde ele é radicalmente uma não-entidade, o absolutamente "outro". Não diremos que ele aniquila tudo, inclusive a si mesmo, mas que só podemos pensar nele ouvindo-o diferentemente de tudo o que está ao nosso alcance e manifestando ao mesmo tempo a vaidade de tudo o que temos em mãos. Não falaremos aqui, portanto, de ateísmo, mas de crítica aos deuses criados à nossa imagem e semelhança. Os primeiros cristãos foram assim acusados de ateísmo porque não seguiam as prescrições religiosas do Estado romano[23]. Além disso, se eu reconheço que a vida me é dada e que dependo radicalmente desse dom, se a origem desta vida que é minha é o nada de tudo o que ela não é, eu também não sou, de forma alguma, nada sem este dom. Esta é a minha oportunidade, por assim dizer, porque posso assim acolher a graça e "deixar nascer este nada em mim".

---

23. Cf. JUSTIN, 2006, p. 141-143.

Sejamos claros: esse nada é um nada de representação, um nada do mundo e suas riquezas. Dele nasce uma vida nova para quem vive sem nada, sem apego ao mundo, livre em nome de um sentimento muito agudo do "nada" do mundo que é Deus. Ser livre é justamente estar desvinculado de qualquer coisa e, portanto, pobre e disponível para tudo. Aquele que não está preso a nada pode, acima de tudo, deixar o outro nascer nele e deixar-lhe espaço livre. Sabendo que estão entregues a tal radicalidade, todos os místicos se encontram. Misticismo e pobreza andam de mãos dadas com a liberdade. Chegamos então a pensar que a liberdade não é uma luta para que o eu se torne si mesmo, expressando-se sem condições, mas uma dinâmica que, ao contrário, faz nascer em mim o outro e, em última instância, o absoluto que não é nada de mim. Mestre Eckhart disse que Deus se engendra em mim. Isso passa por um momento obviamente negativo, ou uma distância interior de mim para si mesmo. Aceitar ser nada, ou livre de tudo e de mim, disponível sem reservas, supõe uma ruptura radical com todas as imagens em que depositamos e animamos o desejo de ser nós mesmos. Esta é a essência da experiência religiosa: Deus convida o "eu" à liberdade em relação ao "si".

O caminho aqui proposto pode parecer muito negativo, um "nada" reinando em todo o seu percurso. Podemos, no entanto, avançar considerando o ritmo da analogia da qual o pseudo-Dionísio foi o mais conhecido promotor. Este modo de analogia passa por três momentos: primeiro positivo, depois negativo e, finalmente, de eminência, sem que no fim do caminho possamos encontrar o ponto de partida como se não tivéssemos nos purificado atravessando o momento negativo. De modo positivo, Deus é certamente o que há de melhor. Deus é, portanto, bom porque é absolutamente melhor ser bom e misericordioso do que não ser. E poder-se-ia multiplicar os qualificadores desse tipo, até considerar alguns que são opostos, mas que são tão excelentes que certamente são também de Deus, por exemplo, ao lado da misericórdia, a justiça, pois é melhor ser justo do que ser injusto. De fato, ser justo não significa sermos bons sem nuanças, ou seja, ser tão misericordiosos a ponto de permitir a vida ruim do bandido. Há uma oposição prática, para nós, entre justiça e misericórdia. Para nós, mas não para Deus[24]. Se agora a razão nos diz que Deus é necessariamente sempre bom e justo, e como a experiência nos ensina que o homem deve ser tão bom e justo, mas não na prática, devemos dizer que ele não é bom e igual a Deus, ou que Deus não é igual ao homem. Deus, portanto, não está sujeito à medida de bondade e justiça atribuída ao homem. Deus não é bom à maneira de um ser humano. Tal é o momento negativo do pensamento que medita em "Deus". Deve-se negar que a maneira humana

---

24. Em seu *Proslogion*, caps. 9 a 11, Anselmo de Cantuária tem páginas extraordinárias sobre o argumento que estamos apontando aqui, que mostram o quanto Deus é, razoavelmente para nós, mais do que nós. Ver GILBERT, 1986, p. 218-238.

de praticar esta ou aquela qualidade é válida da mesma forma para Deus. Em seguida, vem o caminho chamado "eminência". Deus é necessariamente bom e justo, mesmo que nunca seja da maneira humana. Ele é eminentemente bom e justo, além de toda bondade e justiça praticáveis de nossa parte, infinitamente mais e melhor do que qualquer coisa que possamos pensar dele por nossa experiência. Dizer, portanto, que Deus é eminentemente bom não é usar uma fórmula positiva, nem mesmo negativa; esta fórmula é antes de tudo da transcendência, ela ultrapassa nossos limites questionando a contradição para nós da misericórdia e da justiça. Ao pensar na "divindade" de "Deus" em sua origem absoluta, abrimos assim dentro de nós um espaço de negatividade, não porque algum niilismo nos seduziria, mas porque não podemos deixar de testemunhar um "algo" diferente de nós mesmos e preparar-nos para acolhê-lo na prece, para assim nos superarmos. Somos assim apresentados a uma nova categoria do que pratica a prece, a prece como experiência humana.

3. A experiência

A experiência da prece é muitas vezes mencionada como se fosse uma experiência imediata de Deus. A alteridade de Deus é, porém, tal que se possa duvidar que isso seja possível. A dificuldade foi muitas vezes levantada na história da espiritualidade, enquanto se teme as ilusões que ameaçam esse tipo de afirmação. Há, no entanto, várias maneiras de explorar mais a questão. Um desses caminhos seria o de uma análise dos diferentes atos de fala praticados na prece. Em seu livro *A linguagem da prece*, Richard Schaeffler[25], professor em Bochum e Munique, desenvolve uma profunda reflexão sobre esses atos de fala, sobre a *"acclamatio nominis"* ou a invocação do Nome (que o Islã conhece bem), na narração de fatos divinos (comuns na Bíblia), o agradecimento, a reclamação, o louvor. Schaeffler também escreveu sobre a experiência como tal[26]. Mesmo a experiência científica não pode ser reduzida às interpretações que lhe são dadas por filósofos neopositivistas, discípulos de Alfred Ayer[27]. Os trabalhos de Schaeffler trazem à mente muitos epistemólogos recentes, como Jean Ladrière[28], que lecionou na Universidade de Louvain. A prática do conhecimento científico não deixa de ter alguma abertura para além do sensível imediato.

---

25. SCHAEFFLER, 2003.
26. SCHAEFFLER, 1996. Ver NTIMA NKANZA, p. 31-56.
27. Ver AYER, 1952. Também sabemos quantas nuances o próprio Wittgenstein deve ter acrescentado ao neopositivismo que afirmava ser seu.
28. LADRIÈRE, 1984-2004, vol. 1, cap. VI ("Ciência, Filosofia e Fé") e VII ("Fé e Cosmologia"), vol. 2, cap. XII ("Razão Científica e Fé") e XIII ("Sobre a Criação"), e vol. 3 (Significado e verdade na teologia).

Para apresentar uma primeira característica do homem de experiência, recordemos primeiro a essência do pensamento de Aristóteles sobre o assunto. Para Aristóteles, o homem de experiência é aquele que conhece o mundo sensível, que o vê, que o escuta e que guarda na memória vestígios dele. Já neste nível básico, a experiência conhece uma forma de transcendência. Na verdade, ele une sob um conceito as "coisas" vistas e sentidas. A abstração do conceito, ou o fato de o conceito ser "genérico" e, portanto, não estar vinculado à única experiência feita aqui e agora, permite encarar o futuro com certa competência. Armado com os conceitos, qualquer cientista pode traçar um futuro para seu conhecimento. Se, além disso, se pede conselho a uma pessoa experiente, é porque ela tem mais conhecimento ou habilidade em seu campo do que alguém que não permite que o conhecimento abstrato inaugurado desde seus primeiros toques sensíveis cresça nele. A pessoa experiente também sabe organizar seus múltiplos saberes do mundo, para dar-lhes certa coerência. Percebemos então que se os cientistas organizam em sistemas seus conceitos que indicam os fenômenos do mundo, estes mais ou menos se deixam fazer. Na realidade, o cientista experiente se engaja em um mundo que já tem uma coerência. Suas pinturas do mundo, diria Wittgenstein, apenas tiram proveito dessa coerência dada *a priori*. Os fenômenos do mundo são *a priori* organizados aparentemente, e é isso que o cientista descobre durante seus experimentos e o que ele destaca.

Segunda característica do homem de experiência: ele não se refere a si mesmo. Sua inteligência é ex-estática. Durante suas experiências, ele sai de si mesmo e presta atenção ao que vem antes dele, o que é necessário para que sua explicação do mundo seja competente. Seu confronto atento com o mundo é a condição de sua verdade. Terceira característica: todo mundo é finito, ninguém pode pretender experimentar o mundo inteiro em sua totalidade. A experiência humana é sempre limitada, e nos laboratórios também é fragmentada. Essa situação tem uma vantagem: por estar ciente dos limites do que pode ver e dos limites próprios de sua linguagem científica, o homem de experiência é capaz de se surpreender quando a realidade do mundo não se apresenta como esperado, sem se tornar ilógico, irracional. A admiração é esta disposição espiritual que permite ao cientista deixar-se questionar perante um imprevisto e preparar-se para analisar a nova situação para conhecê-la melhor, respeitando a sua complexidade e sem lhe impor apenas esta o que ele sabia antes. A pessoa experiente é livre para enfrentar as negações e crises de seu conhecimento, para discutir o que vem a ser seus preconceitos sobre o mundo. Quarta característica: o homem de experiência é capaz de abrir horizontes cada vez mais amplos porque acredita, ou tem fé nele, que o mundo é na realidade organizado e coerente. Todas as suas interpretações são, sem dúvida, parciais, sendo-lhe impossível abarcar todas as possibilidades presentes no mundo. Mas qualquer objeto de experiência pode ser interpretado de forma certa, apesar da parcialidade de seu evento, e embora a realidade total nunca possa ser abraçada sem resto.

Essas visões sobre o conhecimento científico sustentam um profundo realismo. O mundo transcende a experiência e todas as interpretações que podemos dar dele. A consciência do conhecimento finito já nos deixa felizes e nos lembra o bom senso. Estamos, portanto, inevitavelmente engajados, queira ou não, em aprofundar tudo o que sabemos, e que sempre será insuficiente em vista da complexidade de um mundo razoável. Na verdade, não nos esforçamos para saber apenas para sobreviver neste mundo complicado, para matar nossa curiosidade de uma forma ou de outra, mas para conhecer as coisas do mundo tal como ele é. O conhecimento finito não é um ideal, mas uma condição para o conhecimento real. O que é conhecer o mundo, se não sabemos que ainda não conhecemos o mundo inteiro, que sabemos muito pouco sobre ele, mas ainda alguma coisa. Podemos até dizer que somos sempre chamados a saber mais, e a saber que ainda há mais para ter, e que isso não desvaloriza o que já sabemos.

Existe, portanto, agora um conhecimento que possa nos satisfazer? Em certo sentido, sim, pois conhecemos aspectos importantes do cognoscível e as condições concretas que se impõem a quem quer saber. Este realismo espiritual condiciona todo o conhecimento subsequente. Mas para onde nos conduzirá um saber sempre aberto para acolher um "mais", senão, em última instância num espaço indefinido e, portanto, sem leis, sem as regras? Se esta é a situação, haverá um homem de experiência em quem possamos confiar? Partindo de um conhecimento ingênuo, descobrimos que o conhecimento está em contínuo progresso, mas agora nos perguntamos onde vai terminar, se algum dia vai acabar, se algum dia chegará ao fim. Começamos na ingenuidade, acabamos no ceticismo. Podemos no entanto dizer pelo menos que à abertura indefinida do conhecimento pertence uma falta, e que isso pode ser entendido de outra forma que não como uma falta absoluta. A razão tem razão em continuar seu esforço para eliminar os espaços que ainda não são conhecidos, ou dar-lhes um sentido que não será dado pela quantidade de coisas conhecidas. Os caminhos da razão nas ciências são de fato estimulados por essa exigência tão humana. Quanto mais sabemos, mais sabemos que não sabemos, mas também que já sabemos realmente alguma coisa. Note-se que as limitações do conhecimento aumentarão paradoxalmente ao mesmo tempo que suas aquisições valem por causa de uma especialização igualmente crescente em um mundo complexo.

Como sei, porém, que esse mundo, que é sempre grande demais, indefinidamente complexo, pode ser percorrido e relativamente compreendido, que há um conhecimento científico que já é bastante válido ali? Dissemos que somos chamados a conhecer o mundo, que o mundo nos surpreende e nos desafia, nos chama. Uma espécie de alteridade do mundo nos chama a seguir em frente sem jamais poder reduzir este mundo às medidas do finito que já conhecemos. Isso nós sabemos. Há aí, na ordem do conhecimento, uma espécie de espírito inteligente que se deixa tocar e convocar pelo mundo em sua totalidade.

Nós, no entanto, podemos parar para recuperar o fôlego, ou por cansaço, porque estamos desanimados e desistimos de seguir em frente. Se quanto mais eu sei que não sei muito, então qual é o sentido de tentar saber alguma coisa? Pode optar por não saber e ficar satisfeito com esse conhecimento negativo! A menos que sigamos os impulsos de nosso espírito: a vida da inteligência não vem da inteligência, mas de uma chamada que a convoca.

É esta a voz da eminência à qual a inteligência é chamada? Isso não é também um traço completamente normal da inteligência humana? Os cientistas sabem bem disso, que se confiam a esse chamado. Ter confiança que o caminho a seguir não é em vão, mesmo que continuemos incapazes de fechá-lo, não é estúpido. Somos assim apresentados a um léxico que designa o modo de ser dos cientistas: tenhamos confiança, o mundo não engana. E o Todo então nos aparece, paradoxalmente, como um chamado. Confiamos que o mundo se sustenta, que é sólido e coerente, que nosso caminho é parcial e confuso, mas que o mundo já está se mostrando ali, se apresentando ali. Na particularidade do meu caminho no incognoscível, o mundo inteiro aparece e se deixa aproximar.

O que acabamos de descobrir sobre a experiência do conhecimento ou da razão em ação nas ciências também se aplica a qualquer linguagem, religiosa ou não. Uma linguagem é feita por frases compostas de uma série de elementos básicos: sujeitos, verbos e predicados. Para produzir uma proposição, reunimos todos esses elementos distintos, determinados e descritíveis, que são os sujeitos e os predicados que conectamos com a ajuda de verbos cuja função é operativa. Os verbos e suas operações têm uma função que nenhum dos outros elementos pode desempenhar. Graças à diversidade dessas funções, a proposta indica efetivamente alguma conquista. Mesmo que seja essencial poder "praticar" uma proposição para compreendê-la. Vamos dar um exemplo. "A lição de hoje foi particularmente chata." Pode-se fazer cursos universitários em circunstâncias facilmente representáveis e racionais, tal sala, em tal momento, com tais companheiros e companheiras etc. Esta experiência certamente pode ser descrita, mas se tornará compreensível sob certas condições. Quem nunca fez cursos universitários nunca entenderá o tédio que pode ocorrer lá. A dificuldade das experiências é que não basta descrevê-las de fora para compreendê-las, pois não é possível compreender as ações sem participar delas, sem representá-las em primeira pessoa. Uma ação nunca pode ser suficientemente descrita. Para entendê-la, você tem que fazê-la. Nenhuma experiência pode ser compreendida se não for participada em primeira pessoa. Todas as nossas propostas são *a priori* decomponíveis e descritíveis, mas tornam-se inteligíveis porque são ações e se caracterizam pelo que fazem e que os interlocutores sabem se reproduzir.

4. A prece

Toda linguagem alcança algo. Ele primeiro estabelece uma relação dupla: com os outros e com o mundo. É uma forma de se relacionar com os outros e de organizar o mundo com ela. A linguagem estrutura o mundo de uma forma que é comunicável e compreensível. Mas a linguagem evolui, os outros nem sempre são iguais e o conhecimento do mundo progride em complexidade. O conteúdo da experiência que ocorre na linguagem é o mundo, mas esse mundo é entendido de forma diferente dependendo do lugar e do tempo dos interlocutores. Não entendemos mais o mundo hoje como os antigos gregos o entendiam, nem como nossos ancestrais próximos o entendiam no início do século XX, nem como pessoas de outras culturas que não a nossa entendiam, a minha. Outra característica da linguagem é que ninguém inventa a linguagem que fala com outra pessoa. Nós a recebemos de nossas culturas nativas ou eruditas, que são muito numerosas e que não se dão facilmente umas com as outras. São todas formas de compreender o mundo dentro de uma estrutura evolutiva de alteridade e reciprocidade. Cada um tem seu estilo, e cada um fala de um jeito, por exemplo com um amigo ou com um funcionário de uma administração. Quando falo, assumo códigos linguísticos e sociais e faço evoluir a linguagem através do meu estilo pessoal e do que sinto sobre o contexto em que me encontro. As trocas interlocutórias constituem o lugar de vida de uma linguagem que constrói o mundo, ao mesmo tempo que o mundo e as personalidades dos interlocutores remodelam suas linguagens pessoais ou respectivas. A experiência de uma língua pode mudar o mundo e o mundo que integro à minha maneira conversando com os outros também pode modificar essa experiência.

A prece é um ato de linguagem. A fenomenologia como a entendemos considera menos o que é "dito" do que o ato de "dizer". É um "fazer" mais do que um "feito". Mas que tipo de atuação ele realiza? Em *O Ouvinte da Palavra*, Karl Rahner defende uma tese da filosofia transcendental: o espírito humano tende ao absoluto, que o atrai, mas que permanece fora de seu horizonte. Por absoluto, de acordo com a etimologia da palavra, queremos dizer de fato o que é, mas sem qualquer relação com nada, o que é "desatado" (solvere: "desatar", "desamarrar") de (ab: "fora de") tudo e que vale apenas em si mesmo. Notamos imediatamente uma ambiguidade desta tese. Esse absoluto que está "fora do meu horizonte" será indefinido ou infinito?[29] O que é "indefinido" permanece não especificado "para nós" no sentido de que, mesmo que possamos defini-lo, nunca podemos chegar *a posteriori* para decidir seu ser último ou "em si". Tomemos como exemplo uma curva assintótica em geometria. Por "infinito" entendemos, por outro lado, um ente dado *a priori* e que subsiste "em si mesmo", mas que em todo caso nunca poderemos encerrar em algumas definições que o limitariam. O "infinito" também é indefinido, para nós irrepresentável, mas por ser "em si". Por exemplo, uma pessoa é "indefinida" para nós, mas também "infinita" por ser "em si". O que é indefinido permanece além de nossos horizontes de sentido, e o que é "infinito", por outro lado, é fonte de significado. Definir o infinito será, portanto, sempre provisório, mas internamente ao infinito de seu ser, de modo que qualquer definição que se construa a partir dele possa ser reconhecida uma abordagem válida que ainda pode ser modificada para melhor conhecimento.

Pode-se pensar que o absoluto é apenas indefinido e não infinito. No caso em que o absoluto fosse apenas indefinido, não poderia ser diferente do mundo em sua totalidade considerado *a priori* acessível ao intelecto humano, embora em progresso indefinido. Esse progresso só poderia se basear na fé na razão heroica que não teria outra razão para sustentar que o mundo é de fato coerente *a priori*. Aliás, é muito frequentemente assim que entendemos o absoluto, pois o traço "em si" do "infinito" é difícil de aceitar, dado seu aspecto de "substancialidade", que bloquearia por princípio ou tornaria insignificante qualquer progressividade de nossos atos de conhecimento positivo. Se o absoluto é "infinito", sua coerência será julgada já dada em sua totalidade a partir de seu caráter "em si" e ligaria à inteligência humana antes mesmo que ela o buscasse formalmente.

Essa explicação, no entanto, é insuficiente. O absoluto evocado por Rahner, ainda que seja "em si", é "nada" para nós porque, segundo o teólogo de Innsbruck, o que dinamiza a alma não pode ser tematizado, determinado objetivamente. Conhecemos a distinção que Rahner faz entre o "transcendental" e o "categorial". O transcendental de Karl Rahner de fato, nunca está "presente"; permanece sempre inacessível, "ausente"[30]. Só o categorial pode estar presente. Se a afirmação transcendental termina por evocar um indefinido, um indiscernível, nunca poderemos reconhecer alguns aspectos dele que são humanamente acessí-

---

29. Ver DESCARTES, 1903, p. 51-52 (Carta a Chanut, 6 de junho de 1647).

30. É pelo menos assim que a posição de Rahner costuma ser apresentada, que é discutível e discutida. Olivier Riaudel (2021, p. 543-544) propõe, por exemplo, entender "categórico" desta forma: "Nós mesmos [...] e pelo fato de nos remeter a realidades singulares concretas [...] tal como as encontramos no campo de nossa experiência, realidades que, por sua vez, são a mediação, o ponto de partida do nosso conhecimento de Deus". De fato, seria muito interessante levar em conta a experiência intelectual da analogia para abordar de maneira saudável a experiência do que pratica a prece. A distinção entre o "infinito" e o "indefinido" seria essencial aqui.

veis. Como, de fato, a mente humana pode ser motivada pelo que é indistinguível e que não dá nenhuma direção? Deixados ao indefinido, só podemos nos orientar arbitrariamente. Não poderíamos reconhecer, por outro lado, no horizonte indefinido do absoluto uma certa positividade, um infinito?

O que acontece no fundo da prece, dizia Friedrich Schleiermacher, é o reconhecimento de uma dependência. Essa dependência não se assemelha à de uma autoridade política ou hierárquica. Nem é uma dependência de um indefinido. Pelo contrário, é uma dependência do existir em direção ao existente infinito. A prece é de fato basicamente uma prática de aceitação da dependência, é claro, mas sem ser forçado a isso, sem sofrer uma potência estrangeira. Exige um recolhimento em si mesmo, uma unificação pessoal que não é uma volta sobre si mesmo, porque se descentraliza de si mesmo ao reconhecer uma dependência existencial no sentido em que reconhecemos não estar na origem de nós mesmos e confiamos no que nos dá nossa vida despertando em nós um ato de reconhecimento. Toda prece exige a decisão de descentralizar-se, o que se realiza por meio de gestos e atitudes particulares, sobretudo a decisão de não mais se dispor a querer condições de tempo e espaço que contrastam com o modo de ser do mundo cotidiano. Quem pratica a prece escolhe um modo de ser corporal diferente no espaço e no tempo de todas as outras horas do dia. Ele se obriga a adotar códigos que protejam e manifestem esse descentramento. O "eu" na prece presta atenção o que é mais do que o "eu", abre-se para algo maior do que o "eu". Está esperando. Esta experiência parece paradoxal na medida em que o "eu" se descobre completamente abandonado ao "eu" que não tem seu ser, mas é "abandonado" à fonte viva de seu ato de ser.

> Estar atento indica, por um lado, uma atividade que é nossa, um ato de nossa liberdade; vamos além de nós mesmos com o objetivo de nos abrir o mundo. Mas, ao mesmo tempo, esse objetivo, essa intenção, suspende-se. Ele não está voltado para si mesmo, para sua capacidade de apreender antecipadamente o que almeja, mas sim para o que realmente é, que é a partir de si mesmo e, portanto, só pode se mostrar a partir de si. [...] A atenção começa com uma emancipação da própria vontade e se enraíza na passividade originária de ser questionado pelo outro[31].

É precisamente neste momento que se dá o significado do nome "Deus" na experiência da prece, com também a tentação do ritualismo, quando o "eu" se descobre dado ao "si", mas tenta recuperar-se.

> A suspeita freudiana de que as religiões são apenas neuroses coletivas coercitivas deve ser levada a sério. A religiosidade caída tem o caráter de uma ação forçada

---

31. CASPER, 2003, p. 38.

que se exterioriza no cumprimento "religioso" como um "rito" [...]. A ritualização pode ser o sinal de uma religiosidade caída, se surgir de forma absoluta e assim se tornar "deus"[32].

Casper é um dos melhores conhecedores e intérpretes de Levinas na língua alemã, e sua leitura da prece é enriquecida por ela. A atenção da prece é uma ação que requer silêncio para envolver toda a nossa liberdade sem nos distrair. "Se entendermos o advento da prece como um ato linguístico em resposta à liberdade posta em questão em sua temporalização, [...] então fica claro que o primeiro deste advento deve ser a suspensão de tudo o que não é dito isso de mim. Deve ser um 'se calar'"[33]. Esse silêncio é também a expectativa de uma palavra que não será minha. A atenção do que pratica a prece pode assim estar inteiramente disposta ao acolhimento de um Outro, a Palavra de Deus. Através de sua atenção silenciosa à alteridade e sua disponibilidade para ouvir o que será dito, o eu se recolhe e é "resumido" em uma nova temporalidade. O que pratica a prece coletado não busca nada, não tem intencionalidade antecipatória. O que ele experimenta é receber a si mesmo, um sentimento interior que não pode ser comandado, mas que reestrutura os êxtases temporais em um presente que não é o da solidão do "eu" que tem medo de sair de seus limites. A experiência da prece é a experiência de entregar o "eu" a um "si mesmo" abençoado. É justamente nesse momento que aparece a alteridade daquele que ama, o amado, que faz feliz por ser amado pelo amante, para que o sentimento de estar em dívida de ser não significa depender daquele que dá o ser, mas participar de seu dom de ser amando por sua vez. Há uma bem-aventurança que não encontramos declarada entre as dos Evangelhos, mas que está indubitavelmente no fundo de cada um deles, a "beatitude da finitude", daquele que se reconhece acabado, que nunca terá acabado de descobrir ele mesmo como tal, mas cuja finitude não é de modo algum e tristemente confinada em seus limites porque abençoada no Outro amante.

O abandono na prece é um abandono àquele que transcende tudo, que é "nada". O "eu" recebe-se então renovado a partir de "si", aliás, numa decisão, mas unido a si mesmo no reconhecimento de um renascimento existencial. A posição confiante do "si mesmo" que leva ao reconhecimento de não ser do "eu", reforma o centro do "eu". Na maioria das vezes, gostaríamos de nos distrair disso o mais rápido possível e retornar à concretude de mim, da minha história, agir no mundo à minha disposição, cuidar dos meus deveres e dos meus prazeres na sociedade. O abandono na prece poderia, no entanto, sugerir um novo e profundo olhar sobre os acontecimentos de nossa historicidade concreta. Quem reza não

---

32. CASPER, 2003, p. 141.
33. CASPER, 2003, p. 91.

se despoja do seu presente, nem do seu passado, nem do seu futuro, mas recebe-os renovados na prece, sob uma nova luz. O "eu" não foge na prece porque seu êxtase é uma união ou uma reconciliação com o "si" sem que essa reconciliação encontre sua origem na única vontade do "eu". Minha prece está cheia de lembranças de minhas ações passadas, minhas esperanças e meus medos para o futuro. É tudo aquilo que é "eu" e que recebo na prece do "aquele" que *a priori*, acompanha e garante a continuidade ou a unidade do "eu" em "si". A prece não é apenas um discurso ou um saber cujos elementos podem ser decompostos para descrever sua construção e oferecê-la a todas as imitações possíveis, mas o ato de um evento singular, repetível apenas como um evento singular, o evento de me colocar de lado para me receber "si".

A prece não apaga a linguagem, especialmente as palavras que nos são estritamente impossíveis de segurar, que só podem surgir na experiência de estar na presença do Deus vivo que dá a vida e não dá a morte. São primeiramente as palavras de bênção, de "salvaguardar" o homem a despeito de si mesmo. No Islã os cem nomes de Deus dizem sua ação em nossas vidas, a ação do Misericordioso. Na prece, as evocações dos nomes de Deus não são qualificadores de Deus, mas descrições, ou melhores anúncios do que Deus está fazendo em nós, concretamente de suas ações, reestruturando-nos em uma nova temporalidade. A prece me liberta do "eu" para reconhecer o que sou de verdade, além de fechado em mim e em meus interesses. Não há pistas falsas aqui, a menos que voltemos à dispersão nos dias de hoje.

É claro que essas reflexões não podem ser ouvidas sem a prática da prece das disposições espirituais que são colocadas em ação. Coloca-se então a questão de saber se a reflexão proposta é razoável e universal. Na verdade, qualquer descrição de uma experiência subjetiva pertence à linguagem e à razão e, portanto, ao universal. No entanto, a verificação é essencial. Por "verificação" queremos dizer um "fazer" que é "verdadeiro", que é também uma ação. Nenhuma experiência "subjetiva" pode ser julgada de fora ou sob a pressão de pretextos dogmáticos. A experiência da prece não pode ser descrita de fora, mas apenas de dentro, participando dela. A experiência científica também é subjetiva, uma experiência interior. Como dissemos, aquele que não aprendeu pela prática real como proceder na busca de qualquer ciência nunca poderá saber o que pode dar, nem como fazê-lo, nem dentro de quais limites os resultados obtidos serão legítimos. Isso se aplica a qualquer atividade mental ou intelectual vale também para a prece, para o seu "produto" que é também a reconciliação do "eu" com o "si" pela graça do "infinito". Além disso, em nossas vidas, há muitas experiências que não se enquadram no escopo de obter "resultados" cientificamente descritíveis. Não é vão, porém, falar dos "resultados da prece"? Mas o que diremos de experiências puramente interiores como a de uma emoção amorosa? Da emoção também que surge em nós ao ouvir atentamente a sonata *Santa Maria, ora pro nobis* do *Magnificat* de Monteverdi, ou o *Coro dos Escravos* no Nabucco de Verdi, ou aquele que nos impressiona quando vemos as *Pinturas Negras* de Goya no Prado em Madri? Podemos explicar por que é provável que um pôr do sol chame nossa atenção? As paisagens que nos tiram o fôlego serão completamente removíveis por ciência, momentos temporários para uma construção racional mais ampla? Quem dirá que uma abordagem "científica" dessas emoções nos ensinará o que é arte?

Conclusão

A prece não é uma teoria, nem mesmo é determinada em primeiro lugar por palavras. "Não é dizendo 'Senhor! Senhor!' que entraremos no Reino dos Céus, mas é fazendo a vontade de meu Pai que está nos céus".[34] É uma atitude fundamental que certamente pode ser expressa em palavras, mas que também pode permanecer em silêncio, que, aliás, nasce no silêncio. As palavras que eventualmente entram no mundo da prece não são feitas para tirar conclusões lógicas, novos conhecimentos teóricos. A prece sufi, por exemplo (o sufismo é uma forma mística e heterodoxa do islã) é lembrar os nomes de "Deus". Esse exercício da memória forma os desejos da alma, como Marcel Jousse havia indicado[35]. Ele abre um espaço infinito, certamente indeterminado do que pratica a prece, mas infinito sem ser indefinido. A prece é uma atitude em que a alma permite que surja dentro de si o sentido de uma "presença".

O despertar para uma presença na prece silenciosa não é o despertar para o conhecimento do que está presente. O termo "presença" é de fato ambíguo. Para nossa cultura, o que está presente é antes de tudo o que é imediatamente dado ali, à minha disposição, passível de ser visto e ouvido, possivelmente tocado. A ideia de uma presença espiritual não pertence mais à nossa cultura. Mesmo assim, é essencial. O termo "presença" na verdade vem do latim *"praesentia"*, *"prae"* que significa na frente, e *"entia"* de *"ens"*, o sendo. Está presente o ser que está diante de si mesmo, ou seja, que "avança" fora de si e "se apresenta" fora de mim, o ser que está diante de mim ou diante de você, quando nos abrimos ao que está em volta de nós. O que está presente é sobretudo o que se nos apresenta, se faz presente, como "presente" no sentido de "dom". No caso da prece, o termo "presença" pode causar dificuldade se a preposição "pre" for ignorada. Para nossa cultura, todo "ser" ou toda realidade é física. Está presente a coisa do

---

34. Mateus 7,21.
35. JOUSSE, 2008.

"agora aqui", disponível para minhas capturas. Mas no termo "presença", enfatizemos menos no "sendo" do que "pré", isto é, o ato de vir à presença, de avançar diante de si mesmo para aparecer diante de você e de mim. A presença é então sinalizada pelo chamado à subjetividade. Este também é convidado a dar um passo à frente, a sair de si mesmo, a preparar-se para acolher a alteridade que "se apresenta", vem em direção a ela[36]. Tal é o acontecimento da prece.

Referências

ANSELME DE CANTORBÉRY, S. (1986), *Proslogion*, in: Id., *Monologion. Proslogion*, trad. par M. Corbin, Éditions du Cerf (*L'œuvre d'Anselme de Cantorbéry*), Paris.

AUGUSTIN, S. (1959), *La cité de Dieu*, Livres VI-X, trad. par G. Combès, Desclée de Brouwer (*Bibliothèque augustinienne*), Paris.

AYER, A. (1952), *Language, truth and logic*, New York: Dover.

BONSOR, J. (1987), *Rahner, Heidegger and Truth. Karl Rahner's Notion of Christian Truth, and the Influence of Heidegger*, Lanham: University Press of America.

CASPER, B. (2003), *Evento e preghiera. Per un'ermeneutica dell'accadimento religioso*, trad. par St. Bancalari, Padova: Cedam (*Biblioteca dell'Archivio di filosofia*).

DEPRAZ, N. (2003), "Pratiquer la réduction. La prière du cœur", *Laval théologique et philosophique*, 59, p. 503-519.

DESCARTES, R. (1902), *Discours de la méthode*, éd. Adam et Tannery, vol. 6, Paris: Vrin.

———. (1903), *Correspondance*, éd. Adam et Tannery, vol. 5, Paris: Vrin.

ELIADE, M. (1975), *Le sacré et le profane*, Paris: Gallimard (*Idées*).

GILBERT, P. (1986), "Justice et miséricorde dans le *Proslogion* de saint Anselme", *Nouvelle Revue Théologique*, 108, p. 218-238.

GIRARD, R. (1982), *Le bouc émissaire*, Paris: Grasset (*Biblio. Essais*).

HOLZER, V. (2020), "Karl Rahner. Genèse et aspects d'une théologie systématique", *Recherches de science religieuse*, 108, p. 425-449.

HOUSSET, E. (2010), *Husserl et l'idée de Dieu*, Paris: Éditions du Cerf (*Philosophie & théologie*).

HUSSERL, E. (1976), *La crise des sciences européennes et la phénoménologie transcendantale*, trad. par G. Granel, Paris: Gallimard (*tel*).

IGNACE DE LOYOLA (1962), *Exercices spirituels*, trad. par Fr. Courel, Paris: Desclée de Brouwer (*Collection Christus*).

JOUSSE, M. (2008), *L'anthropologie du geste*, Paris: Gallimard (*tel*).

JUSTIN, S. (2006), *Apologie pour les chrétiens*, I, 6, trad. par Ch. Munier, Paris: Éditions du Cerf (*Sources chrétiennes*).

LACOSTE, J. Y. (1994), *Expérience et absolu. Questions disputées sur l'humanisation de l'homme*, Paris: Presses Universitaires de France (*Épiméthée*).

---

[36]. Devemos reler aqui o artigo de MARÉCHAL, 1908, em que o autor relê a tese tomista sobre o desejo natural que chega a "ver Deus" à luz de uma possível intuição intelectual (p. 165-168).

LADRIÈRE, J. (1984-2004), *L'articulation du sens*, 3 vol., Paris: Éditions du Cerf (*Théologie*).

MARÉCHAL, J. (1908-1909), "Le sentiment de présence chez les profanes et les mystiques", dans Id., *Études sur la psychologie des mystiques*, t. 1, Paris: Desclée de Brouwer (*Museum Lessinum*), 1938², 63-168.

NTIMA NKANZA (2002), *L'expérience de Dieu. Les "Exercices spirituels" d'Ignace de Loyola et la phénoménologie de Schaeffler*, Bruxelles: Éditions Lessius (*Donner raison*).

OTTO, R. (1949), *Le sacré. L'élément non rationnel dans l'idée du divin et sa relation avec le rationnel*, trad. par A. Jundt, Paris: Payot (*Bibliothèque scientifique*).

RAHNER, K. (2013), *L'auditeur de la Parole. Écrits sur la philosophie de la religion et sur les fondements de la théologie*, trad. par O. Riaudel et Y. Trochery, Paris: Éditions de Cerf (*Œuvres de Karl Rahner*).

RIAUDEL, O. (2021), "Transcendantal, catégorial et l'expérience de la grâce", *Recherches de science religieuse*, 109, 531-544.

SCHAEFFLER, R. (1996), *Erfahrung als Dialog mit der Wirklichkeit: eine Untersuchung zur Logik der Erfahrung*, Freiburg i.B.: Karl Alber.

————. (2003), *Le langage de la prière. Essai d'analyse philosophique*, trad. par Cl. Vasseur, Paris: Éditions du Cerf.

S. THOMAS D'AQUIN (1984), *Somme théologique*, t. 1, Paris: Édition du Cerf.

VAN DER LEEUW, G. (1970), *La religion dans son essence et ses manifestations. Phénoménologie de la religion*, Paris: Payot (*Bibliothèque scientifique*).

Edições Loyola

editoração impressão acabamento
Rua 1822 nº 341 – Ipiranga
04216-000 São Paulo, SP
T 55 11 3385 8500/8501, 2063 4275
www.loyola.com.br